Tal Filho / Tal Pai

Polly Berrien Berends

Tal Filho / Tal Pai

PAIS E FILHOS COMO SERES TOTAIS

Tradução
CARLOS AUGUSTO LEUBA SALUM
ANA LUCIA FRANCO

Prefácio
M. SCOTT PECK

EDITORA CULTRIX
São Paulo

Título do original: *Whole Child / Whole Parent*.

Copyright © 1975, 1983, 1987 e 1997 Polly Berrien Berends.

Prefácio © 1987 M. Scott Peck.

Publicado mediante acordo com HarperCollins Publishers, Inc.

Todos os direitos reservados. Nenhuma parte deste livro pode ser reproduzida ou usada de qualquer forma ou por qualquer meio, eletrônico ou mecânico, inclusive fotocópias, gravações ou sistema de armazenamento em banco de dados, sem permissão por escrito, exceto nos casos de trechos curtos citados em resenhas críticas ou artigos de revistas.

O primeiro número à esquerda indica a edição, ou reedição, desta obra. A primeira dezena
à direita indica o ano em que esta edição, ou reedição, foi publicada.

Edição	Ano
1-2-3-4-5-6-7-8-9-10-11	02-03-04-05-06-07-08-09

Direitos de tradução para o Brasil
adquiridos com exclusividade pela
EDITORA PENSAMENTO-CULTRIX LTDA.
Rua Dr. Mário Vicente, 368 — 04270-000 — São Paulo, SP
Fone: 272-1399 — Fax: 272-4770
E-mail: pensamento@cultrix.com.br
http://www.pensamento-cultrix.com.br
que se reserva a propriedade literária desta tradução.

Impresso em nossas oficinas gráficas.

Para Jan e Andy

Sumário

Prefácio de M. Scott Peck   9

Introduções 13

1 Totalidade 25

2 Espírito 45

3 Felicidade 127

4 Liberdade 173

5 Unidade. 217

6 Beleza 261

7 Verdade. 291

8 Amor 327

Prefácio

Tal Filho/Tal Pai é um tesouro. É muitas coisas, e todas elas preciosas.

Mas não é uma leitura leviana. E também não é *Walden Pond*, nem *As Variedades da Experiência Religiosa*, nem outros clássicos. Polly Berends sabe lidar com as palavras e faz com que este livro tão importante seja fácil de digerir. Mas ele não é para pais, ou outros leitores, que queiram uma solução rápida e fácil. Ele fala da realidade.

Vamos agora ao tesouro.

É o melhor livro que conheço sobre a psicologia da educação dos filhos. Surpreendentemente genérico e ao mesmo tempo específico, ele mostra aos pais — ou a qualquer adulto interessado — a maneira ideal de ver os filhos e de tratá-los.

Isso porque ele revela a essência do que são os seres humanos. A autora não permite, nem por um momento, que aparências superficiais nos distraiam. Pelo contrário, vai sempre ao cerne da questão. Polly Berends é radical, no melhor e mais verdadeiro sentido da palavra; ela chega à raiz das coisas.

Assim, ela nos ensina a "atitude certa". A atitude certa diante de um filho é vê-lo como ele realmente é. E como "o menino é o pai do homem", Polly Berends nos ensina a ver a essência de todos os seres humanos como verdadeiras criaturas de Deus.

Como trata de essências, este livro é inevitavelmente religioso. Aliás, que eu saiba, Polly é a única autora mística que escreveu sobre a educação dos filhos. São coisas que precisam ser ditas com cuidado, porque na nossa cultura *místico* e *radical* adquiriram um sentido pejorativo e distorcido, como se os místicos não tivessem contato com a realidade. Mas é o contrário. Em todas as culturas, em todas as religiões, em todas as eras, os místicos são os que mais se abrem ao mistério do mundo e os que o aprendem com mais profundidade — para discernir a unidade, a interligação e o sentido da vida. É por isso que Aldous Huxley chamou seu livro sobre misticismo de *The Perennial Philosophy* [A Filosofia Perene] e é por isso que todos os maiores líderes religiosos — Jesus, Paulo, Buda, Lao-Tsé — foram místicos.

Assim, *Tal Filho/Tal Pai* é um livro religioso e, apesar de não ser especificamente cristão, é totalmente cristão. Polly Berends estabelece com rara precisão as ligações entre a sabedoria dos pais — conquistada a duras penas — e a sabedoria dos grandes sábios de todas as eras e de todas as culturas.

Assim, esta obra maravilhosa não é apenas sobre a educação dos filhos (uso a palavra "apenas" de brincadeira, como se a educação dos filhos não fosse a mais importante das atividades humanas), mas um clássico da literatura psicológica, mística e religiosa. Não é apenas para os pais que querem criar seus filhos da melhor maneira possível. É para todo mundo, incluindo todos os adultos que querem ser bons para si mesmos.

M. Scott Peck

"Por que os elefantes pintam as unhas de vermelho?"
"Não sei. Por quê?"
"Para se esconder nas cerejeiras."
"Nunca vi um elefante numa cerejeira."
"Está vendo? Funciona!"

"Como vai?"
"Muito bem, obrigado. Estou viajando incógnito."
"Ah é? E do que está disfarçado?"
"Estou disfarçado de mim mesmo."
"Não seja bobo. Isso não é disfarce. Isso é o que você é."
"Pelo contrário, é um disfarce muito bom, pois tapeou você direitinho."

Introduções

Uma vez sonhei que ia receber um diploma de guia ou mestre espiritual. Havia uma outra pessoa que também ia receber esse diploma. Era um homem — Swamibabagururishiroshirabinoetcetera. Ele usava um longo manto colorido e tinha um punhado de títulos e trabalhos publicados. Para receber o diploma, ele só precisava apresentar todos os seus longos títulos, seu manto flutuante e suas credenciais. Mas à minha frente havia uma enorme montanha de roupa para lavar. Para receber meu diploma, eu tinha que subir nessa enorme pilha de roupa suja.

Introdução à Quarta Edição

A primeira edição de *Tal Filho/Tal Pai* foi escrita entre 1972 e 1973, há quase duas décadas e meia. Hoje, nossos bebês já são homens e eu tenho quase o dobro da idade e da experiência. A premissa espiritual do livro continua sendo meu alicerce, embora os estágios subseqüentes da vida, o trabalho analítico, os anos de estudo e as décadas de psicoterapia de cunho espiritualista tenham acrescentado camadas à minha maneira de ver e de viver. Quando me pediram para revisar o livro para a quarta edição, pensei em acrescentar coisas que eu não sabia no tempo em que meus filhos eram pequenos. Além disso, pensei em reler e rever o texto.

Fiquei perplexa ao reler *Tal Filho* depois de tantos anos. Fiquei feliz ao encontrar nele as convicções espirituais que ainda me norteiam — mas expressas de maneira tão rudimentar que me pergunto o que as pessoas entenderam e por que os especialistas elogiaram o livro. Eu estava relendo o livro quando recebi uma cópia da edição argentina, várias cartas de leitores agradecidos e convites para fazer palestras. Por quê?

Tal Filho foi o primeiro e, durante algum tempo, o único livro sobre paternidade e maternidade que seguia uma orientação espiritual. E o único sobre o valor dessa condição não só para os filhos como também para os próprios pais. Isso talvez explique a aceitação inicial, embora depois tenham surgido outros livros, alguns afilhados de *Tal Filho*, alguns mais fáceis de ler. Então, por que meu livro ainda tinha tanta aceitação? O que ele oferece que os outros não oferecem? Como revisá-lo sem escrever um livro totalmente diferente?

Eu era mãe há dois anos e uma escritora iniciante quando escrevi *Tal Filho*. Nos meus primeiros anos como mãe, para os quais nenhuma aula tinha me preparado, eu descobri que a visão espiritual é da máxima importância. Perguntando-me como outras mães e pais sobreviviam sem essa visão, pensei em fazer um catálogo de livros, brinquedos e equipamentos, em que eu pudesse inserir noções espirituais. Assim, no início não se tratava de um livro, mas de um catálogo. Só que, como já escrevi no prefácio de uma edição anterior, a idéia do catálogo, como o bebê no meu útero, cresceu por conta própria e virou uma coisa que exigia mais atenção, mais técnica e mais compreensão do que eu tinha na época. Entre a assinatura do contrato e o momento em que comecei a escrever, nasceu meu segundo filho. Com os meninos ainda usando fraldas, eu escrevia à noite, sentada na cama, com a máquina de escrever em cima de um aquecedor. Estava diante do duplo desafio de criar meus filhos e escrever meu primeiro livro para adultos. Estava apavorada com a magnitude do que eu não sabia.

Acho que *Tal Filho* teve tanta aceitação justamente por causa desse não-saber, que me forçou a me apoiar na mesma base espiritual em que eu me apoiava como mãe. O livro foi escrito a partir da minha própria busca, que para mim significa rezar. Meu marido cuidava das crianças para que eu pudesse escrever um pouco durante o dia, mas eu usava boa parte desse tempo para me acalmar. Para isso, eu abria a Bíblia e refletia sobre a importância que tinha para mim o trecho em que batia o olho. Por puro acaso, lia sempre as duas mesmas passagens. Uma era sobre Ezequiel: Deus lhe ordenou que juntasse tudo o que tinha e cavasse um túnel para atravessar o muro que cercava a cidade. Senti que minha tarefa era pegar meus pertences e anseios pessoais e cavar um túnel para atravessar o muro da ignorância. Era um conforto pensar que ao trabalhar minha ignorância estaria ajudando outras pessoas a fazer o mesmo. A outra passagem dizia simplesmente: "Não temais! Que vossas mãos se revigorem!" Ela me fazia parar de torcer as mãos e levá-las ao teclado da máquina de escrever. "Escreva qualquer coisa" — era isso o que me ocorria. E era o que eu fazia. Escrevia o que me vinha à cabeça, um pouco aqui, um pouco ali, até que o livro começou a tomar forma. Assim, *Tal Filho* foi mais vivido do que escrito — fralda a fralda, dúvida a dúvida, pergunta a pergunta, tentativa a tentativa, prece a prece. E assim surgiram coisas úteis, apesar do meu desconhecimento e *por causa* dele. Deve ser sempre assim: quando prestamos atenção, surgem coisas úteis, apesar e *por causa* do nosso desconhecimento. Além disso, acho que as pessoas se sentem mais seguras com alguém que, como elas, anda às apalpadelas, do que com especialistas que têm todas as respostas.

Algumas idéias deste livro que foram úteis para os leitores:

✓ A vida é uma viagem de despertar espiritual e não uma arena para o sucesso ou o fracasso.

✓ Você não é o único pai ou mãe a se perguntar se não foi um erro ter filhos.

✓ Se já soubéssemos ser pais, estaríamos fazendo outra coisa.

✓ Ser total não significa ser uma pessoa completa, mas tomar consciência da própria unidade com o todo.

✓ Essa descoberta leva tempo e é feita ao longo da vida.

✓ Ser um bom pai ou uma boa mãe não significa que já crescemos o suficiente.

✓ Os pais têm um Pai, a quem podem recorrer.

✓ Mesmo que a idéia que você fazia de Deus na infância seja inaceitável, há sempre uma idéia de Deus que faz sentido e em que você pode confiar.

✓ Mesmo que a idéia que você fazia de rezar, na infância, não lhe sirva mais, ainda assim existe um modo de rezar que serve para você.

✓ A sabedoria fundamental de todas as eras e religiões é a mesma e se aplica aos desafios que os pais enfrentam no dia-a-dia.

✓ O sagrado está nas coisas rotineiras.

✓ Bons pais não precisam ser perfeitos, mas devem estar sempre procurando ser.

✓ Se o impossível fosse possível e você pudesse dar uma infância perfeita ao seu filho, você estaria deixando de prepará-lo para a vida.

✓ Cada experiência, boa ou ruim, aumenta a nossa consciência espiritual e a de nossos filhos.

✓ As crianças aprendem mais com o nosso aprendizado do que com o que dizemos a elas.

✓ Ter filhos é bom tanto para o desenvolvimento dos pais quanto para o dos filhos.

✓ Os filhos criam os pais assim como os pais criam os filhos.

✓ Catar piolhos não vai ser a história da sua vida, sua carreira não vai descer pelo ralo; o tempo que você passa com seu filho vai enriquecer sua carreira.

✓ A espiritualidade não é apenas uma parte de você e da vida, mas a camada mais profunda do eu e da vida, sua fonte e substância.

✓ Um ouvido junto ao chão é mais importante do que o som emitido.

Como resultado de todas essas reflexões, revisei o livro da seguinte maneira:

Sob o título "Reflexão Adicional" acrescentei coisas novas sobre a raiva, o casamento, como lidar com os adolescentes de hoje, como interpretar os sonhos das crianças, a importância da vida familiar e da vida pessoal, a ecologia psicoespiritual da família e a prece.

Existem "Reflexões Adicionais", mais breves, que poderiam ser chamadas de "segunda chance". Nos jogos infantis, é comum alguém pedir uma segunda chance — principalmente quando a criança percebe que a culpa do erro não foi sua. Os pais não podem pedir uma segunda chance como nesses jogos, mas mesmo assim ela aparece, mesmo depois que os filhos cresceram e se mudaram. Assim, essa seção fala do que eu faria se tivesse uma segunda chance. Espero que elas ajudem quem ainda está criando os filhos. Embora meus filhos não precisem mais dos meus cuidados de mãe, espero que a imagem interior que eles têm de mim vá ficando mais sábia e mais gentil graças a essas descobertas tardias. Sei que isso é possível, pois já vi acontecer.

Na edição do texto, minha preocupação foi simplificar e elucidar o que foi possível, sem escrever outro livro. Presumi que havia alguma coisa na minha busca original que estava em sintonia com a dos outros pais.

Com os anos, minha compreensão se aprofundou e minha linguagem mudou. Eu não tinha coragem de usar linguagem religiosa quando escrevi *Tal Filho*. Mesmo agora, evito me referir a *Deus* ou à *prece* sem antes definir essas palavras, tão carregadas de conotações questionáveis. O Deus que conheci quando criança era uma pessoa invisível que ficava no espaço. Para mim, rezar era falar com essa pessoa espacial. Até certo ponto, essas idéias são boas para uma criança, e às vezes ainda acho que têm sentido. Mas, em geral, vejo mais significado no Deus descrito por Paulo: aquele "em que vivemos, e nos movemos e existimos — que existe antes de todas as coisas e todas as coisas subsistem por ele". Para mim, tem mais utilidade a idéia do todo que tudo inclui, do qual cada um é um aspecto individual, ou do Eu ao qual pertence cada ser individual. Essas idéias me permitem ver a prece de uma maneira que me serve melhor. A prece se torna mais uma questão de ouvir do que de falar, uma abertura silenciosa, no fundo do eu, para o Eu maior, uma forma de situar o eu no todo, deixando o todo preencher o eu. Ao escrever este livro, valendo-me da linguagem das grandes religiões do mundo, usei "Todo", "Mente Única", "Um" para me referir à fonte, à força e à substância espiritual do nosso ser. Em livros posteriores, *Coming to Life* e *Gently Lead*, usei também "mente fundamental". Pouco tempo atrás, passei a usar a expressão "Além-do-Pessoal" para indicar o contexto da vida pessoal e interpessoal. São formas de dizer "Deus". Afinal, a linguagem religiosa não é necessária, mas quem a compreende pode se valer da experiência e da inspiração das grandes escrituras e tradições religiosas.

Quero dizer uma palavra sobre *consciência* e sobre *consciência espiritual*. Em edições anteriores, falei de consciência como uma caraterística essencial, mas, quando escrevi sobre a tarefa de se tornar espiritualmente consciente, não tratei da esfera que a psicologia chama de *inconsciente*. A palavra consciente tem dois sentidos comuns. Um se refere à consciência do ego, a parte de nós de que temos consciência no momento e a que nos referimos quando dizemos *eu sou um homem, uma mãe, um nova-iorquino*. A consciência do ego reflete apenas aquela parte do eu que eu chamo de "Eu S.A."* Na idéia que o Eu S.A. tem de nós, faltam muitos aspectos inconscientes que, quando crianças, aprendemos a negligenciar ou a rejeitar — aspectos que a vida ainda não exigiu que se manifestassem, mas que precisamos reconhecer e receber como parte do ser que Deus nos deu. Os princípios espirituais de *Tal Filho* nos levam na direção desse processo, mas não nos poupam, nem aos nossos filhos, de vivê-lo.

Dizem que saber pouco é perigoso. No caso da consciência espiritual, também existe esse perigo: quando sabemos um pouco *sobre* consciência espiritual, nosso Eu S.A. pensa que a tem. Prisioneiros dessa ilusão, tendemos a usar a pouca compreensão que temos *contra* aspectos inconscientes de nós mesmos e *contra* nossos filhos, adotando uma maneira positiva de pensar e querer: "Penso, logo sou." A espiritualidade não é uma coisa a mais que se aplica superficialmente à vida, mas uma coisa essencial à vida, que se aplica a nós e que estamos aqui para descobrir. Quero observar que, por consciência, eu me refiro ao *potencial* que temos para tomar consciência de nós mesmos e da nossa fonte. Essa tomada de consciência ocorre através de um processo de despertar que engloba o conhecimento e a cura, geralmente dolorosa, de energias e sentimentos antes desconhecidos ou inaceitáveis. O hiato entre o Eu S.A. e o eu pleno (o *Ser-Que-Vê*, que reconhece sua unidade com o todo) não é apenas um hiato na consciência entre nós e Deus. É também um hiato na consciência entre nós e o nosso eu consciente. É impossível eliminar o hiato entre nós e Deus sem eliminar o hiato entre nós e nós mesmos, assim como é impossível eliminar o hiato entre nós e nós mesmos sem eliminar o hiato entre nós e Deus. Isso sempre esteve implícito em *Tal Filho*, mas esta edição enfatiza abertamente que essa consciência espiritual não é algo que podemos fazer por nós mesmos ou para nossos filhos, mas um processo de despertar que leva a vida inteira. Nele, nossos filhos nos ajudam tanto quanto nós os ajudamos.

---

* Abreviatura de Sociedade Anônima.

Espero que os leitores novos e antigos aproveitem esta nova edição. Estou em dívida com vocês por suas cartas incríveis. Agradeço a meus professores e mentores, como James Jones, Harry Fogarty, Ann e Barry Ulanov, Thomas Hora e especialmente Richmond K. Greene. Quero agradecer a todos os pais e mães que foram ou são meus leitores e clientes, e a todos os membros de minha querida família. Na HarperCollins, sou grata a meu imperturbável editor Hugh Van Dusen e à editora associada Kate Ekrem. Embora não nos conheçamos pessoalmente, agradeço a M. Scott Peck, cujo maravilhoso prefácio ajudou *Tal Filho* em seu caminho pelo mundo. Pela amizade e pela ajuda nesta revisão, agradeço a Dan, Lisa, Alex, Charlotte e a Ian Thomas, por não me deixarem esquecer o que significa ter filhos pequenos, por me aceitarem como parte da família e pelo caminho tão percorrido entre nossos quintais. A vocês, amor, gratidão e muita sorte.

P. B. B., Hastings-on-Hudson
Nova York, 1997

Introdução à Segunda e à Terceira Edição

Quando *Tal Filho/Tal Pai* foi concebido, eu tinha um bebê e era muito tímida para falar em termos abertamente espirituais. Eu queria descobrir se as descobertas espirituais que me serviam de apoio há tanto tempo se aplicavam à condição de mãe. Como qualquer mãe novata, eu achava difícil essa condição. Era picada pelos alfinetes das fraldas e procurava pôr em prática algumas teorias — que não ajudavam e até atrapalhavam. Mas as descobertas espirituais se revelavam cada vez mais verdadeiras — e práticas! Eu não conseguia imaginar o que faziam os pais que não tinham uma visão espiritual. Assim, como se um bebê não bastasse, tive outro: um livro-bebê. Quase ao mesmo tempo, nosso segundo filho foi concebido e lá estava eu, duplamente grávida.

Da maneira que foi concebido, o livro era para ser uma espécie de catálogo. Com base na minha experiência de mãe novata e de antiga editora de livros infantis, eu faria um livro prático sobre o que eu gostaria de ter descoberto antes (como alfinetes de segurança que não se abrem), e que — eu tinha certeza — outros pais gostariam de saber (como o valor dos livros para os pré-escolares). No meio disso tudo, eu incluiria algumas idéias de cunho espiritual, que eu achava que não seriam de muito interesse. Assim, a idéia era fazer um catálogo de livros, objetos e dicas e uma ou outra noção espiritual incluída, clandestinamente. A editora que o publicaria planejava oferecer pelo correio todos os itens citados nesse "catálogo da criança total". No fim do livro, haveria até mesmo um formulário para pedidos por reembolso postal.

Parecia uma ótima idéia: pais novatos teriam a possibilidade de fazer compras pelo correio, justamente num período em que é difícil sair de casa para ir às lojas; teriam acesso a uma seleção especializada de livros para crianças pequenas e, de vez em quando, a algumas pérolas de sabedoria, que talvez despertassem o interesse de alguns. Ainda me parece uma boa idéia. E na época também — até o dia em que assinei o contrato e o livro desapareceu da minha cabeça. Era uma boa idéia, dava para enriquecer com ela, era de grande utilidade, *mas eu não conseguia escrever daquele jeito*. Chamar a atenção para técnicas e objetos sem antes discutir os princípios espirituais que levaram à sua descoberta começou a me parecer um embuste, até mesmo desonestidade. Assim, a despeito de tanto planejamento, o nascimento de *Tal Filho/Tal Pai* foi um choque. Como acontece com todos os bebês, esse bebê era bem diferente — e mais espiritualizado — do que se esperava.

Apesar das dúvidas e dos medos, o livro surpreendeu até a mim e foi um sucesso. Sempre temos idéias que, a nosso ver, são nossas e servem aos nossos propósitos. Mas, em geral, acabamos percebendo que as idéias têm vida própria e que são elas que nos usam!

Quando escrevi *Tal Filho/Tal Pai*, eu tinha duas pilhas de fraldas em casa. Agora meus filhos estão mais velhos. Fraldas e alfinetes perderam a importância e eu tive vontade de excluir todas as partes relativas a bebês. Não dá para cruzar duas vezes o mesmo rio e, além disso, nunca é a mesma pessoa que cruza o rio, que não é o mesmo. Assim, descobri que estava escrevendo um livro totalmente diferente.

Durante esses anos, muitos pais me escreveram para dizer que este livro espiritual é o único livro realmente prático que leram sobre maternidade e paternidade. Outros dizem que leram primeiro as partes que falam de livros, brinquedos e técnicas — mas que depois de seis meses estavam interessados apenas na "coisa espiritual". Alguns, com os filhos já mais velhos, dizem que os princípios continuam tendo aplicação. Outros, que nem filhos têm, dizem que o livro os ajudou na busca da compreensão espiritual.

Enquanto estava às voltas com o meu dilema — revisar ou reescrever —, recebi vários telefonemas de pessoas querendo saber quando o livro estaria novamente à venda. Queriam o original. Percebi então que, embora haja outros livros a escrever, o velho *Tal Filho/Tal Pai* ainda tem uma tarefa pela frente, uma tarefa que um novo livro, mesmo melhor, talvez não consiga cumprir. De certa forma, este é um novo livro. Foi ampliado, pois, ao tentar esclarecer certos pontos, acrescentei coisas novas ao texto. Procurei me dirigir mais aos pais, e não só às mães. E enfatizar a importância das idéias do livro para os pais de crianças mais velhas. Mas o livro original permanece — e tudo o que é novo estava implícito no original.

No final dos capítulos, há seções chamadas "Informações Práticas para Pais Novatos", com informações específicas para pais de crianças muito pequenas. Quem tem filhos maiores pode pular essas partes, pois elas falam de equipamentos, brinquedos, livros e atividades para bebês e crianças bem pequenas. Não tentei estender essas informações às crianças mais velhas porque elas têm gostos e interesses mais pessoais. Além disso, os pais de crianças maiores têm mais experiência, e as próprias crianças se encarregam de deixar claro quais são seus interesses e necessidades.

Jangadas para a Travessia

As citações que aparecem aqui e ali neste livro servem para mostrar a relevância dos grandes ensinamentos místicos na experiência prática da criação dos filhos e, ao mesmo tempo, para esclarecer o significado espiritual mais amplo até dos detalhes mais ínfimos dessa experiência.

Vivemos numa época maravilhosa. Quase todos os grandes ensinamentos do mundo estão à nossa disposição. E cada um deles lança luz sobre os outros! É notável que tantos sábios tenham visto a vida de maneira tão parecida — e em contraste tão radical com a visão dos que os cercavam. Todos eles dizem que abandonar noções preconcebidas é um pré-requisito da realização espiritual. Todos eles dizem que é importante não confundir o professor com uma pessoa redentora que detém o ensinamento redentor, ou mesmo o ensinamento redentor com a verdade redentora. Para você ser capaz de amar, para você se tornar sábio, tem antes que soltar aquilo a que se agarra.

Pai-chang disse: "Qual é o fim supremo do Budismo?"
Ma-Tsu disse: "Ele está onde você abre mão da sua vida."

D. T. Suzuki, *Zen-Budismo*

Jesus disse: "Se alguém quiser vir após mim, negue-se a si mesmo, e tome a sua cruz e siga-me. Porque qualquer um que quiser salvar a sua vida perdê-la-á, mas, qualquer que perder a sua vida por amor de mim e do evangelho, esse a salvará."

Marcos 8:34-35

Buda disse: "Só atravessa a corrente da vida aquele que deseja conhecer o que é conhecido como inconhecível."

The Dhammapada, tradução, para o inglês, de P. Lal

Ele disse também: "Monges, ouçam a parábola da jangada. Um homem que está viajando vê diante de si uma vasta extensão de água. Não há nenhum barco à vista, nenhuma ponte. Para fugir dos perigos da margem do lado de cá, ele constrói uma jangada com capim, gravetos e galhos. Ao atravessar, percebe como a jangada é útil e se pergunta se não seria melhor colocá-la no ombro e levá-la consigo. Se assim fizesse, estaria fazendo o que devia fazer?"

"Não."

"Ou, depois de atravessar em segurança, seria melhor deixá-la num lugar seco e alto, para que outra pessoa pudesse usá-la? É dessa maneira que ensinei o Dhamma (ensinamentos): para atravessar, não para guardar. Monges, joguem fora os estados mentais, mesmo os corretos, dos errados nem se fala, e não se esqueçam de deixar a jangada."

The Dhammapada, tradução, para o inglês, de P. Lal

As citações deste livro são apenas os gravetos, galhos e capim que servem para construir uma jangada e atravessar. Depois, a jangada pode ser deixada para trás. É melhor não se prender à jangada, nem ficar se perguntando se é melhor ser taoísta, cristão ou budista. É mais fácil construir a jangada com tudo o que passa boiando — e que conseguimos pegar. Não há vantagem em usar apenas madeira de bordo ou de pinho. Na outra margem, a jangada não será mais necessária; ela vai atrapalhar nosso progresso se ficarmos às voltas com ela, querendo levá-la conosco.

Na verdade, nenhuma jangada nos leva direto ao outro lado, e no começo é comum navegar na jangada de outra pessoa. Ao descobrir o caminho para a outra margem, é provável que você encontre alguém disposto a levá-lo temporariamente na própria jangada. É o seu professor. A jangada dele é feita de madeira envelhecida, flutuante, colhida ao longo do rio para transportar ele próprio — a vida dele — e qualquer um que queira ir junto.

Do meio do rio, os alunos do mestre podem ver, rio acima e rio abaixo, as outras jangadas, antigas e novas, construídas em diferentes vidas. Algumas estão quebradas e bóiam à espera de que as transformemos em jangadas novas. Lá no rio, o professor nos ensina a construir nossos próprios barquinhos. *Tal Filho/Tal Pai* é uma jangada de aluno. Muitos professores me inspiraram na sua construção. Um deles foi Thomas Hora, que me deu a idéia preciosa de que Deus é amor-inteligência.

Assim, há três tipos de citações neste livro: antigas formulações da verdade, extraídas dos maiores ensinamentos do mundo e que, justapostas, lançam luz umas sobre as outras; ensinamentos e descobertas contemporâneos, que revelam a importância dessas verdades antigas na nossa vida e na nossa época; finalmente, como ilustração, casos da vida de pessoas que conheci: alunos, clientes, amigos — além de episódios da minha própria vida.

Sabedoria eterna, ensinamento oportuno e experiência diária; tudo conspira para nos tornar conscientes de um Deus sábio e cheio de amor e de nossa unidade com ele. Sou infinitamente grata aos ensinamentos e aos professores, aos mentores, aos colegas, aos companheiros, aos alunos e à minha família.

Mãe Zen

Filho: Mãe, como você sabe tanto sobre Deus?

Mãe: Eu não sei muito. Mas faz tempo que estou por aí, fui a muitas escolas e estudei com muitos professores, como Moisés, Isaías, Jesus e Buda. Tive muitos livros e professores. E tenho dois mestres zen particulares, que me ensinam a verdadeira compreensão e o verdadeiro amor. Sou muito, muito grata a eles.

Filhos: Conte para a gente! Quem são eles? Qual é o nome deles? Você nunca falou deles!

Mãe: O nome deles é Jan e Andy. Vocês são os meus mestres.

Filhos [rindo]: Ah, mãe! Você está brincando!

Mãe: Não, não estou brincando. Vocês são meus maravilhosos mestres zen.

1

Totalidade

O que ele viu como Um era Um, e o que ele viu como não Um também era Um. Quando via a unidade, ele era de Deus; quando via as distinções, ele era do homem.

The Wisdom of Laotse, tradução, para o inglês, de Lin Yutang

Eu e o Pai somos um.

João 10:30

Casar e ter um bebê faz parte de nossa idéia de realização — de "totalidade". Por intermédio dos filhos, esperamos nos completar e ter uma experiência de vida mais plena.

Em geral, não duvidamos da nossa capacidade para isso. Hoje em dia, é comum nos prepararmos para o parto, mas poucos se preparam para o que vem depois — e que dura anos. Como já fomos crianças, achamos que estamos preparados; basta evitar os erros dos nossos pais.

No entanto, muitas vezes ter filhos acaba sendo uma bênção duvidosa. Esperamos anos pelo bebê — mas logo que ele nasce já estamos impacientes para que ele cresça logo. Então ele cresce e sentimos saudade do tempo em que era bebê. Ao longo do caminho, ficamos decepcionados um com o outro, magoamos um ao outro. Não estamos à altura das expectativas dele, ele não está à altura das nossas. Mas, mesmo que nossos filhos estejam infelizes e a família em crise, não aceitamos a idéia de que a infelicidade é apenas "um fato da vida". Podemos até nos conformar com ela em nossa vida, mas não na de nossos filhos. Com relação a eles, queremos ser e fazer melhor. Mas ser melhor significa, acima de tudo, ver melhor. Ter filhos nos mostra, repetidas vezes, que há muitas coisas que não compreendemos, muitas coisas que não vemos.

Há segredos que ninguém conta: como é difícil ser pai, como custa ser mãe, como é difícil ser mulher ou esposa de alguém. Achamos que temos a obrigação de saber. As crianças não sabem. Os adultos sabem. E como os filhos não sabem, os pais *têm* de saber. Assim, é inadmissível descobrir que não sabemos — o que, em geral, só acontece depois do nascimento da criança. Uma jornalista bem-sucedida relembra:

Fiquei feliz quando soube que estava grávida. Como era boa em tudo, achei que seria uma boa mãe. Mas, antes do terceiro mês, comecei a me dar conta de que esse desafio era diferente de todos os outros. Então comecei a ler. Três páginas de doutor Spock e fiquei em pânico. Para cada coisa que aprendia, descobria a existência de cinqüenta outros perigos desconhecidos, que minavam minha confiança. Para não desmoronar, parei de ler. Parei logo antes da parte sobre cesarianas — pouco antes do meu filho nascer de uma cesariana.

Quando surgem dificuldades, nós nos sentimos como se fôssemos os únicos a passar por isso. *O que há comigo? O que há com meu filho? Onde foi que eu errei? Por que não faço nada certo?* Poucas pessoas ousam admitir suas dificuldades — especialmente quando todo mundo está se saindo tão bem.

Os livros que tratam da educação dos filhos fortalecem esse segredo com suas técnicas para melhorar nossa atuação. A impressão que fica é que *dá* para fazer melhor — basta saber como. Só que a própria existência desses livros indica que não sabemos. Assim, lemos até achar que aprendemos. Só que, quando não dá certo, ficamos ainda mais convencidos da nossa incapacidade. Um fato duro de aceitar, pois queremos ser pais e mães "totais", com um relacionamento "total", com um filho "total" numa família "total".

Mas que "totalidade" buscamos? Trata-se de dois ou três seres separados: um pai ou uma mãe, ou os dois, e um filho. O que são eles? O que significa "total" nesse contexto?

Totalidade, temos a certeza, tem relação com amor e compreensão. Queremos ser amados e compreendidos, amar e compreender. A maternidade e a paternidade são circunstâncias em que o amor e a compreensão são questões centrais. Por que é tão difícil? Por que tanta mágoa e confusão se estamos dispostos a amar e a compreender? Há alguma coisa errada conosco? Há alguma coisa errada com nossos filhos? Com a vida? Ou há algum equívoco na *idéia* que fazemos de pai, de mãe ou de filho como seres totais? O que significa pais e filhos como seres totais? Por que tal filho, tal pai?

O Ser Total como um Ser Completo

If you'll be m-i-n-e mine
I'll be t-h-i-n-e thine,
And I'll l-o-v-e love you
All the t-i-m-e time...

[Se você for m-e-u meu
Eu serei t-e-u teu,
E eu vou te a-m-a-r amar
O tempo t-o-d-o todo...]

"Rei Zulu", canção de acampamento

Costumamos pensar em nós mesmos como seres separados (eu, o pai ou a mãe — você, o filho), que se relacionam e tentam se aperfeiçoar como pessoas "totais". Acredita-se que o pai, a mãe e o filho são pessoas que *precisam de complemento*, cada qual em busca da totalidade, *cada qual derivando do outro a própria totalidade*. Inconscientemente, quando pensamos em amar alguém, estamos pensando em chegar à totalidade por meio dessa pessoa.

Contudo, tenha isso ou não o nome de amor, há certa inconsistência na idéia de eus totais que se completam uns aos outros. Na amamentação, por exemplo, parece que a mãe tem o que falta ao filho. Assim, a mãe dá de si e o filho recebe. E o que recebe a mãe? Ela sente que se completa *e* que se sacrifica. Por um lado, ela se realiza e dá amor; por outro, sente-se secretamente lesada e ressentida. Leva tanto tempo — muito mais do que ela pensava. É cansativo. Será que ela vai ter de desistir da própria vida em favor do filho?

Quando o filho fica mais "auto-suficiente", chega a hora de parar de amamentar. A mãe fica aliviada e a criança também. Mas ambas se sentem traídas. A mãe se sente menos total, menos mãe, quando pára de amamentar. Só que será menos mãe se continuar! Parece que é a criança que não quer parar de mamar, mas é a relutância secreta da mãe que prolonga a amamentação e inibe o crescimento da liberdade e da totalidade da criança!

Os pais também vivem esses conflitos. O homem quer o filho para completar o casamento, imaginando-se como um pai e marido totais. Mas, ao se tornar pai, parece que perde a mulher (lesando, assim, seu eu — marido). Ele quer que o filho seja um homenzinho, mas ao mesmo tempo quer controlar, quer ser consultado e obedecido.

Se nós — pais e filhos — somos mesmo entidades separadas, todas em busca da totalidade pessoal, os conflitos de interesse são inevitáveis. Assim como o trabalho de cura do médico depende da doença de alguém, a totalidade que almejamos como pais e mães capazes de criar filhos independentes e totais parece depender da dependência desses filhos. Nossa suficiência parece depender da insuficiência deles. Cada um de nós, ao reivindicar a totalidade pessoal, impede que o outro reivindique a própria totalidade. Mas onde fica o amor? Onde? E onde fica a totalidade? Se existe totalidade em nós, por que sair por aí procurando-a nos outros?

Quem não pensa que o título deste livro é *Tal Pai/Tal Filho* é uma exceção. É assim que pensa a maioria: se os pais forem pessoas totais, *então* o filho será total. Se os pais forem capazes, *então* o filho vai dar certo. Mas então — que idéia terrível e que experiência ainda pior! — *se* o filho não parece ser uma pessoa total, *então* os pais também não são. O bebê de nove meses do vizinho já anda, enquanto o nosso, com onze meses, ainda não deu nem um passo. O gerente do supermercado disse que nosso garoto de sete anos roubou um chiclete. Sérias ou não, as dificuldades indicam que nosso filho não é uma pessoa total, o que por sua vez indica que a culpa é nossa, o que por sua vez indica que não somos pessoas totais. Deus nos livre!

Vamos então atrás de diagnósticos, de explicações para o que há de errado com a criança. Se não merecemos elogios, pelo menos nos livrem da culpa! Graças a Deus é dislexia! Pensei que a culpa fosse minha. Pensei que ele fosse bobo, preguiçoso. Na verdade, é bom conhecer as diferenças especiais dos nossos filhos, suas limitações e estilo de aprendizagem. Mas existe o outro lado. No fundo, ficamos felizes quando eles têm um problema de verdade, alguma coisa mecânica, um defeito deles, não nosso. É muito estranho: passamos a ser contra aquilo a que éramos mais favoráveis (criar um filho total).

São cláusulas ocultas — as letras pequenas que não conseguimos ler quando firmamos o contrato da maternidade e da paternidade. Agimos de acordo com suposições e motivos que desconhecemos e arcamos com conseqüências inesperadas.

Conheço uma mãe que tem uma babá maravilhosa para os filhos, uma babá que cuidou dela quando criança. As crianças adoram a babá, que cuida muito bem delas. Qualquer mãe ocupada adoraria essa ajuda. Mas essa tem ciúmes e se sente rejeitada! Na imagem que faz do seu eu "total", ela é a mãe completa, perfeita. Ela quer que seus filhos a amem, dependam dela para tudo e a consultem sempre. Será que não quer que saiam do seu lado? Tem medo que eles não encontrem amor em nenhum outro lugar — só o dela? Ela percebe que isso é ridículo, mas esse sentimento é muito forte. O desejo de ser completa como mãe entra em conflito com o fato de ser uma boa mãe.

Será que usamos nossos filhos? Pode apostar que sim. Mas, se não somos tão bons quanto pensávamos, também não somos tão ruins — só equivocados.

O Mito do Eu S.A.

O culpado é apenas uma visão equivocada que temos da nossa meta, uma idéia equivocada de totalidade: a idéia de um eu completo, de uma Incorporação Eu, de um eu *in corpus* — do Eu S.A. Vendo-nos como seres isolados, queremos nos completar (nos tornar totais). Mas o eu pretensamente completo de cada um é uma proposição mutuamente exclusiva do eu de todos os outros e, *ao tentar se formar, cada Eu S.A. reclama seus direitos sobre a vida dos outros.*

> Mesmo sabendo que era bobagem, quando o primeiro dente do meu filho nasceu, eu fiquei orgulhosa. Fiquei com orgulho dele e fiquei com orgulho de mim mesma. Eu sabia muito bem que era um absurdo. Mas não adiantava. Disse a mim mesma: "É ridículo. É o dente dele. Ele não fez esse dente, e nem eu. Apareceu. Só isso." Mas telefonei para duas amigas para me gabar do precioso dente.

Para o Eu S.A., no papel de mãe ou pai, o filho é ou um acessório ou uma obra. Ao assumir o crédito (ou a culpa) por nossos filhos — até por lhes ter dado a vida — estamos na verdade "tomando a vida" deles. Por isso, quando eles assumem a vida que supostamente receberam, surgem os problemas.

> *Jesus disse: "E assim os inimigos do homem serão os seus familiares."*
>
> Mateus 10:36

> *Paulo disse: "Porque não faço o bem que eu quero, mas o mal que não quero, esse eu faço."*
>
> Romanos 7:19

Não é culpa de ninguém, mas pais e filhos são piores uns com os outros do que com qualquer outra pessoa. De certa forma, isso é inevitável, pois é na família que somos tudo ao máximo. É nela que mais reivindicamos o nosso eu completo. Não é culpa de ninguém. E nem dá para ser melhor *como pessoa* (como eu separado) através de alguma técnica ou aprendizado. A própria idéia de um eu separado, do Eu S.A. (digno de elogio ou culpa) é equivocada. Mas é uma idéia universalmente aceita, que nos faz sofrer e que precisamos transcender. O Eu S.A. não é um erro que podemos evitar, mas uma fase da vida. Parece que é só desenvolvendo o eu que conseguimos descobrir os limites do eu, tanto o nosso quanto o dos outros. Só assim tomamos consciência da necessidade e da realidade de alguma coisa além de nós. Só assim despertamos para a presença dessa coisa e para nossa unidade com ela. Estas páginas não ensinam a evitar os erros do Eu S.A. Mas oferecem uma vantagem: a consciência da possibilidade de despertar para a unidade com o todo — com um Eu Além-do-Pessoal, com Deus — e a consciência de que esse processo de despertar já está acontecendo e é a única coisa que importa. Essa consciência não evita os problemas, mas nos ajuda a tirar vantagem deles e a superá-los.

O Eu S.A. Nasce

Porque, se alguém cuida ser alguma coisa, não sendo nada, engana-se a si mesmo.

Gálatas 6:3

Não julgueis segundo a aparência, mas julgai segundo a reta justiça.

João 7:24

Julgando pelos sentidos — pelo que vemos, ouvimos e sentimos — temos a impressão de que nossa existência é separada do resto. Sentimos força nos braços, amor no coração, idéias na cabeça, vida no corpo — e inferimos que *temos* força, inteligência, vida. Como o palhaço de circo que confunde o lugar onde a luz bate no chão com a própria luz e tenta agarrá-la, inferimos que existimos por conta própria e que o bem é alguma coisa que está fora de nós. Achamos que estamos "aqui dentro", enquanto o resto está "lá fora".

Mas vendo a nós mesmos como uma realidade separada — que tem a inteligência, amor, força, vida próprios — nós nos colocamos em dupla desvantagem, pois quem acha que *tem* alguma coisa, sente *falta* disso. Quem pretende ter conhecimento sabe que não sabe o bastante. Quem acredita em poder pessoal sente impotência. A autonomia traz o medo e a desorientação; a auto-suficiência traz a sensação de insuficiência, de solidão, de fragilidade. Quando nos tornamos pais, tudo isso se combina, pois começamos a nos julgar responsáveis por um outro eu.

O que chamamos de "autoconsciência" é, na verdade, uma forma peculiar de semiconsciência. O pensamento oriental se refere ao "eu ilusório". O Novo Testamento fala de "andar segundo a carne" (II Coríntios 10:2), o que não está especialmente relacionado com sexo, mas à idéia do eu contido no corpo; do eu *in corpus*, da Incorporação Eu, do Eu S.A. = Eu Limitada (Ltda.) = Eu Desesperado. Para o Eu S.A., ter e fazer (possuir e exercer poder) são as questões básicas da sobrevivência. Julgar pelas aparências é o que alimenta o Eu S.A. em todos nós. Aconteceu com Adão no Jardim do Éden. Aconteceu conosco quando éramos crianças. Como pais, observamos, até mesmo celebramos, o advento da autoconsciência em nossos filhos.

O Eu S.A. Cresce

Quando bebês, fazemos o que fazemos, conseguimos o que conseguimos e ficamos contentes ou descontentes com isso. Mas aos poucos começamos a estabelecer ligações entre o que sentimos e o que fazemos e entre o que fazemos e o que acontece a seguir. Começamos a perceber que provocamos pensamentos e acontecimentos. E ao mesmo tempo nos tornamos nosso próprio *cause célèbre* — ficamos egocêntricos, vendo todos os outros eus como adjuntos ou adversários. Através do elogio e da censura, o mundo inteiro transmite à criança a crença no eu completo, ressaltando a idéia de que cada um de nós realmente se basta. Nossos sentidos confirmam essa impressão. Cá estou eu na minha pele; aí está você na sua. Os eus pais cuidam do eu filho até que ele se torne auto-suficiente, até que seja capaz de cuidar do "próprio" eu. Assim, o Eu S.A. vai se tornando cada vez mais completo ao longo do período chamado crescimento, vai reunindo força e virtudes para ser poderoso e bom pelos próprios méritos.

O Eu S.A. se Casa

Na vida adulta, o Eu S.A. toma consciência de certos limites que não consegue superar sozinho. Ele não é nem metade do que pensava. Então, um novo plano é concebido. Se não dá para ser completo, o que vem logo a seguir na escala das melhores coisas? O que é ainda melhor? A soma de um outro eu! A melhor maneira de ampliar e completar o eu é anexar outro eu! Então, o Eu S.A. dá um grande passo: o casamento. A fusão corporativa de dois Eu S.A. Dois meio-eus vão se tornar um eu completo. Mas qual deles os dois vão se tornar? Eis o conflito! *O eu de quem você pensa que é, afinal? Achei que você estivesse a meu favor — que era meu. Pois eu achei que você estivesse a MEU favor!*

O Eu S.A. Tem um Bebê

Depois do casamento, nada melhor para firmar o poder do Eu S.A. do que a produção de — Ahá! — outro eu. Ter um ao outro não basta; um sente que pertence ao outro. Há quem siga a tradição tendo filhos logo depois do casamento e há quem ponha a carreira em primeiro lugar, apressando-se mais tarde, quando ainda dá tempo para uma gravidez. Seja como for, ter filhos e ser uma pessoa total são coisas que continuam associadas. Dois eus se combinam para fazer outro eu — um eu-bebê — que, espera-se, seja mais maleável do que esse *cônjuge* em que o outro se transformou! Então, o Eu S.A. se amplia de duas maneiras: tendo e fazendo outro eu. É o eu completo, capaz de sustentar a si mesmo, de possuir e de produzir outros eus, de cuidar dos próprios interesses. Poderia funcionar, se esses outros eus, incluindo o cônjuge e o filho, não tivessem o mesmo objetivo.

Ahá!

Com um ano, ele acordava sempre tão bem-disposto, amistoso, sorridente, radiante e adorável — com lábios cor-de-cereja e dobrinhas nos pulsos. E lá ia ele bamboleando para ver o que estava acontecendo. Essa entrada em cena era tão engraçadinha que alguém a saudou com um grito de ahá! Ficou ainda mais engraçadinho quando ele mesmo começou a dizer ahá! Era bom que ele achasse que ele era uma coisa boa que merecia uma pequena fanfarra. Mas, quando estava no cadeirão e não conseguia descer, ele atirava coisas — colher, comida, copo, prato — gritando alegremente ahá! — certo de que todos iam gostar. Vivíamos aos sobressaltos, sabendo que, sempre que dizia ahá, ele atirava alguma coisa! Era inofensivo, engraçado, inevitável. Mas agora percebo que ele acordava para ver o que estava acontecendo e dizíamos: é você que está acontecendo! Uma confusão gera outra.

A confusão faz parte da nossa condição de pais, mas é também um grande benefício. Inerente à idéia de ter um bebê está a idéia de perdê-lo. Inerente à idéia de fazer um bebê está a possibilidade de falhar. Mas, à medida que a confusão e a angústia crescem, começamos a fazer perguntas. No início atribuímos os problemas à falta de técnica, à falta de preparo, à falta de sorte. Mas, sub-repticiamente, cresce a sensação secreta de fracasso pessoal, que tentamos em vão dominar e esconder. Depois de abordar o problema por todos os lados, somos forçados a questionar a premissa de que nos sairíamos bem como pais e mães. Quando outros pais confessam sua confusão, algo em nós sussurra aliviado: *Quer dizer que não sou o único? Quer dizer que é apenas um engano? Achei que eu seria mais esperto.* Quando a confusão é detectada e admitida como confusão, surge a possibilidade de uma compreensão melhor. É aí que a alegria e as risadas retornam à nossa condição de pais.

A Totalidade como Unidade

Mais cedo ou mais tarde, derrotados e frustrados depois de tantas tentativas de nos completar para atingir a totalidade, chegamos ao ponto de aceitar uma idéia diferente — a idéia de totalidade como unidade.

Como as ondas, as folhas das árvores, os raios do sol e as ilhas, tudo o que diz respeito a nós e aos nossos filhos pode ser visto de duas maneiras. À primeira vista, elas parecem coisas separadas, isoladas, vulneráveis, completas. Mas um olhar mais profundo revela a unidade entre a aparência e a fonte de cada uma delas: a ilha e a terra, a folha e a árvore, são na verdade uma coisa só. Cada aspecto do todo expressa o todo de maneira singular, e a relação de cada um com todos os outros é harmoniosamente governada pela realidade com a qual cada um é um.

Assim, *buscar a totalidade não significa mais adquirir, realizar e completar nossos eus, mas descobrir com o que somos um — para que assim possamos sê-lo.* Ser pai ou ser mãe não é ter filhos e nem alguma coisa que fazemos para eles; é um momento em que somos levados a descobrir a natureza do todo e nossa unidade com ele, um momento em que se esclarecem as idéias equivocadas e verdadeiras sobre nós mesmos. Há tantas coisas belas e boas — cabe a nós despertar para elas. E nossos filhos nos levam na direção desse despertar. No início, parece que somos dois ou mais eus separados — que têm um ao outro, fazem coisas um com o outro e tentam extrair a totalidade um do outro. Mas a vida nos força a procurar mais no fundo a realidade fundamental da qual derivamos nossa singularidade — e que nos guia no sentido de uma relação harmoniosa uns com os outros. Assim, este livro se chama *Tal Filho/Tal Pai — Pais e Filhos como Seres Totais,* e não *Tal Pai/Tal Filho...* para indicar que a totalidade não é adquirida, não é algo que um dê ao outro, que um imponha ao outro, que um obtenha ou tome do outro — mas algo para o qual despertamos.

Assim, percebemos que a meta do Eu S.A. — de totalidade como eu completo — é um erro básico. Poderia uma ilha existir separada da terra ou o raio separado do sol ou a folha separada da árvore? Assim também nós não existimos nem amamos separados daquilo a que pertencemos. Uma ilha passa a viver graças a outra ilha? Um raio de sol controla o outro? Nós também não causamos nem controlamos um ao outro. Nosso esforço sai pela culatra, não porque sejamos maus ou ineptos, mas porque ele não está de acordo com a verdade.

Isso não se aprende lendo um livro. É uma lição que precisa ser vivida. Os problemas não indicam defeitos nossos, mas apenas que uma idéia falsa revelou-se como tal. Melhor assim! Descobrir o que não é faz parte da descoberta do que é! A maternidade e a paternidade são momentos ricos, em que até mesmo nossos problemas podem ser apreciados como revelações valiosas. Cada passo do caminho nos mostra o que é verdadeiro e o que não é. A revelação do que não é tende a ser dolorosa — a revelação do que é tende a ser bela e libertadora. As duas ocorrem juntas. Tudo fica mais fácil quando se sabe disso, e nós nos tornamos mais alegres e mais capazes de amar. Nossos filhos nos ajudam assim como nós os ajudamos, deixando clara a distinção entre o que é e o que não é.

> Ao entrar na sexta série, um garoto descobriu de repente que seu mundo e sua liberdade tinham se ampliado. Tomou consciência de novas possibilidades: ele fazia sopa, assava biscoitos, fez um curso de primeiros-socorros e tratava os machucados do irmão. Enquanto isso, descobriu, aos trancos e barrancos, o verdadeiro e o falso. Por um lado, ele tinha um tremendo sentimento de liberdade e noção do próprio potencial, o que se expressava como alegria, confiança, generosidade, gratidão e repentes de bondade e amor. Vivia assobiando e às vezes, até mesmo no meio de uma tarefa chata, exclamava: "Sabe que eu estou feliz?" Ele se sentia agradecido. Mas em outros momentos, ele se sentia poderoso e importante, o que se expressava como euforia, ansiedade, exigência, competitividade, inveja, autoritarismo, ciúme e jactância. Às vezes era irritante, às vezes divertido e às vezes tocante. Quando gostávamos de seus biscoitos, ele dizia: "Não sou demais?" Ahá!

Como o joio e o trigo, essas duas idéias crescem juntas. Às vezes, querendo eliminar as ervas daninhas, marchamos determinados esmagando o trigo e, no fim, não arrancamos direito as ervas e ainda espalhamos suas sementes. Outras vezes recuamos. Percebemos então que o trigo é forte e verdadeiro e que as ervas vão desaparecer quando o trigo crescer. Com isso, vemos cada vez com mais clareza nossa própria confusão. Percebemos que as idéias que nos governam governam também nossos filhos. O comportamento deles é como uma biruta indicando a direção da nossa atenção. Com o passar dos anos, começamos a falar menos e a aprender mais com eles. E percebemos que eles aprendem mais com o nosso aprendizado do que com o que dizemos.

Reflexão Adicional: ao reler a história do meu jovem fazedor de biscoitos e a passagem sobre o joio e o trigo, percebo que na época eu sabia intelectualmente mais do que conseguia fazer ou ser. Se tivesse outra chance, recuaria ainda mais, deixaria crescer o trigo e o joio, corrigiria menos e ensinaria menos. Vimos que o Eu S.A. tem de se desenvolver antes de poder ser transcendido. Se temos consciência do Eu S.A., quando ele pergunta se não é demais, podemos responder com sinceridade: "Adorei os biscoitos. Obrigada! Aliás, eu *realmente* acho que você é demais e o amo!" Assim, ajudamos nosso filho a preservar a impressão de que o bom de fazer biscoitos é aprender, é compartilhar, é fazer uma coisa gostosa e crocante — e não, impressionar e agradar. Mas não enfatize demais o problema, gabando-se e chamando a atenção para si mesmo. Às vezes isso ajuda, mas pode também sugerir a nosso filho que nada do que ele faz é bom, que há algo errado em tudo o que ele faz — na verdade, que há algo errado com *ele*. Assim, ele pode desenvolver uma autocrítica severa demais. De qualquer forma, ele está desenvolvendo o Eu S.A. A noção do próprio eu é um pré-requisito para se relacionar com os outros. Por isso, é muito melhor que ele sinta que é um bom Eu S.A. do que um mau Eu S.A. E como ele vai entender que seu valor não está em jogo cada vez que ele faz alguma coisa se nós também fortalecemos essa idéia? Onde ele foi buscar a idéia de que existe uma ligação entre seu valor e seus biscoitos? Pois é. Quanto tempo ainda levaria para eu começar a perceber que às vezes o via apenas como uma expressão de mim mesma? Não tenha pressa e aproveite os biscoitos excelentes e o jovem fazedor de biscoitos que está emergindo. Não desperdice uma única migalha.

Amor e Inteligência: Em Desacordo

Nosso coração fica inquieto até descobrirmos nosso descanso em ti.

Santo Agostinho

De que realidade fundamental fazemos parte? Quando nos sentimos separados, do que nos sentimos separados? Na raiz de nossas aspirações — casar, ter filhos, carreira, amigos, posses —, reconhecemos dois impulsos básicos: o desejo de amor (que é sinônimo de bondade) e de compreensão (que é sinônimo de inteligência e ordem). Na luta pela totalidade, é sempre amor e inteligência que buscamos — expressar, encontrar no âmago da vida e do eu. Por querer isso para nós, temos filhos. E, tendo filhos, queremos a mesma coisa para eles. Com os anos, percebi que *nossos anseios são manifesta-*

ções de Deus. Que lá no fundo dos impulsos e comportamentos, até nos mais inadequados, está a saudável manifestação do divino em nós. Para que nossos anseios encontrem uma expressão saudável, precisamos descobrir sua ligação com a manifestação divina, com seu significado básico espiritual. Enquanto isso não acontece, a vida fica um pouco confusa, mas uma confusão que vale a pena resolver.

O Desejo

Pais e filhos buscam amor e inteligência. É um anseio que logo percebemos em nossos filhos: mesmo exaustos, depois de comer e tomar banho, só dormem quando o verdadeiro amor está presente; mesmo quando desmontam tudo em que põem as mãos, estão em busca de uma ordem subjacente — de segurança.

Como mulheres, não queremos apenas um lar (amor), mas uma carreira (inteligência). Como homens, não nos basta a carreira; queremos ser pais capazes de amar e de dividir. Nós que ficamos com as crianças queremos que todos saibam que esse é um "trabalho" que requer inteligência e amor. Nós que "vamos trabalhar" queremos também encontrar amor — além da realização profissional.

Como pais, a busca pelo amor e pela inteligência aparece na necessidade de amor e autoridade. Todas as teorias sobre a criação dos filhos enfatizam que o equilíbrio entre amor e autoridade é essencial para a criação de filhos felizes e totais. No lado do "amor" está a liberdade, a permissão, a gentileza, a generosidade, a cooperação; no lado "inteligente", a disciplina, a estrutura, a firmeza, a segurança, a independência. Todos nós sabemos que ambos são necessários. Todos nós tentamos — e ninguém tenta mais do que os pais — expressar as duas coisas. Mas descobrimos que não há teoria que nos dê o amor de que precisamos para amar nossos filhos ou o conhecimento de que precisamos para tratá-los com um mínimo de autoridade.

A Experiência

A criança corria do pai para a mãe: "Posso ir? Posso fazer isto ou aquilo?", perguntava ela. Nunca houve um sim ou não categóricos — sempre uma negociação. "Isso é com a sua mãe", dizia o pai. "Isso é com o seu pai", dizia a mãe. "Ela disse que depende de você", dizia a criança ao pai. "Ele disse que depende de você", dizia ela à mãe. Ela logo aprendeu o jogo. "Ela deixa se você deixar. Ele deixa se você deixar. Então eu posso?" O pai e a mãe queriam, cada um, ser ao mesmo tempo bons e corretos, amorosos e inteligentes. Nenhum dos dois queria levar a culpa. Então, finalmente, uma resposta que não era uma resposta. "Bom (suspiro), querida (suspiro), faça o que quiser, mas você sabe o que pensamos." Assim, a "escolha" recaía sobre a criança: uma escolha entre a culpa e o ressentimento. "Por que está emburrada?", eles perguntavam. "Dissemos que pode escolher." Os pais ficavam se perguntando por que ela estava infeliz. E ela também: "O que há de errado comigo?"

Geralmente, amor e inteligência parecem ser incompatíveis. Ser "bom" acaba não sendo bom; ser "correto" acaba sendo errado. Queremos ser bons *e* espertos, cuidadosos *e* respeitados. Quando é necessário amor, ficamos irritados ou apáticos; quando é necessário autoridade, ficamos inseguros. Nosso "amor" encontra a rejeição, a indiferença, a ingratidão, o ressentimento. Nossos planos cuidadosos e "inteligentes" são frustrados pelo caos e pela rebelião.

Mesmo assim, continuamos acreditando que o amor e a inteligência são necessários e possíveis. Alguma coisa em nós reconhece que ambos são vitais, essenciais, parte da nossa natureza. Sabemos que não estamos enganados ao buscar incansavelmente o amor e a inteligência.

O Significado

É a crença no Eu S.A. que divorcia o amor da inteligência. É quando nos vemos como seres isolados que o amor e a inteligência também ficam isolados um do outro, divididos em bonzinho mas bobo, astuto mas frio, masculino/feminino, trabalho/prazer, fraco/forte e, quando somos pais, severo/permissivo, bonzinho/firme, carinhoso mas indeciso. O Eu S.A., *por si só*, só consegue conceber amor e inteligência como algo que se tem e algo que se faz — para os outros, pelos outros, através dos outros e contra os outros. Em todos nós, o Eu S.A. age sempre *em interesse próprio*, transformando o amor em exploração, corrompendo a inteligência numa batalha pelo poder.

Para celebrar o aniversário de casamento, o casal sempre jantava em casa; um jantar íntimo e elegante. Num determinado ano, para poupar à mulher o trabalho de cozinhar, decidiram jantar fora. A mulher fez reservas no restaurante preferido dos dois. Mas, para fazer uma surpresa, o marido encomendou um jantar pronto e cancelou as reservas. Ambos ficaram surpresos. O jantar estava perfeito, mas a noite não. Ela ficou desapontada com a surpresa dele, ele ficou surpreso com o desapontamento dela. No ano seguinte, outra vez resolveram jantar fora e o marido fez as reservas. Mas, nesse ano, a mulher preparou em segredo a comida favorita do marido e cancelou as reservas. Novamente surpresa e desapontamento. Um estava tentando ser mais generoso do que o outro. Um estava impedindo o outro de dar.

Quando tentamos expressar amor e inteligência, geralmente impedimos que o verdadeiro amor e a verdadeira inteligência se expressem. Existe auto-expressão e expressão do Eu, expressão do Eu S.A. e expressão do Um subjacente. Quando estamos infelizes juntos, é possível que o Eu S.A. esteja se promovendo à custa dos outros eus, geralmente à guisa de amor. Quando há harmonia, podemos ter certeza de que a ênfase no Eu S.A. se perdeu na descoberta de nossa unidade com o todo.

> *... e quem perder a sua vida por amor de mim, achá-la-á.*
>
> Mateus 10:39

> *Antes que Abraão existisse, eu sou.*
>
> João 8:58

Amor e Inteligência: Unidos

Era um dia daqueles. Eu tinha uma coisa importante para fazer. Mas, do momento em que as crianças chegaram da escola até às 9:30 da noite, foi uma tarefa atrás da outra, uma sempre em conflito com a outra. Supervisionar o ensaio da música, encher o pneu da bicicleta, comprar o uniforme, pregar o distintivo, aprontar logo o jantar para não me atrasar para a reunião. E queixas ingratas porque tudo estava um caos. Na hora de dormir, a mãe/santa tinha se transformado em bruxa/mártir. Fiquei resmungando: *"Por que tudo eu?"* Às 9:30, quando fui pôr o meu filho na cama e vi a roupa suja no chão, fiz uma cena. Comecei suspirando e murmurando e acabei com um discurso cheio de frases como *depois de tudo o que eu fiz... era o mínimo que ele podia fazer...* Terminei de maneira irrelevante, perguntando para que ele achava que eu servia, se alguma vez já tinha pensado no assunto.

Ele ficou de pé na minha frente, ultrajado e com lágrimas nos olhos. "Posso dizer uma coisa?" Ele gaguejava.

"É claro." Eu já estava arrependida.

"Eu sei que devia ter posto as roupas no cesto. Mas do jeito que você falou foi só para... para... *falar de você mesma.*"

Falar de mim mesma! Ele tinha acertado no alvo. Era isso que eu tinha feito a noite inteira: tinha expressado o meu eu competente, inteligente, bom, amoroso, sábio, trabalhador, bem-sucedido, confiável, admirável, apreciável, completo. Ahá! Tudo isso se resumiu — e desmoronou — no meu discursozinho absurdo. Era uma idéia equivocada coincidindo com uma experiência ruim — e claramente perversa. Eu queria me mostrar boa e amorosa — mas eis que surge a natureza oculta e egoísta desse amor, que sempre provocava raiva e mágoa. Queria ser inteligente e sábia, mas eis que surge toda a estupidez dessa sabedoria. O que eu tinha feito, o que eu sentia e queria não servia de base para que a roupa fosse apanhada. Pelo contrário: como eu tinha me posto no centro da questão da roupa, obedecer seria um suicídio para o meu filho. Assim, minha virtuosa exigência de ordem estava na verdade produzindo o caos. Estupidez? Ou o quê? Qual era a verdadeira questão no caso da roupa? Uma boa pergunta. Ordem, paz, liberdade, pureza — dava para sentir meu Eu S.A. ceder à medida que o valor dessas qualidades espirituais me invadia. Será que eu realmente queria agir com amor e sabedoria? Será que eu realmente queria que o amor e a sabedoria se expressassem como bondade e ordem em nossa casa? Então eram essas qualidades, e não os pensamentos dos outros a meu respeito, que eu tinha de valorizar acima de tudo. Só então elas tomariam forma em nossa vida.

Mais uma vez percebi que havia muito para compreender. Mas eu estava grata porque, de uma maneira ou de outra, o que eu precisava ver *estava ficando claro*. A rapidez com que a atmosfera mudou me surpreendeu. Meu filho e eu estávamos rindo. O alívio e o amor nos inundaram. Como eu me senti amada ao perceber que a verdade que não conseguia entender se recusava a me abandonar. Como me senti aliviada ao pensar que ela também não abandonaria meu filho. Quem ou o que o tinha inspirado a descobrir que eu estava só falando de mim? Será que aquela mesma fonte de inspiração (que estava me ensinando através dele) também o ensinaria quando chegasse a hora? Será que não estava ali, como um pano de fundo, o Pai sábio e amoroso que nós dois tínhamos?

É possível que antes de casar e ter filhos, nunca tenhamos feito a pergunta: *o que é amor?* Continuamos a agir de acordo com as premissas equivocadas do Eu S.A. até que nossa experiência como pais nos mostre que nossa idéia de amor está ligada à exploração. Amor não é um sentimento. Não é algo que podemos dar ou que podemos obter do outro. Não é uma troca justa. O amor é um modo de perceber, uma maneira de ver. É, no fundo, *a* maneira de ver. Qualquer coisa que seja menos do que o amor não é conhecimento: é opinião ou crença, geralmente equivocada. O amor é a percepção exata da natureza do ser e de nossa unidade com ele. Amor é inteligência. Inteligência é amor.

Assim como é impossível que eus separados amem uns ao outros, é impossível que o amor não ocorra sempre que reconhecemos nossa unidade com a fonte e a força fundamental do ser, que é ele mesmo amor-inteligência e a que se dá o nome de Deus.

No princípio era o Verbo, e o Verbo estava com Deus, e o Verbo era Deus... E o Verbo se fez carne... cheio de graça e de verdade.

João 1:1-14

Amor-inteligência é o atributo básico de Deus, o aspecto mais fundamental da realidade divina. Ele se torna manifesto sempre que deixamos que isso aconteça.

Thomas Hora, *Existential Metapsychiatry*

A água é a verdade da onda. O resto — forma e tamanho, lugar no espaço, duração no tempo, força e velocidade — não tem relação com a verdade duradoura da existência da onda. Em sua liqüidez, a onda e o oceano são uma coisa só. A secura e a firmeza são a verdade da terra. Em sua solidez, a ilha, que parece estar flutuando, faz parte da terra. Superficialmente, cada onda é separada e cercada de ar. Mas a verdade profunda é que cada onda é totalmente sustentada pela água de que veio, de que é feita.

Como a água está para a onda, como a terra está para a ilha, a consciência está para nós. A capacidade de ser consciente é a nossa verdade. É a característica que nos define: ser cada vez mais conscientes. Na consciência, somos um com toda a consciência. Consciência é ver, é a percepção de tudo o que realmente é. Como a substância da verdade é idéia e a substância da idéia é espírito, toda a verdadeira consciência é consciência espiritual.

E Ele é antes de todas as coisas, e todas as coisas subsistem por Ele.

Colossenses 1:17

O conceito de *bebê*, de *criança*, de *adolescente* são limitados, assim como a onda é uma representação limitada do conceito de água. Todos esses conceitos implicam imperfeição, fraqueza, dependência, inconsciência. Mas a verdade do ser da criança é total. Essencialmente, ele não pode ser semi-verdadeiro, assim como a onda não pode ser meia-água. Assim, a consciência perfeita é a verdade do ser da criança. O resto, por mais convincente que pareça no momento, é transitório e não-verdadeiro. Tudo o que termina não tem substância. A verdadeira substância é aquilo que é substancial, não-ilusório. O verdadeiro amor é substancial. O amor ocorre quando diferenciamos o substancial do insubstancial, o verdadeiro do não-verdadeiro, permitindo que o não-verdadeiro sucumba no nada.

O Despertar do Ser-Que-Vê

Há um mito hindu sobre o Eu ou Deus do universo, que vê a vida como uma brincadeira. Mas como o Eu é aquilo que é e tudo o que é e, portanto, não tem ninguém com quem brincar, ele joga o jogo cósmico de esconde-esconde consigo mesmo. Assume papéis e máscaras de pessoas como você e eu e assim se envolve em aventuras emocionantes e terríveis, esquecendo-se sempre de quem é. Finalmente, o Eu desperta de seus muitos sonhos e fantasias e se lembra de sua verdadeira identidade, o único e eterno Eu do cosmos, que nunca nasce e nunca morre.

R. H. Blyth, em *Games Zen Masters Play*,
selecionado e editado por Robert Sohl e Audrey Carr

Passar da primeira infância à maturidade não é uma questão de mudar da condição de bebê para a de adulto, mas de trazer à luz e à vida o que já existe. A questão não é o bebê se tornar o que não é, mas se tornar o que é: uma consciência consciente, um Ser-Que-Vê.

A verdade é o que *é*. O *é* acontece *agora*. E é sempre agora. O *era* não é mais. O *será* não é ainda. Só a verdade sempre *é*. O que passou não é verdade. Só o que sempre *é* é verdade. O desamparo e a limitação que definem um bebê como bebê vão passar. A única qualidade dele que vai crescer é a consciência. Todas as fraquezas que nos definem como pessoas vão passar, a única qualidade que vai permanecer é a consciência. Ninguém é nem jamais foi Eu S.A. — nós *somos* Seres-Que-Vêem.

Isso vale para nós como pais e para nossos filhos. Diante do fato de que não somos pais perfeitos, tantas vezes ficamos desanimados. Estamos sempre às voltas com o fato de que não conseguimos, por mais que queiramos, ser pais perfeitos e criar filhos perfeitos. Tentamos nos contentar com menos. Desistir. Fazer uma concessão. Ser realistas. Mas a escolha não é entre ser pais perfeitos ou imperfeitos. A escolha, nessa questão como em outras, é agir em prol de nós mesmos ou da realização espiritual — para ver o que é.

Assim, na paternidade e na maternidade a questão é aprender, despertar, "chegar lá" — a questão não é conseguir. Não importa quando chegaremos a essa compreensão — se é ou não antes dos filhos nascerem. Quando isso acontece, ela nos libera. Assim, o momento de maior vergonha ou desespero pode ser o ponto da virada, quando o amor e a sabedoria de que não éramos capazes começam a prevalecer.

A manifestação do amor, que é uma idéia (ou ideal), depende do despertar, que não é uma questão de fazer ou ter, mas de se revelar. Não se possui o amor. Não se faz a sabedoria. Mas, à medida que compreendemos o que é o ser, nós nos tornamos, cada vez mais, sua expressão. Ver de verdade é amar. Deus se traduz através de nossa capacidade de ver o ser — de ser.

O Palhaço e a Luz

O palhaço vê o ponto de luz no chão do palco. Ele o cobiça e tem razão. A luz é boa e necessária para sua vida e felicidade. Ele *tem* que tê-la. Mas é aí que sua compreensão o trai; ele não compreende o que vê. O ponto de luz parece bonito, quente — uma coisa que ele quer. Ou talvez queira que o ilumine. Ele tenta pegá-lo na concha da mão — para pô-lo no bolso, para aquecer a mão ou para se fazer mais notado. Anda aos trambolhões pelo palco, tentando apanhá-lo com pá e vassoura, caindo, se machucando, fazendo papel de bobo. No final, depois de cair do palco e atravessar o tambor da orquestra, ele fica desesperado. Na nossa história, ele faz um gesto desanimado e olha para cima — e vê a luz batendo em seu rosto. Olha em volta — a luz está em toda parte. Ele a vê e é guiado por ela, podendo agora andar com segurança e graça. O que aconteceu? O palhaço e a luz são uma coisa só. Sempre foram uma coisa só. A luz ilumina, o palhaço vê. Iluminar e ver são uma só coisa. O ponto de luz no chão não era a luz, mas significava a luz. O palhaço, ao ver, também significa a luz. O que ele tentava conseguir é o que ele já era: um Ser-Que-Vê.

Filho, tu sempre estás comigo, e tudo o que é meu é teu.

Lucas 15:31

A paternidade e a maternidade são o curso de amor mais intensivo do mundo. Não somos pais só para dar ou receber amor, mas para descobrir o amor como fato fundamental da vida e como verdade do nosso ser, trazendo-o assim à expressão. Pais e filhos — todos filhos — embarcamos juntos nessa viagem. É uma viagem muito diferente do que esperávamos — da zona crepuscular do mito do Eu S.A. à realização do Ser-Que-Vê. Continuamos a lutar, mas é bom saber disso. Como quem acabou de acordar, tateamos no escuro sob um véu de ignorância — às vezes frustrados e zangados, muitas vezes com medo — enquanto a luz perfeita do dia não pára de brilhar através da janela. De repente, nos espreguiçamos, piscamos e nos vemos na luz, conscientes do que há de bom em nós, no outro, à nossa volta. Amando.

Mas a vereda dos justos é como a luz da aurora que vai brilhando mais e mais até ser dia perfeito.

Provérbios 4:18

Em seus últimos anos, quando a Índia vibrava com sua mensagem e os próprios reis se curvavam diante dele, as pessoas vinham a ele como depois viriam a Jesus, perguntando o que era ele. Quantas pessoas provocaram nos outros essa pergunta: não "Quem é você?" com respeito ao nome, origem ou descendência, mas "O que é você?" — a que ordem de ser você pertence, que espécie você representa? Não César, com certeza. Nem Napoleão, nem mesmo Sócrates. Só duas: Jesus e Buda. Quando as pessoas levaram sua perplexidade ao próprio Buda, a resposta que ele deu foi uma mostra de toda a sua mensagem.

"Você é um deus?" perguntaram. "Não." "Um anjo?" "Não." "Um santo?" "Não." "Então o que é você?"

Buda respondeu: "Eu sou iluminado." Sua resposta se transformou em seu nome, pois é isso que significa Buda. A raiz sânscrita, budh, denota ao mesmo tempo despertar e conhecer. Buda significa então "O Iluminado" ou "O Desperto". Enquanto o resto do mundo estava envolto num útero de sono, sonhando um sonho conhecido como vida desperta dos homens mortais, um homem levantou. O budismo começa com um homem que sacudiu o torpor, a inércia, o começo semelhante a um sonho da consciência comum. Começa com um homem que despertou.

Huston Smith, *The Religions of Man*

Hui-Neng disse: "Se você vem pela fé, deixe para trás todos os seus desejos. Não pense no bem, não pense no mal, mas veja como está neste momento o seu rosto original, aquele que você tinha antes de nascer."

D. T. Suzuki, *Zen Buddhism*

Buda disse: "Seja uma candeia para você mesmo, seja como uma ilha. Lute muito, seja sábio. Livre da fraqueza, você vai encontrar a liberdade do nascimento e da velhice."

The Dhammapada, tradução, para o inglês, de P. Lal

Jesus disse: "Necessário vos é nascer de novo."

João 3:7

2

Espírito

Meister Eckhart disse: "A semente de Deus está em nós. Havendo um fazendeiro inteligente e trabalhador e um empregado diligente, ela vai florescer e crescer até Deus, semente de Deus que é; e portanto seus frutos serão natureza-de-Deus. Sementes de peras se transformam em pereiras, sementes de nozes em nogueiras, e sementes de Deus em Deus."

Meister Eckhart, tradução, para o inglês, de R. B. Blakney

No princípio era o Verbo.

João 1:1

Para Começar a Entender

A paternidade e a maternidade estão entre as mais belas fases da existência humana. Mas é bom analisar quais são as nossas expectativas com relação ao bebê que está a caminho. Em geral, nós nos imaginamos encantados com o bebê engraçadinho ou com a criança interessada e cheia de perguntas — e é claro que isso também faz parte dessa maravilhosa experiência. Mas há coisas que dificilmente nos imaginamos dizendo. Por exemplo: "Não, meu bem, você vai ter de beber o leite para conseguir tirar o macarrão do fundo do copo." A lista de coisas que nunca me imaginei dizendo cresceu com os anos. "Por favor, não ponha mais moedas na massa da pizza." "Por favor, pare de lamber o sofá." Ou num estacionamento lotado: "Por favor, *não* vá desabotoar de novo a minha saia quando eu estiver amarrando os seus sapatos." E quantas vezes você consegue acordar alegremente no meio da noite porque seu filhinho, que ainda não aprendeu a usar o banheiro, entra na sua cama, tira a fralda e diz alegremente que quer fazer xixi?

Senso de humor ajuda, mas para aguardar tudo isso com alegria e realismo é bom ter uma boa idéia do que vem pela frente.

O importante é o despertar espiritual. É a força que impulsiona, o desejo do coração, a tarefa de pais e filhos. É para isso que estamos juntos e esse é o único caminho viável. A paternidade, a maternidade e a vida humana são uma viagem espiritual, mas nem por isso são coisas do outro mundo. A verdade é extremamente prática, ou não é a verdade. De fato: é no que é prático e encarnado que a verdade se realiza e ganha expressão. É só quando percebemos que a verdade se aplica às nossas experiências mais mundanas que podemos falar em realização. De vez em quando, percebemos a expressão, na experiência comum, de um princípio verdadeiro. Mas, em geral, é uma experiência problemática que nos leva à verdade.

De repente, estamos às voltas com um bebê; ele chora enquanto nós tentamos acalmá-lo, limpá-lo e fechar a fralda, tudo ao mesmo tempo. Quando aprendemos a lidar com essas situações, as fronteiras se modificam. Agora temos um adolescente que não conseguimos entender. Mas mesmo que vocês não sejam mais pais novatos e cheios de expectativas, a concepção é um bom ponto de partida. Mesmo quem tem filhos mais velhos ainda se lembra da maravilha que é conceber um filho. Esse foi e continua sendo um grande acontecimento. Mas quem pensávamos que éramos? Quem, o que, pensamos que somos? O que é concebido no momento da concepção?

Concepção

Costumamos dizer que *damos* à luz, que *temos* ou que *fazemos* bebês. Mas se dar, ter e fazer é tudo o que entendemos desse processo, nós e nossos filhos seremos infelizes. Ter filhos não nos torna pais: só nos dá trabalho. Para ser pais, temos de nos tornar paternais ou maternais. A concepção começa quando concebemos pela primeira vez a idéia de ser pai ou de ser mãe. Agora temos a responsabilidade de aprender o que significa a paternidade e a maternidade e de nos redefinir de acordo com isso. Temos *pelo menos* nove meses! Para começar, eis uma boa pergunta: O que é tão maravilhoso na chegada de um bebê? Por que é tão maravilhoso ser pai ou mãe? Muitos têm filhos antes de fazer essas considerações. Mas é melhor pensar um pouco na idéia logo que ela nos ocorre, logo que concebemos.

Paternidade e Maternidade

Mesmo nos primeiros anos, a dependência dos filhos é bastante superficial. Dizemos que, no útero, a criança é completamente dependente da mãe, mas ela não precisa dos cuidados dela — a mãe é meramente o ambiente em que ela está. Enquanto esse ambiente servir, ela vai continuar a se desenvolver, mesmo que a mãe nada saiba sobre maternidade ou filhos. Ela não está fazendo a criança: só a está hospedando.

Depois do nascimento, a situação básica é só um pouco diferente; nossa experiência é que é muito diferente. A infância também é uma condição provisória a ser superada, e é dado a nossos filhos sentir fome e sede do que precisam para superá-la. Como pais, continuamos a ser seu ambiente — só que agora mais mental e espiritual do que físico — e os guardiães desse ambiente.

Em suma, não moldamos, não fazemos nem criamos nossos filhos. Podemos ajudar ou atrapalhar, mas nossa responsabilidade básica é principalmente a de custódia.

Então, quem precisa de quem? É claro que a criança precisa dos pais, e todos sabem que pais ignorantes, irresponsáveis ou superprotetores podem prejudicar os filhos. Mas nós também precisamos de nossos filhos — embora não seja tão óbvio, esse fato é existencialmente decisivo. Há pessoas que não têm filhos, mas conseguem desenvolver qualidades maternais e paternais. Mas, em geral, são os filhos que nos despertam para essas qualidades. Elas são necessárias à nossa realização e têm um valor mais duradouro do que muitas lições da infância. Nós as desenvolvemos para o bem dos filhos, mas é a nós que elas mais beneficiam. O benefício não está em ter filhos, mas na descoberta do amor e da capacidade de amar.

> *Each man to himself, and each woman to herself, such is the word of*
> *the past and present, and the word of immortality;*
> *No one can acquire for another — not one!*
> *No one can grow for another — not one!*
>
> *The song is to the singer, and comes back most of him;*
> *The teaching is to the teacher, and comes back most to him;*
> *The murder is to the murderer, and comes back most to him;*
> *The left is to the thief, and comes back most to him;*
> *The love is to the lover, and comes back most to him;*
> *The gift is to the giver, and comes back most to him — it cannot fail;*
> *The oration is to the orator, the acting is to the actor and actress, not to*
> *the audience;*
> *And no man understands any greatness or goodness but his own, or the*
> *indication of his own.*

Walt Whitman, "A Song of the Rolling Earth
(A Carol of Words)"

[Cada homem por si, cada mulher por si, tal é a palavra do
   passado e do presente, e a palavra da imortalidade;
Ninguém pode conquistar pelo outro — ninguém!
Ninguém pode crescer pelo outro — ninguém!

A canção é para o cantor, e é para ele que volta;
O ensinamento é para o professor, e é para ele que volta;
O crime é para o criminoso, e é para ele que volta;

O roubo é para o ladrão, e é para ele que volta;
O amor é para quem ama, e é para ele que volta;
A dádiva é para quem dá, e é para ele que volta — não pode falhar;
O discurso é para o orador, a atuação é para o ator e para a atriz, não para a audiência;
E não há homem que entenda qualquer grandeza ou bondade, a não ser a própria, ou a sua indicação.]

Se o Tao (o Caminho) pudesse ser dado de presente, todos o dariam aos pais. Se desse para falar sobre o Tao, todos falariam dele com os irmãos. Se o Tao pudesse ser herdado, todos o deixariam para os filhos e netos. Mas ninguém conseguiu.

Gravidez

É a idéia de maternidade ou de paternidade que é concebida no momento da concepção. Assim, a gravidez não é apenas um tempo para a criança se desenvolver no útero da mãe. É principalmente um tempo para que o conceito de maternidade e de paternidade se desenvolva na consciência dos pais. Assim, pai e mãe ficam grávidos — com sementes de maternidade e paternidade. É bom que usem os nove meses da gravidez para se preparar não apenas para a criança, mas também para sua nova condição. Mesmo sem filhos, quando temos vontade de ser maternais ou paternais, quando concebemos essa idéia, ficamos grávidos — e continuamos grávidos até que ocorra a compreensão. Nesse sentido, continuamos a conceber — e continuamos grávidos — muito depois de nossos filhos nascerem.

Na gravidez, há preparativos a fazer, técnicas a aprender, informações a buscar. Mas não basta se preparar para o parto e providenciar coisas para a criança. É preciso buscar as questões mais profundas na vida dos pais e do filho.

O Necessário e o Essencial

Há tanta coisa para pensar, tanta coisa para comprar, tanta coisa para ler, tantos livros sobre o nascimento e a educação dos filhos. É fácil extrapolar e mergulhar na confusão. Como saber o que é importante e o que não é? Comece fazendo uma distinção entre o necessário e o essencial.

Somos *essencialmente* Seres-Que-Vêem. Assim, a harmonia do nosso ser — e até seus aspectos mais mundanos — depende da nossa capacidade de ver o que é. Enfrentando a vida como Seres-Que-Vêem, não lidamos com as situações do ponto de vista do bom e ruim, do certo ou errado, do como fazer e como não fazer, mas do ponto de vista do que *é* e do que *não é*. Para chegar a esse discernimento, é útil estabelecer uma diferença entre o *necessário* e o *essencial*.

Considerar as questões mais profundas e essenciais do ser nos orienta ao que é realmente necessário, pertinente à essência do nosso verdadeiro ser. Ao mesmo tempo, conseguimos lidar com as trivialidades transitórias mas exaustivas da maternidade e da paternidade com o máximo de inteligência e o mínimo de confusão. Por exemplo, o Ser-Que-Vê tem uma necessidade básica de paz, mas um lugar para dormir que seja à prova de tombos é uma necessidade temporária. Se estiver clara, essa distinção permite a escolha de um berço simples, seguro e de preço acessível. Quando entendemos que o Ser-Que-Vê tem necessidade essencial de amor, mas que a necessidade de atenção constante é temporária, conseguimos abrir mão de um pouco de sono e de vida social a favor de um pouco mais de tempo com o bebê. Conseguimos também soltar nossos filhos num círculo cada vez mais amplo de amor, sem sentir que os estamos abandonando ou que eles estão nos abandonando. O ideal, o essencial, o verdadeiro, é eterno e espiritual. Assim, enquanto fazemos o que é necessário no momento, é bom não perder de vista o que tem significado mais duradouro. Isso faz com que as dificuldades do momento se limitem ao momento e nos livra dos exageros e da dispersão. É a primeira visita dos seus pais depois que o bebê nasceu e você quer que tudo esteja perfeito. Mas o bebê não lhe dá um minuto para preparar o tal prato especial e você está fora de si. Sabendo a diferença entre essencial e necessário, você percebe que não é importante exibir ao mesmo tempo seus dotes culinários, seu traquejo social e a habilidade de vocês dois como pais. Seus pais vão gostar de tomar conta do bebê enquanto você for comprar uma pizza. Quando voltar, ele terá dado o primeiro sorriso para o seu pai e dormido no colo da sua mãe. Vão estar todos radiantes. Ter em mente o significado essencial e espiritual da situação nos mantêm no caminho da completa realização do ser espiritual essencial — o nosso e o dos nossos filhos.

As fraldas parecem assumir o controle da nossa vida por algum tempo. Depois, perdem totalmente a importância. Mas, para os pais, ocorre algo de essencial nesse envolvimento com o trivial. O necessário e o essencial se tocam. Quando deixamos de lado os prazeres e a vida habitual para levantar à noite e cuidar do bebê, somos forçados a descobrir o que é essencial — e o que não é. Ficamos indo e vindo do necessário para o essencial, do Verbo para o Verbo feito carne, do ver para o ser, da idéia básica para a expressão "prática". Fraldas, alfinetes, sutiãs para amamentar, berços — para os pais novatos, esse é um ponto de partida. Para os pais de filhos mais velhos, ou para qualquer um de nós, pais ou não —, os princípios básicos são os mesmos. Sempre haverá necessidades e sempre haverá momentos para perceber e expressar o essencial.

A Preparação

Enquanto você experimenta a camisola que usará na maternidade ou enquanto você, pai, amarra os sapatos que sua mulher barriguda não alcança mais, considere o que é a maternidade e a paternidade. Na essência, o que é isso? Não a maneira de agir ou a sensação — mas *o que é*. Não o que acontece com o corpo ou com a vida sexual — mas *o que significa*. O que acontece a longo prazo? Uma mudança na carreira — você vai virar ginecologista, obstetra, neonatologista, psicólogo infantil ou pediatra? Ah, vai ser mãe! E você vai ser pai! E o que é isso? Alguém que promove o desenvolvimento da criança? Muito bem. Então, o que é essencialmente uma criança?

Quando deixa de ser feto, ele se torna uma criança e vocês vão ter muito mais trabalho do que imaginam, mas o tempo inteiro ele estará deixando de ser criança. E o que ele será então? O que há na criança que, desde o início, se torna cada vez mais — e não menos — evidente? Você sente essa essência como vitalidade quando ele chuta dentro da sua barriga, pressionando os limites. Quando nascer, ele vai olhar para você, e você vai ver essa essência em seus olhos. De onde ela vem? O que é? Como você vai criar esse Ser-Que-Vê?

> *Unto us a child is born*
> *Unto us a son is given*
> *Not out of us*
> > *by us*
> > *from us.*
>
> *Not we are going to make*
> > *we are going to have*
> > *we are going to get or produce*
>
> *But unto us a child*
> > *Is born*

[Entre nós uma criança nasce
A nós um filho é dado
Não de nós
    através de nós
    por nós

Não somos nós que vamos fazer
vamos ter
vamos produzir

Entre nós uma criança
nasce]

Compras lúcidas. Enquanto você faz compras para o bebê que vem aí, enquanto espera na fila, ou até mesmo enquanto escova os dentes, pratique ser a mãe de um filho de Deus. Além de abraçar, acariciar, cuidar, fazer arrotar e trocar as fraldas, o que é a *maternidade* e a *paternidade*? É ver em todos o filho, o filho do bem, o filho de Deus. Bons pais não perdem de vista essa bondade essencial; eles a incentivam e lhe preparam o caminho. Aprenda a respeitar em silêncio a criança que há em todos, *ainda mais* quando ela não é aparente. Desassocie da realidade essencial de cada pessoa todas as características ruins, imperfeições e fraquezas aparentes — inclusive quando se trata de você mesmo.

> *Pai, perdoa-lhes, porque não sabem o que fazem.*
> Lucas 23:34

Compre uma banheira ou prepare um lugar para dar banho na criança e *tome consciência* de sua unidade com o amor. Arrume um lugar para trocar fraldas milhares de vezes, milhares de vezes suspirando ou milhares de vezes admirando a pureza, a bondade, a perfeição e a *consciência impressionante* do bebê. Arrume um cadeirão, onde vai limpar mil vezes a comida derrubada, mil vezes zangada ou mil vezes ciente de que é o amor e a inteligência que alimentam vocês dois. Compre um carrinho que acomode o bebê, e de onde ele possa *ver* o que está acontecendo. Faça ou compre alguns brinquedos, um móbile, uma caixinha de música, uma lâmpada suave. O que houver de melhor para sentir, mastigar, tocar, ouvir *e ver*, meus queridos.

Compre um berço ou prepare um lugar que acomode o corpo do bebê, para que ele durma o sono de que precisa. Essa é a necessidade. Mas qual é a essência da hora de dormir e do sono? No berço, os pais e a criança descobrem que a vida continua mesmo quando estão separados. É então que vocês descobrem que têm necessidade de paz. É esse o ponto de partida. Essa visão vai ajudá-la a escolher bem o berço ou a cama, e a evitar batalhas na hora de dormir — ou a enfrentá-las.

Limpeza do Armário

Os fatores mais importantes da vida dos filhos não são a escola, a televisão, os colegas ou a vizinhança, mas o que os pais valorizam, o que odeiam e o que temem.
Thomas Hora, *Existential Metapsychiatry*

Antes que o bebê chegue, jogue fora as roupas velhas que tem no guarda-roupa — as roupas que costuma guardar caso voltem à moda. Jogue fora toda a velharia do porão e da garagem — as coisas que ia consertar mas que substituiu por coisas melhores. Faça o mesmo com as idéias inúteis ou antiquadas. Pelo menos traga-as para fora e experimente-as. Uma mulher me contou que durante muito tempo teve dois guarda-roupas: as roupas de que gostava e as roupas que os pais queriam que usasse. O que são meus preconceitos? De quem são eles na verdade? Que imagem mental faço do meu filho e de mim mesma como mãe? De mim mesmo como pai? Quais são minhas preocupações? De onde vêm? De Deus? Da sociedade? Dos meus pais? Elas têm alguma verdade ou valor essencial? Ou são só pressupostos que atrapalham?

Bolas, Extravagâncias e Fantasias

Você pode ou não jogar fora sua velha bola de futebol ao limpar o armário. Isso não faz diferença. Mas cuidado com as fantasias. Observe o seu papel nessas produções: Metrogoldwyin Eu S.A. apresenta a madona, o pai bonzinho, a família unissexual liberada, ecologicamente consciente. E se a sua filha não gostar de brincar com bonecas? Pior ainda, e se gostar? E se o seu filho quiser uma boneca? E se não quiser? Durante a gravidez, a bola de futebol não é necessária nem essencial. Mas se a sua mulher contou que estavam grávidos e seu primeiro impulso for sair correndo e comprar uma bola de futebol, *cuidado*. A idéia de que você e seu filho ou filha serão "camaradas" é excelente; mas o pensamento dessa necessidade tomar forma de uma bola de futebol é alguma coisa para jogar fora do seu armário mental.

Achando que sabem tudo, muitos pais ditam a maneira pela qual a mensagem do filho deve ser transmitida e fazem mais: ditam a própria mensagem. Isso gera confusão, desânimo e finalmente fracasso.

> *Os pais deveriam estimular a individualidade da criança, removendo paciente-*
> *mente todos os obstáculos do caminho, sabendo que a mensagem de cada um vem*
> *de Deus — é divina; e que o verdadeiro eu da criança, como o nosso, vem da eter-*
> *nidade — dois raios de luz divina do mesmo valor, mas apontando em direções di-*
> *ferentes.*
>
> Nora Holm, *The Runner's Bible*

Coisas que Podem Dar Errado na Hora H

Medos são pensamentos sobre o que não deveria acontecer. Tememos por nossos filhos. Não queremos que nada de desagradável lhes aconteça. Mas, dizemos, temos que ser "realistas". Alguns desses medos são tão horríveis que nem pensamos neles, mas há outros que parecem mais aceitáveis. Os medos aceitáveis são pequenos e aparentemente inevitáveis. Certos de que "nossa cota" de medos vai se realizar, nós nos munimos de linimentos, vitaminas e uma atitude saudável, confiantes de que saberemos lidar com eles — evitando alguns, enfrentando outros.

É longa a lista de medos aceitáveis: cólica, fraldas, assaduras, mamadas noturnas, dentição, reações a injeções, chupeta, dentes tortos de tanta chupeta, mimos demais, alergias, mamadeira, amamentação, ciúme dos irmãos. Essas coisas são aceitas há tanto tempo que nem mesmo as questionamos. E para nós nem crenças são; nós as chamamos de "fatos da vida". Além do mais, somos bombardeados por novas sugestões e por velhas sugestões maquiadas. Há um anúncio de um produto para a pele que começa assim: "Quando o seu bebê tiver uma assadura... " *Quando!* Não *se*, mas *quando!*

Então, são esses medos que se tornam aceitáveis. Mas são tantos que podem nos consumir. Não podemos simplesmente ignorá-los, evitá-los, negá-los ou arrancá-los do armário mental. Mas podemos questioná-los. Ninguém escapa de todos esses problemas, mas quase ninguém é assolado por todos eles. E ninguém tem todos os problemas da lista. É claro que alguns são comuns, mas nenhum deles é absolutamente necessário. Então, os bebês podem crescer sem passar pelos desconfortos que sempre achamos inevitáveis. Que tal isso?

Medos são pensamentos sobre o que não deveria acontecer no futuro. Assim, como os desejos, são fantasias. Como ainda não aconteceram, de certa forma não são reais. Mesmo assim, nós nos preocupamos com eles. Durante a gravidez, é bom examinar nossas preocupações. Podemos ao menos tirá-las dos recessos do armário mental e examiná-las, como se fossem roupas velhas. Cabem até as mesmas perguntas: Ainda servem? Combinam com alguma coisa? Ainda dá para usar ou está na hora de virar pano de chão? Se não servem mais para usar, mas mesmo assim gostamos delas, do que será que realmente gostamos? Será que o Eu S.A. tem algum interesse nessas idéias? São figurinos para Metrogoldwyn Eu — o herói? O mártir?

A Morada do Ser-Que-Vê

No seu navio, Scuppers tinha um quartinho. No quartinho, Scuppers tinha um gancho para pendurar o chapéu e um gancho para a corda e um gancho para a luneta e um lugar para os sapatos e um beliche alto para se acomodar.

À noite Scuppers jogava a âncora no mar e descia para o seu quartinho.

Ele punha o chapéu no gancho para o chapéu, e a corda no gancho para a corda, e a luneta no gancho para a luneta e os sapatos embaixo da cama e deitava na cama, que era um beliche, e ia dormir.

Margaret Wise Brown, *The Sailor Dog*

Durante a gravidez, nossos filhos vivem em nosso corpo físico. Nunca mais vamos estar tão intimamente ligados, mas poucas vezes vamos saber tão pouco um do outro. Quando ele nasce, de repente e finalmente, vamos olhar um para o outro, uma experiência avassaladora que não dá para descrever. Os pais são ainda mais afetados do que as mães — é só então que a criança se "torna uma realidade".

Por mais dramática que pareça a experiência do parto, para a criança a mudança do útero para a sala de parto não é tão terrível quanto pensamos. Ela continua sendo o que sempre foi: uma idéia perfeita e única, espiritualmente total, sem começo nem fim. No plano material, ela é a realização desse eu ideal ou um ser imaturo em busca de maturidade — seja como for, a mudança do útero para o colo não é tão terrível.

Keizan disse: "O nascimento não consegue alterar a mente, a encarnação não consegue transmudar a Natureza Original. Apesar da mudança no corpo físico e no essencial, a mente é como sempre foi."

Zen Poems, Prayers, Sermons, Anecdotes, Interviews,
tradução, para o inglês, e edição de Stryk e Ikemoto

No útero ou fora dele, as crianças pequenas vivem quase que inteiramente dentro dos limites da consciência dos pais. A criança muito pequena está sujeita a *experiências* e *encontros* (ver página 129) que são em grande parte governados pela consciência ignorante ou iluminada dos pais. Como na fase uterina, ela vive em nós depois de nascer. Somos seu ambiente enquanto ela for criança.

Assim, ao preparar um quarto ou um canto para o bebê que vai chegar, devemos buscar a consciência mais elevada possível do lugar ideal para a pessoa ideal, e descobrir então como traduzir as qualidades desse lugar ideal em termos que a criança aprecie. Que qualidades ideais desejamos que ela encontre, que tenha à sua volta? O que vai satisfazer sua necessidade de realizar o eu ideal? Não devemos levar em conta a aparente limitação e fraqueza do recém-nascido, mas seu eu ideal, espiritual; seu potencial. Assim, fica claro que o ambiente certo deve ter paz, beleza, ordem, simplicidade, alegria e amor.

Essa visão nos protege de ver o bebê como algo que precisamos ensinar e entreter através de constante bombardeio sensorial — quanto mais melhor — e de não levar em conta a mensagem que o atinge através dos sentidos. Com um pouco de exposição à propaganda e um passeio pelas lojas já corremos o risco de desperdiçar tempo, dinheiro e esforço num quarto de bebê que vai se revelar ineficaz, perigoso, incômodo, monótono, desagradável e impossível de manter em ordem. Com tantas coisas engraçadinhas e cheias de movimento, as paredes ficam entulhadas; o chão fica perigosamente cheio de brinquedos; a cama fica parecendo uma cela acolchoada, cheia de coisas que a criança vai jogar de lado. O quarto, que deveria ser um lugar de paz, transforma-se num lugar agitado onde ninguém gosta de ficar.

Tendo em mente a natureza essencial da criança, somos orientados a preparar um quarto em que ela se sinta realmente à vontade. Quando cultivamos uma consciência de paz, beleza, ordem e amor, essas qualidades se refletem na decoração, nos móveis e nos arranjos do canto ou do quarto da criança. A idéia é *destinar tudo o que há no quarto à criança ideal e não só à material*, sem perder de vista o aspecto espiritual ou essencial de cada elemento do quarto.

• *Chão*: segurança, base, liberdade. Em vez de torná-lo perigoso e entulhado, faça com que tenha uma aparência espaçosa.

• *Paredes*: segurança, proteção, privacidade, mas também liberdade. Não deixe que fiquem entulhadas demais, confinando e oprimindo.

• *Luminárias, janelas, cortinas*: luz, iluminação, ver, compreender. Escolha coisas que ajudem a criança a ver além do quarto, não coisas que prendam seus olhos e sua atenção. Há tantas coisas engraçadinhas à venda que é fácil deixar o quarto tão sobrecarregado que a vista da janela é a última coisa que a criança vai descobrir.

• *Brinquedos*: realização, consciência em desenvolvimento. Como no caso das luzes e da janela, a função dos brinquedos é levar a criança além de si mesma, e não simplesmente divertir.

• *Cama*: paz, quietude, entrega. Não é uma jaula, nem um chiqueiri-nho, nem um centro de aprendizado e realizações.

• *Arranjos*: simplicidade, ordem, eficiência, unidade.

• *Decoração*: beleza — no sentido de ver além.

Esse quarto será alegre e não apenas excitante (que logo enjoa). Será animado e bonito, mas não estimulante demais. Vai enfatizar o vir-a-ser mais do que o ter, o ver mais do que o que é visto, o compreender mais do que o fazer. E o amor — como um quarto reflete o amor? Impossível dizer, pois é o resultado geral da consciência da verdadeira bondade — a bondade da criança e a bondade da vida como se apresenta a nós, os pais, hoje.

É claro que não é o quarto que vai dar paz, amor, segurança, beleza ou visão à criança. É na nossa consciência que ela encontra essas qualidades. Muito mais forte do que as mensagens que vêm através dos sentidos é o en-contro espiritual imediato com o que governa nossa consciência. Assim co-mo a alimentação da mãe determina a qualidade do leite que o bebê recebe ao mamar, assim a qualidade do que temos no coração determina o que nos-so filho encontra. Preparar o quarto não é tão importante, a não ser como exercício espiritual para os pais. Mesmo dormindo em qualquer lugar e vi-vendo sem nada, nossos filhos podem ser felizes e crescer lindamente — basta que sua morada terrena, a mente dos pais, seja cheia de amor.

Reflexão Adicional — Utilidades do Quarto da Criança

Uma boa avaliação dessas questões não apenas nos ajuda a projetar e mobiliar o quarto do nosso filho, mas também nos orienta a usá-lo como:

• *Um lugar para ficar a sós.* O quarto é onde a criança aprende a ficar sozinha, a desenvolver a capacidade de sonhar e de imaginar. É aí que ela tem mais condições de descobrir uma fonte de inspiração, conforto e criati-vidade além de si mesma e dos pais — e de começar a confiar nessa fonte. É aí que ela vai descobrir que é uma boa companhia para si mesma, uma descoberta que vai protegê-la de um dos valores sociais mais insidiosos de nosso tempo, uma doença perigosa que muitos pais menosprezam: acredi-tar que o próprio valor depende da admiração e da apreciação dos outros.

• *Um lugar de refúgio e reorientação.* Quando crescer um pouco, seu fi-lho vai sair do controle uma vez ou outra e vai ocorrer a você mandá-lo pa-ra o quarto. Nessas ocasiões, deixe claro que não se trata de um castigo ou banimento, mas de um momento para a cura, para que ele se sinta melhor e pense direito. Deixe que ele escolha livros ou brinquedos para ocupar sua atenção. O pediatra e psicanalista D. W. Winnicott diz que há um estágio no desenvolvimento da criança em que ela precisa aprender a "ficar sozinha na presença da mãe". Se achar que seu filho está se sentindo abandonado, ofereça-se para ficar com ele — mas como uma presença tranqüila —, até que ele tenha certeza de seu amor e se sinta mais à vontade consigo mesmo.

Quando mandá-lo para o quarto dele, vá você também para o seu. Antes de aproveitar a oportunidade de poder fazer as coisas sem ele atrapalhando, reserve um minuto para se abrir, como se rezasse, à fonte e à força Além-do-Pessoal de todo o fazer, de todo o ser, de todo o amor. Jesus disse: "O Filho por si mesmo não pode fazer coisa alguma, se o não vir fazer ao Pai... Meu pai trabalha até agora, e eu trabalho também." Quando as coisas saem do controle é porque há uma luta por poder. Acreditamos que, sendo pais, devemos controlar. Você sente que não consegue ser, fazer ou ter o que precisa a menos que seu filho faça exatamente o que você acha que ele deve fazer, mas ele sente que não pode fazer ou ter o que precisa a menos que você faça o que ele acha que você deve fazer — e até mesmo que não pode *ser* a menos que *não* faça o que você acha que ele deve fazer. Assim, os *deves* entram em choque. Como o nosso vem em primeiro lugar, a paz só será restabelecida com a descoberta de que há um poder superior, o Pai dos pais e do filho, que ama, guia e provê a nós todos, e nunca à custa do outro.

• *Um espaço particular.* Quando seu filho quiser ficar sozinho no quarto, respeite a privacidade dele. Faça o possível para não entrar sem bater e sem pedir e receber permissão. Quando ele for mais velho e o quarto virar uma bagunça, lembre-se de que a bagunça é dele e que, antes de arrumar as coisas, ele vai precisar de alguns anos para arrumar os pensamentos e os sentimentos. Você tem o direito de pedir para ele não deixar as coisas na sala, que é um espaço da família, mas não faça com que ele se sinta um caos porque o quarto dele é um caos. Ele já se sente caótico e precisa saber que você entende que às vezes a vida é uma bagunça, que você sabe que ele vai acabar arrumando a dele e que está à disposição se ele quiser conversar. Se, de vez em quando, você resolver limpar o quarto para ele, faça disso um presente carinhoso e não uma crítica zangada.

A bagunça no quarto foi um grande problema da minha infância e adolescência e me traz uma lembrança especialmente ruim. Eu ia a meu primeiro baile. Muito ansiosa, experimentei tudo o que tinha no armário, não guardei nada e deixei muita coisa espalhada pelo chão. Mas eu me vesti, fui, dancei, sobrevivi e voltei para casa exausta. Meus pais estavam dormindo e eu subi nas pontas dos pés para o quarto. E descobri que alguém tinha juntado toda a bagunça e empilhado em cima da minha cama. Eu me senti magoada e solitária naquela noite.

Nome e Identidade

À medida que a chegada do bebê vai se aproximando, começamos a ter preocupações mais específicas a respeito dele. Precisamos comprar roupas — mas para um menino ou para uma menina? De qualquer forma, no início são apenas bebês.

Não queira criar meninos para serem meninos e meninas para serem meninas, mas apenas crianças únicas, individuais, totais. O homem/mulher ideal é suave como uma mulher e forte como um homem. Como pai, você vai precisar desenvolver algumas de suas qualidades femininas. Como mãe, vai descobrir que o bebê exige de você algumas qualidades tradicionalmente masculinas. As diferenças entre meninos e meninas podem ser apreciadas, mas não precisam ser ensinadas. Enfatizar o fato de a criança pertencer a determinado grupo ou sexo não identifica a singularidade, mas estereotipa a mesmice. A identificação positiva ou negativa com um grupo embota o senso de individualidade e valor da criança. Vamos ver como Deus vai ser, que forma Deus vai assumir nessa criança inteiramente individual. Vamos ver.

Nosso segundo filho estava para nascer. Um dia, apoiei a Bíblia na barriga, que mais parecia uma pipa, e li a passagem que fala sobre não esconder a luz debaixo de um alqueire. Isso me fez pensar no bebê como um ponto de luz divina e não como um corpo. Pensei no nascimento como revelação e não como expulsão. No caso de ser menino, tínhamos escolhido o nome Andrew por causa do som suave. Ao ler essa passagem no livro de Lucas, que também significa luz, acrescentamos Luke. Andrew (forte, vigoroso, firme) Luke (luz). No dia seguinte, nosso filho saiu sem esforço para a luz, berrando. E, de fato, ele se revelou uma luz vigorosa e firme.

Assim resplandeça a vossa luz diante dos homens, para que vejam as vossas boas obras e glorifiquem a vosso Pai que está nos céus.

Mateus 5:16

Perto do parto, você vai ouvir falar de empurrar. Mesmo quando a hora chegar e você estiver empurrando, medite sobre a idéia de deixar. De deixar nascer. Deixar dormir. Deixar ser. Deixar amadurecer. Deixar ser revelado.

This little tiny light of mine,
I'm gonna let it shine.
This little tiny light of mine

I'm gonna let it shine.
Let it shine, let it shine, let it shine.

Hide it under a bushel? No!
I'm gonna let it shine.
Hide it under a bushel? No!
I'm gonna let it shine.
Let it shine, let it shine, let it shine.

Spiritual

[Esta minha luzinha,
Vou deixá-la brilhar.
Esta minha luzinha
Vou deixá-la brilhar.
Deixá-la brilhar, deixá-la brilhar, deixá-la brilhar.

Escondê-la debaixo de um alqueire? Não!
Vou deixá-la brilhar.
Escondê-la debaixo de um alqueire? Não!
Vou deixá-la brilhar.
Deixá-la brilhar, deixá-la brilhar, deixá-la brilhar.]

Nele estava a vida, e a vida era a luz dos homens. E a luz resplandece nas trevas, e as trevas não a compreenderam ... Ali estava a luz verdadeira, que ilumina todo homem que vem ao mundo. Estava no mundo, e o mundo foi feito por ele, e o mundo não o conheceu. Veio para o que era seu, e os seus não o receberam. Mas, a todos quantos o receberam, deu-lhes o poder de serem feitos filhos de Deus; aos que crêem em seu nome. Os quais não nasceram do sangue, nem da vontade da carne, nem da vontade do varão, mas de Deus.

João 1:4-5, 9-13

Ouvi-me... vós, minha carga desde o nascimento, meu fardo desde o seio materno: até a vossa velhice, serei o mesmo, eu vos criei e vos carregarei; eu vos trarei e vos salvarei.

Isaías 46:3-4

O que é concebido, vem à luz e é expresso em nós? O que é marido e mulher? O que é irmã, irmão, mãe e pai para nós e para nossos filhos? O que é nossa natureza essencial? Estamos aqui para realizar o quê?

Parto Especial: O Nascimento dos Pais

Tradicionalmente, o nascimento de uma criança é visto como uma experiência mais ou menos dolorosa, que a mãe suporta mais ou menos bem, dependendo do grau de medo, bravura ou sorte. Com a anestesia, veio a possibilidade de eliminar a dor. Nos Estados Unidos, durante muitas décadas, quase todas as mulheres que podiam pagar pela anestesia dormiam durante o parto, acordando só no momento em que o médico ou a enfermeira lhes apresentava o bebê. O pai pouco se envolvia. A mãe ficava grávida, a mãe dava à luz.

Hoje em dia, é comum a mãe ficar acordada e o pai assistir ao trabalho do parto, em parte porque acreditam que é bom para a criança e em parte porque querem aproveitar ao máximo esse acontecimento maravilhoso. Com essa mudança de atitude, foram desenvolvidas várias técnicas para evitar a dor, para lidar com ela e para que a mãe participe ativamente do nascimento do bebê. Em alguns casos, as tensões e dores provocadas pelo medo do parto são aliviadas pelo simples fato de o médico ir narrando todos os procedimentos à parturiente e pela presença do parceiro ou de um amigo próximo. As técnicas de respiração e relaxamento também ajudam muitas mulheres a enfrentar com mais conforto o trabalho de parto.

Independentemente dessas técnicas, sempre houve pessoas para quem o parto é tranqüilo e fácil e muitas para quem é difícil e penoso. Acredita-se em geral que essas diferenças podem ser explicadas pela ciência médica. Mas ainda não apareceu nenhuma teoria consistente — que possa ser considerada verdadeira. Muitos dos que defendem as técnicas do parto consciente acreditam que a resposta está na capacidade que os pais têm de executá-las (mental e fisicamente). Mas nem sempre é assim. Há mães muito preparadas que têm partos muito difíceis e mães menos preparadas que não têm nenhuma complicação.

Estar acordada durante o nascimento do bebê é certamente uma escolha positiva. É melhor ver o nascimento como um acontecimento feliz e saudável do que como uma emergência perigosa que mina a força da mãe bem quando ela vai ser sobrecarregada pelas exigências da maternidade. Mas, quando há desarmonia, não se deve descartar mudanças de ponto de vista.

O que Você Semear

O próprio ato de observar perturba o sistema.

Werner Heisenberg

Porque tudo o que o homem semear, isso também ceifará.

Gálatas 6:7

Alguns dizem que, na observação científica, as principais variáveis são os preconceitos do cientista e que esses preconceitos se refletem nos fenômenos que estão sendo observados. Se acreditarmos que o Sol gira em torno da Terra, um telescópio maior e mais poderoso vai apenas ampliar essa crença. Se os próprios fenômenos são influenciados pelo ponto de vista do observador, qualquer técnica empregada pela mãe durante o parto vai apenas ampliar suas crenças inconscientes. No caso de crenças erradas, a verdadeira compreensão só vai ocorrer depois que essas crenças forem abandonadas — ou pelo menos questionadas.

Sabe-se que toda experiência inclui um fator mental digno que merece ser levado em conta. Para sair de casa, você primeiro vai até a porta. Mas suponha que, ao se aproximar da porta, você fique mais preocupado com a própria porta do que com o ato de atravessá-la. (Que bela porta entalhada!) Talvez fique com medo de a porta não abrir ou achando que não vai conseguir abri-la. (Que porta mais pesada!) Dependendo do grau e da natureza da convicção, você pode parar para admirar os entalhes, a moldura, a fechadura, a maçaneta e os veios da madeira ou ficar lutando com a fechadura, tentar derrubar a porta ou pedir socorro. Enquanto estiver fascinado com a porta, não vai conseguir passar por ela. O pensamento precede o progresso: se o pensamento não passa pela porta, você também não passa — a menos que alguém o empurre.

Essa situação é análoga à situação de muitos pais e filhos no momento do nascimento. Depois de uma gravidez saudável e da feliz expectativa do nascimento, muitas mães (preparadas e despreparadas) passam por partos longos e dolorosos, em que elas e os filhos parecem imobilizados diante da porta.

Para que uma idéia ocorra, é preciso que outra se vá. O objetivo é sintonizar o pensamento com o que realmente é. Qual é, então, o acontecimento essencial do nascimento?

Supõe-se, em geral, que o parto seja a separação corporal entre mãe e filho. Mas, no plano ideal, o momento do parto pode ser outra coisa. Pelo menos, uma coisa a mais. Além do nascimento da criança, esse é o momento do nascimento dos pais. Nesse caso, o parto não é uma questão de expulsão, mas de revelação, pois o que ocorre essencialmente para nós e para nossos bebês é trazer à luz o que já somos. Talvez a criança seja liberada no momento em que nos voltamos para a idéia de maternidade e paternidade.

De certa forma, o momento do nascimento tem, para a vida do filho e dos pais, a mesma importância que a passagem pela porta tem para a jornada que se empreenderá lá fora. É uma questão de momentos, uma mera transição, mas muitas pessoas atravessam a gravidez com a atenção voltada para o parto. Passamos a gravidez nos preparando para o parto, só que daí em diante nossa preocupação será a paternidade e a maternidade.

Talvez seja impossível a criança nascer enquanto a mãe ainda se considera grávida, assim como é impossível alguém passar pela porta com a atenção voltada só para a porta. E será que não é um erro pensar no parto como algo que acontece entre a mãe e a criança, quando a paternidade também vem à luz nesse momento?

Como o verdadeiro parto ocorre na consciência, não basta passar a gravidez pensando em partos e embriologia. O importante é elevar a consciência que temos da maternidade e da paternidade, para que nos tornemos pais em pensamento e na maneira de ser. No parto, a confiança num método não dispensa a compreensão, mas a questão básica durante a gravidez continua sendo a preparação para a maternidade e para a paternidade.

Durante o trabalho de parto, devemos nos concentrar nas qualidades da maternidade e da paternidade e na verdadeira natureza do acontecimento. Essa atenção mantém o acontecimento na perspectiva correta e nos impede de parar na porta, incapazes de enxergar a vista diante de nós. Além disso, ela nos ajuda a administrar a dor fisiológica e psicológica, durante e depois do nascimento — e promove uma atmosfera de paz e gratidão na qual saudaremos a criança.

Uma criança está nascendo! Estamos aqui para recebê-la. Ela está trazendo amor, luz, sabedoria e propósito à nossa vida. Estamos testemunhando a vitalidade, a inteligência e o poder em ação. Vamos ser pais! Vamos aprender a amar e a ser generosos como nunca antes fomos levados a amar e a ser generosos.

Além de acelerar o processo do parto, essa orientação beneficia também a criança que está chegando. Não importa muito se o parto transcorre com total facilidade ou com pequenos percalços. Seja como for, o resultado costuma ser bom. Mas para a criança, é importante ser bem recebida nos braços de pessoas conscientes de sua condição de pais e não de alguém treinado para empurrar ou puxar bebês para o mundo. O valor relativo dessas duas orientações é tão grande para a criança recém-nascida quanto para os pais recém-nascidos.

Reflexão Adicional: Dois Partos Muito Diferentes

Das duas vezes que fiquei grávida, o período de gravidez foi tranqüilo e feliz, mas os dois partos foram diferentes como a noite e o dia. No primeiro, tive quinze horas torturantes de dores nas costas que o médico não levou a sério; segundo ele, o trabalho de parto ainda não tinha começado e, portanto, as dores também não. Quando finalmente me injetou um hormônio para acelerar o processo, ele disse: "Agora você vai ver o que é um trabalho de parto de verdade", insinuando que só então eu sentiria a "verdadeira dor". Na verdade, o parto induzido foi um tremendo alívio. Pelo menos havia um intervalo entre as contrações, alguns momentos livres de dor — e logo a maravilha de segurar meu belo filho de quase quatro quilos e olhar nos seus olhos com um sentimento sem precedentes de amor.

Mas nos meses que se seguiram eu sofri muito: penso agora que foi uma depressão pós-parto. Seu foco não era minha nova vida como mãe nem o meu filho, mas o parto difícil. Não tínhamos feito o curso pré-natal? Eu não tinha respirado e relaxado como tinham me ensinado? Eu não tinha aprendido que as dores nas costas eram psicossomáticas? O médico não tinha dito que nem eram de verdade? Eu estava magoada, zangada, traída e perplexa. Será que não dava para confiar em nada? Procurei descobrir o que podia aprender com aquela experiência. Um dia, durante a meditação, lembrei de uma passagem da Bíblia: *Confia no Senhor de todo o teu coração, e não te estribes no teu próprio entendimento.* Finalmente tinha encontrado alguma coisa capaz de me ajudar. Percebi que, com tanta ênfase nas técnicas de parto, eu tinha me esquecido completamente de rezar e meditar. Não tinha confiado no Senhor com todo o meu coração. Quis confiar apenas na minha inteligência e na minha capacidade.

Quase dois anos depois, eu estava novamente em trabalho de parto, procurando me concentrar — coração, alma e corpo — em Deus. Ao meu lado, talvez numa tentativa de me distrair da dor, meu marido e o obstetra batiam papo. Falavam de pneus radiais, o que só me tirava da meditação. Eu não disse nada, porque não queria ferir os sentimentos deles e nem me comportar como uma prima-dona. Então, quando eles saíram para tomar café, eu disse à parteira que estava tentando rezar, mas que a conversa atrapalhava. Ela não disse nada. Mas como meu marido e o médico não voltaram até a hora do parto, acho que ela lhes pediu para esperar lá fora. Durante o parto, sempre que abria os olhos, eu via a parteira rezando ao meu lado e, apesar de ter tido algumas dores nas costas, levou menos de cinco horas para meu bebê de quase cinco quilos nascer.

"É enorme!", disse o médico, dançando pela sala com o bebê.

"Mas o que é?", perguntei.

"É enorme! O maior bebê que eu já vi!"

"Mas é menino ou menina?"

"Menino", disse ele finalmente, entregando-me o meu filho.

Descobri depois que o sobrenome da parteira era Eccles, que é também a abreviatura de Eclesiastes. Sempre que penso no Eclesiastes penso em "tempo de nascer". Não importa se as dores nas costas são reais ou não, se são psicossomáticas ou causadas pela posição do útero. Importa que mais cedo ou mais tarde nascemos e renascemos não apenas como filhos e pais uns dos outros, mas como filhos conscientes de Deus. A consciência de que é isso que precisa acontecer ajuda em qualquer situação.

Antes que estivesse de parto, deu à luz; antes que lhe viessem as dores, deu à luz um filho. Quem jamais ouviu tal coisa? Quem viu coisas semelhantes?... Abrirei o seio para não fazer nascer? diz o Senhor; eu, que faço nascer, vou fechá-lo? diz o teu Deus.

Isaías 66:7-9

i am so glad and very
merely my fourth will cure
the laziest self of weary
the hugest sea of shore

so far your nearness reaches
a lucky fifth of you
turns people into eachs
and cowards into grow

our can'ts were born to happen
our mosts have died in more
our twentieth will open
wide a wide open door

we are so both and oneful
night cannot be so sky

sky cannot be so sunful
i am through you so i

e. e. cummings, *Poems: 1923-1954*

[estou tão feliz e
alegremente um quarto de mim vai curar
o mais preguiçoso eu do cansaço
da costa o mais imenso mar

até onde sua proximidade alcançar
um quinto feliz de você
transforma pessoas em cada quais
e instiga covardes a crescer

nossos não-podes nasceram para acontecer
nossos máximos morreram em mais
um vigésimo de nós vai abrir
mais ainda uma porta escancarada

somos tão ambos e um
noite não pode ser tão céu
céu não pode ser tão sol
eu sou através de você tão eu]

Reflexão Adicional: Como há cada vez mais pais e mães solteiros e um número cada vez maior de pais e mães homossexuais, cabe observar que cada um de nós tem potencial masculino e feminino, paternal e maternal. Toda criança precisa se relacionar com o pai e com a mãe e devemos fazer o possível para que isso aconteça. Mas mesmo quando isso é impossível, a criança pode ter os benefícios da convivência materna e paterna. O amor e a sabedoria dos pais têm uma fonte Além-do-Pessoal. Ela não vem de nós, mas passa através de nós e pode passar através de pais que não sejam os biológicos. Assim, se o pai, a mãe ou os dois estiverem ausentes, uma ou várias pessoas podem se dispor a desempenhar um papel importante na vida da criança. Acima de tudo, devemos recorrer ao Pai dos pais para que nos conceda, sejamos mães ou pais, as qualidades necessárias da maternidade e da paternidade.

Para se Acostumar com a Idéia — e Mantê-la

Comer e dormir se transformam em grandes preocupações nos lares em que há um bebê. *Luta* é a palavra que descreve o que acontece em muitas famílias. Comer e dormir são formas de nutrição e as páginas seguintes tratam indiretamente dessas questões. As questões que vale a pena considerar são: Quem está sendo alimentado? Com o quê? Por quem? Qual o alimento que realmente sustenta e nutre essa idéia que se transformou em nosso filho e essa idéia que somos nós? Que alimento nos ajuda e ajuda nossos filhos para que cada um seja o que realmente é?

Uma Montanha é uma Montanha, e um Bebê não é Exatamente o que Esperávamos

> *Ch'ing-yuan disse: "Antes de estudar o Zen por trinta anos, eu via as montanhas como montanhas, e as águas como águas. Quando atingi um conhecimento mais íntimo, vi que as montanhas não são montanhas, e que as águas não são águas. Mas agora que cheguei à própria substância, estou tranqüilo. Pois vejo as montanhas outra vez como montanhas, e as águas outra vez como águas."*
>
> A. Watts, *The Way of Zen*

Quase tudo o que nos acontece tem dois significados: o aparente, que é o que percebemos através dos sentidos, e o mais profundo, que compreendemos na consciência. A experiência discordante aos poucos nos força a despertar para o significado mais profundo.

Materialmente, uma pedra pode ser um obstáculo para nós — perigosa, dura, escorregadia quando molhada. Mas, indo mais fundo, descobrimos nela as qualidades da firmeza, da força, da confiabilidade, da segurança, da proteção, da imutabilidade. A diferença está no ponto de vista. Com a perspectiva material vem também a dualista: Para o Eu S.A., o eu e a pedra estão em conflito. (A montanha vai vencer o alpinista? Ou o alpinista vai vencer a montanha?) A questão passa a ser domínio, controle, poder.

Mas para o Ser-Que-Vê, a mesma pedra evoca força, lembrando-nos de que estamos seguros e que contamos com uma realidade infinita. Que ponto de vista é verdadeiro? Aquele que produz conflito, dano, desânimo e frustração deve ser falso. O que traz paz, harmonia, força e segurança deve ser verdadeiro. Custamos a aprender; *primeiro* batemos a cabeça na parede e *depois* nos perguntamos o que nos atingiu.

Agora substitua a pedra pelo bebê. Finalmente o temos nos braços. Tão pequeno, tão engraçadinho, tão frágil, tão desamparado! Mal podemos esperar para abraçá-lo, alimentá-lo, ensiná-lo. Emocionados, nós o levamos para casa e tem início a choradeira e as noites sem dormir. E ele não é fofinho o tempo inteiro: ele é birrento! Em vez de expressar o lindo amor paternal entramos num torneio olímpico em que ele sempre ganha quando a questão é ficar sem dormir. Depois de uma semana estamos tão preocupados com a confusão que estamos fazendo na vida dele ou tão contrariados com a confusão que ele está fazendo na nossa que só percebemos como ele é engraçadinho quando está dormindo.

Mas e se olharmos para ele de maneira espiritual? Suponha que, em vez de pequenez, víssemos grandeza de vida; em vez de fraqueza, vitalidade; em vez de desamparo, totalidade; em vez de ignorância, inteligência e vivacidade. Suponha que víssemos também que essas qualidades, a verdadeira natureza do bebê, são a verdade fundamental — sobre nós e sobre a vida.

Quando estava grávida, eu pensava: "Um bebê é um bebê e uma mãe é uma mãe." Mas quando voltei para casa descobri que o bebê não é um bebê e que uma mãe não é uma mãe. Desde então não parei de aprender.

Twinkle, twinkle, little star,
How I wonder what you are,
Up above the world so high
Like a diamond in the sky.
Twinkle, twinkle, little star,
How I wonder what you are.

Canção infantil

[Pisque, pisque, estrelinha,
Como quero saber o que você é,
Acima do mundo, tão alto
Como um diamante no céu.
Pisque, pisque, estrelinha,
Como quero saber o que você é.]

É essa a pergunta, não é? A suprema pergunta dos pais. *Como quero saber o que você é.* Se fôssemos bons pais — pais do quê? O que são os nossos filhos — esses mistérios maravilhosos? O que somos nós? Quando enxergarmos o que somos seremos o que somos. Senhor, Senhor, o que, em nome de Deus, tem o Senhor em mente?

Ó Senhor, Senhor nosso, quão admirável é o teu nome em toda a terra, pois puseste a tua glória sobre os céus! Da boca das crianças e dos que mamam... que é o homem mortal para que te lembres dele? e o filho do homem, para que o visites?

Salmos 8:1-2, 4

Amados, agora somos filhos de Deus, e ainda não é manifestado o que havemos de ser. Mas sabemos que, quando ele se manifestar, seremos semelhantes a ele; porque o veremos tal como ele é. E qualquer que nele tem esta esperança purifica-se a si mesmo, como também ele é puro.

1 João 3:2-3

Como a pedra, cada criança tem dois significados. Por um lado, é a imagem e semelhança dos pais. Como tal, não tem apenas semelhança física, mas desenvolve também uma maneira de ser que é a imagem escarrada (e principalmente uma imagem refletida) do modo de ser dos pais. Isso vale para os nossos filhos e vale também para nós. O que é aparente (o que parece real) para os pais, a questão central que determina a vida deles, vai ser o pai da experiência e do modo de ser da criança. Cada criança é, portanto, um modelo. Para os pais, ela se torna um professor. Sendo a imagem e semelhança dos pais, a criança explica (torna claro ao deixar aparente) o pensamento dos pais, do qual a criança-pai é também uma imagem e semelhança.

A paternidade e a maternidade têm dois sentidos. A fraqueza e o desamparo da criança como organismo imaturo, que depende de um organismo mais maduro, maior e mais forte para sua segurança, sustento e educação, reflete uma idéia de paternidade e maternidade que é uma exaltação do ego e um jogo de poder. Para o Eu S.A., que tem e faz, o bebê é apenas um Eu S.A. menor, uma posse e um projeto. Mas essa crença é falsa na experiência pais/filho, como acaba se comprovando através da exaustão, da frustração e do desânimo. Nós cometemos erros e somos desajeitados com o bebê, o que só comprova (se tivermos a mínima inclinação para aprender) que não é isso que a criança é e nem é para isso que ela está aqui; que não é isso que somos e que não é para isso que existimos; e que não é isso que a condição de pai, mãe e filho e a vida em família são e nem é para isso que existem.

À medida que aquilo que não é fica claro, nos é revelado o que realmente somos e para que realmente existimos — nessa direção somos levados.

O verdadeiro significado da criança se revela de duas maneiras. De modo belo, silencioso e surpreendente (se tivermos olhos para ver), ali onde parecia haver um corpo pequeno produzido por dois corpos grandes, vemos surgir a consciência e a vitalidade. Percebemos de cara que não fomos nós que criamos a vitalidade (ser) e a consciência (ver). Resta-nos observar e nos maravilhar.

Enquanto não vemos a criança como um Ser-Que-Vê, sua verdadeira natureza espiritual nos é revelada de maneira menos agradável: em forma de problemas e exigências sem fim. Fazemos tudo o que é *necessário* — comida, brinquedos, fraldas, exercícios — e ela continua inquieta. Nesse caso, estamos diante do fato de que as necessidades *essenciais* são espirituais. Podemos fazer tudo certo, com diligência, carinho e perfeição, mas, se nossa consciência estiver cheia de ressentimento, preocupação ou frustração, a criança vai continuar insatisfeita, pouco à vontade, inquieta. Ela *sabe* quando é amada e quando não é. O que a criança *vê* determina seu bem-estar ou seu mal-estar.

Em geral, na hora do nascimento, estamos tão preocupados com o corpo — o corpo da mãe, o corpinho do bebê — que não paramos para considerar qual é a principal característica do recém-nascido. Olhe nos olhos dele. Não enxergam quase nada, mas mesmo assim expressam visão e vigilância. Ele não sabe quase nada, mas está *consciente, vigilante, alerta*, interessado em ver — não em julgar, gostar ou não gostar, mas em ver.

Essa consciência é a definição da criança. Qualquer mãe lembra do momento em que ela e o bebê se olharam pela primeira vez — do olhar totalmente desperto que ele tinha. Essa qualidade de consciência é memorável porque, mais do que qualquer outra coisa, é a verdade da criança. Mesmo antes de respirar, ela observa atentamente. Como a onda está para a água, a criança está para a consciência. Ela vem da consciência (concepção), é dela que é feita, e para ela já procura voltar. Só quando se tornar totalmente consciente vai se tornar totalmente ela mesma.

Para o amor dos pais, esse reconhecimento é básico. Na verdade, não há melhor definição prática para o amor do que esta: a percepção da verdade do ser amado. A idéia de amor como maneira de tratar um ao outro, como um sentimento de valor a ser obtido do outro, põe o amor em termos de ter e não ter. Mais cedo ou mais tarde, esse amor se transforma em perda (roubo, na verdade) para quem ama e para quem é amado. Entre pais e filhos, é cheio de ansiedade, preocupação, frustração, cansaço e ressentimento por parte dos pais e de insegurança, medo de abandono e depressão por parte da criança. Porque esse amor pressupõe que a criança seja não-total, *inadequada, insegura, incapaz*, até mesmo *má*. O ser amado é depreciado. E a vida como contexto é também considerada *incompleta, insatisfatória, imperfeita e inconfiável*.

Mas agora entendemos o amor de outro jeito. Reconhecemos, afirmamos e agimos conforme a consciência perfeita que nosso filho é — e tratamos o resto como transitório. Continuamos às voltas com as imaturidades — cuidando, corrigindo, confortando, ensinando, servindo — mas não as vinculamos ao nosso filho. Conscientemente o separamos — seu eu total, consciente, perfeito — de tudo o que parece ser. Dessa forma, cria-se um clima de liberdade, em que a criança pode se tornar o que realmente é.

E vem à luz também o verdadeiro significado da nossa condição de pais e da vida em família. A criança — que aparentemente conduzíamos — nos faz descobrir que somos Seres-Que-Vêem, potencialmente espirituais e conscientes. Nossos filhos nos fazem ver que a vida em geral — a paternidade e a maternidade em particular — é menos uma questão de fazer e ter do que de ver.

Não é só a criança que está amadurecendo. Nós também estamos a caminho de nos tornar o que realmente somos, conscientes do todo e de nossa unidade com ele. A consciência é nossa verdadeira *substância*. O amor é a percepção do que é substancial: amar é compreender. Compreender é ser consciente. Se percebemos que a verdade do ser da criança é a consciência, nós a tornamos mais consciente. Ao perceber a verdadeira substância — a consciência da criança — nós nos tornamos mais conscientes e assim compreendemos mais plenamente a vida. No instante da perfeita consciência, há unidade; a compreensão de que há apenas uma mente, um eu — e que isso é bom.

Assim, a criança são os pais e os pais são a criança e nosso tempo juntos se transforma numa alegre participação no processo de filho/pais e pais/filho — para juntos ver e expressar nossa verdadeira natureza.

O que Eu Fiz com a Minha Vida?

A maternidade e a paternidade são sempre um choque. Depressão pósparto? É mais provável que seja pânico pós-parto. Nós nos propomos a ter um bebê e de repente nossa vida é encampada. Mas mesmo nos primeiros dias, com todas as suas surpresas, as bênçãos são muitas, até para quem tem pouca consciência espiritual. O ressentimento diminui, pois compreendemos que não desistimos da vida em favor dos filhos, mas que a vida com eles é parte integrante do nosso caminho para a auto-realização. O desconfortável senso de responsabilidade (culpa) também diminui, pois compreendemos que cada criança é o que é: consciência buscando consciência. Nós não a fizemos, não podemos arruiná-la. Os filhos ficam livres do nosso exagero, da nossa invasão superprotetora, pois passamos a vê-los como revelações e não mais como projetos. E passamos a ver os problemas como oportunidades para aprender e não como erros nossos, dos nossos filhos ou da vida.

Coisas que Animam

Para quase todo mundo, os primeiros dias com o bebê são cheios de dificuldades. Mas anime-se:

• Para algumas pessoas, o que vocês acham difícil é incrivelmente fácil. Isso não quer dizer que vocês sejam pais terríveis e sem talento ou que tiveram azar. Significa que as dificuldades *podem* desaparecer.

• Para algumas pessoas, o que vocês acham fácil é terrivelmente difícil. Isso não significa que vocês sejam pais superiores. Significa que Deus é pai.

• O período de verdadeira dependência é tão curto que pode passar sem que vocês percebam. Vamos supor que vocês vivam noventa anos e tenham um filho lá pelos trinta. Esse filho vai ser totalmente dependente durante três anos e meio. Se não aproveitarem esses três anos e meio, talvez passem cinqüenta e seis anos e meio lamentando o que perderam.

• Os bebês precisam mais de sossego do que de sono. Acredite ou não, vocês também. Por isso, não briguem por causa de sono; aprendam a ficar juntos em paz.

• Os bebês precisam mais de amor do que de comida. Por isso, não briguem por causa de comida: aprendam a amar.

• Por ora, entregue-se à maternidade ou à paternidade. Aprenda o que tiver de aprender. Aproveite o que houver para aproveitar. Fique atento ao que é revelado. O que é mais importante para a felicidade a longo prazo do que aprender a paz, o amor, a beleza e a harmonia verdadeiras? Dinheiro? Carreira? Tênis? Haverá tempo para tudo isso, mas não há pressa.

• Assim, procure incondicionalmente a paz, o amor, a beleza, a ordem e a harmonia. Encontre-os no bebê e em si mesmo. Aproveitem o fato de estarem juntos. Juntos, aproveitem para simplesmente ser.

• Boas notícias! O bebê não quer morrer e nem precisa que você viva por ele. Os pais são apenas servos, provedores, auxiliares e colegas. Ter pais amorosos pode ser muito importante para o desenvolvimento tranqüilo da vida do bebê. Mas não vamos exagerar essa importância com ilusões de culpa e orgulho. Nossos filhos precisam conviver com qualidades maternas e paternas, mas não somos sua única fonte. Estamos com nossos filhos não apenas porque eles precisam de nós, mas porque precisamos nos tornar o que somos: maternais e paternais. Dificilmente outra experiência vai nos trazer tantos benefícios e modificar a nossa vida com tanta rapidez quanto a correta visão do significado da maternidade e da paternidade.

• Se você trabalha fora, arrume uma pessoa carinhosa para cuidar do bebê; e quando sair, não precisa pensar que o está abandonando. Você não é *a fonte* de amor do bebê. É apenas um lugar em que o amor está tomando forma, um canal pelo qual o Amor Divino flui. Você não é a única forma que o amor pode assumir. A criança vive em sua consciência. Você pode guardá-la em seus pensamentos, sabendo que ela está em perfeita saúde e que tem amor e cuidado. A maior tarefa da maternidade e da paternidade é a consciência. E você pode ter consciência paternal ou maternal em qualquer lugar, sem ficar se preocupando e telefonando para casa de cinco em cinco minutos. Como pais, procurem simplesmente ter consciência dessa condição.

• Se resolver deixar de trabalhar para ficar em casa com seu filho, não pense que sua carreira irá para o brejo. O tempo que passar cuidando do seu filho vai despertar muitas partes suas que vão beneficiar tudo o que você é e tudo o que fizer pelo resto da vida.

• As novas experiências, como a experiência transformadora da maternidade e da paternidade, não existem para que possamos testar ou mostrar o que já sabemos, mas para que possamos aprender o que é preciso saber. Por isso, não se preocupe com o que ainda não sabe. Situações que exigem de nós uma nova compreensão são também canais através dos quais passa essa compreensão. A compreensão necessária está sempre à nossa disposição na situação que a exige. Não é necessário ter experiência. Basta que sejamos Seres-Que-Vêem, sinceramente receptivos ao que está se revelando.

E o meu povo habitará em morada de paz, e em moradas bem seguras, e em lugares quietos de descanso.

Isaías 32:18

Alimentação para um Ser-Que-Vê: Ingredientes Essenciais

Em geral, a chegada do novo bebê faz com que fiquemos extremamente preocupados com a alimentação. De repente, nossa vida começa a girar em torno de processos corporais. *É hora de ele mamar? Será que ele está se alimentando bem? Será que mamou demais? Será que está com fome de novo?*

Ou está só cansado? Perdi tanto tempo dando de mamar para ele que ainda nem fiz o jantar.

Então maternidade e paternidade é isso? Só manutenção? Alguém nos disse que os bebês não passam de máquinas de comer e fazer cocô. Na época rimos da piada — mas agora sabemos que ela não tem graça.

Depois de alguns meses, os problemas de digestão diminuem. A luta peito/mamadeira se resolve. O bebê não morreu, e nem nós. Começa a comida sólida — potinhos e copinhos disto ou daquilo. Agora, não é só o quanto ele come que nos preocupa, mas o que come. Depois ele começa a comer sozinho — e a dar comida para os olhos, para o cadeirão e para o chão. É estranho, mas ele não gosta tanto assim de sujar os dedos com as tintas de pintar com o dedo que custaram tão caro; prefere espalhar o suco e as ervilhas. Eu costumava dizer que devia dar de comer ao meu filho cada vez numa parte diferente da casa: assim, eu limparia a casa toda a cada vinte e quatro horas.

Enquanto isso, o trabalho da casa não pára: supermercado, cozinha, limpeza. E tudo fica ainda mais complicado quando o bebê começa a se locomover e resolve ter um papel ativo na cozinha. De repente percebemos que estamos beliscando o dia inteiro e, embora continuemos sem tempo para sentar e comer, estamos engordando. O bebê nos acordou com fome às cinco da manhã, já são dez da noite e estamos começando a lavar a louça do jantar.

Mas o tempo inteiro sentimos que *tem que ter um jeito mais fácil.* Até falamos nisso de vez em quando, pois não conseguimos acreditar que tem que ser tão difícil. Mesmo assim, raramente descobrimos esse jeito — e vamos tocando. Mas, como sempre, a solução é compreender corretamente quem somos e o que estamos fazendo.

Tendemos a pensar no bebê em termos materiais. "Fizemos" um bebê e agora temos que alimentá-lo para que ele fique grande e forte. Mas *será que fizemos* o bebê? Será que o bebê fez o bebê? Pegamos na mão a semente da ervilha-de-cheiro — mas onde está a floração colorida? Na semente? Será que a enfiamos na semente? Será que não existe? Nada disso: ela ainda não se materializou. Com a semente, participamos da materialização de uma idéia. Qual é a substância de uma idéia? Espírito. O que é e onde está o começo ou o fim de uma idéia? Não tem começo. Não tem fim.

> *Oats, peas, beans, and barley grows,*
> *Oats, peas, beans, and barley grows.*
> *Nor you, nor I, nor anyone knows*
> *How oats, peas, beans, and barley grows.*
>
> Canção de ninar

[A aveia, a ervilha, o feijão e a cevada crescem.
A aveia, a ervilha, o feijão e a cevada crescem.
Nem você, nem eu, nem ninguém sabe
Como a aveia, a ervilha, o feijão e a cevada crescem.]

Canção infantil

Mas cá estamos nós às voltas com este bebê, enchendo-o de comida como se isso fosse torná-lo maior ou diferente. É como se enchêssemos a semente de terra na tentativa de transformá-la num pé de ervilha-de-cheiro. Mas a aveia, a ervilha, o feijão *e os bebês* crescem! Na própria natureza da aveia, da ervilha, do feijão e da cevada está escrito que vão crescer e se transformar em plantas com frutos. Ninguém questiona sua capacidade ou sua vontade de fazer isso. Então por que duvidamos de nossos filhos? Se a semente saudável que o fazendeiro plantou não germinar direito, ele não vai ficar perguntando: "Qual é o problema com essa semente? Será preguiça? Estará doente ou emocionalmente perturbada?" Ele pressupõe que haja algo errado no ambiente, pois sabe que a semente está tentando crescer. Então procura descobrir o que é preciso fazer.

Assim é também a maternidade e a paternidade, embora haja dificuldades maiores. Em primeiro lugar, a idéia que temos de um homem ou de uma mulher saudável não é tão clara quanto a que temos de um campo de aveia saudável. Em segundo lugar, o ambiente do crescimento da criança não é o solo nem as condições climáticas, mas nós mesmos — a nossa consciência. Por outro lado, há uma facilidade que não existe no caso do agricultor: ao contrário da aveia, a criança está constantemente dizendo do que precisa.

O que é necessário para o crescimento dela? Como já vimos, a resposta não é apenas comida, mas alimento espiritual. Como mães e pais, nossa tarefa não é criar, mas alimentar. Na alimentação, a preocupação é preservar a vida — fortalecer e promover a saúde. E o que é saúde? Em inglês, *health* (saúde) e *holy* (sagrado) têm a mesma raiz, a palavra arcaica *hale*, que significa *whole* (inteiro). A única diferença entre essas duas palavras é a distinção histórica entre físico e espiritual. Mas um conceito estritamente físico de saúde não é completo; na melhor das hipóteses, é parcial.

Se dermos só comida aos nossos filhos, por mais que comam, eles vão ficar meio desnutridos. O corpo é no máximo uma representação parcial de uma idéia espiritual. Com muita precisão, os médicos se referem à respiração e às batidas do coração do bebê como "sinais" vitais. Não são vitalidade, não têm vitalidade, mas indicam a presença da vitalidade. É o desenvolvimento total do eu ideal da criança que nos interessa. Como a substância de uma idéia não é material mas espiritual, é óbvio que é de alimento espiritual que a criança precisa. Assim, precisamos de um conceito abrangente da criança e de um conceito abrangente de nutrição.

O alimento ideal para a criança ideal deve ser amor, pois afinal a pessoa ideal é acima de tudo uma pessoa capaz de amar. Há algum sentido na idéia de que o alimento faz o homem. Para que nossos filhos se transformem em adultos tranqüilos, seguros, alegres e capazes de amar, eles devem ser alimentados com paz, segurança, alegria e amor.

Não precisamos ver o resultado final para perceber que o amor é o principal alimento na vida da criança. Nossos filhos são basicamente espirituais e seu alimento é basicamente espiritual. Quando o amor está presente, tudo vai bem. Quando o amor está ausente, nada vai bem.

Nossos filhos nos levam um pouco mais além. Mesmo quando lhes damos carinho, comida e banho, o fato de serem ou não amados repercutirá diretamente na consciência deles e se traduzirá em bem-estar ou perturbação.

A Amamentação da Criança

Como tudo, a amamentação tem dois significados: o material e o espiritual. No nível material, pelo menos em teoria, deixar que o bebê mame no peito é a maneira mais tranqüila de alimentá-lo. Muitas mães alimentam os filhos só com leite do peito até os cinco meses. Então, outros alimentos são gradualmente introduzidos. Aos oito ou nove meses, os bebês começam a aprender a segurar o copo e logo estão comendo sozinhos. Adeus, mamadeira! Além do mais, a amamentação pode ser uma experiência sensual, que dá prazer e uma sensação de importância à mãe, enquanto o bebê tem uma experiência de intimidade, segurança e prazer oral.

No entanto, certas dificuldades indicam que essa não é toda a verdade. Mamar no peito pode não dar certo. Leva mais tempo do que se imagina, o que pode provocar ressentimento na mãe e no pai, que se sentem usados, negligenciados ou as duas coisas. Mas quem gosta da experiência às vezes nem quer parar. Por outro lado, para quem não gosta, a necessidade que o bebê tem de mamar parece uma tirania.

Seja como for, não cabe a este livro oferecer soluções para a questão da amamentação: como amamentar, se vale a pena amamentar. Nos Estados Unidos, por exemplo, La Lêche League esclarece todas as dúvidas sobre amamentação. Não importa se damos ou não de mamar aos nossos bebês, se são bebês que tomam dez mamadeiras por dia ou são crianças de dez anos ávidas devoradoras de pizza, se estão comendo ou dormindo, brincando ou estudando, se estão em casa ou longe de casa. O importante é que eles *se alimentam de nossa consciência, podendo ficar bem ou mal nutridos.*

Esse ponto é da máxima importância. Deveríamos rir quando nos perguntam se vamos amamentar, se estamos amamentando ou se já paramos de amamentar o bebê. Não importa se estamos literalmente amamentando o bebê: o fato é que *ele está sempre mamando e vai continuar mamando enquanto for criança. E não apenas na consciência da mãe, mas também na do pai.*

Para atender os pais novatos, estamos nos detendo nos primeiros dias da paternidade e da maternidade, falando de amamentação e alimentação. Mas na verdade, durante a infância — aliás durante a vida inteira — nossos filhos vão continuar a se alimentar da nossa consciência. Se isso não nos abala, é porque não entendemos direito. Mas, passado o abalo, podemos começar a buscar alívio, harmonia, beleza e inspiração.

Então, com o que os pais novatos alimentam o bebê? Basicamente com leite e preocupação — além de desânimo, culpa, ressentimento, depressão e perturbação. Felizmente, o bebê ainda não está consciente a ponto de aprender essas coisas. Mas, como ele é uma tradução material de seu eu ideal, boa parte da nutrição mental (ou má nutrição) que passamos a ele se traduz em termos físicos. Ele não tem consciência da nossa preocupação ou nervosismo como tal, mas tem consciência da presença ou ausência de paz, da presença ou ausência de amor. De alguma forma, ele sente nossa angústia mental secreta e a traduz em mal-estar físico. Mas, quando o alimentamos com amor — a verdadeira substância do seu verdadeiro eu —, vemos que isso se traduz num estado físico de tranquilo bem-estar.

A Amamentação dos Pais

Só podemos alimentar o bebê com o que temos, e espiritualmente só "temos" aquilo de que estamos conscientes — enquanto estamos. Quando chegamos à maturidade física, nossa nutrição se torna cada vez mais uma questão de idéias. Como eu ideal, nossa realização depende basicamente da consciência que temos da verdade sobre nós mesmos. Isso significa buscar a consciência do amor, da paz, da gratidão, da segurança, da generosidade e da alegria. *Isso é assustador,* diz você. *Agora você me diz que além de todo o trabalho que o bebê me dá, tenho também que amar, ser grata, segura e alegre? Es-*

tou é exausta, ansiosa e acabada! A isso eu respondo: espere um minuto. Como foi que você fez o leite que tem no peito? A resposta é: não fez. Você comeu e o leite apareceu. Assim como a fonte de sua alimentação e da alimentação do bebê é o campo e o pomar não-pessoais, assim há uma fonte Além-do-Pessoal de amor, e basta que você se disponha a beber dessa fonte.

Tendo entendido que *todas as crianças estão sempre em fase de amamentação*, chegamos a outro princípio da nutrição: *a criança em fase de amamentação precisa de pais em fase de amamentação*. As mães que amamentam têm de beber bastante líquido. Da mesma forma, na fase de amamentação, pai e mãe precisam de uma consciência espiritual bem alimentada. Se já faz anos que você não reza, agora é o momento de começar a rezar de novo, e não basta exclamar: "Meu Deus, faça com que ele durma!" Quero dizer o seguinte: sempre que pegar alguma coisa para comer ou sempre que for ao banheiro, por exemplo, reserve um tempinho para se soltar nas mãos de Deus e se alimentar com o que vier.

> *Desejai afetuosamente, como meninos novamente nascidos, o leite racional, não falsificado, para que com ele vades crescendo. Se é que provaste que o Senhor é benigno.*
>
> 1 Pedro 2:2-3

> *Decerto fiz calar e sossegar a minha alma; qual criança desmamada, para com sua mãe, tal é a minha alma para comigo.*
>
> Salmos 131:2

Vemos que o bebê é para nós um meio de nutrição, tanto quanto o somos para ele. Só vamos conseguir favorecer seu crescimento, para que se torne uma pessoa tranqüila e capaz de amar, se o alimentarmos com amor e paz. Mas só expressa amor e paz quem conhece o amor e a paz. E só conhece o amor e a paz aquele cuja consciência se alimenta de amor e paz. Em geral, estamos dispostos a fazer mais pelo nosso bebê do que por qualquer outra pessoa, incluindo nós mesmos. Assim, a criança (aparentemente indefesa) realiza a difícil tarefa de despertar em nós um tremendo apetite de compreensão, levando-nos assim à mesa do amor.

Ficamos ali famintos, fazendo duas perguntas colossais. Essas perguntas são a nossa vida, mas quando as estruturamos conscientemente, a verdade que já existia se transforma em resposta. *Para amar precisamos saber que somos amados.* Mas como? Além de fazer, dizer ou pensar, o que podemos fazer para que nossa consciência transborde de amor? Podemos conseguir, ter e fazer, mas como saber que somos amados?

Depois de muitos anos de estudos, indagações e luta, ocorreu-me uma coisa. Talvez essa seja a idéia mais importante deste livro, embora possa parecer sem sentido e até irritante para alguns. Se é o seu caso, ignore-a por enquanto. Espere até que alguma coisa lhe dê vontade de voltar a ela. Para mim, pelo menos, ela traz a resposta a essas perguntas: *Como encher nossa consciência de amor? Como saber se somos amados?*

Canção do Ser-Que-Vê

Percebendo que ver é o que importa na vida,
buscamos em todas as coisas o que elas têm a nos ensinar.
Buscando em todas as coisas o que elas têm a nos ensinar,
vemos que estão nos ensinando.
Vendo que estão nos ensinando,
sabemos que somos amados.
Sabendo que somos amados,
vemos tudo com mais amor.
Vendo tudo com mais amor,
mais amorosos somos.
Quando somos amorosos,
percebemos que ver é o que importa na vida.
[de novo]

Ver é ser. A inteligência se expressa como amor. A consciência se expressa como ser. Saber é amar. Amar é saber. Aquilo com que alimentamos a consciência é aquilo com que nos alimentamos. Aquilo com que nos alimentamos é aquilo com que nossos filhos se alimentam.

Assim como não bastam gestos de carinho para trazer amor à vida da criança, não basta querer para atingir um estado de amor, nem basta ter pensamentos amorosos. Na verdade, isso pode ser irritante — para nós e para nossos filhos. Mas com interesse sincero e sabendo que a realização espiritual é necessária, é possível alimentar a consciência espiritual. É bom estar alerta ao significado mais profundo de tudo, assim como é bom estudar, rezar e meditar — desde que haja compreensão. Não precisa forçar, mas quando a corda estiver esticada ao máximo e você se ouvir dizendo "Meu Deus!", deixe que isso sirva de aviso. *Meu Deus! Sim. Eu esqueci. Aqui estou. Qual é a sua vontade? O que eu preciso ver?*

Uma comida tenho para comer, que vós não conheceis.

João 4:32

A minha comida é fazer a vontade daquele que me enviou, e realizar a sua obra.

João 4:34

Na verdade, na verdade vos digo que o Filho por si mesmo não pode fazer coisa alguma, se o não vir fazer o Pai.

João 5:19

Além da Bíblia, há alguns livros que ajudam na alimentação da consciência espiritual. Como cada momento requer uma ajuda diferente, um livro que parece dispensável num momento pode ajudar em outro. Além disso, um livro pode ser inspirado pela verdade enquanto outro livro do mesmo autor não é. Procure livros que atendam às suas necessidades. Se algum livro parecer muito obscuro ou muito "religioso", deixe-o de lado e espere. Há outros livros e outros caminhos. O mesmo vale para a prece e para a meditação: há caminhos e mais caminhos. O principal é ser receptivo a algum alimento espiritual, dar alguma atenção a ele, dedicar-lhe tempo e tranqüilidade. Algumas sugestões:

Chute, Marchette, *The Search*, E. P. Dutton, Nova York, 1941.
—, *The End of the Search*, E. P. Dutton, Nova York, 1947.
The Dhammapada, Lal, P. (tradutor para o inglês), Farrar, Straus & Giroux, Nova York, 1967.
Fox, Emmet, *The Sermon on the Mount*, Harper & Row, Nova York, 1934.
Goldsmith, Joel, *The Infinite Way*, DeVorss, Marina Del Rey, Califórnia, 1954.
—, *Realization of Oneness*, Citadel Press, Secaucus, N. J., 1974.
Graham, Dom Aelred, *Zen Catholicism*, Harcourt Brace Jovanovich, Nova York, 1963.
Holm, Nora, *The Runner's Bible*, Houghton Mifflin, Boston, 1913, 1915, 1941, 1943.
Linthorst, Ann, *Soul-Kissed*, Paulist Press, Nova York, 1996.
Meister Eckhart, Blakney, Raymond (tradutor para o inglês), Harper & Row, Nova York, 1946.
Nhat Hanh, Thich, *Peace Is Every Step*, Bantam Books, Nova York, 1991.
Prabhavananda, Swami, *The Sermon on the Mount According to Vedanta*, Vedanta Press, Hollywood, Califórnia, 1964. [*O Sermão da Montanha — Segundo o Vedanta*, publicado pela Editora Pensamento, São Paulo, 1986.]
Tao te Ching, Mitchell, Stephen (tradutor para o inglês), HarperCollins, Nova York, 1988. [*Tao-te King*, Lao-Tzu, publicado pela Editora Pensamento, São Paulo, 1987.]

Underhill, Evelyn, *The Cloud of Unknowing*, Stuart & Watkins, Londres, 1946, 1970.

The Way of Life, According to Laotzu, Bynner, Witter (tradutor para o inglês), John Day, Nova York, 1944, 1962.

A Amamentação

Tenhamos filhos ou não, uma reflexão honesta revela que continuamos a nos alimentar da consciência dos nossos pais muito depois da infância, nem que seja apenas porque os valores deles, a visão que têm da vida e de nós, continua (positiva ou negativamente) a ser a preocupação central da nossa vida. A luta para reformar nosso caráter, comportamento ou experiência será inútil até que essa visão humana que temos a nosso respeito seja substituída pela compreensão essencial, espiritual, de que somos filhos do *Nosso Pai (e/ou Mãe) Que É.*

Somos basicamente criaturas em amamentação. Nossa consciência tem fome de seu próprio conteúdo, mas não pode produzi-lo. Por isso, ela mama em algum conteúdo consciente ou inconsciente, que por sua vez se transforma em nossa maneira de estar vivo e de viver a vida. Mas a consciência é básica para o nosso ser e para a nossa experiência. Como Eu S.A., não conseguimos remodelar pessoalmente nosso eu ou nossa experiência, mas como Seres-Que-Vêem podemos escolher de que nos alimentar, começando assim a distinguir o verdadeiro do falso, o que por sua vez nos remodela e remodela nossa vida. Como Eu S.A., conduzimos a vida em termos de fazer, ter e sentir, mas precisamos começar *a ter consciência do que parecemos ter consciência.* Porque *o que comanda a nossa consciência, comanda a nossa vida.*

Nossos filhos não são nossos filhos. Nem somos pais de nossos filhos nem filhos de nossos pais. Somos todos filhos de Deus. Na proporção em que somos alimentados por essa verdade, nossa vida é reformulada e transformada.

> *E não vos conformeis com este mundo, mas transformai-vos pela renovação do vosso entendimento, para que experimenteis qual seja a boa, agradável e perfeita vontade de Deus.*
>
> Romanos 12:2

Quem nós achamos que somos? Quem eu *penso* que sou? O que — quem — eu estou tentando provar? A prova está nos resultados.

Por seus frutos os conhecereis.

Mateus 7:16, 20

Ver os filhos e a amamentação sob uma luz espiritual beneficia pais e filhos. Antes, amamentar era uma interrupção na nossa vida, agora é um momento calmo e bem-vindo, que serve para a nossa nutrição espiritual. Enquanto a criança mama, podemos ler, refletir sobre idéias espirituais ou aproveitar para comungar (tornar-se um) com certas qualidades espirituais. A amamentação deixa de ser exaustiva para ser revigorante, um momento de realização e não de sacrifício.

Quando amamentamos sem ansiedade, o leite flui livremente e não azeda no estômago. O bebê, não mais cercado de preocupações, revela seu eu tranqüilo e satisfeito. Agora, apesar de ele gostar mais das mamadas, elas são em menor número, assim como as fraldas e os babadores — sobrando mais tempo para dormir. De repente, ficamos maravilhados com o fato de o leite (que ninguém fez) *estar ali*! Assim como está ali o amor que desejamos expressar e receber. Como uma criança que se volta para o seio da mãe, nós voltamos nossa atenção para o amor.

O trabalho de amamentar, preparar a comida, dar comida na boca e limpar também diminuiu bastante. Tendo mais fé na totalidade do nosso filho, não planejamos mais menus de sete refeições nem passamos horas "fazendo com que ele coma". (Um casal me contou que usava tantos potes e panelas para preparar a comida do bebê que precisava lavar a louça antes de preparar o próprio jantar.) Todo o procedimento das refeições fica mais agradável: porque é mais agradável pensar em solidariedade, generosidade e amor nas refeições e porque compreendemos que é preciso expressar amor.

Reflexão Adicional: Não é fácil. Pouco tempo atrás, vi por acaso uma fotografia que me lembrou de dizer isso. A foto foi tirada quando meus filhos tinham cerca de quatro meses e dois anos e meio. Estou dando de mamar ao bebê e conversando com o maior. É uma cena feliz. O bebê está mamando. O mais velho está sorrindo. E eu estou sorrindo. No entanto, lembro que por dentro estava muito ansiosa, procurando atender aos dois. Não foi fácil e eu rezei muito até perceber que a vinda do segundo filho não significava que o primeiro passaria a receber só metade do amor — que haveria, isto sim, mais amor para todos nós. Rezar ajudou. Mas não foi fácil. Mas ajudou. Mas não foi fácil.

Alimente o Ser-Que-Vê e Deixe que Ele Alimente a Si Mesmo

Qual é o alimento total para a criança total? Como a criança não é apenas um corpo mas um Ser-Que-Vê, a pergunta é: *como alimentar um Ser-Que-Vê espiritual?* A comida é necessária, mas o que é essencial? De que maneira o essencial e o necessário se tornam uma coisa só no ato de alimentar a criança?

Quando descobrimos que há um Ser-Que-Vê e não apenas um corpo para alimentar, muitas coisas, que antes eram problemáticas, ficam mais claras. Logo que começa a comer alimentos sólidos, o bebê começa a querer comer sozinho. Em geral, ele só come quando está com fome, mas não apenas porque o estômago está vazio. Comer, pegar a comida, sentir a comida, pô-la na boca — tudo isso é aprender. E ele tem fome de aprender, tanto quanto de comida — ou mais.

Ele *está* comendo quando começa a apertar as ervilhas com os dedos em vez de comê-las. Seu eu-que-vê se alimenta com a descoberta do que tem fome de saber. Saber disso já traz muitas bênçãos. Antes tínhamos medo (*Ele está comendo bem?*), agora ficamos surpresos (*Como é insaciável seu apetite de aprender!*) Antes sentíamos ressentimento e frustração (*Tanta sujeira, por que ele não pára com isso?*), agora há uma atmosfera de amor e uma avalanche de idéias inteligentes. Antes as ervilhas estouradas eram uma afronta pessoal? Agora não são mais. Nós o frustrávamos impedindo que fizesse coisas que ele tinha fome de fazer? Sob essa nova luz fica mais fácil lidar com as experiências dele e temos mais idéias para nutrir sua consciência, sem nos causar tantos problemas.

Antes de conceber a criança como Ser-Que-Vê, ficávamos preocupados com o que ela comia ou não comia. Vendo-a como Ser-Que-Vê, percebemos que ela está sempre se alimentando e que há nela alguma coisa que sabe do que precisa. Quando for mais velha, essa mesma coisa vai se aplicar a seus interesses, preferências, *hobbies* e paixões. Podemos confiar nela. Podemos confiar na vida. Podemos confiá-la à vida. A própria vida está agindo na criança — uma coisa levando à outra.

Ver que nossos filhos estão tentando aprender nos inspira boas idéias sobre como preparar a comida — não apenas para alimentar o corpo, mas para ajudá-los a aprender o que querem aprender. Compreendendo que não estão apenas "brincando com a comida", mas aprendendo, vamos ter boas idéias. Sejam ou não comidas, as ervilhas na vagem são incríveis, as sementes da maçã são uma maravilha.

Ainda estamos às voltas com tudo isso quando começa outra fase: a da criança trançar nas nossas pernas. E não é só isso: ela puxa nossas meias de seda, grita para ser pega no colo, atira potes e panelas. Sozinha, você faria a comida em cinco minutos, mas ela quer ficar no colo. Já tentou bater clara de ovos com uma mão só?

Enquanto não perceber que seu filho é um Ser-Que-Vê, cozinhar vai ser sempre uma tarefa ou uma emergência. Você vira escrava das limitações e necessidades físicas da criança. Você quer ficar em paz e terminar o que está fazendo para que ela possa comer o que você acredita que ela precise tanto, só que não deixa você fazer. Quando você começar a ver seu filho — e a si mesma — como um Ser-Que-Vê, o tempo que passam juntos na cozinha vai assumir outro significado.

Há dois motivos para incluir nossos filhos nas atividades da cozinha. Um deles é que não dá para mantê-los fora da cozinha. O outro é que esse é um dos melhores lugares da casa para pais e filhos aprenderem o que é mais necessário saber. Há certos trabalhos materiais e espirituais que é melhor fazer na cozinha. A tarefa da criança é explorar as propriedades materiais do seu mundo e aprender a lidar com elas. E que laboratório é melhor e mais equipado do que uma cozinha comum? Ela permite a expressão concreta de nutrientes espirituais, como amor, humildade, abundância, ordem, beleza e gratidão.

Pais espiritualmente alertas reconsideram cada atividade sob uma luz essencial. Na cozinha, se não tivermos essa visão, deixamos de lado o que é importante para nós para cozinhar para os outros. Ou tentamos virar um *gourmet* para receber elogios. Nesse caso, a presença da criança atrapalha e reclamamos da falta de ajuda e de elogios. Mas quando a tarefa e as circunstâncias são vistas de maneira espiritual e essencial, o trabalho necessário fica mais fácil e mais gratificante.

Para a criança, a cozinha é um laboratório de aprendizado. Se lhe dermos instrumentos e atividades adequadas às suas necessidades, ela vai ficar alegremente ocupada com o trabalho dela enquanto ficamos livres para terminar o nosso. Que brinquedo manufaturado é melhor do que um bule velho, para o bebê que quer agarrar, erguer, bater, separar e juntar? Nenhuma caixa de areia oferece à criança de dois ou três anos o que oferece uma bacia de arroz com colheres e copos de medida. Nenhum museu, programa de ciências ou jogo de química ensina à criança em idade escolar tudo o que ela vai aprender se tiver liberdade para assar, cozinhar e fazer experiências na cozinha. Nenhuma aula ou brincadeira oferece oportunidades tão constantes para que vocês aprendam a amar e a trabalhar juntas. Os anos vão passar, seus filhos vão crescer e começar a se afastar. Então, mais e mais, você vai querer se comunicar de verdade com eles — "antes que seja tarde demais". Quando meus filhos eram pequenos, era lavando a louça ou cozinhando, mais do que em qualquer outro momento, que costumávamos contar histórias, cantar, compartilhar pensamentos profundos, trocar segredos, confessar nossas dúvidas, rir e ficar juntos com liberdade e alegria.

Um monge disse a Joshu: "Acabei de entrar no mosteiro. Por favor, me ensine."
Joshu perguntou: "Você comeu o mingau de arroz?"
O monge respondeu: "Comi."
Joshu disse: "Então lave sua tigela!"
Naquele momento o monge se iluminou.

Zen Flesh, Zen Bones, compilação de Paul Reps

Por isso eu vos digo: Não andeis cuidadosos quanto à vossa vida, pelo que haveis de comer ou pelo que haveis de beber; nem, quanto ao vosso corpo, pelo que haveis de vestir. Não é a vida mais do que o mantimento, e o corpo mais do que o vestido? Olhai para as aves do céu, que nem semeiam, nem segam, nem ajuntam em celeiros; e vosso Pai celestial as alimenta. Não tendes vós muito mais valor do que elas? E qual de vós poderá, com todos os seus cuidados, acrescentar um côvado à sua estatura? E, quanto ao vestido, por que andais solícitos? Olhai os lírios do campo, como eles crescem: não trabalham nem fiam. E eu vos digo que nem mesmo Salomão, em toda a sua glória, se vestiu como qualquer deles. Pois, se Deus veste assim a erva do campo, que hoje existe e amanhã é lançada ao forno, não vos vestirá muito mais a vós, homens de pouca fé? Não andeis pois inquietos, dizendo: Que comeremos, ou que beberemos, ou com que nos vestiremos? (Porque todas essas coisas os gentios procuram.) Decerto vosso Pai celestial sabe que necessitais de todas estas coisas. Mas buscai primeiro o reino de Deus, e a sua justiça, e todas estas coisas vos serão acrescentadas.

Mateus 6:25-33

Está escrito: Não só de pão viverá o homem, mas de toda a palavra que sai da boca de Deus.

Mateus 4:4

Um monge estava trabalhando quando ouviu o gongo do jantar. Faminto, largou imediatamente o trabalho e se apresentou na sala de jantar. Ao vê-lo, o mestre riu com gosto, pois o monge estava agindo de maneira totalmente zen. Nada poderia ser mais natural; a única coisa necessária é abrir os olhos para a significação de tudo isso.

D. T. Suzuki, *Introduction to Zen Buddhism*

Olhos Mais Puros

O bebê chora. Mas ele acabou de mamar! Ele não pode estar com fome. Talvez esteja cansado. Talvez seja hora de trocar a fralda. Viu só? Está assado. Era isso, não era? Ou é alguma outra coisa — alguma coisa mais...? O que há com ele? O que está *errado*?

Mesmo depois de limpar o armário mental, as preocupações ainda vão e vêm. Algumas delas precedem os problemas, alguns problemas provocam as preocupações. Seja como for, temos de enfrentá-las de alguma forma — com compreensão, amor e *persistência*. Que enorme responsabilidade! E se cometermos algum erro? E se for realmente algum problema e não fizermos nada? Sentimos que a imaginação está levando a melhor sobre nós. E se *não for* imaginação?

Ninguém ensina patinhos a nadar e ninguém diz à água para não deixá-los afundar. E o que a mãe pata diz, ou faz — ou sabe? Não muito. Mas quando chega o momento, ela recebe uma mensagem para levar seus patinhos para a água. E aí? Ela entra na água e os patinhos a seguem. Bamboleavam desajeitadamente na terra e agora estão nadando. Acontece naturalmente. Eles não têm dúvidas. E a menos que esteja poluído, o rio não lhes faz mal. Nos patinhos que flutuam se realiza aquilo que, no rio, mantém as coisas à tona. E no rio se realiza aquilo que nos patos flutua e desliza. E na unidade de ambos se expressa e se realiza a qualidade invisível da flutuação.

Dissemos que a criança vive na consciência dos pais. Então, na relação entre pais e filhos, a água é amor (que implica bem-estar) e o rio é a consciência individual dos pais. O pato é a criança — totalmente equipada para flutuar (e assim expressar amor como bem-estar), para deslizar na nossa consciência. O amor está ali, abundante. A criança é total. O amor flui através de nós para sustentar a criança enquanto não houver poluentes que interfiram em nosso fluxo de consciência.

Como o resto do mundo, nós nos preocupamos com nossas falhas como pais e com o suposto potencial dos nossos filhos para o mal-estar. Há dois poluentes mentais principais: um são as idéias sobre o que pode dar errado; o outro é o fato do Eu S.A. acreditar que deveríamos ter o controle. A mãe pata tem duas coisas que nos faltam: confiança na água e nenhuma ilusão a respeito de si mesma. E, irracional que é, não fica confusa.

O mesmo Metrogoldwyn Eu, estrelando para si, é geralmente o centro de nossas preocupações. Precisamos de alguns problemas como desculpa. *Então era isso que ele tinha!*, suspirou ela agradecida. Quem fica aliviado com más notícias? Os pais que se culpam. Quem são os pais que se culpam? Os que querem ser superpais.

Observe e veja como às vezes precisamos de probleminhas para quebrar a monotonia do dia-a-dia. Tudo vai indo bem, mas ninguém presta atenção. Estamos nos sentindo sós com nossos filhos. O telefone toca:

"Johnny vomitou a noite inteira — desde que brincou com a Suzy no parque. Achei melhor avisar."

"Que horror! Eu sinto muito. Quais são os sintomas? Febre? Dor de cabeça? Obrigada. Foi muita gentileza ter telefonado."

Como Branca de Neve fez com a maçã envenenada, nós mordemos a isca e imediatamente dormimos e sonhamos. No sonho procuramos alguma coisa. O quê? Sinais de doença. Ficamos observando e esperando pela doença.

"Ôi, sou eu. Suzy está igualzinha, só que tem também uma erupção na pele. Johnny também? Bom, então eles têm mesmo a mesma coisa."

Agora não estamos tão sozinhas nem tão entediadas:

"Quem mais estava brincando com eles? É mesmo. Vou telefonar para lá."

Ficamos também mais importantes:

"Preciso desligar. Suzy está precisando de mim."

Não basta saber que nosso filho não vai pegar uma gripe só porque a outra criança pegou. É preciso mais: olhar a criança essencial, espiritual, em sua luz mais verdadeira e pura — não o bebê com nariz entupido ou não, com a testa quente ou não, mas a criança perene, o Ser-Que-Vê e que flutua em direção a Deus. É preciso parar de buscar o mérito ou a culpa com relação aos outros ou por intermédio de nossos filhos, compreendendo o fato e a plenitude da vida como expressão do amor divino.

É importante buscar sempre a consciência da perfeição essencial de nossos filhos. *A despeito de todas as aparências, rumores, diagnósticos e experiências em contrário, é importante ter em mente a natureza essencial, perfeita, total da criança e o poder do amor.* Não se trata de pensamento positivo nem mágico. Não causamos o bem, assim como não tornamos os rios mais limpos por não jogar lixo dentro deles. Sem lixo, a pureza do rio continua evidente. Totalidade, bondade e perfeição são a verdade do ser essencial. Deixando de alimentar pensamentos contrários, permitimos que essa totalidade se expresse mais livremente.

Os rios ficam poluídos só quando não se dá atenção a seu valor e pureza essenciais. Mesmo no caso dos rios, a verdadeira poluição é mental. Assim como no caso dos pais. Mesmo antes de o telefone tocar e de nossa vizinha bem-intencionada nos dar uma aula sobre como ficar doente, temos a cabeça cheia de desastres e a certeza de que eles vão se abater sobre nós mais cedo ou mais tarde. Basta saber quando e como.

Como os cursos d'água, os rios da nossa mente já estão poluídos e precisando de purificação. Precisamos livrá-los de velhas crenças não questionadas (alimentadas, temidas ou odiadas) e saber avaliar as idéias novas que admitimos na consciência.

Mas não há purificação sem compreensão da pureza. Se não sabemos o que o rio é, como saber o que não faz parte dele?

O bebê está sujo o tempo inteiro. Estamos sempre trocando suas fraldas e limpando seu bumbum. Mas é fácil ver que ele é puro. Sua sujeira nada tem que ver com ele e ele nem se dá conta dela. E essa ignorância também nada tem que ver com ele; ele vai aprender. A sujeira não nos engana, fazendo-nos pensar que ele é burro ou impuro. Nunca vimos tanta pureza! Mesmo sujando os lençóis, as fraldas, as roupas e o nosso colo, a pureza continua sendo uma característica óbvia do verdadeiro eu do bebê.

A pureza que vemos — isso é verdade! A distinção que fazemos entre pureza e sujeira — isso é amor! Lidamos com a sujeira durante 24 horas por dia, mas não deixamos que ela se confunda, em nossos pensamentos, com a imagem perfeita que temos da criança. Ela não interfere no amor. E nada de confundir amor com troca de fraldas, assim como não confundimos o bebê com a sujeira. Amor não é trocar fraldas, nem fazer comida nem ensinar disciplina nem qualquer outra coisa que seja necessário fazer ao longo do caminho. *Amor é separar em pensamento a criança perfeita de toda evidência em contrário.*

Os pais podem ser ordeiros e limpos, mas se incluírem sempre os dejetos da criança na imagem que fazem dela, a criança também vai se envolver com os excrementos, espalhando-os ou fazendo suas necessidades em locais pouco apropriados. Da mesma forma, a criança que, em pensamento, é associada a seus erros vai manifestá-los constantemente, não conseguindo agir de outro modo. Mas tendo na consciência uma imagem clara da criança perfeita e vendo a imperfeição como irrelevante para o verdadeiro ser da criança, os pais permitem que ela se desenvolva de fato, da maneira mais rápida e mais fácil, deixando de lado o comportamento irrelevante.

Para separar uma pessoa de seus erros é preciso pôr um hiato de credibilidade entre eles. Precisamos primeiro distinguir entre o que ela é e o que não é, para depois agir de acordo com o que ela é. Isso vale para todos — incluindo para nós. É uma coisa que dá para praticar e comprovar com nossos filhos.

Trocar fraldas é fácil. Mas o bebê chora, fica acordado até tarde, exige, faz manha, fica doente. É difícil, ainda mais quando a nossa preocupação é com o que devemos fazer e não com o que precisamos ver. Mas assim como vemos a pureza na sujeira das fraldas, devemos aprender a ver a gentileza na violência, a inocência no logro, a saúde na doença, a perfeição na imperfeição, a inteligência na estupidez, a bondade e o desejo de ser bom onde parece haver maldade proposital.

As qualidades espirituais — pureza, inocência, inteligência, gentileza e bondade — são verdadeiras. Sempre que as vemos, é Deus que estamos vendo. Ao encontrá-las em nossos filhos, nós as descobrimos em nós mesmos. Vemos que são verdadeiras — não como virtudes pessoais, mas como a verdade do ser. Vendo que são verdadeiras, somos conscientes. Somos um com o que realmente é. A discórdia, o conflito, o esforço e o mal-estar dão lugar ao amor. Esse amor, essa consciência perfeita, é agora o que encontramos e expressamos, assim como a água em unidade com toda a água expressa fluidez, a qualidade essencial da água.

Cá estamos nós com óleo numa mão e o bumbum de alguém, que está pendurado pelos pés, na outra. Que tipo de óleo estamos aplicando? O que está acontecendo na consciência? Pensamos no óleo como poluente ambiental mas também, desde tempos imemoriais, como substância usada para ungir os escolhidos de Deus.

> *... unges minha cabeça com óleo, o meu cálice transborda. Certamente que a bondade e a misericórdia me seguirão todos os dias da minha vida, e habitarei na casa do Senhor por longos dias.*
>
> Salmos 23:5-6

Ungir é uma maneira de honrar a totalidade, a perfeição e o valor essenciais, um ato de consagração que ocorre, na verdade, na mente de quem unge.

Enquanto aplicamos o óleo necessário, podemos descartar a noção de que o bebê tem que ter assaduras porque é isso que os bebês fazem e também a noção de que o bebê é uma assadura. ("Ele é um bebê cheio de assaduras.") Damos banho no bebê, lavando as impurezas, e depois o ungimos com óleo para que não haja nenhuma fricção. Enquanto isso, podemos purificar nossos pensamentos, lavando o medo de que nosso filho não seja perfeito, de que o amor não baste como proteção para ele nem como realização para nós. A escolha não é entre o necessário e o essencial, pois é justamente pela necessidade que somos levados à consciência do essencial.

Reflexão Adicional: Isso não quer dizer que todas as doenças sejam psicossomáticas. Mas sabe-se que, na doença, há dimensões psíquicas e espirituais e que a saúde e a cura podem ser intensificadas através da consciência psíquica e espiritual. Duas reportagens recentes me chamaram a atenção para essa consciência crescente. Uma falava de um plano de saúde que cobre tratamentos "alternativos" ou "complementares". A outra era sobre a criação, num grande hospital, de um programa de cuidados alternativos combinados aos tratamentos médicos tradicionais. Numa entrevista, o médico responsável pelo programa dizia que é importante estudar seriamente métodos como o toque terapêutico, o *biofeedback*, a meditação e a acupuntura, para saber até que ponto funcionam. Diz ainda que tem pouco conhecimento nessa área, mas que está aberto para aprender a usar o toque terapêutico combinado aos procedimentos cirúrgicos tradicionais.

Para mim, essa receptividade significa manter, piedosamente, o que chamo de "descrença saudável" com relação à doença e ao diagnóstico. Por mais sério que seja o problema físico ou a doença, por mais assustadores que sejam os prognósticos, sinto que é preciso reconhecer piedosamente que o que aparece misteriosamente pode desaparecer do mesmo jeito. Mesmo quando estou indo e vindo do hospital, limpando vômito, trocando os lençóis, levando a bandeja na cama, procuro deixar o doente "em observação", enquanto curo meus próprios medos e previsões terríveis e me transformo num canal silencioso de tranqüilidade e cura para a inspiração e para a energia divina. Quando eu mesma (ou meus filhos, quando eram pequenos) apresento sintomas de alguma doença, procuro compreender, piedosamente, o que esses sintomas estão me dizendo, o que posso aprender, que estado mental ou psicológico os sintomas simbolizam, que direção espiritual eu devo tomar. Se os sintomas parecem estar "levando a melhor", não hesito em procurar um médico, mas não abandono os caminhos de crescimento e cura que estão além dos procedimentos médicos e psicológicos. Acho que a expressão bíblica "amplia o lugar da tua tenda" sugere exatamente isso. Sem entrar em detalhes, devo dizer que, para minha surpresa, já constatei que isso funciona de maneira bem concreta.

E, quando o dragão viu que fora lançado na terra, perseguiu a mulher que dera à luz o varão. E foram dadas à mulher duas asas de grande águia, para que voasse para o deserto, ao seu lugar, onde é sustentada por um tempo, e tempos, e metade de um tempo, fora da vista da serpente.

Apocalipse 12:13-14

As "duas asas" são a consciência espiritual: a capacidade de distinguir *o que é* e *o que não é*, dando *ao que é* o controle da consciência, em vez de temer *o que não é*.

Uma vez eu levei nosso gato ao veterinário para um tratamento de emergência. Mas eu estava odiando fazer aquilo, certa de que havia um caminho melhor, mais elevado, e que, na verdade, não havia necessidade de o animal estar doente. Mas não queria ser mal-agradecida. Não sabia rezar direito, mas pensei em Deus e esperei a compreensão. Imediatamente, tive uma idéia: *faça o que tem de fazer até que saiba o que tem de saber.* Era óbvio que eu não tinha tido essa idéia sozinha. Foi a primeira vez que percebi com clareza que minha prece tinha sido atendida.

É bom *fazer o que é preciso fazer enquanto não sabemos o que é preciso saber.* Diante de um problema, em geral dá para esperar para fazer o que é preciso fazer até que seja absolutamente *necessário*. Antes, durante e depois desse ponto, podemos manter nossa atenção focalizada no *essencial*.

Enquanto fazemos o que é necessário para enfrentar e sanar as dificuldades, precisamos ficar abertos para aprender com elas e transcendê-las. Seja qual for o problema, não perca de vista a realidade essencial, espiritual.

Observei o caso de uma criança retardada, cujos pais se concentravam em seu potencial: ela superou uma barreira depois da outra, transcendendo não apenas os limites previstos, mas os limites da consciência médica. Li sobre pais incansáveis de crianças autistas, que conseguiram fazer com que os filhos superassem os próprios limites; com todas as portas fechadas, era só isso que lhes restava a fazer. Na minha família, já vi sintomas, graves ou não, desaparecerem tão misteriosamente quanto tinham aparecido, quando ficávamos desesperados a ponto de recorrer a Deus com sincera receptividade.

Algumas dificuldades podem ser superadas e aniquiladas. Algumas vezes, mesmo em meio a medos que se realizaram, é possível transcendê-las. Mas a maravilha, a alegria e o propósito de estar aqui não é ter poder sobre o que não é, mas despertar para o que é.

A Vaca Zen

Em geral, as vacas ficam satisfeitas vagando pelo pasto com as outras vacas. Mas, quando a idéia de ir além do pasto ocorre a uma delas, a cerca de arame farpado se transforma num problema. Ao trombar com a cerca, ela toma consciência da liberdade e percebe que está confinada. A cerca circunda todas as vacas, mas, num certo momento, vira um problema para essa vaca — e a machuca. Não é culpa dela! Ela apenas tomou consciência do confinamento e começou a pensar no significado de liberdade. Não é mastigando o arame farpado, nem se queixando às outras vacas e nem ficando zangada com o fazendeiro que ela consegue atravessar a cerca. Mas, em algum momento, ela vê claramente o que há além da cerca e sabe que é para lá que tem que ir. Não vê mais a cerca. Seguindo sua visão, ignorando a limitação, sem ligar para a dor, ela derruba a cerca e vai. Se nós e nossos filhos temos um problema sério, devemos atravessar a cerca universal da ignorância. É esse o momento. Com a cerca derrubada, talvez outros também descubram a liberdade.

Hui-neng disse: "No início nada é."
D. T. Suzuki, *Zen Buddhism*

Lao-Tsé disse: "Aquele que não tem nome é a origem do céu e da terra; dar nome é a mãe das dez mil coisas."
A. Watts, *The Way of Zen*

Jó disse: "Porque o que eu temia me veio, e o que receava me aconteceu."
Jó 3:25

Paulo disse: "Quanto ao mais, irmãos, tudo o que é verdadeiro, tudo o que é honesto, tudo o que é justo, tudo o que é puro, tudo o que é amável, tudo o que é de boa fama, se há alguma virtude, e se há algum louvor, nisso pensai."
Filipenses 4:8

Jesus disse: "... no mundo tereis aflições, mas tende bom ânimo, eu venci o mundo."
João 16:33

João disse: "Amados, agora somos filhos de Deus, e ainda não é manifestado o que havemos de ser. Mas sabemos que, quando ele se manifesta, seremos semelhantes a ele; porque assim como é o veremos. E qualquer que nele tem esta esperança, purifica-se a si mesmo como também ele é puro."
1 João 3:2-3

Habacuc disse: "Tu és tão puro de olhos, que não podes ver o mal, e a vexação não podes contemplar."

Habacuc 1:13

Canção de Ninar e de Boa Noite

Perguntaram uma vez a um iminente professor: "O senhor faz algum esforço para se disciplinar na verdade?"

"Sim, faço."

"Como o senhor se exercita?"

"Quando estou com fome, eu como; quando estou com sono, durmo."

"Isso é o que todo mundo faz; eles podem dizer que estão se exercitando da mesma maneira que você?"

"Não."

"Por que não?"

"Porque quando comem eles não comem, mas ficam pensando em outras coisas, ficando assim perturbados; quando dormem, eles não dormem, mas sonham com mil coisas. É por isso que não são como eu."

D. T. Suzuki, *Zen Buddhism*

Muitas pessoas acham difícil dormir à noite ou acordar pela manhã. Acreditam que dormir é uma coisa que fazemos. Mas não se faz o sono: deixamos que ele venha. Quem acredita que a vida é *fazer*, reluta para acordar: é tão arriscado e exaustivo estar vivo. Pelo mesmo motivo, reluta para dormir. Mesmo querendo muito dormir, teme secretamente que se parar de pensar e de fazer, vai parar de existir. Conheci uma mulher que só conseguia dormir se pegasse no sono antes do marido. Para ela, viver era receber atenção. Quando ele dormia, ela se sentia ignorada, com medo. Se ninguém estava prestando atenção nela, como ela ia ter certeza de que existia? Então, mesmo morrendo de sono, ficava acordada. Assim, pelo menos alguém sabia que ela existia!

Se sentimos responsabilidade exagerada pelos filhos, nós os mantemos acordados na atividade da nossa mente. Se acreditamos que a vida deles é obra nossa, nós nos envolvemos inconscientemente no processo de *fazê-los* dormir. Isso é impossível, pois o sono é algo que tem que ser permitido. Se o bebê estiver ativo, inquieto, brigando na hora de dormir, embora esteja morto de cansaço, verifique se você também não está ativa, com dez mil pensamentos na cabeça: ele tem de dormir porque precisa; ele tem de dormir porque eu preciso; preciso de tempo para mim; quem sabe se fizer isto, talvez ele queira aquilo; por que ele não dorme? É isso? Então, por ora, procure entender que você e o bebê só precisam da consciência de amor. Essa é a única necessidade. Batido demais? Então experimente.

> *O Senhor é meu pastor; nada me faltará. Deitar-me faz em verdes pastos, guia-me mansamente a águas tranqüilas. Refrigera a minha alma.*
>
> Salmos 23:1-2

Faça o bebê se voltar para o amor. Volte-se para a idéia de que o amor e a paz são possíveis. Por alguns minutos, na hora de dormir, não *pense* nas coisas que você tem que fazer, que você tem vontade de fazer ou que o bebê precisa. Durante esses minutos, dedique um pensamento silencioso à possibilidade de que o amor exista. Não veja a criança como um fardo, nem como um corpo carente, nem como uma responsabilidade grande demais e nem mesmo como uma posse querida, mas como uma expressão de amor. Olhe-se da mesma maneira, percebendo que o amor flui eternamente através de você. Não importa o que você precise fazer, deixe-se ficar em paz. Faça o que fizer, seja honesto. Não é fácil ficar em paz. Ninguém fica em paz com a mente num turbilhão. Cultive a consciência da paz, confie na idéia de que basta o amor. Nesse silêncio, talvez o amor, a única descoberta realmente importante, revele-se a você como uma realidade. Se isso acontecer, o bebê vai ficar tranqüilo e você vai se sentir revigorado para fazer qualquer tarefa.

Ficar em paz, com a mente e o corpo quietos, exige muita prática — mesmo que for só por alguns minutos. É ainda mais difícil nos primeiros dias do bebê, pois a vida se modificou de repente e estamos tão preocupados com a própria ignorância. Como nossa preocupação é constante, a criança fica inquieta, com períodos de sono imprevisíveis e breves. Se alguém disser que o bebê está manipulando vocês e que vocês o estão estragando, não acredite. Ele nada sabe sobre disputa pelo poder. Se você começar a disputar o poder com ele, vai acabar perdendo, mesmo se ganhar. Porque, nesse processo, você vai ensinar ao bebê que a vida não passa de uma disputa pelo poder. É melhor ficar por perto, com quietude e amor na consciência, aquela quietude mental em que você irradia amor. Deixe que os problemas desapareçam, entregue-se ao sono, entregue-se.

> *Se o Senhor não edificar a casa, em vão trabalham os que edificam; se o Senhor não guardar a cidade, em vão vigia a sentinela. Inútil vos será levantar de madrugada, repousar tarde, comer o pão de dores, pois assim dá ele aos seus amados o sono. Eis que os filhos são herança do Senhor, e o fruto do ventre o seu galardão.*
>
> Salmos 127:1-3

Elevação

Cama, cadeirão, balcão da cozinha — lugares para disputas de poder, campos de batalha de queros e não queros, ou locais de elevação. De manhã, geralmente nos saímos melhor. Achamos que é porque estamos descansados. Mas acho que nessa hora somos como as crianças: como não sabemos o que o dia vai trazer, estamos mais abertos à sua vontade, menos obstinados. No fim do dia, já somos outras pessoas; que mandam e desmandam, que vencem ou fracassam, que querem e não querem, mártires e vítimas. Então, o que é a hora de dormir? O momento de deixar de lado a idéia de que temos, ou deveríamos ter, o controle. É o exercício de nos entregar a um poder maior; deixando de lado as idéias sobre como está a nossa vida, nós nos elevamos e nos distanciamos das disputas pelo poder.

Grande parte do trabalho do bebê é físico; ele navega pelo chão em volta dos móveis, levanta isso ou aquilo. Mas vai ficando cansado: essa atividade deixa de ser uma descoberta alegre e se transforma numa luta. Então, abençoadamente, é hora de comer. Hora de comer, hora de dormir: qualquer momento pode ser parte da luta ou uma oportunidade para se elevar além dela e para compreender que ver, mais do que fazer, é ser.

Agora é o juízo deste mundo; agora será expulso o príncipe deste mundo. E eu, quando for levantado da terra, todos atrairei a mim.

João 12:31-32

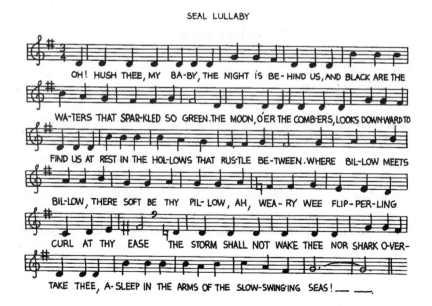

CANÇÃO DE NINAR DA FOCA

EM TOM SUAVE

QUIETINHO, MEU BEM, A NOITE VEM AÍ, E NEGRAS SÃO AS ÁGUAS QUE BRILHAVAM TÃO VERDES. A LUA, SOBRE OS VAGALHÕES, OLHA PARA BAIXO E NOS VÊ DESCANSANDO NOS VÃOS QUE SUSSURRAM ENTRE ELES. ONDE A ONDA ENCONTRA A ONDA, MACIO É O TEU TRAVESSEIRO, E ELAS SE ENCRESPAM PARA A TUA COMODIDADE. A TEMPESTADE NÃO VAI TE ACORDAR NEM O TUBARÃO TE PEGAR, DURMA NOS BRAÇOS DOS MARES QUE BALANÇAM DEVAGAR!

Letra de Rudyard Kipling   Música de Alec Wilder

ESTRELA CADENTE

TRADICIONAL
NÃO MUITO DEVAGAR

LUZ DA ESTRELA, BRILHO DA ESTRELA, DA PRIMEIRA ESTRELA QUE VEJO ESTA NOITE. QUISERA EU, QUISERA EU TER O DESEJO QUE DESEJO ESTA NOITE.

Música de Alec Wilder

A ti, Senhor, levanto a minha alma. Deus meu, em ti confio... Faze-me saber os teus caminhos, Senhor; ensina-me as tuas veredas. Guia-me na tua verdade, e ensina-me, pois tu és o Deus da minha salvação: por ti estou esperando todo o dia.

Salmos 25:1-2, 4-5

Buscai ao Senhor enquanto se pode achar, invocai-o enquanto está perto. Deixe o ímpio o seu caminho, e o homem maligno os seus pensamentos, e se converta ao Senhor, que se compadecerá dele; torne para o nosso Deus, porque grandioso é em perdoar. Porque os meus pensamentos não são os vossos pensamentos, nem os vossos caminhos os meus caminhos, diz o Senhor. Porque, assim como os céus são mais altos do que a terra, assim são os meus caminhos mais altos do que os vossos caminhos, e os meus pensamentos mais altos do que os vossos pensamentos.

Isaías 55:6-9

Wynken, Blynken, and Nod one night
  Sailed off in a wooden shoe —
Sailed on a river of crystal light,
  Into a sea of dew.
"Where are you going, and what do you wish?"
  The old moon asked the three.
"We have come to fish for the herring fish
  That live in this beautiful sea;
  Nets of silver and gold have we!"
    Said Wynken,
    Blynken,
    And Nod.

The old moon laughed and sang a song,
  As they rocked in the wooden shoe,
And the wind that sped them all night long
  Ruffed the waves of dew.
The little stars were the herring fish
  That lived in that beautiful sea —
"Now cast your nets wherever you wish —
  Never afeared are we";
  So cried the stars to the fishermen three:
    Wynken,
    Blynken,
    And Nod.

All night long their nets they threw
  To the stars in the twinkling foam —
Then down from the skies came the wooden shoe,
  Bringing the fishermen home;
'Twas all so pretty a sail it seemed
  As if it could not be,
And some folks thought 'twas a dream they'd dreamed

Of sailing that beautiful sea —
But I shall name you the fishermen three:
   Wynken,
   Blynken,
   And Nod.

Wynken and Blynken are two little eyes,
   And Nod is a little head,
And the wooden shoe that sailed the skies
   Is a wee one's trundle-bed.
So shut your eyes while mother sings
   Of wonderful sights that be,
And you shall see the beautiful things
   As you rock in the misty sea,
   Where the old shoe rocked the fishermen three:
   Wynken,
   Blynken,
   And Nod.

Eugene Field, "Wynken, Blynken, and Nod"

[Uma noite, Pisco, Cisco e Sonolento
   Saíram num sapato de madeira —
Navegando num rio de luz cristalina,
   Até um mar de orvalho.
"Onde estão indo e o que desejam?"
   A velha lua perguntou aos três.
"Viemos pescar o arenque
   Que vive neste belo mar;
   Redes de prata e ouro nós temos!"
     Disseram Cisco,
     Pisco
     E Sonolento.

A velha lua riu e cantou uma canção,
   Enquanto eles balançavam no sapato de madeira,
E o vento que os empurrou a noite inteira
   Agitava as ondas de orvalho.
As estrelinhas eram os arenques
   Que viviam naquele belo mar —
"Agora joguem a rede onde quiserem —
   Não temos medo";
   Assim gritaram as estrelas para os três pescadores:

Pisco,
　　Cisco,
　　E Sonolento.

Durante a noite inteira as redes jogaram
　　Para as estrelas na espuma cintilante —
Então desceu dos céus o sapato de madeira,
　　Trazendo os pescadores para casa;
"Foi um passeio tão bonito que até parecia
　　Mentira,
E alguns pensaram que foi um sonho que sonharam,
　　Navegar naquele belo mar —
　　Mas eu posso lhes dizer o nome dos três pescadores:
　　　　Pisco,
　　　　Cisco,
　　　　E Sonolento.

Pisco e Cisco são dois olhinhos,
　　E Sonolento uma cabecinha,
E o sapato de madeira que navegou os céus
　　É a caminha de um pequeno.
Então feche os olhos enquanto sua mãe canta
　　Cenas maravilhosas,
E você vai ver coisas bonitas
　　Balançando no mar nebuloso,
　　Onde o sapato de madeira embalou os três pescadores:
　　　　Pisco,
　　　　Cisco,
　　　　E Sonolento.]

I see the moon, the moon sees me —
　　over the mountain, over the sea.
　　Please let the light that shines on me,
　　shine on the one I love.
　　　　　　　　　Canção de acampamento

[Eu vejo a lua, a lua me vê —
　　na montanha, no mar.
　　por favor deixe que a luz que brilha em mim,
　　brilhe no meu amor.]

Que eu saiba, todas as crianças são lunáticas. Mesmo na cidade, onde as luzes não param de piscar e brilhar, onde o céu é apenas um retalho. Mesmo de dia, se a Lua aparece — pálida e prateada —, a criança a vê na mesma hora. "Olhe! Olhe a Lua!" Será que a amizade entre essa maravilha luminosa que segura a minha mão e a que está no céu (as duas com seus segredos) vem de alguma consciência inata do verdadeiro chamado? Será que ela já sabe, será que ainda se lembra, que a beleza e a felicidade desta vida refletem uma luz maior? Será que já suspeita que a escuridão existe apenas quando se dá as costas para a luz? Será que já adivinha que aquilo que está sob a luz não lança sombras? Veja como ela já procura a luz no escuro! Esse filho da Lua me lembra sempre que eu tenho de ser Lua para ele e que ele é Lua para mim.

Não erreis, meus amados irmãos. Toda a boa dádiva e todo dom perfeito vem do alto, descendo do Pai das luzes, em que não há mudança nem sombra de variação.

Tiago 1:17

The child's wonder
At the old moon
Comes back nightly.
She points her finger

To the far yellow thing
Shining through the branches
Filtering on the leaves a golden sand,
Crying with her little tongue, "See the moon!"
And in her bed fading to sleep
With babblings of the moon on her little mouth.

Carl Sandburg, "Child Moon"

[O encanto da criança
Diante da velha lua
Volta todas as noites.
Ela aponta o dedo

Para a longínqua coisa amarela
Brilhando através dos galhos
Filtrando sobre as folhas uma areia dourada,
Gritando com sua vozinha, "Veja a lua!"
E em sua cama cai no sono
Com balbucios da lua na boca.]

There is a blue star, Janet,
Fifteen years' ride from us,
If we ride a hundred miles and hour.
There is a white star, Janet,
Forty years' ride from us,
If we ride a hundred miles and hour.
    Shall we ride
    To the blue star
    Or the white star?

                          Carl Sandburg, "Baby Toes"

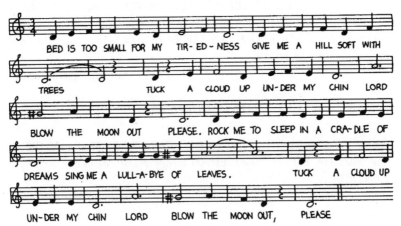

[Existe uma estrela azul, Janet,
A uma distância de quinze anos de nós,
Viajando a cem milhas por hora.
Existe uma estrela branca, Janet,
A uma distância de quarenta anos de nós,
Viajando a cem milhas por hora.
　　Melhor ir
　　À estrela azul
　　Ou à estrela branca?]

SENHOR, APAGUE A LUA, POR FAVOR

A CAMA É PEQUENA DEMAIS PARA O MEU CANSAÇO. ME DÊ UMA COLINA MA-
CIA DE ÁRVORES. ME CUBRA BEM COM UMA NUVEM. SENHOR APAGUE A LUA,
POR FAVOR. ME EMBALE PARA DORMIR NUM BERÇO DE SONHOS. CANTE PARA
MIM UMA CANÇÃO DE FOLHAS. ME CUBRA BEM COM UMA NUVEM, SENHOR.
APAGUE A LUA, POR FAVOR.

Autoria desconhecida

LUA PEQUENINA

HÁ UMA LUAZINHA BEBÊ DEITADA DE COSTAS COM OS PEZINHOS PARA O AR.
ESTÁ SOZINHA NO PROFUNDO CÉU AZUL, MAS A LUAZINHA ENGRAÇADA NÃO
SE IMPORTA.

Autoria desconhecida

Reflexão Adicional: Os Sonhos das Crianças

Quando o eu consciente dorme, o inconsciente fala. Medos e sentimentos desconhecidos, possibilidades que conscientemente nem levamos em
conta, partes de nós que foram soterradas estão agora prontas para vir à vida e dançar diante de nós em filmes fantásticos. Problemas que não enfrentamos, maneiras de enfrentá-los que ainda não nos ocorreram, aparecem ni-
tidamente. Se tendemos demais para um lado da vida ou do eu, os sonhos
nos apresentam o outro lado. Navegando pelo mar da noite, nosso navio de
eus procura se corrigir e descobrir seu verdadeiro curso. Acredito que o vento nas velas inconscientes do sonho é o sopro de Deus, o Espírito Santo, procurando nos guiar para a realização.

Quando éramos crianças e tínhamos pesadelos, nossos pais nos conso-
lavam: "Calma, calma. Foi só um sonho." Era reconfortante, ajudava. Mas,

por outro lado, não ajudava tanto assim; perdíamos com isso uma coisa valiosa. Diziam: "Você está só sonhando. Está só imaginando coisas." Com isso, percebo agora, aprendemos a ignorar o potencial de cura e orientação dos sonhos. A partir da idade da razão, a cultura ocidental passou a descartar os sonhos, por serem fantásticos e irracionais. Mas o trabalho de Freud, de Jung e de outros pesquisadores do sono, nos fez perceber que os sonhos são significativos e necessários para a cura, para a saúde, para o crescimento e para o equilíbrio psíquico. Hoje em dia, apesar de terem aprendido a desprezar e a ignorar seus sonhos, muitas pessoas estão descobrindo como é útil o trabalho psicológico profundo com os sonhos. Pode ser que, à medida que, *como cultura*, descobrirmos o valor dos sonhos e a sua natureza, de maneira a respeitá-los e apreciá-los, a análise dos sonhos não seja mais necessária. Em grande parte, essa análise só nos ensina que, como a temperatura do corpo, os roncos no estômago e o bocejo, os sonhos de toda noite são vitais e necessários. São, eu diria, aspectos da cura e do desenvolvimento humano que têm origem divina. *Tal Filho* não é lugar para tratarmos disso em profundidade, mas me sinto obrigada a falar um pouco da importância dos sonhos das crianças e de como lidar com eles.

Quando meus filhos eram pequenos, eu procurava prestar atenção nos sonhos deles e, de certa forma, me orientava pelo que eles me revelavam sobre os medos inconscientes e sobre a atmosfera da nossa casa. Mas reagia aos pesadelos como a maioria dos pais. Acendia as luzes e dizia: "Está vendo? Não tem nada ali — nada de monstros nem dragões. Foi só um sonho." E mudava de assunto. Não sabia ainda que os sonhos não são "apenas fantasias", não são "apenas produtos de uma imaginação fértil", que não são "apenas desejos".

Crescidos, meus filhos levam seus sonhos a sério. Mas e se, quando eram pequenos, eu tivesse me acostumado a lhes pedir para me contar seus sonhos? De maneira natural, da mesma forma que media sua temperatura quando ficavam agitados demais, que lhes perguntava se estavam com sede, que lhes dava tintas se mostravam algum interesse em pintura, que me sentava para ouvir suas histórias e suas últimas aventuras? E se, quando tinham pesadelos, eu lhes pedisse para me contar mais, para desenhar o dragão ou para inventar histórias sobre o que ele podia ou queria fazer? E se, depois de abraçá-los até o medo diminuir, eu exclamasse: "Puxa! Que criatura maravilhosa essa do seu sonho! Que parte poderosa de você ela é! Como será que se faz para ficar amigo dela? O que mais será que ela pode fazer?" É tarde demais para fazer essa experiência com os meus filhos, e raramente atendo crianças — mas fico pensando!

É certo que *não* devemos ensinar nossos filhos a ignorar essa importante parte do seu ser. Por outro lado, analisar os sonhos deles pode ser tão nocivo quanto ignorá-los. Não estou sugerindo que vocês se transformem em psicanalistas amadores, nem que levem seu filho ao psicanalista porque ele teve alguns pesadelos. Na verdade, os sonhos "ruins" são tão naturais, normais e saudáveis quanto os sonhos "bons". Assim como os processos homeostásicos e de crescimento do corpo funcionam sem que tenhamos consciência deles, a maior parte dos sonhos faz seu trabalho sem nem mesmo chegar à consciência. Aqueles de que lembramos também realizam seu propósito — *se* não forem ignorados por serem "irreais", por serem "só" imaginação ou "meras" fantasias. Ignorando-os, ensinamos nossos filhos a ignorar não apenas partes de si mesmos e dimensões da vida, mas também um encontro em primeira mão com algo grande e cheio de amor que está sempre atento a nós. Por isso, não analisem os sonhos dos seus filhos, mas procurem ter por eles interesse e respeito.

Se seu filho tiver muitos pesadelos e terrores noturnos, talvez seja bom consultar um especialista, como você consultaria um médico no caso de uma febre persistente. No caso de sintomas físicos, você leva a criança ao médico, mas no caso de um período prolongado de pesadelos, você é que deve ir ao médico, pois os pesadelos das crianças costumam ser manifestações de problemas inconscientes dos pais. Mas, em geral, basta encarar os sonhos que seu filho lhe conta de uma maneira que lhe possibilite descobrir o significado intrincado e a suprema santidade da vida em geral e dele em particular.

Estimule-o a brincar com o sonho, *se ele quiser* — a lhe contar mais alguma coisa, *se quiser* ("O que você acha que aconteceu depois?") Reafirme os sentimentos dele ("Que coisa terrível — engraçada — emocionante!") Mas o mais importante é ouvir, para que ele sinta que tudo a respeito dele é digno de ser levado a sério. Em vez de desprezar o sonho porque parece tolo, ou de lhe dizer que seus medos são infundados, escute. Um pai e seu filho passavam algum tempo juntos todas as manhãs. Enquanto o pai fazia a barba, contavam um ao outro o que tinham sonhado à noite. É esse o tipo de coisa que estou recomendando — não é para analisar, racionalizar nem sondar. Basta receber com respeito reverente o mistério de qualquer sonho que seu filho quiser lhe contar.

Reflexão Adicional: Aceitar, Libertar e Entregar

Revendo tudo o que eu disse até agora, ocorreu-me que deixei de dizer duas coisas importantes: (1) Ficou claro que, assim como a criança, os pais também querem vir à vida e que, além dos filhos de verdade, temos muitos filhos interiores inconscientes que também precisam nascer e ser criados com

Espírito • **105**

carinho. O que não ficou claro é como os filhos atuais chamam nossa atenção para os filhos interiores. (2) Foi dito que os pais também têm um Pai a quem podem respeitosamente recorrer, mas não ficou claro como é que se faz isso. Refletindo sobre essas omissões, decidi incluir aqui coisas a que tenho dito em minhas palestras nos últimos anos. Embora repitam em parte o que já foi mencionado, são observações que incluem camadas de compreensão que eu desconhecia ou que era tímida demais para mencionar quando escrevi este livro, assim como camadas adquiridas depois da publicação de *Gently Lead* e *Coming to Life* (que também servem como referência). A seguinte passagem da Bíblia, já citada, dá o tom e transmite o essencial:

> *Senhor, o meu coração não se elevou nem os meus olhos se levantaram; não me exercito em grandes assuntos, nem em coisas muito elevadas para mim.*
> *Decerto fiz calar e sossegar a minha alma; qual criança desmamada, para com sua mãe, tal é a minha alma para comigo.*
>
> Salmos 131:1-2

Muitos pais me perguntam como aproximar os filhos de Deus, mas prefiro falar primeiro sobre como os filhos nos aproximam de Deus. Atualmente, é comum os pais se sentirem perdidos. Em muitas famílias, os dois trabalham. Há muitas mães ou pais solteiros. A comunidade e os parentes já não participam tanto, mas a paternidade e a maternidade estão em voga. Como nos sentimos pressionados a ser pais perfeitos, pressionamos nossos filhos. Embora haja um número sem precedentes de livros sobre maternidade e paternidade (ou por causa disso), muitos pais não sabem o que fazer. Acho que o importante não é fazer o que já sabemos — se soubéssemos ser pais, estaríamos fazendo outra coisa. Não saber nos desespera, e isso nos faz pensar em Deus. Assim, esse desesperado desconhecimento favorece o crescimento espiritual, o que é vital para que possamos favorecer o crescimento espiritual de nossos filhos.

Diz uma canção: *Reme, reme, reme seguindo suavemente a correnteza. Alegremente, alegremente — a vida não passa de um sonho. [Row, row, row your boat, gently down the stream. Merrily, merrily, merrily, life is but a dream.]* Nem sempre a maternidade e a paternidade são experiências suaves e alegres. Mas mesmo assim é possível aplicar a elas essa canção. Ela diz que o poder para fazer a jornada não vem de nós, que, mesmo quando perdemos o contato com a inspiração, estamos sendo levados, que nossa tarefa é acompanhar o fluxo. É preciso remar para nos manter no curso. Mas apesar das pedras, bancos de areia, redemoinhos e corredeiras, o ponto em que estamos agora é o caminho para o que vem *a seguir*. Isso não quer dizer que devamos ficar sempre no barco ou nunca mudar o curso. Mas para saber como e quando agir, devemos nos centralizar, continuar mergulhando os remos na água e descobrir nossa unidade com o profundo. Às vezes fica muito difícil, o que pode indicar que estamos remando contra a correnteza. Nesses momentos, é preciso alterar o rumo. Do contrário, não conseguimos seguir o fluxo e relaxar.

A canção diz também que a vida não passa de um sonho, e as religiões também afirmam que o propósito da vida é despertar. A psicologia, principalmente a de Jung, revela que os acontecimentos e as pessoas que aparecem nos sonhos ou na vigília representam aspectos da busca pela totalidade, que nossas relações com os outros dependem das relações com os *outros* que existem dentro de nós, que a consciência da correspondência entre vida consciente e vida inconsciente nos ajuda a viver a vida pessoal e interpessoal. Como nossos filhos, queridos/difíceis, inspiradores/irritantes, nos ensinam e nos curam? Como fazer com que a vida pessoal favoreça em vez de prejudicar a vida familiar — e vice-versa? Rezar ajuda? Como? E quem tem tempo para rezar?

Alguns pais me perguntam como aproximar os filhos de Deus porque querem lhes transmitir sua fé. Outros não sabem se a religião é ou não importante, mas, por precaução, não querem que os filhos fiquem sem ela. Às vezes, a paternidade ou a maternidade faz com que os pais enfrentem a própria impotência, a própria ignorância, os limites do amor, da raiva e até do ódio. Precisam, então, de alguma coisa melhor do que eles mesmos para se apoiar. Sabem que os filhos precisam do apoio de alguma coisa além dos pais. Os filhos abalam nossas crenças e descrenças. Acreditemos ou não em Deus, a paternidade e a maternidade nos põem na posição de Deus, e logo depois nos arrancam dela. A idéia de que "fazemos" amor, "fazemos" bebês, além do fato de que eles dependem de *nós* para *tudo*, sugere que somos para eles a fonte e a força do existir — Deus, em outras palavras.

Mas, desde a primeira noite que passam em casa, os filhos começam a abalar essa idéia. Pelo simples fato de nascer, eles nos fazem exclamar o nome de Deus — por amor, surpresa *e desespero*. Achamos que sabemos do que eles precisam, mas eles mostram que não sabemos. Achamos que nosso amor é ilimitado, mas eles nos fazem odiá-los. Juramos *nunca* fazer o que nossos pais fizeram, mas eles nos levam a quebrar o juramento. Como o pequeno Davi, sua pontaria infalível acaba com nosso eu Golias, com nossa pretensão de ser Deus, fazendo com que surja em nós a criança vulnerável. É maravilhoso como eles nos libertam; falando a língua do bebê ficamos mais parecidos com as crianças e mais abertos e sinceros com os outros. É horrível como eles revelam nossa infantilidade. Temos ciúme da atenção que nossos filhos dão a nosso parceiro (ou da atenção que nosso parceiro dedica a eles), ficamos magoados se eles nos desafiam, *vingativos* quando eles "não nos deixam" fazer o que queremos.

Achávamos que, com relação a nossos filhos, seríamos maduros. Juramos não sobrecarregá-los com questões não resolvidas da nossa infância. Sabemos que, obrigando-os a fazer o que não pudemos fazer, esmagaríamos seu espírito. Mas descobrimos que, quando os protegemos do que nos magoou, eles se tornam covardes. Quando procuramos não tiranizá-los como fomos tiranizados, eles se tornam tiranos. A busca pela perfeição fracassa e impõe tremenda pressão sobre todos. A alegria se vai. Quero frisar que *todos* nós tentamos refazer ou reviver nossa infância por intermédio dos filhos e que o propósito da paternidade e da maternidade é beneficiar os filhos dos pais e os filhos *nos* pais. Reviver a infância, agir infantilmente com os filhos, não é um erro que podemos evitar, mas uma oportunidade de cura e crescimento. Podemos ser infantis e mesmo assim ser bons pais — o importante é a nossa *reação* a essa infantilidade. Se *conseguíssemos* ser pais perfeitos, nossos filhos ficariam magoados e despreparados para a vida — assim como se fôssemos sempre infantis. É vendo o que fazemos *quando* nos sentimos crianças que eles mais aprendem sobre a vida e sobre Deus, que mais aprendem a lidar com a mágoa, a raiva e o mal.

O mais importante é *perceber* quando estamos na posição da criança. Mesmo confusos, nós nos elevamos à posição de Deus Todo-Poderoso, tentando ser poderosos e assustadores. Esse reflexo raramente é consciente. É inadmissível que, mesmo por alguns momentos, sejamos *crianças* assustadas e confusas. Dois gatinhos que se encontram pela primeira vez ficam com o pêlo eriçado e em posição de ataque, tão pequenos e engraçadinhos. Mas não é engraçadinho quando somos nós que fazemos isso. Não estamos provocando alguém do nosso tamanho. Lembro das "horas infernais", quando tentava, desesperada, fazer o jantar antes do meu marido chegar, com as crianças irrequietas à minha volta. Em momentos assim, nós nos *sentimos* como crianças desesperadas. Mas como não aceitamos esse fato, acabamos nos tornando *cruéis*. Dizemos: *se você se comportar, não vou ficar tão zangado*. Mas isso é pedir que os filhos sejam os pais, que ponham de lado seu desespero e cuidem do nosso. Eles não sabem que mamãe está agora com dois anos, querendo que eles sejam os adultos.

Queremos *agir* como adultos, mas a criança desesperada irrompe disfarçada de Deus Todo-Poderoso. Se não aceitarmos com amor nossos sentimentos infantis, continuaremos a despejá-los sobre nossos filhos. Não fazemos xixi na calça, mas saem de nossa boca coisas maldosas, cheias de "você deveria". Pior do que fazer xixi na calça. Tantos "você deveria" indicam que estamos na posição de Deus Todo-Poderoso (que é, na verdade, a posição da criança confusa). Pior do que a posição de Deus Todo-Poderoso é a posição de Santa Mãe de Deus. Nada é mais nocivo do que a idéia de que temos que ser bonzinhos o tempo inteiro. Pior do que a prepotência descarada são os "deveria" subliminares que assumem a forma furtiva de manipulações e armadilhas açucaradas de culpa. Um golpe sujo. A criança se sente muito mal por sentir tanta raiva sem motivo, por deixar a mãe triste e por ser tão "má". A pergunta não é como evitar que isso aconteça, mas o que fazer quando acontece. Aceitando nossas necessidades infantis, os momentos de desespero, que de outra forma poderiam ser abusivos, se transformam em convites para a inspiração.

Às vezes, quando meus filhos começavam a brigar e a fazer muita bagunça, eu os mandava para o quarto. Quando agia na posição de Deus Todo-Poderoso, para castigá-los ou para ficar livre deles, eles ficavam indo um para o quarto do outro e eu acabava tendo que ir até lá. Ou então voltavam daí a pouco, o que me deixava louca. Mas quando eu agia na posição da criança, não para castigar, mas pela paz de todos nós, se eu parava um momento para recorrer a alguma coisa além de nós, a atmosfera mudava. Quando eu os libertava, eles conseguiam me libertar. Eles arrumavam alguma coisa para fazer no quarto ou voltavam para perto de mim. De qualquer forma, a atmosfera já era outra, mais tranqüila e divertida. Quando eu abandonava a posição de Deus Todo-Poderoso, sem mais achar que precisava controlar tudo, quando o vínculo que tinha se formado entre nós se rompia, as janelas mentais se abriam para alguma coisa maior e sobrevinha a paz. Eles aprenderam a amar esses momentos. Às vezes, vinham choramingando, dizendo que precisavam de um momento de tranqüilidade.

Espero que esteja claro que estávamos aprendendo a rezar. Como mostra esta história que tirei de *Gently Lead*, as crianças têm grande afinidade com esse tipo de prece. Uma vez, quando tinha três anos, meu filho queria desenhar uma árvore de Natal mas não conseguia. Então me pediu ajuda. Normalmente, eu aproveitaria a oportunidade para mostrar que sabia mais do que ele. Mas nesse dia eu não estava na posição de Deus. Vendo que ele não tinha papel nem lápis, eu disse: "Pegue papel e lápis. Depois fique sentado quietinho e quem sabe Deus lhe dá uma boa idéia." "Ah, é, eu esqueci", disse ele, como se dissesse que *tinha esquecido que Deus podia ajudá-lo*. E lá foi ele. Daí a pouco eu espiei e o vi sentado no sofá, de olhos fechados, com as perninhas esticadas, o lápis e a mão sobre o caderno que tinha no colo, esperando pela boa idéia que com certeza Deus lhe daria. Daí a pouco voltou, com os olhos brilhando, mostrando seu desenho: uma pilha de triângulos com um monte de linhas cruzadas no topo — com certeza uma árvore de Natal. Mais tarde, eu lhe pedi que desenhasse outra árvore para o nosso cartão de Natal. E lá foi ele de novo. Só que dessa vez voltou com um desenho que parecia mais um duende natalino do que uma árvore. A estrela tinha se transformado na borla de um chapéu pontudo. Disse ele: "Comecei a desenhar uma árvore de Natal, mas depois Deus me deu uma outra idéia!"

Aceitar, libertar e *entregar* são, acho eu, três estágios da prece (ver também páginas 239-249). Nas duas situações anteriores, esses estágios estão presentes: aceitar, estágio pessoal; libertar, estágio interpessoal; entregar, Além-do-Pessoal. Nas "horas infernais", eu primeiro *aceitava* o fato de estar agindo como uma criança que não sabe o que fazer. Esse é um passo que meu filho artista não precisou dar. Ele sabia que era criança e aceitava que não sabia o que fazer. Depois, nas duas histórias, vinha o estágio de *um libertar o outro*. Para isso acontecer, nas "horas infernais" eu abandonei a idéia de que meu bem-estar dependia dos meus filhos. No episódio do desenho, meu filho e eu abandonamos a idéia de que o bem-estar dele dependia de mim. Depois disso, em ambos os episódios, *houve uma entrega a Deus*. Nas "horas infernais", fiz essa entrega pelo bem de todos. No episódio do desenho, meu filho e eu nos entregamos conscientemente a Deus.

Se conseguir *aceitar* a criança que há em você, vai conseguir dar os outros passos: *libertar o outro* e *se entregar* a alguma coisa Além-do-Pessoal. Os pais precisam de um pai. Às vezes os pais são os filhos. Mas a criança não é pai. É bom, pelo menos potencialmente, que os filhos tragam à tona nosso lado criança. *Aceitando* esse seu lado, você *abandona* a idéia de que seu filho deve agir como pai. Aí está implícita a idéia de que há alguma coisa a que se entregar. Deus. Mas o que significa isso?

Hoje em dia fala-se muito da "criança interior". Mas raramente se discute a possibilidade de encontrar um pai Além-do-Pessoal. A idéia de Deus como pai celestial tem como molde o pai humano. A menos que a compreendam metaforicamente, os adultos têm dificuldade para acreditar nessa idéia pessoal de Deus. Ela entra em conflito com o que sabemos sobre o universo. Além disso, é difícil confiar num Deus à imagem dos nossos pais que, como nós, eram imprevisíveis: carinhosos/assustadores, presentes/ausentes. Falando de Deus, Paulo diz: "Porque nele vivemos, e nos movemos e existimos." É uma idéia de Deus Além-do-Pessoal, baseada em nossa experiência do ambiente, do ar que respiramos, das plantas que nos alimentam, da força gravitacional e ascensional, que nos servem *se estivermos em unidade com elas*. Isso é muito significativo. Se falássemos mais sobre esse Deus, haveria mais pessoas na igreja. Se *Além-do-Pessoal* lhe parece uma idéia muito impessoal, pense nas palavras ditas a Moisés: "EU SOU O QUE SOU", o Eu dos eus, que Paulo expressou na idéia de que somos partes diferentes do corpo divino. E é, acredito eu, o que disse Jesus: "Eu e o Pai somos um."

Qual a relação do Deus Além-do-Pessoal com a paternidade e a maternidade, com a dependência dos filhos e com a necessidade que temos de alguma coisa da qual possamos depender? Sabemos que as crianças precisam de ar, comida e apoio e que precisam ser psicológica e espiritualmente inspiradas, nutridas e amparadas. Para fornecer oxigênio para o feto, leite para o bebê, basta que a mãe faça o que já faz por si mesma: comer e respirar. Quanto melhor for a sua alimentação, melhor o leite do bebê. Ninguém tenta produzir leite para o bebê sem comer, nem carregá-lo sem levar em conta a lei da gravidade. Mas, quando se trata de educação psicológica e espiritual, é isso o que fazemos. Queremos dizer e fazer coisas sábias, mas sem recorrer à inspiração. Queremos ser carinhosos, mas sem recorrer ao amor. Mas não somos *fontes* de alimento, inspiração e apoio espirituais, assim como não somos fontes de alimento, inspiração e apoio físicos. Somos, isto sim, *mediadores* do suprimento Além-do-Pessoal, canais através dos quais flui o que é necessário. Para manter o bebê fisicamente vivo, bem e seguro, precisamos *estar* alimentados e centralizados. Para alimentá-lo, inspirá-lo e apoiá-lo no nível espiritual, precisamos estar espiritualmente alimentados e centralizados.

É fácil servir de mediadores físicos para os filhos. Nós também já fomos "desmamados" — do cordão umbilical, do peito e do colo —, passando a depender diretamente do ambiente. Deixamos de ser filhos de pessoas e passamos a ser filhos conscientes do Além-do-Pessoal. Assim, é fácil para nós desmamar os filhos. Como encontramos a unidade com os recursos físicos, confiamos nossos filhos a eles. Quando a criança deixa de mamar, nós a consideramos independente, auto-suficiente. Mas, na verdade, *nunca* nos tornamos independentes. Dispensamos a mediação, mas continuamos a depender — diretamente — das fontes Além-do-Pessoal de apoio à vida. Quando andamos, somos filhos da gravidade. Quando comemos, filhos da terra cheia de frutos. Quando respiramos, filhos do ar.

Pensamos que o desmame é um estágio da infância. Mas a vida é uma série sem fim de desmames ainda mais profundos: passamos da unidade mediada à unidade direta com o Além-do-Pessoal. Os estágios do desmame físico são paralelos aos estágios do desmame psicoespiritual — talvez até sua primeira fase — e da compreensão da unidade, que virá ao longo da vida. A idéia Além-do-Pessoal de Deus se presta a uma visão ecológica desse processo, que nos permite identificar muitos subsistemas interdependentes, mutuamente benéficos. Ela nos ajuda a ver os problemas familiares em termos de sistemas pessoais, interpessoais e Além-do-Pessoal, que podem estar fora do equilíbrio e procurando se endireitar — para o bem do todo e de suas partes, para o bem dos pais *e* do filho. Em vez de culpar os filhos ou a nós mesmos, podemos nos perguntar: "O que está tentando acontecer aqui?" Quando nosso filho nos torna infantis, em vez de culpá-lo podemos nos perguntar o que foi negligenciado. Há alguma mágoa que precisa de atenção? Há alguma parte *necessária* de nós tentando vir à vida? Será que Deus, por intermédio do nosso filho, não quer que fiquemos mais sem essa parte? Será que a vida está tentando nos livrar da dependência que temos uns dos outros para que possamos depender diretamente de Deus? Sim.

Uma mulher procurou ajuda porque maltratava o filho. "Estou tão carente!" disse ela. Depois de algum tempo, ela viu que sob essa carência — irreal como era — havia uma necessidade real, legítima, de atenção e carinho — por parte do filho. Com isso ela deixou de castigar a si mesma e ao filho. Antes só queria saber do seu problema, mas depois aprendeu a se perguntar o que estava acontecendo — a se abandonar para perceber quais as necessidades da criança que havia nela. Assim, passou a compreender melhor o filho. Quando ele dizia que a odiava, ela sabia que, na verdade, ele queria dizer que estava magoado. Uma vez ele machucou a irmãzinha. Em vez de ficar furiosa, ela perguntou o que tinha acontecido. Arrependido, o menino disse que tinha beliscado a irmã com muita força. Em vez de ver tudo em termos de certo/errado, deve/não deve, quer/não quer, ela se perguntou o que estava acontecendo por trás daquilo tudo. Como ela não era religiosa, não usei linguagem religiosa com ela. Mas, perguntando-se o que estava por trás daquilo tudo, ela foi aprendendo a rezar, a deixar entrar a inspiração.

Não é preciso impor a idéia de Deus às pessoas; basta ajudá-las a aceitar o desconhecimento. A compreensão de que a paternidade e a maternidade servem para cortar o nosso cordão umbilical — e o dos nossos filhos — e nos levar à unidade, nos dá mais resistência. Ficamos menos ansiosos e menos apegados. Assim, conseguimos deixar rolar quando é o caso, seguimos a correnteza com mais alegria e suavidade.

Estamos falando de inspiração em vez de respiração, de alimento espiritual em vez de alimento físico e de apoio gravitacional. Dizem os especialistas que as crianças precisam de uma mistura de amor e autoridade, liberdade e segurança, proteção e permissão. Mas eles não nos dizem como *chegar a essa mistura*. Eles nos contam as ótimas coisas que dizem e fazem, mas não como chegaram a elas. A paternidade e a maternidade são como máquinas de fazer pipoca: fica tudo pipocando e voando para todos os lados o tempo inteiro. Ninguém nos diz o que fazer quando nossos filhos nos desafiam, ou quando estão assustados ou com raiva. Quando eles dizem que nos odeiam, não estarão querendo dizer que é hora de relaxar, que precisam de um abraço? Todos nós queremos ser sabiamente carinhosos ou carinhosamente sábios com relação aos filhos. Para isso, precisamos respirar, nos alimentar e nos centralizar numa fonte de sabedoria e amor que está além de nós: Deus.

Como fazer para nos alimentar, respirar e nos centralizar em Deus? Como é que a criança aprende a andar? Como é que nós aprendemos a andar? Cortado o cordão umbilical, fomos do pessoal ao Além-do-Pessoal. Como? Nós *nos soltamos* de nossos pais (é isso cortar o cordão), apoiamos nosso peso no chão e nos entregamos à força da gravidade Além-do-Pessoal (é isso a unidade). Nada sabíamos da gravidade e nossos primeiros encontros foram drásticos. Mas, quando *nos soltamos* tão radicalmente e *nos entregamos* a uma força desconhecida, descobrimos que há uma força invisível que apóia, protege, guia e liberta. A alimentação, a respiração e o caminhar, tanto físicos quanto espirituais, dependem de apoio Além-do-Pessoal. Em ambos os casos precisamos aceitar o que o Além-do-Pessoal oferece antes de expressá-lo. Em ambos os casos, tudo tem seu momento certo e nada pode ser feito de uma só vez, assim como não dá para respirar de manhã pelo resto do dia.

Por quê? Se estamos famintos de amor, carentes de inspiração, errando, afundando — por que *não* recorremos ao Além-do-Pessoal? Porque vemos o amor e a sabedoria em termos estritamente pessoais. Precisamos cuidar de nós mesmos ou encontrar alguém que o faça. Quando se trata de equilíbrio, alimentação e inspiração psicoespiritual, ainda não cortamos o cordão umbilical. Para nós, as pessoas ainda são a fonte do que precisamos. Falamos de *centralização* e *equilíbrio* psicológico, mas esquecemos que esses processos dependem de uma base, esquecemos que ocorrem sobre alguma coisa.

Aprendemos a respirar, a nos alimentar e a andar *sem precisar de aulas*. Então, por que não aprendemos a respirar, a nos alimentar e a andar espiritualmente? Em primeiro lugar, como toda a espécie humana descobriu sua unidade com certas forças físicas, nossos pais nos confiaram a elas. Como *crianças* que nada sabiam, estávamos abertos à orientação do Além-do-Pessoal. Perceber a nossa unidade espiritual leva uma vida inteira, mas se soubermos que essa *é* a tarefa, não vamos mais precisar que nosso filho nos alimente: vamos buscar a unidade com a verdadeira fonte, de onde vem o que todos nós precisamos.

A criança que *se solta* da mamãe e do papai e *se entrega* à força da gravidade não precisa *aceitar* o fato de que é criança. Sua atitude natural diante de tudo é de "vamos ver". É por isso que ela aprende até com os tombos que leva e é por isso que *se entregar* é tão fácil para ela. *Aceitar* a criança é um passo que precisamos dar e a criança não. Para nós é difícil, porque temos mais coisas de que *nos libertar,* porque é em níveis mais profundos que precisamos *nos soltar* e porque achamos que ser criança é inadmissível. Por isso é tão importante *aceitar.*

Quando eu estava aprendendo a nadar, descobri um escoadouro na lateral da piscina, logo abaixo da superfície da água. Deitada de costas e com o dedo dentro dele, eu me segurava secretamente. Eu dizia que estava flutuando, mas sabia que não tinha me soltado. Sabia que não tinha me entregue à água. Sabia que estava me segurando e que precisava me soltar para flutuar de verdade. Entregar-se a Deus é mais difícil. Mesmo quando temos coragem de soltar aquilo a que nos agarramos e de nos entregar ao aparente vazio do Além-do-Pessoal, o eu consciente continua segurando. Assim, não nos entregamos e não soltamos todo o peso psíquico. E não sentimos a força do Além-do-Pessoal, de Deus, sob nós.

É difícil! Dizem os budistas: "Tudo o que seguramos temos de soltar." Soltar com alegria. Mas *tudo!* Isso significa *aceitar* todos os sentimentos infantis de culpa e as partes de nós que estamos habituados a esconder. Isso significa *se libertar* dos apoios conhecidos, incluindo a família, e *se entregar* ao desconhecido — e bem quando nos sentimos mais ameaçados e sozinhos. É contra o instinto. Jesus disse: "... e quem perder a sua vida por amor de mim, achá-la-á." *É simples, mas não é fácil. Não é uma coisa a ser feita, mas a ser vivida. Leva pelo menos a vida inteira.* Ele disse também: "... se não vos fizerdes como os meninos, de modo algum entrareis no reino dos céus."

Diz a Bíblia: "... e um menino pequeno os guiará." Os filhos nos levam à consciência de que há em nós uma criança que precisa de Deus. Às vezes acho que é um erro de linguagem, que o correto seria: "... e um menino pequeno os *impelirá.*" Mas é essa criança interior que, se formos bondosos com ela, pode nos guiar a Deus — a única maneira de guiar espiritualmente nossos filhos. Pense no homem na cruz. "Pai", disse ele, *aceitando* a criança. "... perdoa-lhes", disse ele, *libertando-se.* "Pai, nas tuas mãos entrego o meu espírito", *entregando-se.*

Informações Práticas para Pais Novatos

Quem é pai ou mãe há pouco tempo costuma ficar confuso: tem de lidar com muitas coisas novas e se vê às voltas com uma variedade de produtos feitos para nos ajudar. Esta seção oferece sugestões que podem facilitar as coisas. Fala de equipamento e roupas para o bebê, de alimentação e de livros sobre filhos. Nada disso é realmente importante e não há uma "maneira certa" de agir. Mas fica mais fácil escolher o que é melhor quando se compreende certas questões.

Fique Preparado

Não é bom comprar muita coisa antes da hora. Mas, ao se preparar para receber o bebê, pense no seguinte:

Cartões para comunicar o nascimento. Nos hospitais sempre tiram a impressão do pezinho dos bebês. Peça com antecedência, ou mesmo em cima da hora, que façam para você uma impressão do pezinho do seu filho. Ela pode ser copiada e colada em cartões já endereçados.

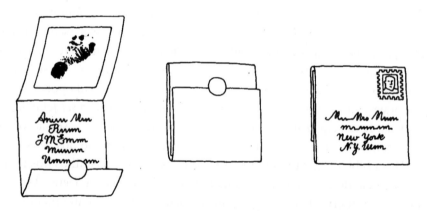

Bebê-conforto. Um lugar para o bebê comer, dormir, ficar acordado e ser transportado — um lugar em que ele consegue enxergar o que está acontecendo e participar das coisas sem ficar no colo. Tão prático que é difícil imaginar o que os pais faziam (conosco!) sem isso. O jantar está pronto e o bebê não quer dormir? Coloque-o sobre a mesa no bebê-conforto. Sua comida não vai esfriar e com a conversa ele logo vai pegar no sono. Para o bebê de dois a cinco meses, que já usa as mãos, o bebê-conforto tem um defeito: os brinquedos caem e ele não consegue mais pegá-los. Com uma caixa de papelão virada de lado você faz uma mesa com lugar para ele pôr os joelhos. Há várias combinações: bebê-conforto/cadeirinha de carro, bebê-conforto/carrinho, bebê-conforto/cadeirão/carrinho. Dê uma olhada em tudo e escolha o que preferir.

Poltrona confortável: Uma cadeira de balanço estofada e com braços é perfeita para dar de mamar e fazer o bebê dormir. Mas, de balanço ou não, o importante é ter um lugar confortável para se sentar no quarto do bebê.

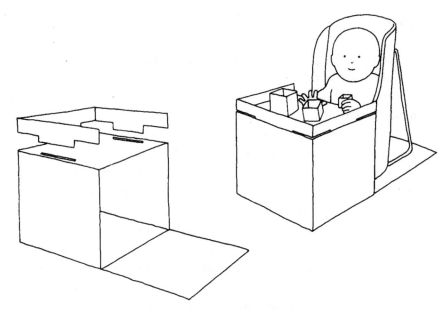

Banho. Se tiver um bom balcão na pia do banheiro, uma banheirinha vem a calhar. Primeiro filho? Então prefira uma que tenha apoio para as costas do bebê. Se não houver lugar para a banheirinha perto da torneira ou do chuveirinho, esqueça. É mais fácil dar banho no bebê numa banheira à altura da cintura, mas não vale a pena se precisar ficar pondo e tirando da pia. É pesado e você vai derramar muita água. Quando ele conseguir ficar sentado, vai se divertir mais na banheira comum. Enquanto isso, a pia da cozinha é uma ótima banheira. A banheira comum é boa, mas você vai precisar ficar ajoelhada. Com alguns centímetros de água, o bebê pode ficar deitado de costas, chutando e batendo na água. Se você tomar banho com ele, ponha mais água e ajude-o a flutuar.

Trocador. Compre ou improvise. Se o colchão do berço fica numa altura boa, use uma de suas extremidades. Um berço portátil, para viagem, também serve para trocar a roupa do bebê.

Colchonete. É útil ter um equipamento portátil para troca de roupa: um colchonete de espuma coberto de vinil com as bordas mais altas para o bebê não rolar. Se não tiver um desses colchonetes à mão, improvise.

Cesto de lixo. Instale um cesto de papéis perto de onde troca as fraldas, para não se preocupar com fraldas sujas, toalhinhas higiênicas e bolas de algodão.

Roupas

Ao comprar roupas para o bebê, leve em conta:

• Roupas fáceis de pôr e tirar.

• Roupas que não dificultem a troca de fraldas (roupas abertas embaixo ou fáceis de abrir).

• Roupas fáceis de cuidar (que dispensem o ferro, laváveis na máquina, que possam secar na secadora ou no varal).

• A época do nascimento (frio ou calor) e a temperatura de sua casa.

• O tamanho da criança (um recém-nascido grande, de quatro quilos ou mais, vai usar roupas de recém-nascido por pouco tempo, se é que vai usar). Os bebês crescem depressa e por isso não exagere no guarda-roupa inicial.

• Praticidade. As roupas são confortáveis e dão liberdade ao bebê? São quentinhas? São frescas? Não devem ficar caindo, nem descosturar, nem embolar, nem impedir a circulação, nem cair no rosto.

• Aparência? Algumas palavras sobre roupas de menino e menina para bebês. Conjuntos para meninos com a parte de cima e a de baixo separadas acabam com a calça abaixo da barriga e o casaquinho enrolado para cima. Brrrr! Prefira roupas de uma peça só, ou de duas peças que se prendam uma à outra. Os vestidinhos são quase irresistíveis. Mas não vá escolher um vestidinho que precise passar a ferro: ele vai ficar pequeno entre a primeira lavada e a primeira passada.

Enxovais com camisolas, pijamas, calças e casaquinhos de tricô, em geral não são práticos. Em poucos dias você vai descobrir que algumas peças funcionam e que as outras são difíceis de pôr ou desconfortáveis.

Macacõezinhos de malha. No início, é o que há de mais prático, contanto que não sejam muito quentes. Se tiver um número suficiente de macacõezinhos, não vai precisar de mais nada. Eles resolvem todos os problemas, substituindo pijamas, meias, suéteres e camisetas. Os macacões de manga comprida, com pezinhos e abertos na frente servem para o ano inteiro. Para o calor e para tomar sol, há modelos curtos e sem mangas.

Macacões de lã sintética. São mais caros e se ajustam menos ao crescimento do bebê do que os de malha de algodão, mas secam depressa: dois minutos na secadora, uns trinta minutos no varal (aperte antes numa toalha). Um ou dois são ótimos para a atrapalhação dos primeiros dias, quando de repente todas as roupas estão molhadas.

Camisolas de algodão (com cordão de puxar embaixo para não embolar) são baratas, ótimas para trocar a fralda e podem ser levadas à secadora.

Servem até quando a criança já está aprendendo a andar. Não são boas para engatinhar, porque o bebê acaba engatinhando para dentro dela, mas ótimas para aprender a andar, quando é melhor o bebê ficar descalço para não escorregar.

Wee Willie Winkie runs through the town
Upstairs and downstairs in his nightgown,
Rapping at the windows, crying through the lock,
"Are the children all in bed?
Now it's eight o'clock."

Canção infantil

[Willie Pisca-Pisca corre pela cidade
Subindo e descendo escadas de camisolão,
Batendo nas janelas, gritando nos buracos da fechadura,
"As crianças já estão na cama?
Já são oito horas."]

Camisetas para pôr embaixo da roupa são uma amolação desnecessária. Como você vai estar sempre pegando o bebê pelas axilas, qualquer camiseta que não estiver presa à fralda vai subir e embolar no peito e embaixo dos braços. Se prender na fralda com alfinete, ela vai absorver a umidade. Uma camiseta significa mais roupa para lavar e mais trabalho na hora de vestir. Para esquentar, é melhor um casaquinho fácil de tirar ou um cobertor.

O *saco de vestir* é útil no inverno. Os melhores são os que não têm pernas, com capuz e mangas fechadas na ponta. Com a parte de baixo semelhante a um saco, permite a troca de fraldas e dá liberdade para o bebê chutar, sem no entanto arrancar o cobertor do carrinho. É também um bom lugar para uma fralda extra. Os que têm mangas são bons porque permitem que o bebê mexa os braços sem se descobrir. Compre um que dê para lavar na máquina e com um capuz que amarre no queixo mas que não fique raspando no rosto do bebê. Com alguma coisa raspando na bochecha, alguns bebês ficam com vontade de mamar fora de hora.

Para ele não escorregar quando começar a andar, o melhor é ficar descalço. No inverno, ele precisa de alguma proteção no pé para pisar no chão frio. Os macacões com pés escorregam muito. As meias saem logo e escorregam muito. As botinhas saem do pé porque amarram muito em cima (acima do tornozelo). Os sapatos são desajeitados. Alguns macacões vêm com solas antiderrapantes. Ou então, pregue pedaços de couro nos pés dos macacões.

Fios finos e encapados servem para segurar luvas e meias. Dobre as pontas e cubra-as com fita adesiva para maior segurança, passe-as pelas meias e luvas, logo acima dos tornozelos ou dos pulsos, e torça. É muito prático para bebês entre um e dois anos: eles ficam tirando as luvas só para que você as ponha de novo.

Boa noite!

Ao comprar uma cama para o bebê, leve em conta o preço, o espaço, a aparência e a durabilidade. Seu estilo de vida também é importante: se costuma ou não viajar, se planeja ou não ter outros filhos.

Cestos. Logo ficam pequenos, mas por algum tempo servem como uma espécie de cama auxiliar ou provisória. Para as mamadas noturnas dos primeiros dias, é prático deixar o bebê perto da sua cama e não num quarto separado — embora não haja mal em deixá-lo brincar, se alimentar e até mesmo dormir na sua cama. É um bom equipamento para viagens, embora bebês muito pequenos, que cabem no cesto, possam ser acomodados com segurança em camas comuns com uma almofada de cada lado ou na gaveta de uma cômoda. Muitos carrinhos têm cestos removíveis que servem como caminhas.

Berços. Existem três tipos básicos: os baratos e portáteis; os tradicionais de preço médio a alto; os diferentes e caros. Cada um deles tem suas vantagens e desvantagens. Procure alguma publicação que traga a opinião de outras pessoas. Antes de comprar um berço tradicional, há algumas considerações a fazer:

Se você conseguir evitar as brigas na hora de dormir, vai precisar de um berço por um ano e meio no máximo. Depois disso o bebê não vai mais pre-

cisar de grades e é melhor que fique na cama porque quer e não porque não consegue sair. A menos que planeje usá-los por mais de dois anos, os berços tradicionais são grandes demais. Os menores são muito bons e deixam mais espaço no chão para o bebê brincar.

Seja qual for o berço que escolher, priorize a simplicidade, o espaço, a segurança e a conveniência. Uma cama, e não um cofre nem uma sala de aula. Se é que aprendemos alguma coisa na cama, certamente é a arte do isolamento reconfortante, do sono tranqüilo, do despertar alegre.

Berços pequenos e desmontáveis são baratos e servem para bebês até dois anos. São práticos para viagens e fáceis de guardar, mas podem ser usados normalmente. Quanto ao colchão, escolha conforme a necessidade: para uso constante, é melhor um colchão mais grosso e consistente. Há lençóis com elástico para berços portáteis.

Se preferir um *berço tradicional*, não é preciso que tenha as duas grades removíveis. Pelo contrário: eles são mais caros, menos firmes e com certeza você vai pegar o bebê sempre do mesmo lado.

Entre os *berços diferentes e caros*, há os ótimos e os péssimos. Os péssimos são espalhafatosos, feios e cheios de brinquedos acoplados que supostamente favorecem o aprendizado. Só que camas servem para dormir. A menos que você tenha problema de espaço, os berços que se transformam em minicamas não são um bom negócio porque essas caminhas são desnecessárias (ver abaixo). Mas tivemos uma que virava um sofazinho que logo se transformou no lugar preferido para contar histórias.

É claro que nenhuma cama é necessária. No mundo inteiro, há mais pessoas que dormem no chão do que em camas. Pessoalmente, gosto da idéia de elevação com relação ao chão que a cama proporciona, mas nem por isso a cama é indispensável. Um colchão no chão funciona muito bem e é seguro: não tem perigo de a criança cair.

Do berço para a cama. As minicamas com grades são desnecessárias. Quando a criança estiver preparada para deixar o berço, é muito melhor ir para uma cama comum. Ponha uma cadeira do lado da cama, perto da cabeça da criança. Se ela rolar para a cadeira, os pés vão se apoiar no chão e ela vai acordar, pelo menos o suficiente para voltar para a cama. No início, é bom pôr também algumas almofadas no chão ao lado da cama. Se você for supercuidadosa, ponha o colchão no chão até que a criança se acostume a dormir sem grades. Em uma semana ela vai desenvolver uma percepção interior dos limites da cama. Só que você vai achar tão bom sentar ao lado da cama para contar histórias ou cantar canções que provavelmente vai deixar a cadeira lá.

Roupas de cama. A quantidade necessária para os primeiros dias depende da sua habilidade e das facilidades que tem para lavar a roupa. Para quem não tem experiência com fraldas, é bom ter roupas de cama a mais. No nosso primeiro dia em casa, acabamos com toda a roupa de cama antes do meio-dia: dois lençóis, quatro cobertores, três forros de borracha e quatro camisolinhas. Como não tínhamos máquina de lavar roupa, lavávamos tudo na mão e a roupa ficava pingando. Mas, depois do primeiro dia, nunca mais chegamos ao fim da pilha.

Mesmo para principiantes, há alguns truques que ajudam a manter baixo o nível da roupa suja:

Não acorde o bebê só para trocar de roupa.

Enquanto o bebê não se mexe muito, não é necessário trocar toda a roupa da cama só porque há uma umidade num dos lados. Mude a posição do bebê.

Para o bebê dormir, coloque um colchonete fino sobre o lençol. No caso de um pouco de xixi, troque apenas o colchonete.

Os lençóis com elástico são muito bons para o berço. Na dúvida, é melhor comprar a mais (três a seis), desde que sejam macios e fáceis de lavar. Dois forros impermeáveis são suficientes. Mesmo que o colchão seja forrado de vinil, eles deixam a cama mais macia e não vai ser preciso lavar o colchão tantas vezes. Os forros de material absorvente são práticos para ficar sobre o lençol (ver dicas acima), para segurar o bebê no colo e para a troca de roupa. Compre uma meia dúzia. Você pode comprá-los, já no tamanho certo, em lojas de artigos para bebês. Ou em rolos, a um preço melhor. Não ponha na secadora muito quente. Os colchonetes para proteger o colchão são opcionais. Algumas pessoas os usam, em vez do forro emborrachado, para deixar o colchão mais macio. Mas os forros são mais práticos.

Para *arrumar a cama.* Quando o bebê começa a se mexer bastante (um mês mais ou menos), a arrumação da cama precisa ser revisada. A cama pode ser arrumada de duas maneiras. Você pode agasalhar bem o bebê, de maneira que ele não fique com frio, coberto ou não. Mas pode também arrumar sua cama como uma cama de verdade, com o lençol superior e o cobertor presos sob o colchão. Se preferir agasalhar o bebê, vai precisar de roupas bem quentes para as noites frias. Se preferir arrumar a cama, ponha no bebê um pijama adequado à temperatura e acrescente cobertores se necessário. Essa maneira é mais fácil, só que a maioria dos lençóis e cobertores de berço são estreitos demais. Os lençóis de cima e os cobertores devem ser largos para que você possa prendê-los no colchão dos dois lados, senão o bebê vai ficar descoberto e emaranhado nas cobertas. As dimensões ideais para colchões de berço, com 14 cm de espessura, são: 170 cm x 140 cm para os lençóis e 150 cm x 140 cm para os cobertores.

Uma *colcha lavável* é imbatível. Você pode fazer na máquina de costura uma linda colcha de retalhos: basta cobrir um cobertorzinho sintético com retalhos de algodão fáceis de secar. Ganhamos uma colcha que era magicamente útil. Como coberta era firme, de maneira que as crianças se viravam embaixo dela sem ficarem emaranhadas. E era tão leve que acompanhava o movimento delas, mesmo quando iam muito para a cabeceira do berço. No chão, servia de chiqueirinho: era macia como se fosse acolchoada, mas tão firme que não embolava.

Você também pode fazer um *cobertor especial* com pele sintética ou pedaços de algodão aplicados num cobertor cortado. Faça uma cara de palhaço com retalhos de algodão, um ursinho com patas coloridas, olhos de botão e um nariz macio de veludo, um canguru de pele com uma bolsa colorida para um canguruzinho de pelúcia. Para não desfiar, faça uma costura a máquina à volta de cada retalho. Dobre e passe a ferro na costura, alinhave ou prenda com alfinete e costure com pontos invisíveis no cobertor.

No teto, ponha *estrelas que brilham no escuro*, ótimas quando se apaga a luz.

Ummmm!

Cadeirão. Além de seguro, ele precisa ser fácil de limpar. Compre um cadeirão com bandeja removível (para lavar na pia da cozinha) e com um espaço entre o encosto e o assento (para limpar com facilidade a comida esmagada). Quanto maior a bandeja melhor, pois além de comer há muitas outras coisas que o bebê pode fazer no cadeirão. As bandejas que se estendem embaixo dos braços aparam melhor a comida derrubada. É melhor quando dá para regular a distância da bandeja (mais perto ou mais afastada da criança). Experimente antes para ver se é fácil regular a bandeja. Veja se, depois de montada, a bandeja fica nivelada. Tivemos uma que ficava inclinada; tudo escorregava e caía no colo da criança. Os cadeirões de cromo e vinil são mais fáceis de limpar do que os de madeira. Os cadeirões desmontáveis são muito práticos. Em alguns modelos, a metade de cima se transforma em cadeirinha e a metade de baixo em mesinha.

Travessinhas de pyrex são bons pratos para crianças pequenas, que não usam mais os potes de bebê mas ainda precisam de bordas altas para conseguir pegar a comida com garfo ou colher.

Alfinetes de segurança transformam qualquer coisa — toalhas, fraldas de pano e guardanapos — em babadores. Com dois alfinetes, você faz um avental com qualquer toalha de mão.

Para *começar a comer sozinha*, a criança vai enfrentar alguns problemas. No começo, ela pega a comida com a mão e leva a mão fechada à boca. Só que aí não consegue abri-la. Como tirar a mão sem deixar cair a comida? Não é fácil e faz muita sujeira. Deixe-a praticar com pedaços de banana, queijo, macarrão, torrada e omeletes: coisas que desmancham sem precisar mastigar. Lembre-se de que não é preciso obrigar o bebê a comer e que não é verdade que ele só gosta do que faz mal. O mais importante da refeição é o convívio tranqüilo. Quando o bebê estiver maior, experimente os seguintes "Alimentos para o Pensamento":

• *Ervilhas verdes na vagem.* Um milagre de abundância e mistério muito ao gosto de crianças de dois anos, que adoram coisas que podem abrir. É também uma oportunidade para você falar um pouco sobre crescimento e sobre como as ervilhas foram parar ali.

• *Milho na espiga.* Ela pode ir tirando as folhas até descobrir os grãos enfileirados.

• *Moranga.* Num Dia das Bruxas, um garotinho de um ano e meio e sua mãe fizeram uma lanterna de moranga. O processo levou quase um dia inteiro. Na maior parte do tempo, ele ficou olhando do cadeirão, maravilhado com as sementes que apareciam dentro da enorme bola amarela. ("O que você acha que tem lá dentro?") Enquanto a mãe recortava o rosto, ele separava as sementes da polpa. Assaram as sementes para comer e cozinharam a polpa (com açúcar mascavo e manteiga) para comer depois do jantar à luz da lanterna. No ano seguinte, o garotinho já estava ativo demais para ficar sentado, mas escolheu um rosto, ajudou a recortar e gostou muito da diversão.

• *Maçã.* Se quer falar de Deus com seu filho, mostre-lhe algumas obras divinas. Uma maçã cortada horizontalmente pela metade revela uma estrela de cinco pontas feita de sementes. Já tentou desenhar uma estrela? Pois observe a perfeição dessa estrela que se fez sozinha. Faça a mesma coisa com uma pêra. "Êi! Como é que essas sementes que parecem uma estrela foram parar aí? Na árvore havia um botão, o botão se transformou em flor e a flor se transformou em maçã. E eu estou comendo essa maçã! Se eu comer a semente, será que vai crescer uma árvore?"

O *cadeirão* não é apenas um lugar para comer, mas um refúgio tranqüilo, um lugar de concentração, de mudança de ritmo e de perspectiva. No final do dia, quando ele está inquieto e cansado e você está preparando o jantar, deixe que ele sente ao seu lado no cadeirão. Ele vai gostar de ficar no alto vendo o que você está fazendo. Deixe que ele "ajude" um pouco e brinque com alguns utensílios de cozinha. Depois, se ele ficar inquieto antes de você acabar de jantar, dê-lhe um quebra-cabeça para fazer no cadeirão. É um lugar maravilhoso para brincar com coisas que, espalhadas pela casa, são um desastre: aquarelas, *crayons* ou canetas hidrográficas. As crianças pequenas conseguem se concentrar melhor no tranqüilo confinamento do cadeirão.

Crianças na Cozinha

O *lugar de guardar batatas e cebolas* é fantástico para crianças com menos de um ano e a bagunça que se forma é relativamente fácil de arrumar. É fascinante pelar cebolas e amontoar batatas, fazendo-as rolar.

Para um bebê, um antigo *bule de metal* com coador de café é o melhor quebra-cabeça do mundo.

Libere as *gavetas e armários* mais baixos para o bebê. Pôr e tirar potes, panelas, escorredores e peneiras, ou só abrir e fechar as portas, é uma atividade absorvente e edificante para mãozinhas pequenas.

Até que ele descubra como é divertido arrancar rótulos, as *latas de conservas* podem ser usadas como blocos — especialmente se ficam guardadas numa prateleira giratória.

• *Utensílios de cozinha* — colheres, espátulas, pinças, copos de medida, batedores de ovos, forminhas para biscoitos, espremedores de batata e facas de mesa (sem corte nem serra) são ótimos equipamentos para modelagem quando chega a idade de brincar com massinha.

• *Forminhas para biscoitos* que não tenham as bordas afiadas demais são ótimas para cortar sanduíches, melancias e fatias de maçã. *Hoje você quer comer um triângulo ou um semicírculo?*

• A *pia da cozinha*, com um fio de água corrente e algumas conchas, xícaras, peneiras ou barquinhos de brinquedo, diverte durante horas. Os educadores dizem que brincar com água é importante para as crianças.

• *Ajudar* significa ser igual à mamãe e ao papai, o que é uma meta para a criança. Antes dos dois anos, ela já gosta de:

• *Lavar* pratos inquebráveis e enxugar utensílios de metal.

• *Secar* a pia com a esponja.

• *Desembrulhar* um tablete de margarina (enquanto você unta a forma, descasca as batatas, põe no forno e lava as mãos dela).

• *Pelar uma cebola* (enquanto você descasca e fatia uma meia dúzia).

• *Quebrar a gema* do ovo que você vai usar na omelete e *jogar* ingredientes na panela.

- *Vigiar* a água do macarrão e avisar quando começar a ferver.
- *Jogar* coisas no lixo ou *pôr* coisas recicláveis nos lugares certos.
- *Carregar* coisas de lá para cá (crianças pequenas adoram missões e esforços conjuntos).
- *Fechar* e *embrulhar* os sanduíches.
- *Separar* e *guardar* utensílios.

E assim vai. Sabendo que nosso filho quer aprender, as idéias certas nos ocorrem nos momentos certos. Em troca, teremos a bênção de um companheirismo sem preço e de uma incrível beleza — porque não há nada mais bonito do que uma criança que tem permissão para aprender.

Pior do que não deixar a criança ajudar é insistir ou esperar demais. "Será que você não sabe fazer nada direito?" "Você não está ajudando!" Observe uma criança pôr a toalha na mesa pela primeira vez. É uma confusão! Ela tem muito que aprender. Mas ela vai acabar ajudando de verdade, a menos que fique ressentida com as tentativas fracassadas.

O quê? Nenhum Livro sobre Filhos?

Quando se trata de educar uma criança, a melhor coisa para ler é a própria criança. E, o que é mais importante, é preciso aprender a ler a si mesmo. Quando lemos um livro que nos ensina a resolver problemas, em geral só guardamos os problemas; eles são contagiosos. Veja com que facilidade nossos filhos os pegam de nós. Livros que ensinam os pais a resolver problemas partem da idéia de que os filhos têm problemas e que é preciso corrigi-los. Mas os problemas têm de ser vistos como meros sintomas. Eles decorrem de crenças, pressuposições ou expectativas equivocadas. Eles existem não porque não lemos as respostas certas nos livros, mas porque não descobrimos as perguntas certas.

O que chamamos de problemas dos filhos são reflexos de nossas confusões, que aparecem na criança assim como a febre aparece no termômetro. Tratar o termômetro não cura a doença. Você pode sacudir o termômetro para que a febre não apareça, mas ela continua igual. Podemos sacudir nossos filhos para que se comportem (o que, por frustração, muitos acabam fazendo), mas nada de construtivo terá acontecido. O problema não está na criança, assim como a doença não está no termômetro.

Quando a febre passa, o termômetro não registra mais nada. Os filhos também; quando atingimos uma compreensão saudável, eles não registram mais nossas confusões em seu comportamento.

Não devemos nos *culpar* quando o nosso não-saber e a nossa confusão se refletem nos filhos. O maior risco ocupacional da paternidade e da maternidade é acreditar que temos de saber tudo. As crianças são crianças para que possam se tornar adultos. Pais são pais para chegarem à compreensão (amor). Aprender é o mais importante. O primeiro passo é perceber e aceitar nosso não-saber e nossa confusão.

Da mesma forma, não precisamos ter medo de prejudicar nossos filhos com o que não sabemos. O termômetro não fica doente só porque registrou a febre de alguém. Nem o bebê. Na verdade, os dois primeiros anos da criança são um período de graça, quando os sintomas dos erros dos pais desaparecem logo que esses erros são corrigidos em pensamento. À medida que se torna mais consciente de si mesma, a criança começa a transformar em crenças equivocadas os erros dos pais. Mesmo assim, é na consciência dos pais que essa situação se modifica.

Com a paternidade e a maternidade, nós também crescemos. Saber disso nos ajuda a nos relacionar com os filhos. A criança é como um espelho de mão no qual podemos corrigir a imagem mental que fazemos de nós mesmos e da vida. Nossos filhos não são imagens de nós mesmos, mas de nossos pensamentos. A imagem em si mesma não pode ser deturpada nem corrigida, assim como não podemos deturpar nem corrigir a nós mesmos como criadores de imagens. Na criança como espelho, não vemos o nosso verdadeiro eu, mas apenas o reflexo de nossas crenças. Assim, não adianta ter medo ou culpa com relação ao que vemos, nem qualquer pensamento que dê realidade à imagem. A imagem é importante porque deixa claro quais são nossas prioridades e crenças inconscientes.

Tentar corrigir a criança mudando o comportamento dela é como pintar um sorriso no reflexo de um rosto infeliz. Tentar modificar apenas o nosso comportamento é como pintar um sorriso de batom no próprio rosto. As duas tentativas são absurdamente artificiais. Só a compreensão e a consciência transformam o rosto e seu reflexo num sorriso realmente amoroso.

Nossos filhos precisam ser confortados, cuidados, estimulados, treinados, protegidos, instruídos, censurados, proibidos. Mas precisamos levar em conta o direito que eles têm de errar ou, em outras palavras, sua capacidade para aprender a acertar. Quando os erros deles não são perigosos nem invadem os direitos dos outros, devemos lhes dar liberdade de aprender. Respeite o processo de aprendizado. Crianças que são constantemente corrigidas perdem a confiança em si mesmas e na vida. Elas acabam achando que precisam ser corrigidas, que precisam de corretivos.

O Reino dos Céus é semelhante ao homem que semeia boa semente no seu campo. Mas, dormindo os homens, veio o seu inimigo, e semeou o joio no meio do trigo, e retirou-se. E, quando a erva cresceu e frutificou, apareceu também o joio. E os servos do pai de família, indo ter com ele, disseram-lhe: Senhor, não semeaste tu no teu campo boa semente? Por que tem então joio? E ele lhes disse: Um inimigo é quem fez isso. E os servos lhe disseram: Queres pois que vamos arrancá-lo? Porém ele lhes disse: Não; para que ao colher o joio, não arranqueis também o trigo com ele. Deixai crescer ambos juntos até a ceifa; e, por ocasião da ceifa, direi aos ceifeiros: Colhei primeiro o joio, e atai-o em molhos para o queimar; mas o trigo ajuntai-o no meu celeiro.

Mateus 13:24-30

O campo é a consciência de cada pessoa. As sementes são idéias verdadeiras, produtivas; as ervas daninhas são idéias falsas, perniciosas. Nós somos os semeadores que trabalham, os servos que dormem e os ceifeiros que selecionam. O inimigo é a ignorância que se faz passar por conhecimento. O fazendeiro é a Mente Única. A colheita é a união da mente individual com a Mente Única na consciência. Para nós "o tempo da colheita é agora". Para nossos filhos, o tempo também é agora, mas isso é com eles, com eles e com o fazendeiro. Como pais, nossa principal tarefa não é arrancar o joio, mas tomar conta do trigo.

3

felicidade

Em verdade vos digo que qualquer que não receber o reino de Deus como um menino, de maneira nenhuma entrará nele.

Marcos 10:15; Lucas 18:17

... e um menino pequeno os guiará.

Isaías 11:6

Deixai crescer ambos juntos até a ceifa; e, por ocasião da ceifa, direi aos ceifeiros: Colhei primeiro o joio, e atai-o em molhos para o queimar; mas o trigo ajuntai-o no meu celeiro.

Mateus 13:30

O trigo e o joio, o Ser-Que-Vê e o Eu S.A., coexistem em nós. Na época em que nos tornamos pais, o Eu S.A. já está totalmente crescido, revelando-se falso, insustentável e já no fim dos seus recursos. Como um botão que se abre para deixar nascer a flor, o Eu S.A. tem cada vez mais dificuldade para se manter coeso. E agora vêm os filhos, aparentemente impossibilitando o que já é difícil. Como desconhece nossa verdadeira natureza de Seres-Que-Vêem, o Eu S.A. luta — de maneira raivosa, terrível e fútil — para ser auto-suficiente, agora por dois! Cuidar dos filhos nos obriga a encarar nossa insuficiência e a abandonar o Eu S.A. Mesmo assim, é uma bênção! Na criança, o Eu S.A. está apenas começando e, por algum tempo, o Ser-Que-Vê aparece com mais clareza. Quando sabemos o que estamos procurando, é mais fácil encontrar. E aquilo que conseguimos ver é o que somos livres para ser. Dessa maneira, o trigo sobrepuja o joio, que acaba morrendo sem deixar saudades.

Trabalho e Diversão

Será que o recém-nascido percebe a si mesmo como uma coisa distinta da vida e das outras pessoas? Quando o bebê é posto no berço com um movimento rápido demais ou quando seu cobertor cai para o lado, ele agita os braços e às vezes chora. Será que sente seu *eu* caindo? Será que sente seu *eu* descoberto e exposto? Talvez o susto revele que a sensação de ser um eu separado produz um choque, até mesmo um mal-estar. Com a experiência de ser um eu separado vem a experiência de limitação e o desejo de superá-la — sentar, andar, engatinhar, correr, voar; encontrar segurança, ligação, liberdade, amor. Ser feliz.

Com a experiência de ser um eu separado, ele começa a luta para que seu eu seja protegido ou se torne capaz de cuidar de si mesmo. Mas, no nível mais profundo, ele continua sendo um Ser-Que-Vê. Embora não saiba o que está procurando, e nem mesmo que está procurando, tudo o que ele faz é parte de uma busca para compreender quem ele é, o que é a vida e como superar a separação que sentiu. Ele quer fazer uma ligação, ver onde e como ele se encaixa.

Brincadeira: O Lado Sério

Bem dosados, os brinquedos são um meio pelo qual a criança experimenta certas qualidades espirituais. Brincando com um quebra-cabeça e com blocos, ela experimenta a unidade; andando de triciclo ela experimenta a liberdade; por meio da música e da arte, a beleza; por meio dos livros, o significado e a verdade; por meio dos animais, dos amigos e da família, o amor.

Experiência não é a palavra certa. É por meio da experiência, dos sentidos, que a criança se defronta com as qualidade espirituais. Mas basta observar seu rosto se iluminando de surpresa e prazer para perceber que é na consciência que isso acontece. Embora rudimentar, é uma tomada de consciência. Por meio de experiências sensoriais, a criança toma consciência e, em algum nível consciente, participa de certas realidades espirituais. A felicidade não vem da experiência, mas da tomada de consciência.

Talvez *encontro* seja uma palavra melhor. A criança não está conceitualmente consciente, mas é evidente que ocorre algum reconhecimento consciente. Quando você à faz segurar uma peça do quebra-cabeça e colocá-la no lugar, ela tem uma experiência sensorial de unidade. Mas se nada houver que corresponda a uma questão semiconsciente na consciência da criança, não haverá encontro, nada vai acontecer. Ela não vai registrar prazer. A felicidade está no acontecer.

No pôr-de-sol da praia, o bebê está cercado por uma imensa paisagem de céu e mar, mas não consegue vê-la; ele está totalmente preocupado com a pedrinha, com as ondinhas em seus pés. Seus olhos enxergam tudo, mas sua consciência não consegue reconhecer a beleza, a grandeza, a imensidão, a ordem, a harmonia e todas as realidades sem forma que tornam a cena arrebatadora. No entanto, sua percepção pode crescer; na verdade, ela tem de crescer para que seu potencial se realize. Essa expansão da consciência para a percepção de valores estéticos e depois transcendentes é a essência do processo de crescimento humano.

Ann Tremaine Linthorst, *A Gift of Love*

Assim, embora grande parte do aprendizado da criança ocorra *por meio* dos sentidos, o aprendizado propriamente dito ocorre na consciência. Ele não é apenas sensorial, não pode ser chamado de instinto. Encontros são acontecimentos espirituais que ocorrem quando a experiência sensorial e a realidade espiritual se encontram na consciência. Evocados pela pedrinha, pela ondinha ou pelo céu, os encontros são momentos de unidade — a unidade do ver com o ser — em que o Ser-Que-Vê sobrepuja o Eu S.A. Quando isso acontece, há sempre uma explosão. Pode ser uma explosão de luz, quando o rosto da criança se ilumina de prazer. Ou uma explosão de risadas.

As crianças não riem apenas do que é engraçado, mas do que acham *maravilhoso*. É através do que acham maravilhoso que percebemos a profundidade e a verdade do anseio delas. Elas buscam constantemente os encontros. É a ausência do encontro que pode transformar um brinquedo ou uma atividade numa frustração. Na brincadeira, são os encontros que motivam e agradam a criança. Quando acontecem, ela fica feliz. Por um instante é superado o hiato entre o eu e aquilo a que ele pertence, e o Ser-Que-Vê se rejubila. Sem compreender direito, mas também sem duvidar, ela tem a percepção momentânea de que a unidade, a beleza, a verdade, a liberdade e o amor que deseja interiormente (pois são também a sua verdade) existem. É *essa* a alegria de brincar.

Como o trabalho da criança com seus brinquedos traz felicidade, nós o chamamos de *brincadeira* e compramos mais brinquedos. Mas a diversão não é *ter* brinquedos; eles são apenas um meio. Isso fica evidente quando as crianças perdem o interesse por um brinquedo (ou pelas preciosas pedrinhas da praia) logo que aprendem tudo o que é possível sobre ele. O que não oferece um encontro consciente não as interessa nem *anima*.

Assim, observamos outra vez que a criança é um Ser-Que-Vê espiritual. Mesmo sendo mal-educada para ser Eu S.A. e para tomar conta de si mesma, ela é vitalizada e fica feliz apenas com o que vê.

Trabalho: O Lado Alegre

A minha comida é fazer a vontade daquele que me enviou.

João 4:34

Nosso Eu S.A. foi crescendo e nós fomos aprendendo a dividir a vida em categorias como "trabalho" e "diversão". O trabalho é considerado desagradável e a diversão, agradável. Com nossos eus já crescidos, esquecemos que a felicidade está ligada ao ver. Dividindo a vida em trabalho e diversão, achamos a alegria ilusória. Para onde ela foi? Nossos filhos a trazem de volta mostrando-nos o que ela é. Bem quando percebemos que ela tinha sumido!

Com os filhos, lembramos que felicidade depende de aprendizado. Unidade, liberdade, beleza e amor não são coisas que o Eu S.A. possa *ter*, mas idéias que só são reais quando as percebemos conscientemente como tal. Um bom brinquedo é aquele por meio do qual a criança encontra realidades. É o encontro que é feliz. Como adultos, precisamos ultrapassar o encontro e seguir em direção à percepção consciente. Mas, em algum momento do crescimento do Eu S.A., a alegria dos encontros conscientes se confundiu com as coisas ou experiências que os favoreceram. ("Por que você não cuida melhor das suas coisas? Paguei tão caro por esse brinquedo e você o quebrou!") Assim desviados, em vez de passar suavemente do experimentar para o encontrar, para o ver, nós nos detemos na tentativa de obter coisas e de armar situações em que seja possível *ter* as experiências. Desligados dos princípios espirituais, esses esforços fracassam e desses fracassos inferimos que os próprios princípios espirituais não funcionam. Mas o verdadeiro eu, a alma em nós, continua desejando sua realização espiritual e feliz, a superação consciente do senso de separação.

Além da Diversão e do Trabalho

Na tua presença há abundância de alegrias;
à tua mão direita há delícias perpetuamente.

Salmos 16:11

Uma criança não é um brinquedo mas, como já vimos, um brinquedo também não é simplesmente um brinquedo. Como os bons brinquedos, as crianças expressam concretamente certas qualidades espirituais. Sabemos que elas não têm nem compreendem essas qualidades e sabemos que não fomos nós que as colocamos ali. Mas, no entanto, estão elas ali. É incrível: a paz no sono tranqüilo, o amor da expectativa corajosa do bem, a inteligência na busca alerta, a vitalidade na atividade constante, a unidade no trabalho conjunto de todas as partes e funções. De onde vem tudo isso?

Assim como um bom brinquedo provoca uma reação na criança, as crianças provocam nosso envolvimento com qualidades espirituais e as revelam em nós. Elas nos fazem ver que é necessário e possível expressar mais bondade. Aceitando essa possibilidade, começamos a sentir a superação do hiato entre o eu e o outro, assim como a criança sente a unidade quando participa conscientemente do encaixe de uma peça no quebra-cabeça. No nível da criança, é uma questão de encontros espirituais, para nós é uma questão de perceber a verdade subjacente que é a natureza única do eu, do outro e da própria vida. Dessa maneira, o Eu S.A. e suas lutas esmorecem, substituídos cada vez mais pelo Ser-Que-Vê, que está em unidade com a realidade do amor-inteligência.

No último capítulo, vimos que a necessidade se transforma num ponto de contato consciente com o essencial. O brinquedo, a criança, a tarefa são pontos concretos de expressão da realidade espiritual infinita. Assim, a companhia de nossos filhos pode nos levar à realização espiritual que buscamos desde o nascimento.

Como pais, podemos perceber a verdadeira natureza da brincadeira como trabalho e descobrir que o propósito e a felicidade de ambos é o reconhecimento dos princípios espirituais subjacentes. Com essa descoberta, podemos ser tão felizes em nosso suposto trabalho como pais quanto é feliz a criança que brinca.

Nossa atitude com relação à criança recém-nascida deve ser de reverência pelo fato de um ser espiritual ter sido confinado em limites perceptíveis para nós.
Maria Montessori, *The Secret of Childhood*

Brinquedos, Hora de Brincar e Aprendizado

Como pais, nossa tarefa constante é fazer o necessário sem perder de vista o essencial. Até recentemente, os brinquedos eram associados ao prazer, ao bem-estar e ao amor, ao contrário dos livros e das lições, que eram associadas ao trabalho, ao sucesso intelectual e à disciplina. A compreensão de que a brincadeira é aprendizado levou a uma enorme proliferação de brinquedos educativos, o que tem seus efeitos colaterais: confusão dos pais, perigo para o orçamento, bagunça doméstica e materialismo desmedido. No caso de crianças mais velhas, a oferta excessiva de aulas e experiências educativas aumenta a confusão. Temos agora que proporcionar coisas divertidas e coisas educativas. Se escapamos da tentação de comprar as coisas que nossos filhos querem, ficamos achando que devemos comprá-las porque eles *precisam* delas. Precisamos de novos padrões para selecionar as oportunidades e os brinquedos certos nos momentos certos.

São tantas as coisas aparentemente necessárias. Mesmo quando conseguimos satisfazer todas essas "necessidades", parece que isso não é suficiente. Nossos filhos têm tudo, mas estão descontentes e insatisfeitos. Na verdade, quanto mais oferecemos, mais eles se sentem mal-amados. Quanto mais oportunidades educativas, mais apáticos e desinteressados eles parecem ficar. Eles nem experimentam, ou experimentam e fracassam. Ou são bem-sucedidos e ficam infelizes (o sucesso é um fracasso).

Nesse caso, devemos perguntar: o que nos leva a oferecer de tudo aos nossos filhos? Se o motivo é *essencial*, ou seja, se ele é consistente com a verdade do ser, então podemos esperar o melhor. Mas, se não acontece o melhor, deve haver algo essencialmente errado em nossa motivação. Com certeza é algum plano que o Eu S.A. traçou para si mesmo.

Então, qual é o nosso motivo? Parece simples: queremos que nossos filhos sejam bem-sucedidos e felizes. Associamos sucesso com inteligência e poder pessoal; sentir-se bem e feliz com o amor que se recebe. Mas será que esse *sentir-se bem* é a verdadeira expressão ou motivação do amor? Será o sucesso a verdadeira expressão ou motivação da inteligência? Será que somos tão altruístas quanto pensamos em relação aos nossos filhos? Há duas maneiras de usarmos os filhos como coadjuvantes em nossas produções da Metrogoldwyn Eu S.A. Uma tem como base uma idéia enganosa, pessoal, de amor como *sentir-se bem*; a outra uma idéia enganosa, pessoal, de inteligência como poder.

O Falso Amor e a Compra de Brinquedos: O Motivo Hedonista

Dê o que ele quer para que ele se sinta amado (e em troca ele vai me amar). Somos seduzidos por esse falso motivo. Observe o pensamento que precede a idéia de sair para comprar alguma coisa especial para seu filho. Geralmente é um desejo do Eu S.A., que quer ser aceito pela criança ou pelos outros, por intermédio da criança. Então, não se trata de dar, mas de receber. Além disso, à medida que vemos a vida dos filhos como uma refilmagem de nossa própria infância, comprar coisas para eles é como comprá-las para nós. De qualquer forma, a tendência é definir amor em termos de *sentir-se bem*. Associamos "não se sentir bem" com "não ser amado". Se nossos filhos se sentem (aparentemente) bem, sentimos que somos bons. Associamos "sentir-se bem" com "ser amado". Tentamos amar a nós mesmos por intermédio de nossos filhos fazendo com que eles se sintam (aparentemente) bem.

A Falsa Inteligência e a Compra de Brinquedos: A Ambição

Compre tal coisa para ajudá-lo a entrar na melhor universidade — para aumentar seu Q.I. Se você não comprar muitos brinquedos educativos ele vai ter um Q.I. baixo. As motivações materialistas — que visam o prazer e o *sentir-se bem* e que nos levam a comprar brinquedos para demonstrar amor — têm outro lado: o materialismo intelectual, que diz que devemos oferecer brinquedos, experiências e aulas para que nosso filho fique esperto. Se ele não aprender bastante até os quatro anos, nunca vai entrar na faculdade que escolhemos. Antes os pais se viam como provedores e guardiães do bem-estar físico e emocional da criança mas, com a descoberta da inteligência pré-escolar, sentimos que temos a obrigação de nos especializar em aprendizado precoce. Acredita-se que a criança é uma coisa vazia a ser treinada e entupida de conhecimento, porque senão vai fracassar. Fracassar? O senso de responsabilidade exagerado transforma a descoberta do potencial pré-escolar num frenesi competitivo, conformista, exaustivo, ansioso, desanimador e frustrante.

Assim como quem compra brinquedos por amor esconde um motivo egoísta, quem compra brinquedos para educar o filho ou torná-lo inteligente esconde uma ambição que também é egoísta. Queremos mostrar, pelo sucesso da criança, que *nós* somos sabidos, espertos e bem-sucedidos — como a fonte e a força da criança.

Brinquedos e Aprendizado — A Abordagem Amor-Inteligente

No caso dos dois motivos falsos, o amor e a inteligência ficam confinados ao contexto estreito do eu e do outro (Eu S.A. entre Eus S.A.); amor como um sentimento que se obtém dos outros e inteligência como poder pessoal a ser usado contra os outros (sucesso, competição, comparação). Nesse contexto limitado, todos são ou instrumentos ou adversários, e nem o amor nem a inteligência são possíveis. O amor se transforma em exploração. A inteligência se transforma em conquista. Então o amor é desamor, assim como falta de inteligência é a inteligência que define o amor como algo que ele não é. Essas tais idéias sobre o amor e a inteligência são absurdas e desprovidas de amor. Se, por meio de brinquedos e ferramentas, brincadeiras e lições, transmitimos aos nossos filhos essas idéias pervertidas de amor e inteligência, é de se espantar que o resultado seja uma certa perversidade?

Quando é que o palhaço obcecado pela luz fica feliz? (Ver páginas 31, 43, 297, 331-332). Só quando vê. Nesse momento, ele não é mais um bobo. Ele é inteligente (consegue ver) e capaz de expressar — ou seja, de ser — todo o bem que vê (liberdade, criatividade, harmonia etc.) — ele é um com o amor (é amado). Não é à custa dos outros que ele obtém o amor e a inteligência. Encontrar amor e inteligência é um acontecimento. *O Amor-inteligência ocorre quando a tendência da vida para revelar a si mesma é realizada na natureza essencial do indivíduo que vê e expressa o que está sendo revelado.* Assim é possível participar com amor. Essa compreensão nos liberta para reagir com amor e inteligência à busca de nossos filhos por amor e inteligência. Paramos de desviá-los pela compreensão equivocada, materialista ou dualista, do que é sabedoria, aprendizado, amor e felicidade. Uma mãe descreve isso com perspicácia:

> Acho que é melhor demonstrar amor satisfazendo necessidades do que dizendo a meu filho que eu o amo. Ele está aprendendo a amarrar os sapatos. Ele já tem idade para isso, embora às vezes ainda se atrapalhe. Geralmente eu insisto com ele para que faça tudo sozinho, mas uma vez ou outra, quando ele está cansado, eu amarro seus sapatos e ele diz: "Eu te amo, mamãe." Nesses momentos, eu sei que ele sabe que é amado.

O Presente Ideal, o Brinquedo Ideal

Se consideramos a brincadeira da criança como o trabalho de ver do Ser-Que-Vê, surgem questões inteligentes quando chega o momento de lhe oferecer um determinado brinquedo ou experiência. Que idéia esse brinquedo expressa? O fato de recebê-lo de nós significa o quê, para o nosso jovem Ser-Que-Vê? O que significa para mim? A idéia que expressa é boa? Existe uma maneira melhor de expressá-la?

A maioria dos brinquedos é desnecessária e pode até ser um obstáculo ao aprendizado e à felicidade da criança. Quando se passa à criança a idéia de que ela precisa ser entretida, o aprendizado cai pela metade. Lembrando que brincar é aprender e que os brinquedos são instrumentos de aprendizado, vamos escolher melhor os brinquedos. As crianças aprendem depressa. Se as tratamos como objetos de nossa afeição atirando-lhes objetos (brinquedos) quando estamos confusos, nós as ensinamos que elas não passam de objetos. É uma lição dolorosa.

No caso de crianças pequenas, às vezes é mais fácil transmitir uma idéia por meio de coisas do que pelas palavras. Mas, quando se trata de amor, há modos melhores de expressão. É certo que dar um brinquedo de presente pode ser uma expressão de amor. Mas sorrir para ela, ajudá-la a fazer alguma coisa, deixá-la fazer mal uma coisa que você faria muito melhor, recusar-se a satisfazer uma exigência descabida, parar o que está fazendo para ouvir o que ela tem a dizer — nenhum brinquedo se iguala ao poder desses presentes quando se trata de mostrar à criança que ela é amada.

> Uma vez, vi uma mãe que me inspirou. O filho dela chegou correndo, reclamando e emburrado. Sem se perturbar com a perturbação dele, ela sorriu com carinho. Vi o rosto dele mudar, relaxar. Antes de dizer qualquer coisa, o problema tinha ficado menor. Agora podiam conversar sobre ele — se é que o menino ainda lembrava o que era.

Há pessoas que dão coisas aos nossos filhos sem consentimento e às vezes ficamos perturbados com isso: pelo presente em si ou pelo exagero. Mas o que os outros dão aos nossos filhos não é o problema. Presentes de outras pessoas — ou do Papai Noel — podem ser vistos pelos pais e pela criança como demonstrações de que os pais não são sua única fonte de coisas boas.

O Professor Ideal

Para ser amamentada, a criança precisa de pais em fase de amamentação. Para aprender, ela precisa de pais que estão aprendendo — mais do que de pais que ensinam. Não é preciso *fazer* com que nossos filhos aprendam; precisamos apenas permitir que eles aprendam — e apoiá-los nesse aprendizado. Não é preciso impor o aprendizado. Basta reagir ao que estão aprendendo. Essa receptividade é ao mesmo tempo educativa e uma expressão de amor.

Se, como pais, nossa atitude é de ver e não apenas de saber, se vivemos a vida como um processo de realização e não como uma arena de sucesso ou fracasso, prazer ou dor, nossos filhos não vão se desviar do trabalho de ver e aprender, que é sua inclinação natural. Vão aprender sem cessar e, sempre que compreenderem alguma coisa, vão sentir que são amados. Enquanto aprende, nenhuma criança duvida de que é amada. Toda criança que sabe que é amada está aprendendo. Essas crianças desenvolvem naturalmente seu potencial para a inteligência e o amor.

E sabemos que todas as coisas contribuem juntamente para o bem daqueles que amam a Deus...

Romanos 8:28

A própria vida nos ama e nos orienta (ensina). Isso fica evidente quando vemos nossos filhos como Seres-Que-Vêem e não como projetos e algo que possuímos. Tudo favorece a compreensão daqueles que amam a verdade. Observe como tudo conspira para mostrar aos nossos filhos o que eles tanto querem e precisam ver.

No começo, o bebê procura "pegar" com os olhos e com os ouvidos. Ele parece focalizar os olhos com os ouvidos, usando a audição para virar o rosto para você ao ouvir sua voz, olhando com aqueles olhos sem foco, incrivelmente sinceros e inteligentes.

Quando ele começa a "falar", você percebe que ele está procurando o foco — é uma espécie de busca generalizada pelo específico. Ele a vê, sorri e então todo o seu corpo procura se comunicar. Seus ombros, braços e pernas vêm para a frente, ele expira fazendo um biquinho e emite um som. Responda com o mesmo som e o rosto dele vai se iluminar. Sua primeira conversa!

Aos poucos, as mãos começam a entrar em ação — primeiro a serviço da boca e depois, cada vez mais, como meio para pegar e explorar o que ele agora vê e escuta.

Pegar é o principal. Tudo vem daí, todos os movimentos meticulosamente ordenados. Há um período em que o bebê abre e fecha a mão várias vezes para pegar um objeto. Ele não sabe erguer a mão e fazê-la descer sobre o brinquedo. Ele olha desolado quando a mão que se abre empurra ainda mais o brinquedo. Ele fica frustrado. Mas no meio-tempo acontece uma coisa maravilhosa. Na tentativa de pegar o brinquedo, ele ergue uma perna. Está começando a engatinhar! A ineficácia do movimento para pegar leva à descoberta da possibilidade de se mover!

Mau Comportamento

Quem vê com inteligência reage com amor. Em vez de gritar com a criança, o pai que vê pergunta a si mesmo: "O que há por trás disso?" Assim, é capaz de cooperar com a criança, em vez de reagir contra um comportamento inconveniente ou um "mau" comportamento; ajudando, não ajudando, permitindo, proibindo — mas sempre com amor.

> Houve uma época em que ficou impossível trocar as fraldas do nosso bebê. Ele era tomado de repente pela vontade de ver o que havia às suas costas. Olhava para cima, erguia o pescoço, arqueava as costas — e era uma briga para trocar a fralda. Mas ele não estava querendo nos irritar, estava tentando fazer alguma coisa. O quê? Um dia ele olhou para cima, ergueu o pescoço, arqueou as costas, estendeu o braço, depois a perna — mais e mais. Não dava para perceber o que ele estava tentando fazer. Acho que nem ele sabia. Mas com isso acabou aprendendo a se virar. Ele ficou mais surpreso do que todo mundo quando, de repente — plop —, estava de barriga para baixo!

Não é preciso conhecer todos os estágios do desenvolvimento da criança para reagir bem em vez de atrapalhar. A chave é ver nos movimentos dos nossos filhos um impulso da própria vida em busca de expressão. Assim, vamos reagir da maneira que mais ajuda, que menos atrapalha, que seja mais significativa. Dá para avaliar nossa reação pela reação do bebê. Responder ao som que ele fez com outro som provoca um sorriso ou uma risada de prazer que parece dizer *missão cumprida. Conseguimos nos comunicar.* Desse primeiro som, podemos partir para sons explosivos, repetidos, de uma sílaba — Bu! Bu! Bu! — que vão fazer o bebê rir de surpresa. Mas "Din-Don Din-Don" é ainda muito complexo, como os ruídos de fundo que ainda não penetram na consciência dele. Se ele não reagir é porque nada registrou, não houve o encontro.

Às vezes é o caso de levar para perto dele o brinquedo que ele está tentando pegar para aliviar seu esforço antes que fique frustrado. Mas às vezes, percebendo a ligação entre pegar e engatinhar, é o caso de colocar as mãos sob as solas dos pés dele, ajudando-o a descobrir a possibilidade de ir na direção do brinquedo desejado. A própria verdade orienta nós dois através da visão — quando procuramos ver.

Pais Receptivos

Pais que vêem não reagem a favor ou contra só com base no prazer/dor, no sucesso/fracasso e na dicotomia eu/outro. Quando percebemos o que acontece em essência, fica claro qual é a reação necessária, que é sempre uma manifestação de inteligência e amor — mesmo quando o que acontece perturba. Como Seres-Que-Vêem, percebemos que o que queremos fazer ou ter é menos importante do que o que compreendemos. Deixamos de levar as coisas pelo lado pessoal ou de desviar nossos filhos do aprendizado, sugerindo-lhes que a vida é uma experiência interpessoal. Sabemos que em qualquer situação o que importa é o que ela significa e o fato de vermos ou não. Essa descoberta transforma nossa experiência e nos dá uma sólida base de amor-inteligência para reagir aos nossos filhos.

Criança [no telefone, chorando]: Mamãe? Esqueci de trazer minha lição de casa e vou ter que ficar depois da aula e vou perder de novo o treino de basquete.

Mãe ambiciosa ou orientada pelo prazer [experiência interior: medo, mágoa, raiva, preocupação, embaraço, culpa; pensamento interior: *Ai não! Ele não vai conseguir! Ele tem os mesmos problemas que eu tive. O que devo fazer? De quem é a culpa?*]: O quê? Outra vez? Você não aprende nunca? É culpa sua! Onde está a lição? E se eu levar a lição aí? Vou cortar sua mesada. Por que você não faz as coisas direito? Quem eles pensam que são? Isso vai aparecer no boletim, você sabe. Seu pai não vai gostar nem um pouco. O treinador vai ficar uma fera. Os outros não fazem isso. O que há com você? O que essa mulher está pensado? Vou ter uma conversa com ela!

Mãe que vê: Que pena. Mas assim você aprende. Sei que você está tentando não se esquecer das coisas, mas é difícil se organizar. Acho que daqui para a frente vai ficar mais fácil lembrar. Você não acha?

Vendo o momento concreto, cotidiano, à luz do espiritual, vendo o necessário à luz do que é essencial, vendo nossos filhos e a nós mesmos, no trabalho ou no lazer, como Seres-Que-Vêem em processo de realização — em cada situação nos é revelado o que é mais prático no momento e mais útil a longo prazo. Quando se trata de reagir aos filhos (que estão aprendendo/brincando), surgem certas orientações e prioridades. Uma se segue à outra e a suplementa.

(1) Pais como Modelos. Quando levamos em conta o que as situações têm para nos ensinar (e não o que deveria ou não deveria ser, o que é agradável ou desagradável), reforçamos uma convicção inata dos nossos filhos: a vida é um lugar de aprendizado e aprender é nosso propósito na vida. O pensamento é pai. O pensamento que é pai para os pais é pai para o filho. *Ver o que é* orienta os pais e também o filho. Como somos na verdade Seres-Que-Vêem, ver é o mesmo que ser. Filhos de pais capazes de aprender são flexíveis, criativos, interessados e eficientes em seu aprendizado. Com relação aos outros, são comparativamente livres de mágoa e fracasso porque não estão aprendendo a competir ou a agradar, mas a ver — e, portanto, a ser.

(2) Pais como Observadores. Quando vemos nossos filhos como Seres-Que-Vêem e não como agentes de prazer/desprazer, sucesso/fracasso, fica evidente que eles são bons (merecem amor) e estão aprendendo (são inteligentes). Não são nem obedientes nem desobedientes, nem espertos nem bobos, mas relativamente conscientes ou não-conscientes. Para os pais, a vantagem é perceber em primeira mão a bondade infinita, ficando livres de reações de medo, raiva, orgulho e culpa. Para a criança, a vantagem é a preservação de seu senso de valor. O pai que observa percebe que o maior bem da criança é o seu senso de valor. Assim, para preservá-lo, nunca o questiona. Observa a criança à luz do que é. O pai que observa é capaz de ser ao mesmo tempo paciente e firme, de maneira não-pessoal. (Ver também "Valor", página 143, e "Disciplina", página 231.)

(3) Pais como Agentes que Preparam o Caminho. Vendo a criança como um Ser-Que-Vê, percebemos que não é preciso ensiná-la a ser feliz, mas que é preciso abrir caminho para o aprendizado. Entendemos que não temos o poder de fazer nossos filhos nem de estragá-los, livrando-nos assim de um fardo terrível. A criança não é mais "incentivada" pela ambição dos pais nem "estragada" pela superindulgência materialista. Não é mais pressionada para ser boa em tudo e fica livre para seguir, de acordo com suas paixões, seu caminho particular em direção à realização individual. Reconhecer, permitir e facilitar o aprendizado da criança é algo que favorece também a liberdade e a disciplina.

(4) Pais que Preparam e Resguardam o Ambiente de Aprendizado. Podemos aproveitar uma dica de Maria Montessori. Ela percebeu que, para facilitar o aprendizado, basta arranjar as coisas de tal jeito que a criança consiga achar e escolher o que precisa para aprender — sozinha, se possível. Sendo a casa um ambiente de aprendizado, é bom ter dois objetivos em mente: acesso e oportunidade; liberdade e ordem.

Acesso e Oportunidade. Para as crianças pequenas, basta uma mesinha baixa para trabalhar, um banquinho para alcançar a pia, uma gaveta baixa com utensílios de cozinha, uma estante que mostre a capa dos livros e não só a lombada. No caso de crianças mais velhas, proporcionar acesso significa ajudá-las a ter tempo para tudo o que vale a pena. Isso significa não distraí-las — deixando, por exemplo, a televisão sempre ligada para que elas fiquem quietas. Reservar espaço e tempo para o aprendizado tranqüilo e a diversão criativa é parte do acesso e oportunidade. Em vez de dar broncas nas crianças, é melhor ajudá-las a manter os horários. Deixar um dicionário perto da mesa de jantar é outro exemplo concreto de acesso e oportunidade. Vamos procurar!

Liberdade e Ordem. Liberdade e ordem são dois lados da mesma moeda. Nas aulas de escolas que seguem a teoria de Maria Montessori, "ambiente preparado" é onde tudo tem um lugar inteligente e há um procedimento inteligente e inteligível para manter a ordem. A criança aprende que pode brincar com qualquer coisa na sala (desde que outra pessoa não esteja usando) pelo tempo que quiser, só que tem que guardar o que pegou antes de pegar outra coisa. A beleza e a simplicidade desse processo é surpreendente. E podemos muito bem aplicá-lo em casa. À medida que as crianças crescem, as acomodações têm que se modificar, mas os pais novatos podem ver também as páginas 166 e 181.

(5) Pais como Professores, Guias e Companheiros. Observe que este item que fala dos *pais como professores* vem quase no fim da lista. Temos que estar dispostos a ensinar nossos filhos, mas é melhor que, na medida do possível, a criança aprenda sozinha. Isso não significa negligenciar, mas estar presente de maneira discreta. Em vez de negligenciar ou conduzir exageradamente, os pais que vêem percebem que há várias maneiras de participar do aprendizado do filho. Se você pensar no aprendizado como um caminho, vai poder se imaginar andando ao lado do seu filho, sem empurrá-lo nem carregá-lo. Sendo supervisores apenas no sentido espiritual, é prevendo, respeitando, encorajando e celebrando o que nossos filhos querem aprender que participamos de seu aprendizado. Só às vezes, e cada vez menos, instruímos diretamente, ajudamos ou demonstramos — e sempre de maneira não-pessoal.

> Uma vez meu filho veio com um problema de matemática que não conseguia resolver. Já tinha enchido duas folhas do caderno, mas sem encontrar a solução. Ele me explicou o problema, mas eu não consegui entender. Acabei entendendo, mas não tinha idéia do que fazer. Para quem poderíamos telefonar? Demos um telefonema mas ninguém atendeu. Meu filho disse que, de qual-

quer forma, os alunos tinham de resolver o problema sozinhos. É claro que ele podia ir para a escola e dizer que não tinha conseguido resolver o problema. Mas, vendo que não havia a quem recorrer, lembrei da Mente Única. Pensei que não havia necessidade do meu filho depender só de si mesmo, de mim ou de qualquer outra pessoa. A única mente que existe revelaria a ele o que só ela sabe. Então, eu disse que ele acabaria tendo uma idéia para resolver o problema. Ficamos sentados na mesa da cozinha, esperando. Eu fiquei lendo. De repente, ele pegou o lápis e começou a escrever furiosamente. No dia seguinte, quando ele chegou em casa, perguntei se a solução do problema estava correta e se os outros tinham conseguido resolvê-lo. Ele respondeu sim para as duas perguntas, mas disse que tinha sido o único a resolver o problema do jeito mais simples.

A Mente Única procura se realizar na consciência de cada indivíduo. Inteligência e amor ocorrem estritamente entre consciências e realidades individuais, não entre mentes pessoais. Negligenciar o potencial de uma criança pode ser nocivo, mas hoje em dia o erro mais comum é pressionar demais o desempenho dela.

(6) *Pais como Provedores de Instrumentos, Brinquedos, Equipamento, Aulas e Experiências.* Poucas vezes ajudar significa dar um brinquedo, mas quando for o momento, use a necessidade real da criança como critério para se orientar. O critério da idade é arbitrário, pois questiona a perfeição única de nossos filhos ao compará-los (e a nós) com os outros. O momento de introduzir um brinquedo é quando a criança tem, de fato ou em princípio, necessidade dele. Procure ver nessa necessidade qual é a realização espiritual que ela procura. Querer andar é a busca da liberdade, o gosto por gravuras coloridas e pela música é necessidade de beleza, a urgência de falar é necessidade de verdadeira compreensão, a vontade de ficar no colo é necessidade de amor. Basta observar nossos filhos para perceber o que vai ajudá-los mais e quando. A criança cuja perfeição espiritual está sempre na consciência dos pais vai se concentrar profundamente, vai se desenvolver com segurança, rapidez e alegria. Ao mesmo tempo, esses pais têm inspiração sobre o momento certo para uma atividade ou brinquedo. Em parte, é uma questão de improvisar, em parte de oferecer instrumentos de verdade em vez de brinquedos. É também uma questão de manter um bom ambiente de trabalho/lazer, tanto espiritual quanto material.

Valor

O senso de valor é a necessidade mais importante da criança. A ética norte-americana do homem que vence na vida graças aos seus próprios esforços diz que somos o que fazemos de nós mesmos. Isso é um avanço com relação ao sistema de classes do Velho Mundo, em que ninguém podia subir na vida mais do que o pai. Mas a proposição inversa — você não é ninguém até provar que é alguém — é problemática. Sugere que o valor pessoal depende de critérios externos, como dinheiro, poder e popularidade. O valor das crianças é muitas vezes medido, erradamente, pela conquista ou pela submissão.

Sempre surgem comparações entre nós e os outros, entre nossos filhos e os filhos dos outros. Quando essas comparações favorecem os outros, nós nos sentimos desvalorizados e envergonhados. Essa tendência tem um sério efeito sobre as relações humanas. Medindo nosso valor pelo valor dos outros, estamos constantemente em disputa. Ou tentamos derrubar os outros ou sentimos que eles estão tentando nos derrubar — mesmo que isso ocorra de forma sutil.

Conheci dois adolescentes descendentes de nobres que sempre se sobressaíam. Todos diziam que eles eram espontâneos, simpáticos, encantadores e animados. Os adolescentes em geral parecem sempre preocupados consigo mesmos e pouco à vontade, mas esses dois eram seguros e bem-humorados. Eram excelentes na escola, mas pareciam livres do medo de fracassar e da ambição excessiva.

Como isso era possível? Eles nunca tiveram motivo para questionar seriamente sua capacidade ou valor essencial. Não sentiam necessidade de provar coisa alguma, mas faziam tudo bem-feito porque a excelência era própria deles. Senso de superioridade não é senso de valor, e essas crianças tinham que desenvolver mais consideração pelos outros. Mas, observando-os, dava para ver como é bom crescer sem questionar o próprio valor essencial. Cada criança é um príncipe ou uma princesa no reino de Deus.

Como criar nossos filhos com um senso de valor como esse? Reconhecer a importância deles já ajuda. Mas há maneiras de cultivar a confiança no valor de nossos filhos e transmiti-la a eles.

Liberdade e Independência

Básico para a consciência de valor pessoal é o senso de competência. Isso não é tanto uma questão de realizações, mas de não duvidar da própria capacidade. Se considerarmos nossos filhos capazes, eles também vão se ver assim. Um velho anúncio de aspirina mostrava uma moça reclamando: "Mãe, *por favor*! Prefiro fazer do meu jeito!" Para a mãe, era uma dor de cabeça tentar dirigir a vida da filha. Para a moça, era uma dor de cabeça ter uma mãe daquelas.

Conheço uma menina de quatro anos que faz tudo com muita segurança. Sente-se muito à vontade com adultos e sabe puxar conversa. Uma noite fui convidada para jantar na casa dela e o mistério de tanta segurança foi esclarecido.

Logo que acabou de comer, a menina disse que ia preparar uma sobremesa surpresa. Ela tinha um banquinho que arrastava pela cozinha, subindo nele para abrir primeiro este armário, depois aquele, escolhendo os ingredientes para a sua surpresa.

Não houve fanfarra nem olhares ansiosos das pessoas à mesa. Ela consultou a mãe uma vez, cochichando alto como no teatro. Acabaram achando que no iogurte era melhor pôr mel do que cobertura de chocolate. Em pouco tempo, ela começou a trazer para a mesa taças individuais com iogurte, uvas e mel. Cada uma tinha um biscoito espetado no meio, como uma vela de aniversário.

"Às vezes ela não exagera?", perguntei.

"Às vezes", respondeu a mãe. "E às vezes fazemos juntas sobremesas mais complicadas. Mas, em geral, ela se contenta com sorvete e iogurte. Ela mistura iogurte com banana, geléia de maçá ou uvas-passas. Gosta de experimentar combinações diferentes e de decorar as taças."

O mais revelador foi a surpresa da mãe diante do meu entusiasmo pela idéia de uma criança criar sobremesas. "Nunca pensei muito no caso", disse a mãe. "Ela sempre fez isso."

Reflexão Adicional. Meus filhos já eram grandes quando, certa vez, um avô sábio e carinhoso me mostrou com orgulho um trabalho do neto. O avô era engenheiro e estava preparando uma cadeia de teatros para diferentes produções teatrais. Em casa, ele tinha uma garagem cheia de ferramentas e equipamentos. O neto tinha passado a tarde com ele, empenhado na construção de um projeto próprio: um veículo sem rodas que não ia a lugar algum, com "transmissores" que nada transmitiam e comandos que não ligavam nem desligavam nada. O avô poderia ter posto rodas no veículo para ele andar "de verdade" e fios nos comandos para funcionarem "de verdade". Mas continuou a trabalhar nas suas coisas, percebendo a verdadeira viagem e as verdadeiras conexões que o neto estava fazendo. Estava empolgado: "Olhe só o que ele fez! E eu não disse nada! Não ensinei nada! Não fiz nada além de serrar uma tábua para ele. Ele fez tudo sozinho." Não será surpresa se esse menino seguir os passos do avô, assim como não será surpresa se seguir outro caminho. Deus abençoe a criança que tem autonomia e Deus abençoe o avô e os pais que não interferem.

Nunca perca uma oportunidade de deixar seu filho fazer sozinho alguma coisa que ele pode e quer fazer. Às vezes ficamos muito afobados com a possibilidade de ele quebrar ou derramar alguma coisa. Mas ele precisa aprender, um erro depois do outro, uma lição depois da outra. Podendo aprender sozinho, ele vai perceber que é uma criança que consegue.

Q.I.: O Consciente Inibidor

Retardado? Mediano? Dotado e Talentoso? É difícil dizer que rótulo é mais nocivo. Todas as crianças são dotadas e talentosas. Há apenas uma mente e por isso todas as manifestações da consciência são *concedidas*. Ninguém tem nem deixa de ter a verdadeira inteligência. Inteligência é consciência do que realmente é. Todos os julgamentos feitos à luz do que realmente é são inteligentes. Trabalhando com uma cega, entendi que a verdadeira visão é ver o real e que, em comparação aos outros, ela não era tão deficiente quanto parecia. Se a verdadeira visão é ver o real e se o real é espiritual, quando julgamos pelas aparências, nós também somos cegos. O potencial para ver além das aparências não é menor nos cegos do que nas pessoas que vêem. Os deficientes podem ser menos deficientes do que pensamos, enquanto os "privilegiados", sobrecarregados com idéias de auto-suficiência e superioridade, são mais deficientes do que parece. Pense nas pipas: elas sobem contra o vento, e não a favor dele.

Quantificar a inteligência, localizá-la na cabeça física da pessoa e dizer que é dela essa inteligência (superior ou inferior) é tornar essa pessoa deficiente. Ao atribuir muita inteligência a uma criança, ao objetivar a inteligência e atribuí-la à criança, você desliga essa criança da fonte de inteligência. Mudando o tema da vida dela do aprendizado para o eu, você a deixa confusa com relação ao propósito da inteligência. É como colocar um espelho entre o leitor e o livro. Ele não vai conseguir ver a si mesmo e o livro ao mesmo tempo. Quando uma criança é considerada dotada e talentosa, ela começa a se achar superior, o que vai lhe trazer muitos problemas. Uma vez, meus filhos foram convidados a participar de um programa para "dotados e talentosos". Eu disse que com aquele nome eles não iriam. Acabaram chamando o programa de "desafio e enriquecimento", um termo que usavam também para atividades suplementares oferecidas a alunos atrasados.

Não é possível fazer nem obter a verdadeira inteligência. Mas podemos obstruí-la ou não. Numa pessoa, a inteligência é um evento, um vir-à-luz do que realmente é. É um despertar, uma revelação ou um ato de ver. O evento inteligente ocorre quando a tendência da realidade para revelar a si mesma é realizada num momento de percepção consciente. Assim como a natureza da luz é realizada na visão individual, a inteligência é realizada na compreensão. A inteligência é uma força universal buscando expressão através da consciência individual. Quando ocorre, a compreensão não é uma questão de mérito, sucesso ou virtude individual, mas de liberdade, alegria e beleza — e como tal deve ser comemorada e apreciada.

> Uma diretora de pré-escola disse que antes suas crianças eram na maioria de famílias em que a mãe estava na faixa dos vinte anos e ficava em casa, mas que agora havia mães de outro tipo, com trinta e cinco anos ou mais velhas, dando um intervalo em sua carreira para ter um ou dois filhos. Perguntei se havia alguma diferença entre as crianças e ela disse: "Os filhos das mães jovens que não trabalham são mais quietos e 'bonzinhos', mas têm medo de ficar na escola sem a mãe. Os filhos de casais de profissionais mais velhos são brilhantes e extrovertidos, mas são nervosos e sujeitos a momentos de crise." Será que a escolha é essa? Não estou dizendo que as mães não devem trabalhar fora. Hoje em dia, isso é psicologicamente bom e economicamente necessário. Mas acho que a diretora da pré-escola detectou uma motivação muito comum, que tem efeitos nocivos sobre as crianças: a noção de que o propósito da vida é vencer e ser o melhor, uma disputa em que as crianças são apenas faixas e troféus.

Os motivos egoístas ocultos — a criança deve ser boa (bonita, bem-comportada) para o bem dos pais; a criança deve ser a melhor para o bem dos pais — acabam saindo pela culatra. Sei disso porque tenho clientes adultos que, tendo sido crianças-troféus durante a vida inteira, caem em desespero, começando a lutar muito tarde para encontrar o eu individual.

Os testes de QI medem alguma coisa. É possível que registrem o fluxo e o grau de obstrução de uma certa função da inteligência, ou que meçam o interesse e o ritmo de aprendizado. Parecem registrar basicamente o grau de desenvolvimento da linguagem, que sofre muita influência do ambiente. Mas não medem a própria inteligência, porque a inteligência é infinita.

O interesse muito focalizado pode ser saudável ou de fundo patológico. Os chamados idiotas-sábios, concentrados a ponto de obsessão, realizam feitos intelectuais extraordinários, quase super-humanos, como calcular instantaneamente em que dia da semana cai qualquer data, presente ou futura. No entanto, quase não funcionam em outros níveis humanos. Isso é inteligência? De certa forma sim, de certa forma não. Por um lado, mediante essa total estreiteza, mostram uma facilidade muito além do comum; por outro lado, parece que essa concentração estreita é usada para filtrar, deixando na inconsciência a realidade em geral. Não é isso a verdadeira inteligência.

Em geral, crianças supostamente dotadas e talentosas aprendem a usar a inteligência para ter poder pessoal e superioridade, para disputar e competir. Mas se a verdadeira inteligência é a consciência do que é, e se *o que é* é o amor infinito, será que o gênio capaz de muitas conquistas é verdadeiramente inteligente? Por outro lado, o chamado retardado, incapaz e limitado como parece, tem no entanto um agudo senso de bondade e encontra alegria e realização sendo bom e útil. Será ele não inteligente?

Se eu mandasse nas escolas, ao lado da enfermaria, onde as crianças são atendidas em caso de emergências médicas, eu instalaria uma sala para emergências de aprendizado. Aconselharia os professores a ficar atentos a ataques de paixão. Sempre que uma criança acusasse um interesse muito grande — qualquer interesse e qualquer criança (retardada, dotada ou mediana) —, ela seria mandada para essa sala. Se na aula de matemática ela rabiscasse dinossauros, se na aula de linguagem ela escrevesse uma história de dinossauros, se na biblioteca ela escolhesse um livro sobre dinossauros, eu a consideraria febril, precisando de cuidados. Ao contrário da enfermeira, cuja preocupação é baixar a febre, o encarregado da Sala de Emergências do Aprendizado sopraria suavemente o carvão aceso da paixão, para o fogo pegar.

Como a enfermeira, esse encarregado mandaria um bilhete para os pais da criança: "Seu filho está febrilmente interessado em dinossauros. Aconselho que fique em casa amanhã de manhã para ver na televisão o programa especial sobre paleontologia." Ele utilizaria também outros recursos, conforme a verba disponível: uma sessão de vídeo, uma visita especial à livraria, uma recomendação ao professor, que (se ainda não tivesse tido essa idéia) poderia dar uma pesquisa especial para a criança fazer. Esses recursos de enriquecimento ajudariam muitas crianças a um custo mínimo. Paixões súbitas seriam trabalhadas como oportunidades preciosas para acentuar o senso de valor e de capacidade da criança.

Não existem crianças incapazes de avançar, só crianças que pararam no meio da estrada. Um interesse que ainda não se manifestou? Uma dúvida com relação a si mesma? Para que ela saia a galope pela estrada, basta que alguém valorize seu interesse do momento e lhe dê a oportunidade de realizá-lo.

Examinando as pastas dos alunos, muitas vezes eu observava mudanças súbitas no histórico de alguns deles. Depois de anos e anos com um desempenho abaixo da média, num determinado semestre pareciam acordar e deslanchar. Muitas e muitas vezes perguntei a esses alunos: "O que aconteceu?" Muitas e muitas vezes ouvi a resposta: "Não sei direito. Só lembro que foi nesse ano que eu... construí uma canoa, fui de bicicleta até Nova Escócia, aprendi malabarismo." Algum sucesso. Algum interesse realizado.

Diretora de Alunos, Hampshire College

Vergonha e Culpa

A criança se comporta de acordo com o que ela acha que é. Assim, se falam com ela em termos de: "Você sempre..." e "Você nunca..." e "Você é um...", ela vai certamente desenvolver uma imagem de si mesma como um "assim e assado" e continuar a fazer "isso e aquilo". Ao corrigir seu filho, faça uma distinção clara, em sua própria mente, entre o que ele realmente é e o que está fazendo, entre seu ser essencial e seu comportamento. Considere seu filho inocente. Pressuponha sempre que se ele soubesse mais, agiria melhor.

Como pais, somos obrigados a enfrentar vários problemas. Às vezes é preciso ter uma posição firme e vigorosa, como no caso de um perigo imediato. Às vezes é preciso chamar a atenção para uma possível conseqüência. Às vezes devemos ficar atentos e deixar que nossos filhos descubram as conseqüências por si mesmos. Às vezes basta uma repreensão e uma explicação. Às vezes é necessário uma intervenção psiquiátrica. Mas nunca vai estar em questão a bondade da criança, e nem mesmo seu comportamento. O que está em questão é o aprendizado.

Seja como for, alguma coisa se aprende. Se achamos que nossos filhos são estúpidos, perversos, perturbados ou culpados de más ações, eles vão aprender que são assim. Vão nos ver como juízes e vão querer se esconder de nós, interpretando tudo o que dizemos como provas de sua falta de valor. Se achamos que são inocentes, eles vão aprender com suas experiências e vão nos ver como pais compreensivos.

Exclua a culpa de sua política familiar. Aplique esse princípio a você e a seus filhos. Livres de culpa, mesmo que você precise agarrar seu bebê para impedi-lo de fazer alguma coisa, vai fazê-lo com compaixão e bom humor e não com raiva. Vai ser capaz de advertir sem insultar e de censurar sem humilhar.

É melhor não censurar a criança em público. Puxe-a de lado e diga com respeito o que acha certo. Lembre-se de que a questão não é o que ela deveria ou não ter feito, mas o que precisa compreender. Aceite a bondade essencial da criança. Na medida do possível, seja positivo, não-pessoal e concreto. Em vez de dizer que seu filho é desobediente porque pegou a tesoura, explique a ele que a tesoura não é brinquedo e lhe dê outra coisa para brincar ou o ajude a recortar. Em vez de dar ordens, faça perguntas que o levem a descobrir alternativas melhores e mais apropriadas para si mesmo.

> Uma tarde, ouvi meu filho mais velho irritando o menor. Disse-lhe várias vezes para parar, mas ele não parou. Finalmente me ocorreu que aquilo o perturbava tanto quanto perturbava o irmão. Um sentimento de compaixão me invadiu. Quando eu ia saindo do banheiro, ele passou correndo. Eu o agarrei, puxei-o para dentro do banheiro, fechei a porta para ninguém nos ouvir e perguntei o que estava acontecendo. Surpreso por ouvir uma pergunta e não uma ordem, ele ergueu a cabeça e sorriu. "É a minha única maneira de ser feliz. Não tenho mais nada para me divertir."
> "Mas não está funcionando muito bem, não é? Tenho certeza de que você vai ter uma idéia melhor." Daí a pouco ele já estava entretido com um jogo que tínhamos inventado. A irritação passou e não voltou mais nesse dia.

Elogio e Comemoração

Surpreendentemente, o elogio pode ser tão nocivo quanto a vergonha e a culpa. Nossos elogios sugerem à criança que seu valor pessoal aumenta ou diminui de acordo com a avaliação que os outros fazem do seu desempenho. Quando elogiamos a criança ela acha que é boa porque o que faz nos agrada. Só que quando não a elogiamos, ou quando elogiamos outra pessoa, ela se sente diminuída e desvalorizada.

Além disso, o elogio distrai a criança do que ela está fazendo porque indica que sua atividade está chamando a atenção. É um círculo vicioso. A criança que aprende a esquiar de olho nos pais, tem grande probabilidade de cair ou de bater numa árvore, o que vai deixá-la machucada, embaraçada e desanimada. Seu progresso fica prejudicado e sua autoconfiança minada. Quer se trate de boas maneiras ou de uma atividade artística, o princípio é o mesmo. A criança não consegue dar atenção ao elogio que vai receber e também ao que está fazendo. Se sua atenção não estiver na atividade, é pouco provável que a aproveite. Paradoxalmente, quanto mais o ego da criança é estimulado, mais insegura e incompetente ela vai ser. A auto-estima é boa não quando a criança pensa em si mesma, mas quando, capaz de esquecer de si mesma, ela fica livre para se entregar ao que está aprendendo.

É bom demonstrar alegria e estimular o crescimento dos nossos filhos. Mas não é preciso fazer um estardalhaço. Quando uma criança diz: "Fui eu que fiz!" em geral não é o Eu S.A. que está falando. Ela não quer dizer que é ótima, mas que é ótimo que seja capaz, que é maravilhoso que aquilo seja possível para ela. Em outras palavras, ela está agradecida. A comemoração caracterizada por reconhecimento e gratidão e não pelo elogio e pelo orgulho aumenta a alegria da descoberta e o senso de responsabilidade da criança. Para ela crescer alegre e confiante, não a deixe ser o centro do próprio trabalho e diversão. Deixe que ela seja consciente em vez de autoconsciente. Em vez de dizer que ela é o máximo porque está aprendendo a ler, diga: "Ler está ficando muito mais fácil para você, não é? Daqui a pouco você vai ser capaz de ler o que quiser." Em vez de lhe dizer que tem orgulho dela, diga, por exemplo: "Maravilha! Dá para ver que você gosta de tocar essa música." (Ver também páginas 229 e 277).

Consideração Verdadeira

Acima de tudo, é bom ver o que está certo em nossos filhos, focalizar o que é verdadeiro e não o que é falso. A consideração verdadeira é a mais pura forma de amor e o aspecto mais importante da paternidade e da maternidade.

Robert é o mais velho de dois irmãos. Ele se ofende com facilidade e sempre perde as estribeiras. Quando é censurado, fica zangado e desanimado. Quando recebe ajuda, se sente criticado. Mas ninguém precisa pisar em ovos com sua irmãzinha. Julie é naturalmente feliz e solidária. Sua reação característica a uma censura é: "Xi! Esqueci!" Como isso é possível? Os pais são os mesmos. Será que são mesmo?

Em certo sentido, Robert e Julie não têm os mesmos pais. Os de Julie são mais experientes do que os de Robert, menos ansiosos e ainda preocupados com Robert. Robert é o arado. Julie sapateia na terra fofa que seus pais prepararam com Robert. O comportamento de Robert é tão diferente do comportamento de Julie porque é diferente a visão que os pais têm de um e de outro. Assim como é diferente a visão que cada um tem de si mesmo.

Especialmente com o primeiro filho, tendemos a assumir a responsabilidade — mérito e culpa — por tudo. Queremos tanto ser bons pais que acabamos achando que podemos fazer e destruir nosso filho. Os especialistas nos alertam para tantos problemas que vivemos procurando o que há de errado com nosso filho e tentando corrigi-lo. Como no caso de Robert, a vontade de tornar nossos filhos mais bonitos, mais espertos ou melhores dá a eles a impressão de que não são bonitos, nem brilhantes nem bons — em suma, que não têm valor.

A atitude superprotetora dos pais — que alguém chamou de "amor sufocante" — minou a confiança de Robert. Como seus pais, ele se vê como um problema e vê a vida como uma situação perigosa que ele é incapaz de enfrentar. Julie, por outro lado, é uma revelação para os pais. Com um mínimo de atenção, ela é naturalmente alegre, inteligente, flexível. Seus pais a vêem como uma fonte de surpresas agradáveis. E é de acordo com isso que ela vê a si mesma e a vida.

A criança que vive numa atmosfera de consideração verdadeira vai dar valor a si mesma e aos outros. Assim, como um bom barco, ela vai flutuar — sem risco de afundar —, aprendendo a expressar seu potencial como pessoa inteligente e capaz de amar. Assim como o barco é próprio para navegar, ela é própria para viver — num mundo confiável e que revela a si mesmo.

É bom ver sempre a criança perfeita e não a criança que desobedece, erra e perturba. Não dá para enxergar a criança perfeita com um olhar superficial, assim como não dá para enxergar a flor no bulbo. Precisamos olhar além da pele para ver a beleza, além do comportamento para ver a bondade, além dos testes para ver a inteligência. Potencial, bondade básica ou centelha divina — as qualidades boas e necessárias são dadas à criança. Não precisamos impor essas qualidades a ela, só tomar conhecimento delas. O que conseguimos ver, ela consegue ser.

Quem já trocou as fraldas de um filho tem diante de si o exemplo perfeito. Trocamos centenas de fraldas, mas não há visão desagradável, cheiro ou repetição que nos faça pensar que temos um filho sujo. Na verdade, a pureza parece ser a característica mais notável do bebê. E é o amadurecimento dessa pureza que vai acabar com a necessidade das fraldas. Isso pode acontecer suavemente. Aqueles que, duvidando, acham que precisam treinar a criança para ir ao banheiro, acabam percebendo da maneira mais difícil que as crianças não são *feitas* para usar o banheiro. Mas, em certo momento, elas começam a usar o banheiro — no momento em que percebem que conseguem e que é bem melhor. Quando percebem o valor da idéia (contanto que não questionem o próprio valor), a própria idéia se encarrega da situação. O que nós fazemos ou deixamos de fazer, dizemos ou deixamos de dizer, não é tão importante. Mas a visão que temos dos nossos filhos — e conseqüentemente a visão que eles têm de si mesmos — é crucial.

Veja seu filho como uma promessa e não como um problema nem como um projeto. Curta seu filho. Quando ele estiver por perto, sorria. Quando ele falar, escute. Quando ele propuser alguma coisa, considere. Ajeite a camisa dele na calça porque ele merece se sentir confortável e não porque é desleixado. Em vez de vê-lo como um sucesso ou como um fracasso, como bem ou malcomportado, perceba que ele está totalmente preparado para participar do processo de viver e aprender. Quando ele erra, ofereça conforto e não acusações. "Não faz mal. Agora você sabe que não dá certo e não vai fazer de novo." Mostre respeito por seu esforço mesmo quando seu trabalho ficar imperfeito. Às vezes, deixe que faça o que quer para descobrir o que precisa aprender. Acima de tudo, deixe que ele perceba que você tem consideração verdadeira pelos outros, e os vê como pessoas de valor que merecem ser amadas e respeitadas. Ele fará igual. E quem tem verdadeira consideração pelos outros nunca tem tempo para duvidar de si mesmo.

"Este é o meu Filho amado, em quem me comprazo."

Mateus 3:17

Receptividade

Your road I enter upon and look around! I believe
you are not all that is here;
I believe that much unseen is also here.

Here the profound lesson of reception,
neither preference or denial....

— Walt Whitman, "Song of the Open Road"

[Entro na sua estrada e dou uma olhada! Acredito
que você não é tudo o que aqui está;
acredito que aqui há também muita coisa que não se vê.

A lição profunda da receptividade,
nem preferência nem negação...]

O bebê tanto ergue o pescoço que de repente consegue se virar. Como não é o que tinha em mente, essa liberdade maior é um choque e uma tremenda bênção. Da mesma forma, nossos filhos são um choque e uma bênção. Para recebê-la, basta que sejamos como as crianças — Seres-Que-Vêem humildes, receptivos e capazes de aprender. É isso o melhor para nossos filhos e também para nós.

Ensinar-me-ás o caminho da vida,
cheio de alegrias em tua presença
e delícias à tua direita, perpetuamente.

Salmos 16:11

Passamos muito tempo querendo terminar o que temos para fazer — lavar a louça, passar a roupa, fazer as contas —, achando que depois vamos poder "dedicar toda a atenção" aos nossos filhos. Mas, nos raros momentos em que, com o senso de auto-importância saciado, sentimos que podemos "tirar algum tempo", descobrimos que estamos sem inspiração. Sentamos para "ficar com nossos filhos" e percebemos que estamos sem jeito. Isso significa que nossa idéia de "ficar com" não está funcionando.

Como Eu S.A., tendemos a acreditar que o propósito de estar com os filhos é unilateral; precisamos cuidar *deles*, treiná-los, educá-los e entretê-los. Com uma visão tão estreita, sentimos que nossos filhos se aproveitam de nós e que nunca temos tempo para nós mesmos.

As crianças não sabem conscientemente que ver é felicidade, mas não duvidam disso. Elas são máquinas de aprender, buscando sempre novas maneiras de compreender. É por isso que não brincam com seus brinquedos por muito tempo — e nem nos deixam em paz. Elas adoram o trabalho de aprendizado e se sentem amadas através dele. Além disso, esse aprendizado é existencial; elas preferem aprender o que se relaciona à vida delas. Para a criança pequena, isso significa qualquer coisa que estejamos fazendo.

Só que, para nós, o tempo para trabalhar e o tempo para aprender são categorias separadas, mutuamente excludentes. "Trabalho tanto que não tenho mais tempo para me aperfeiçoar." Até a ciência médica sugere que o cérebro das crianças se presta para aprender enquanto o nosso já está se deteriorando. Mas se não aprendemos mais muita coisa, é porque pensamos que o aprendizado não mais nos diz respeito, ou porque não percebemos o que a vida está tentando nos ensinar. Por exemplo: quem acha que um adulto aprende alguma coisa trocando fraldas ou dobrando a roupa lavada?

O que a criança precisa aprender é mais óbvio porque é mais físico. Se deixarmos que nosso bebê de um ano e meio nos "ajude" a dobrar a roupa, ele vai aprender muita coisa sobre botões, zíperes, colchetes, encaixes, propriedades físicas do tecido, o que acontece quando ele deixa cair uma peça de roupa, como é difícil ou fácil carregar a roupa em comparação com qualquer outra coisa que ele já carregou, qual é o cheiro da roupa limpa, como uma toalha grande pode virar um volume pequeno, como um volume pequeno que você acabou de dobrar pode virar de novo uma toalha grande, mais todas as canções e informações relacionadas ou não que quisermos cantar e transmitir. Se estivermos alegres, ele vai achar que a ordem e a limpeza são aspectos agradáveis da realidade e que é uma alegria estar juntos. E talvez comece a achar que ele não é só um estorvo.

Inconscientemente, a criança pressupõe duas coisas cruciais ao aprendizado. A primeira é que *não há nada entre ela e a felicidade além das coisas que ainda não aprendeu*. Pelo menos por algum tempo, ela vai achar que não há nada melhor. Enquanto está aprendendo está feliz. Ela vive para descobrir. A segunda é que *o que vem depois, seja o que for, é o que ela precisa aprender em seguida*. Ela não duvida da natureza gratificante da vida. Esses dois pressupostos são cruciais para a receptividade e a receptividade é crucial para o aprendizado.

Então, o que aprendemos dobrando a roupa limpa (uma chatice!), ainda por cima com o bebê atrapalhando? Talvez seja o momento de reaprender a aprender. E isso é uma coisa que nossos filhos com certeza podem nos ensinar. Outra questão que surge quando dobramos a roupa é a ordem e o método. Como no momento nossa tarefa é dobrar a roupa, será que precisamos aprender a valorizar a ordem e o método? Pode ser que as interrupções do bebê sirvam para nos mostrar que o amor é uma prioridade ainda maior, ou que o amor e a ordem não estão em conflito entre si. Pode ser que nossa necessidade seja aprender que não se conquista a paz controlando a vida, mas deixando que a vida nos controle — ou que até as coisas sem graça são sagradas.

As possibilidades são infinitas e em cada situação podemos descobrir novas dimensões da realidade e do eu. Enquanto a criança explora as propriedades físicas do tecido, descobrimos por exemplo que o que fazemos não importa, que a vida se desdobra como as roupas ou que expressar a vida (neste caso amor, ordem, humildade) é gratificante. Quando compreendemos o que há para compreender ao dobrar a roupa, ficamos felizes com o que estamos fazendo ou somos levados para outra tarefa.

Como nós, nossos filhos vão se tornar adultos realizados e felizes só na medida em que chegarem a compreender e a expressar satisfatoriamente a vida. Não dá para ensiná-los o que é a vida ou o que é ordem e método: eles vão ter de descobrir por si mesmos, como nós estamos descobrindo. Mas quando chegam a este mundo, eles já reconhecem inconscientemente a ordem — e podemos incentivar e tornar consciente esse reconhecimento. Então, quando forem adultos, a ordem vai ser uma das realidades que vão procurar descobrir e compreender.

Mas ordem e método é apenas uma pequena parte do que ensinamos aos nossos filhos. A lição não enunciada do nosso interesse pelas menores tarefas da vida — por cada detalhe — é significativa e valiosa: a compreensão receptiva é o segredo da felicidade.

Disse o discípulo Ho:
"Minhas atividades diárias não são diferentes,
Só que estou naturalmente em harmonia com elas.
Nada obter, a nada renunciar,
Em cada circunstância nenhum impedimento, nenhum conflito...
Tirar a água, carregar a lenha,
É poder supernatural, essa atividade maravilhosa."

Huston Smith, *The Religions of Man*

Paulo disse: "Pensai nas coisas que são do alto, e não nas que são da terra."

Colossenses 3:2

Jesus disse: "Deixai vir os meninos a mim, e não os impeçais; porque deles é o reino de Deus. Em verdade vos digo que qualquer que não receber o reino de Deus como menino, de maneira nenhuma entrará nele."

Marcos 10:14-15

Suzuki disse: "A criança em nós tem de ser recuperada através de longos anos de treinamento na arte de esquecer de si mesmo."

Eugen Herrigel, *Zen in the Art of Archery*

Reflexão Adicional —
Tempo Disto e Tempo Daquilo

Quando escrevi *Tal Filho*, quis ajudar pais em estado de choque a descobrir o valor da paternidade e da maternidade para eles mesmos. Neste capítulo, observei que a paternidade e a maternidade não são apenas sacrifício, que cuidar do filho não é um desperdício de tempo, de vida, que até mesmo o "trabalho" de limpar a comida derrubada e amarrar os sapatos pode ser gratificante. Tudo isso *é* importante, não apenas para a criança, mas também para os pais. Acho que hoje em dia essa mensagem é ainda mais necessária.

Mas nesta edição quero acrescentar outra mensagem. Somos pais, mas temos outras preocupações: a vida conjugal, pessoal e familiar. Isso vale para todos os membros da família. Todas essas vidas, todos esses eus e subeus, precisam de atenção e cuidado. Sem essa mensagem, a outra corre perigo. Quando só damos atenção aos filhos, fazemos com que o casamento, nós mesmos e partes das pessoas envolvidas corram o risco de ficar órfãos e morrer por negligência. Assim, quero lhes apresentar alguns filhos menos óbvios que precisam de tempo e atenção. Parafraseando o Eclesiastes: mesmo quando estamos ocupados com o filho atual, há e *precisa haver* "um tempo disto e um tempo daquilo". E há.

Um Tempo para Pôr o Filho em Primeiro Lugar. D. W. Winnicott observou que as mães de recém-nascidos se identificam com o bebê quase que por instinto, excluindo todas as outras pessoas. Apesar de ser semelhante à neurose, essa intensa preocupação é normal e necessária ao desenvolvimento saudável do bebê. Durante esse período, o mundo da mãe fica reduzido a um pequeno círculo de duas pessoas: ela e o bebê. Esse íntimo relacionamento a dois é necessário no início, mas quando se estende demais vira um problema para a criança, para a mãe e para as outras pessoas da família.

Nesse período, é comum o marido se sentir como uma criança abandonada. Como o sexo costuma diminuir, ele começa a exigi-lo com a intensidade faminta de uma criança e com a força de um homem. Nesse caso, é bom que saiba que esse estado é *necessário mas provisório*. Assim, o pai também pode se abrir a um maior envolvimento com o bebê. Percebendo que a situação é temporária, ele vai ser mais paciente com a mãe, mesmo que ela pareça ter perdido o interesse por ele.

É importante também que a mãe perceba que a presença do bebê e seu envolvimento com ele cria uma tensão na família que afeta não apenas os outros filhos, mas também o parceiro. Assim, ela vai lembrar que o bebê não é o único que precisa de atenção, que seu parceiro, incluindo sua parte criança, também precisa de atenção. Além disso, vai aprender a respeitar a parte criança de si mesma, dando a ela a atenção e a liberdade de que precisa. Assim, pai e mãe vão perceber que precisa haver também —

Um Tempo para Pôr o Casamento em Primeiro Lugar. Não é só a mãe que fica envolvida demais com os filhos, mas também o pai e o próprio casamento. E não apenas enquanto os filhos são bebês, mas ao longo dos anos. O doutor Barry Ulanov observa que é um mau sinal quando marido e mulher param de se chamar pelos nomes para se chamar de "pai" e "mãe". É sinal de que os dois não se vêem mais como pessoas totais mas apenas como pais, o que prejudica o casamento e os relacionamentos adultos. Os dois passam a alternar os papéis de criança exigente ou carente e de adulto condescendente ou mandão. Agora há três bebês em cena, todos abandonados, na cama e fora dela.

Quanto mais cedo percebermos a presença de nosso eu bebê, mais responsáveis e *sensíveis* seremos com relação a ele. O casamento também é um bebê importante. Ele não acontece só no altar. É um bebê que nasce no altar, mas que precisa de cuidado, atenção, proteção, alimento e educação. Os casais que sabem disso percebem que é importante reservar tempo para o casamento, mesmo quando o bebê é pequeno. A presença do bebê dificulta o casamento, mas um casamento ruim é ruim para o bebê.

Para o bem das crianças e dos adultos da família, é importante que os casais reservem tempo para ficar juntos — como preferirem e como for mais fácil. Sair à noite uma vez por semana, fazer uma caminhada regularmente, ter alguma diversão; seja como for, esse tempo que passamos juntos alivia a criança abandonada que há em nós e promove a confiança e a maturidade que leva a um relacionamento sexual significativo e a um discurso construtivo sobre as responsabilidades familiares — em suma, a um casamento totalmente desenvolvido. Num casamento como esse, os parceiros percebem que tem de haver —

Um Tempo para Cada Tipo de Relacionamento. Não basta um tempo para a família se reunir, mas para cada par pai/filho, mãe/filho ter o seu tempo a sós. Cada filho precisa ficar algum tempo sozinho com a mãe e com o pai, e vice-versa. Há fases em que o filho prefere e precisa ficar mais com o pai ou mais com a mãe (e vice-versa). Mas mesmo nessas fases é importante que haja tempo para todos. Uma família que conheço tem o "tempo do carro". Todas as noites, quando chega em casa, o pai fica um tempo no carro com a filha de dois anos. Um dia, vi que estavam no carro de manhã. Ele explicou: "Nas minhas folgas ficamos no carro duas vezes por dia. Assim minha mulher tem tempo para secar o cabelo." O tempo que você passa com seu filho depende de vocês e pode mudar conforme as diferentes fases e circunstâncias. Mas é importante que cada par tenha um tempo para ficar a sós — com freqüência.

Os relacionamentos com os parentes e amigos também precisam de tempo. Alguns casais dão um ao outro uma "noite de folga" todas as semanas — um tempo para os amigos. Quando os filhos são pequenos e exigem cuidado constante, a bênção de um tempo para sair com amigos adultos fortalece o casamento e dá novo ânimo para as tarefas de pai ou mãe. Quando um deles cuida mais dos filhos e o outro do sustento da casa, a noite de folga do primeiro dá ao último e aos filhos a oportunidade de fortalecer o relacionamento. Para o desenvolvimento da criança, é bom que ela conviva com o pai e a mãe: dois adultos diferentes que vêem as coisas de maneiras diferentes. Pais que reconhecem e valorizam as diferenças reconhecem também a importância de —

Um Tempo para a Vida Pessoal e Familiar. Tradicionalmente, a vida familiar e pessoal é diferente para homens e mulheres. Como principal provedor, o homem tinha o privilégio da vida pessoal; podia desenvolver suas habilidades e se realizar no trabalho. Encarregada de cuidar da família, a mulher tinha o privilégio da vida familiar. Nunca foi bem assim, pois muitas vezes as imposições culturais esmagavam a individualidade e a carreira do homem em vez de desenvolvê-las, enquanto a vida familiar, mais reservada, dava às mulheres mais oportunidade de desenvolver a individualidade. Mas no geral, pelo menos na superfície, os homens eram destinados à realização do potencial de inteligência e criatividade, enquanto as mulheres eram destinadas à realização do potencial de amor, pela dedicação à família. Agora tudo está mudando.

As mulheres sabem que precisam realizar seu potencial individual e os homens estão descobrindo a necessidade de realizar seu potencial na família e nos relacionamentos pessoais. Os problemas são muitos, pois nossa cultura ainda não conseguiu acompanhar essas mudanças. Como provedores, os homens se sentem abandonados pela família; como encarregadas da família, as mulheres sentem que seu eu criativo individual entrou pelas trompas (ainda mais vendo outras mulheres se desenvolvendo profissionalmente). São várias as tentativas para solucionar o problema, cada uma com seus prós e contras: licença-maternidade e licença-paternidade, divisão de tarefas, rodízio dos diferentes papéis. Mas acredito que a solução do problema é reconhecer que todas as pessoas, homens ou mulheres, precisam da vida pessoal e da vida familiar, e que não basta viver esses aspectos do ser em certos momentos da vida (o homem vive seu lado familiar só nos fins de semana e depois que se aposenta, a mulher vive seu lado individual só depois que os filhos crescem); é preciso vivê-los o tempo inteiro.

Diante desse dilema, homens e mulheres percebem que um precisa dar ao outro um tempo para viver com regularidade o eu familiar e o eu individual. Quando a mãe assume um pouco mais sua vida pessoal, trabalhando meio período, fazendo um curso, dando atenção a algum interesse ou talento, a depressão acaba, sua relação com os filhos fica mais alegre e os conflitos do casamento diminuem. Quando um homem que provê o sustento da casa assume sua vida familiar, passando mais tempo com os filhos e dando atenção aos próprios sentimentos, os benefícios são muitos. Casais assim reconhecem que precisam dar um ao outro —

Um Tempo de Solidão e Um Tempo de Proximidade. Já falei de minhas "horas infernais" no final do dia. Pois elas são comuns em muitas casas. É uma hora em que a mulher, que tradicionalmente cuida da família, está cansada, assim como as crianças, o que torna a preparação do jantar uma tarefa difícil e estressante. O homem, tradicionalmente o provedor, chega louco para descansar. E um está contando com a ajuda do outro. O provedor quer atenção e quer descansar, mas a encarregada da família também. Depois de passar o dia com as crianças, ela quer conversar um pouco com outro adulto. Mas ele, que passou o dia fora, não quer saber de conversa. Um dos dois pode estar com vontade de falar sobre alguma coisa que aconteceu durante o dia. Mas como, se os filhos continuam a precisar de atenção? Um dos dois tem que continuar a postos. E os dois estiveram a postos o dia inteiro. Então surge o conflito: quem deve cuidar dos filhos nesse momento? É uma "hora infernal" se seguindo à outra, quando as necessidades de todos entram em conflito.

A transformação da expectativa feliz do descanso no fim do dia em frustração e raiva arruína o tempo pessoal, as noites de muitas famílias — e muitos casamentos. Para que o casal tenha tempo de descanso e de solidão, de ficar em silêncio e de conversar, é preciso que reconheça a necessidade desse tempo. Um dos dois vai ter de esperar, pois raramente as crianças pequenas deixam o pai e a mãe em paz ao mesmo tempo. Mas sabendo que nossa vez vai chegar, fica *fácil* esperar. Da mesma forma, cada um precisa de tempo para ficar sozinho e os dois precisam de tempo para ficar juntos — para que um dê ao outro esse tempo, é preciso que reconheçam a sua necessidade. Uma cliente minha que tem filhos pequenos fez um trato com o marido. Como ela adora correr, ele fica com as crianças nos sábados de manhã para ela ter tempo de correr antes de vir para o consultório. Depois da sessão, ele a apanha de carro. Aí ela o deixa em casa para ficar sozinho por umas duas horas enquanto ela e as crianças fazem compras ou vão até o parque. Assim, ele desenvolve sua habilidade de pai e fica mais próximo dos filhos. E os dois ficam renovados para as tarefas domésticas e profissionais. Gratos por esse tempo de solidão, o casal ficou ainda mais próximo.

É possível estabelecer rituais no dia-a-dia. Depois de uma caminhada de quinze minutos, de um banho de chuveiro ou de um tempinho para ler o jornal, os casais ficam mais preparados para lidar com as crianças e para ouvir um ao outro. O importante não é quanto tempo cada um precisa ou quem tem esse tempo primeiro. O importante é que os dois tenham tempo para si mesmos e para os outros e que saibam que isso acontece com regularidade. Com isso, as pessoas se tornam mais flexíveis e generosas, porque compreendem que todos precisam de —

Um Tempo para Todos os Sentimentos e Assuntos. Os planos mais bem traçados muitas vezes não funcionam. Desgraças acontecem. Crises, encontros, imprevistos no trabalho, doenças, mortes e emergências interferem em nossos planos. A *vida* acontece! Humores, fases, encantamentos e desencantamentos nos dominam e nós nos sentimos incapazes de cumprir os tratos que fizemos um com o outro. Estamos sempre crescendo, mudando e enfrentando novas fronteiras. Todos nós temos vários aspectos, eus parciais conscientes e inconscientes. Sabendo disso, compreendemos que é necessário dar atenção às novas partes de nós mesmos que se deixam conhecer.

Em geral, nossos aspectos negligenciados ou pouco desenvolvidos são primitivos, frustrados e infantis. Como bebês, eles se expressam de maneira ruidosa e exigente, mas não com clareza, porque não dominam a linguagem. Para entender o que precisam, você tem que dedicar tempo e atenção a eles. O bebê tem uma forma de expressar suas necessidades: ele chora. Quando ele chora, sabemos que está precisando de alguma coisa. Mas do quê? Estará cansado, com fome, molhado, doente, com dor, com medo, frustrado? Em geral não sabemos. Nós o pegamos, oferecemos alimento, verificamos a fralda, andamos com ele, experimentamos isto e aquilo, até que ele se acalma. Quando uma criança mais velha chora ou fica perturbada, também não sabemos por quê — e nem ela. Ela pode saber o que quer, mas não necessariamente do que precisa. Nós a chamamos, conversamos com ela, experimentamos isto e aquilo até entender de que ela precisa. Vemos então o que é possível fazer. Pois é assim mesmo que devemos lidar com nossos estados de depressão, tristeza e raiva.

Como adultos com responsabilidades de adultos, nossa tendência é ignorar esses sentimentos, esperando que nosso parceiro faça o mesmo com os dele. Mas quanto mais os ignoramos, mais eles exigem atenção, querendo que os outros se comportem como pai e mãe. A necessidade e sua urgência são verdadeiras. Nosso anseio é no fundo uma manifestação de Deus em nós, pedindo reconhecimento e vida como uma parte necessária de nossa família interior de eus (ver página 242). Ignorado, esse anseio vai ter de pressionar mais, de maneira cada vez mais perturbadora, querendo que os outros se comportem como nosso pai ou mãe — inclusive nosso parceiro e nossos filhos.

Quando ficamos carentes, tristes sem motivo, zangados, ansiosos, sobrecarregados ou com o sentimento de que fomos traídos, é uma boa idéia tratar a nós mesmos como trataríamos nossos filhos. Em vez de ignorar nossas necessidades infantis, esperando que nosso parceiro as resolva por nós, é melhor lhes dedicar logo que possível uma atenção tranqüila e respeitosa. Se de repente você começar a se sentir sem vida, se estiver difícil enfrentar suas tarefas de adulto, preste atenção no seu eu-bebê. Fique com ele no colo até entender quem ele é, que parte de você ele é, do que ele precisa. Se você está devagar, dê a si mesmo um tempo. Se está triste, dê-se um tempo para chorar. Se está zangado, dê-se um tempo para extravasar. Se estiver aborrecido, dê-se um tempo para ficar aborrecido. E quanto antes: assim não vai precisar de tanto tempo. Fazendo isso, você vai começar a compreender seus eus menos conscientes e eles vão criar uma linguagem para lhe dizer mais explicitamente do que precisam.

Todo casamento é em parte uma relação entre adultos e em parte uma relação entre pai e filho. Mas nenhum casamento dura se for apenas pai e filho, pois na verdade não somos pais nem mães um do outro e não podemos os dois ser filhos ao mesmo tempo. Esperar que nosso parceiro entenda e atenda às nossas necessidades infantis (que nós mesmos não entendemos) só faz com que ele também se sinta como uma criança abandonada e sobrecarregada. Quem é sensível ao próprio eu-criança, como foi descrito acima, é capaz de dar a si mesmo o que precisa, não tem tantas expectativas irreais e faz menos exigências descabidas. Casais assim têm expectativas razoáveis um com relação ao outro — na relação pai e filho e na relação entre adultos.

Como temos muitos tipos de subeus, temos muitos tipos de necessidades. Em geral, basta uma pequena mudança de ritmo ou uma atividade diferente. Quem é sensível ao próprio eu-criança é mais sensível aos filhos e ao eu-criança de outros adultos. Pessoas que sabem disso sabem também que precisa haver —

Um Tempo para Buscar Ajuda. Se você e seu parceiro só vivem a relação pai e filho e suas conversas sempre terminam em reivindicações infantis —

"Mas e eu? E quem toma conta de mim? Quando vai ser a minha vez? Por que tudo tem de ser do seu jeito? Uá, uá, uá!" — se não há dois adultos, mas apenas duas crianças no casamento, então é tempo de buscar ajuda. A terapia nos ajuda a alternar os papéis e a agir com justiça — e para alguns casais é o que basta. Mas como nossa relação com o outro nunca é melhor do que nossa relação com nós mesmos, o trabalho analítico individual mais profundo é o que faz a diferença.

A terapia costumava ser um estigma e ainda hoje muitos casais têm vergonha de procurar ajuda. Os problemas conjugais parecem sinal de fracasso e desastre. Mas quem sabe que a vida é uma jornada de despertar espiritual, aceita os próprios problemas como dores do crescimento e encara a possibilidade de procurar ajuda em vários pontos da vida como uma parte extraordinária do processo maravilhosamente misterioso do vir-a-ser. Crianças cujos pais têm essa compreensão são abençoadas. Ninguém pode lhes dizer o que é certo fazer. Cada pessoa e cada casal deve rezar e descobrir seu caminho. Quem sabe disso compreende que é preciso —

Um Tempo de Prece e de Busca Espiritual. Como já escrevi sobre esse tópico neste livro (ver páginas 102-113) e em *Coming to Life* e *Gently Lead*, não há necessidade de dizer muito mais. Mas esta seção não ficaria completa sem pelo menos algumas palavras a esse respeito. De todos os "tempos" mencionados aqui, o tempo reservado para a prece e para a busca espiritual é o mais importante. A saúde e a totalidade do nosso eu e da nossa alma (e do eu e da alma dos nossos filhos) precisam de alimento e inspiração espiritual constantes, assim como o corpo precisa da alimentação e da respiração.

Informações Práticas para Pais Novatos

Foram incluídos aqui alguns critérios para comprar, improvisar, organizar e guardar brinquedos.

Brinquedos e Objetos

Quando se trata de brinquedos, o essencial é saber que comprá-los não é importante. Basta o amor, o amor inteligente. Se você não puder comprar brinquedos, seus filhos podem ter mesmo assim oportunidades de aprendizado. Os melhores brinquedos do mundo não vão nos ajudar em nada, a menos que estejamos presentes, preservando incondicionalmente a atmosfera de amor e compreensão que é vital para todas as crianças.

Não Comprar Brinquedos

Não faz sentido comprar muitos brinquedos para o bebê. Brincar é trabalhar e o bebê tem total motivação para o seu trabalho, que inclui um completo exame sensorial de todas as propriedades de tudo o que ele consegue alcançar. Terminado esse trabalho, o objeto perde o interesse. E isso não leva muito tempo, porque todo bebê é entusiasmado e trabalha depressa. Por isso, prefira dar a ele coisas que já tenha em casa — colheres, potes e copos plásticos. Você pode encher potes de comida de bebê ou garrafas plásticas com água colorida, ervilhas, contas ou botões — enquanto o bebê ainda não consegue tirar as tampas nem quebrar esses objetos e quando não há um irmãozinho mais velho para ajudá-lo.

Nos primeiros meses, antes de o bebê começar a engatinhar, é tudo mais fácil. Nessa fase a criança trabalha com quase tudo que você puser na frente dela: dá tapinhas, bate, pega, larga, põe e tira — muitas e muitas vezes. Depois que ela aprende a andar, as coisas começam a acontecer muito depressa. Logo que você perceber que ela está querendo andar, providencie um circuito para ela. Arrume algumas cadeiras e mesas baixas para que ela vá de uma à outra se segurando. Ponha uma bola numa cadeira, alguns carretéis na outra, um livro mais adiante, um brinquedo de que ela gosta na outra.

Cada vez que comprar um brinquedo, você estará se propondo a arrumar um lugar para ele e a guardá-lo muitas vezes. Embora o interesse pelo brinquedo se esgote em alguns dias, a criança vai continuar a puxá-lo para fora e você vai querer guardá-lo no caso de o interesse voltar ou no caso de o futuro irmãozinho se interessar também pelo brinquedo... por vinte e quatro horas.

Comprar brinquedos é em geral uma fraqueza dos pais. Prestando atenção, descobrimos muitas maneiras de divertir e de educar nossos filhos (de qualquer idade) com coisas que já temos em casa. Crianças gostam de usar coisas "de verdade" porque estão tentando se transformar em pessoas de verdade, que atingem resultados de verdade.

Há certas coisas, como os blocos de madeira, que vale a pena comprar, porque é difícil reproduzir sua beleza e precisão. Mas quando pensar em comprar um brinquedo, veja primeiro se já não tem alguma coisa equivalente em casa. Experimente alguns dos seguintes não-brinquedos.

Para a criança com menos de um ano, experimente um *telefone* de verdade (se você tiver dois) com o botão preso com fita; um *rádio* — as crianças adoram virar os botões, ver o ponteiro se mexer e ouvir o som das estações; uma *caixa de jóias* cheia de coisas seguras, resistentes e que não dê para engolir; a criança vai abrir e fechar a tampa, tirar as coisas para fora, pôr tudo para dentro de novo, examiná-las muitas e muitas vezes; uma *gaveta da cozinha* — separe uma gaveta para ela, cheia de coisas para explorar e diga que é "a gaveta dela".

Para a criança com mais de um ano, experimente uma *velha máquina de escrever mecânica* ou uma *caixa de ferramentas* sem instrumentos cortantes.

Num dia chuvoso, experimente uma *bola de barbante*, um *rolo de papel higiênico* (só uma ou duas vezes) e muito *jornal*.

As professoras do método Montessori são especialistas em arranjar *atividades sem brinquedos*, vantajosas e convidativas, que deixam a criança livre para aprender sem a interferência e a insistência dos adultos. Numa boa sala de aula Montessori, vemos dezenas de crianças realizando as tarefas mais corriqueiras com uma expressão sublime no rosto. Numa bandeja há uma tigela com nozes, uma tigela vazia e uma tenaz. Na outra, também com duas tigelas, há alguns objetos pequenos e uma pinça. Cada atividade explica a si mesma e favorece uma habilidade prática. A arrumação em bandejas ajuda a criar uma sensação de segurança, definição e ordem que não daria para expressar verbalmente. Depois de transferir todas as nozes para a tigela vazia (e vice-versa, muitas vezes), ela recoloca a bandeja na prateleira onde a pegou. (Se não, isso lhe é ensinado em poucas sessões.) A criança realiza sozinha todo o procedimento. Embora não tenham o apelo espalhafatoso dos brinquedos comerciais, essas atividades compensam de longe essa falta com o apelo à inteligência da criança e ao seu amor inato pela descoberta.

Um dos mais belos presentes de Natal que já vi foi um pedaço de pano com quatro botões. Duas crianças, de dois anos e um ano e meio, tinham pregado os botões, ensinadas secretamente pela irmã de onze anos. Há muitas coisinhas que nossos filhos podem aprender com alegria. Cabe a nós não achá-las aborrecidas, difíceis demais para as crianças ou trabalhosas demais para nós. Elas ficam felizes (e nos aborrecem menos) quando podem ficar ao nosso lado fazendo uma versão modificada do que estamos fazendo. Se realmente déssemos atenção a isso, compraríamos poucos brinquedos.

Comprar Brinquedos

Escolher quais brinquedos comprar é muito menos importante do que saber como reagir aos nossos filhos com amor e inteligência. Quando você achar que é hora de comprar um brinquedo, considere o seguinte:

• *Qualidade física*: É resistente e seguro? Será que vai durar tanto quanto o interesse da criança ou o suficiente para compensar o que você está pagando? É um erro fazer com que a preocupação com a segurança vire medo, mas imagine o que o seu filho pode fazer com o brinquedo novo (mordê-lo, cair em cima dele, desmontá-lo) e pergunte-se se é seguro. Às vezes um brinquedinho descartável e barato é a melhor solução.

• *Aparência física*. É bonito? Gosto não se discute, mas o brinquedo é bem desenhado e de aparência harmoniosa? É atraente? Você gosta de olhar para ele? Lembre-se de que ele vai ficar pelo meio da casa por um bom tempo.

• *Tempo de utilidade*. Por quanto tempo a criança vai aproveitá-lo, e quantas vezes?

• *Valor educativo*. O que ele ensina? Vale a pena aprender isso que ele ensina? A criança precisa de um brinquedo para aprender isso ou há alguma maneira melhor?

• *Interesse da criança*. O brinquedo vai ao encontro de alguma necessidade ou interesse que seu filho esteja manifestando agora? No momento errado, até mesmo o brinquedo certo é o brinquedo errado. Para responder às outras perguntas, é preciso examinar o brinquedo, mas, neste caso, basta observar seu filho.

• *Custo*. Analise o preço levando em conta todas as questões acima, o seu orçamento e o espaço de que dispõe. Vale a pena comprá-lo?

Brinquedos que Você Deve Evitar

Muitos brinquedos que parecem valer a pena acabam desapontando. Leve em conta o seguinte:

Maravilhoso, mas chegou tarde demais. Não compre coisas que gostaria de ter visto seis meses antes. Se ele já aprendeu o que essa descoberta ensina, o brinquedo não vai mais interessá-lo.

Maravilhoso, mas transitório demais. Alguns brinquedos bonitos, bem-feitos e educativos, que são ótimos numa pré-escola, em casa são quase inúteis, porque em poucos minutos a criança aprende o que eles ensinam. Pelo menos no início, a criança não está interessada em *ter* brinquedos (a noção de posse é algo que ela adquire), mas no que aprende com eles. Logo que aprende o que o brinquedo tem a ensinar, ela perde o interesse nele. O educador Glenn Doman calcula que um brinquedo feito para crianças de um ano e meio prende o interesse por uns noventa segundos em média.

Brinquedo para entreter. Às vezes os pais procuram alguma coisa que mantenha a criança ocupada para que possam trabalhar. Isso não funciona, pois o motivo equivale a um convite aberto para a criança não deixá-los em paz. Mas se estiver à procura de um "presentão" (geralmente caro) que dure, procure testá-lo antes na casa de um amigo. Pense onde vai guardá-lo e se há um bom lugar para a criança brincar com ele. Digamos que você queira comprar um posto de gasolina ou uma fazenda. É melhor colocá-lo numa mesa, à altura dos olhos da criança, e não no chão: ela vai achar mais interessante. Mas algumas atividades mais simples, como cartões para bordar ou livros de desenho (com coisas simples do tipo "preencha a linha pontilhada") e uma caixa de lápis de cor, vão entreter melhor a criança, ocupar menos espaço e trazer mais benefícios a um custo menor. Pense duas vezes.

Brinquedos redundantes. Digamos que o brinquedo ensine muita coisa e seja durável. Mesmo assim, é possível que a criança possa aprender o que ele ensina com coisas que você já tem em casa — sem custo. Neste caso, economize o dinheiro para algo que não tenha equivalentes.

Marketing direto. Logo que o bebê chegar, você vai começar a receber um número surpreendente de telefonemas e folhetos oferecendo algum tipo de programa para o seu bebê. Eles prometem enviar todos os meses brinquedos pré-testados para cada fase da criança, além de livros e publicações. Algumas publicações são cheias de idéias úteis, mas veja primeiro se as sugestões são compatíveis com a sua filosofia. Evite os que prometem acelerar o aprendizado, pois podem tentá-la a forçar o bebê. Evite publicações que a levem a comparar seu filho com outras crianças. Evite programas que enviem arbitrariamente brinquedos pré-escolhidos, já incluídos na taxa. É muito prático receber coisas pelo correio, mas não deixe que isso cerceie sua liberdade de escolher o que quer ou não quer comprar. Como um bebê é diferente do outro e os pais também não são iguais, esses produtos podem não se aplicar ao seu caso.

Organizar e Guardar Brinquedos

O ambiente físico em que a criança trabalha com seus brinquedos é importante. Por mais seletivos que sejamos, com um ano e meio as crianças já têm um belo estoque. Você vai precisar descobrir um bom jeito de guardá-los, para não enlouquecer olhando para a bagunça ou tentando arrumá-la.

É importante descobrir um jeito fácil de organizar e separar as coisas. Uma mixórdia de brinquedos traduz apenas a vontade de ter, obscurecendo o propósito da brincadeira, que é aprender. Alguma bagunça tem que ser tolerada para que a criança tenha liberdade de aprender, mas o caos costuma tiranizar e não libertar.

As crianças apreciam a ordem; se ela for *razoável e aparente*, elas vão ajudar a mantê-la. Elas gostam de encontrar as coisas sempre no mesmo lugar, gostam de saber para onde elas vão. A ordem torna a vida mais fácil. A única dificuldade é descobrir uma base lógica para agir — não meramente um lugar para cada coisa, mas um lugar sensato para cada coisa.

Em geral, as crianças em idade pré-escolar não conseguem brincar sozinhas durante muito tempo. Assim, é bom ter um lugar para brincar perto de onde você passa a maior parte do tempo. Quando há um lugar só para os brinquedos, fica mais fácil arrumar o quarto, que preserva assim sua santidade de local de refúgio, de paz, de contemplação e de privacidade. Mas é bom guardar no quarto os brinquedos que a criança estiver usando no momento e uma boa seleção de livros.

Seja como for, os brinquedos de crianças pequenas podem ser organizados por categoria: jogos e brinquedos com partes pequenas; brinquedos pequenos e médios; brinquedos grandes; brinquedos grandes especiais.

Jogos e brinquedos com partes pequenas podem ser guardados em caixas ou potes plásticos. Há potes transparentes de todos os tamanhos, que permitem ver o que há dentro. Ao dar um brinquedo com partes pequenas, é bom dar também um desses potes. Os jogos muito usados, como os Legos, podem ficar em caixas empilháveis de plástico, de fácil acesso para a criança.

Brinquedos pequenos e médios, como ioiôs, bolas e lanternas, são tão difíceis de guardar quanto os brinquedos com partes pequenas. Desafiam a organização e caem com facilidade das prateleiras. Caixas rasas de plástico são ótimas "gavetas" para eles e podem ser postas nas prateleiras ou montadas em trilhos sob elas.

Brinquedos grandes, como uma caixa registradora ou um xilofone, podem ter seus lugares certos na prateleira.

Brinquedos grandes especiais, como bonecas e bichos de pelúcia, podem ser separados em categorias e guardados em cestos grandes de plástico ou caixas de papelão (encape com papel *contact* e faça alças de corda). Colocadas no chão sob a estante ficam bonitas e podem ser puxadas como gavetões. É bom ter três caixas: uma para carros e caminhões; uma para roupas e fantasias; uma para bonecas, bichos de pelúcia e fantoches.

Os *baús* só servem para guardar coisas de pouco uso, que ficam guardadas muito tempo. As coisas se perdem no fundo e ninguém se anima a procurá-las.

Prateleiras altas, fixadas na parede, ocupam menos espaço. Além disso, é bom que algumas coisas fiquem fora do alcance da criança, evitando que tudo seja espalhado a qualquer hora. As coisas de maior interesse e que não precisam de supervisão devem ficar ao alcance dela, enquanto as que precisam de você (como tintas e cola) podem ficar mais no alto.

Se os brinquedos são guardados no quarto, é melhor que fiquem no *guarda-roupa* em vez das roupas, pelo menos enquanto estas forem pequenas e não precisarem de cabide. É bom que a criança tenha livre acesso aos seus brinquedos, mas tendo-os à vista o tempo inteiro ela tende a se distrair, passando de um para o outro de maneira superficial e pouco satisfatória. Instale mais prateleiras no guarda-roupa. Assim, ela vai ter acesso aos brinquedos, mas é menos provável que puxe tudo para fora.

Ganchos de pendurar roupas são práticos para pendurar coisas difíceis de organizar em outro lugar, além das roupas que você tirou do guarda-roupa para dar lugar aos brinquedos. Instale cabides que a criança consiga alcançar: um para o pijama, um para o roupão, um para a jaqueta, um para a capa de chuva. Você vai ficar surpresa com a diferença que isso faz no dia-a-dia para vocês dois.

Hora da arrumação. Se você está cansada de catar as coisas, imagine a criança. Para dar uma ordem rápida e para ela perceber que a arrumação pode ser alegre e gratificante, dê a ela uma sacola para pôr "tudo o que está espalhado no chão" ou "tudo o que deve ficar no quarto". Depois faça uma sessão para separar os brinquedos. É como uma caça ao tesouro e a ordem que aparece de repente torna óbvio seu valor. Tendo em mente a idéia de que somos Seres-Que-Vêem, fica mais fácil saber o que esperar da criança e como ajudá-la a restaurar a ordem. O que pode ajudá-la a ver o valor da ordem? Um tempo para demonstrar, um tempo para pôr em prática, um tempo para ajudar, um tempo para não ajudar.

Um Lugar para Trabalhar

Para favorecer o melhor uso dos brinquedos, um bom lugar para trabalhar é tão importante quanto um lugar para guardar as coisas. O primeiro é parcialmente resolvido pelo segundo, pois uma criança pequena só precisa de um pouco de espaço. O único equipamento que pode ser considerado essencial é uma mesa e uma cadeira do tamanho da criança e um banquinho para ela subir.

Um conjunto de mesas e cadeiras, do tamanho da criança, é tão importante quanto a cama. Para ler e trabalhar, a criança pode sentar no cadeirão e usar a mesa dos adultos, mas uma mesa e uma cadeira do seu tamanho são muito mais confortáveis. As atividades duram mais tempo na mesinha do que na mesa grande ou no chão. A criança pode pegar o que deixou cair, trabalhar um pouco de pé, dar a volta e trabalhar do outro lado, ir e vir. Uma superfície limpa, visível e acessível favorece o trabalho, possibilitando mais concentração, independência e liberdade. As mesas resistentes com tampo de plástico, que você encontra em lojas de brinquedos educativos, são ideais, mas qualquer superfície lisa da altura certa funciona. Diminua uma mesa velha. Uma chapa de compensado forrada de fórmica branca é uma excelente mesa/balcão/escrivaninha, que pode crescer com a criança até ela se tornar adulta. Basta aumentar a altura dos cavaletes. Pode também ficar apoiada sobre gaveteiros. O tampo da mesa deve ter no mínimo 50 cm por 75 cm. O mais importante é a proporção entre a altura da mesa e da cadeira. Nos anos de pré-escola, 60 cm é uma boa altura para a mesa. Vinte e cinco centímetros de diferença entre a altura da mesa e da cadeira é o correto. É bom ter cadeiras extras para os coleguinhas.

Um *banquinho* que permita à criança alcançar a pia, o balcão, a bancada e as prateleiras mais altas substitui o braço comprido da mamãe e do papai. Qualquer banquinho resistente serve. Tínhamos uma combinação de banquinho, escadinha de dois degraus e cadeirinha de balanço.

Tipos de Brincadeira

Nos dias frios ou chuvosos, não é preciso comprar um brinquedo novo. Nem é preciso que o tempo melhore. Basta uma mudança de tema, uma mudança de perspectiva, uma nova maneira de levar as coisas, uma mudança de marcha. É só vendo com clareza que descobrimos o que fazer, mas há um tempo de...

Brincar sozinho. Não é para abandonar nosso filho nem para enxotá-lo, mas é importante não se intrometer. Fique à disposição sem interferir. Ajude e anime, mas saiba que você vai ser cada vez menos importante, à medida que ele for crescendo. É essencial tratar nossos filhos e o trabalho deles com respeito, sem interromper desnecessariamente as brincadeiras, assim como não interromperíamos o trabalho de um adulto.

Brincar um do lado do outro. É assim que mais se brinca nos anos pré-escolares. Ele faz seu trabalho, nós fazemos o nosso — sem um interferir no trabalho do outro, mas compartilhando a mesma alegria de trabalhar e aprender. Fazemos companhia um ao outro num ambiente de amor.

Brincar juntos. Fazer alguma coisa juntos — algazarra, desenhos, jogos, comida ou qualquer outra coisa. Geralmente, uma atividade que exige duas pessoas é o que desperta o interesse da criança para os benefícios da cooperação. Seja qual for a brincadeira, faça com que seja caracterizada pela gentileza e pela alegria.

Brincadeira planejada. Para crianças pequenas, é bom ter uma atividade planejada todos os dias e atividades regulares toda semana. Como as crianças pequenas são muito ativas e têm muita sede de aprender, é difícil acompanhá-las o tempo inteiro. A mãe, ou o pai, e a criança ficam sempre cansados um do outro no final de um dia em que não houve um tempo planejado. Um aluno do maternal, cansado de fazer o que tinha vontade, disse que esperava que na nova escola não o deixassem fazer o que bem entendesse.

Um período do dia que é sempre difícil para as crianças pequenas é a primeira parte da manhã. Acordam com muita expectativa, felizes por nos ver, loucas para tocar a vida. Mas às vezes, de tão difícil, desperdiçamos a manhã.

Um pouco de atenção logo cedo é melhor do que muita atenção mais tarde — basta uma pequena ajuda para que ela comece a "trabalhar". Prepare alguma coisa na véspera, depois que ela for para a cama: um projeto, um brinquedo que faz tempo que ela não vê, arrume todos os carrinhos num lugar novo. Leia uma história logo de cara. Depois, vai ser mais fácil ficar cada um para o seu lado. E imagine o que ela pode fazer ao seu lado enquanto você trabalha. Esses cuidados transmitem amor e libertam a todos para um dia mais feliz.

Sair. Por maior que seja a nossa boa vontade, precisamos dar uma saída todos os dias para quebrar a ilusão de que somos prisioneiros um do outro. Quando ficamos em casa muito tempo, a tendência é um ficar girando em torno do outro. Queremos dirigir a vida dos nossos filhos, mas sentimos que são eles que dirigem a nossa. Ao acordar, ficamos felizes ao vê-los, mas na hora de dormir ficamos achando que podíamos ter dado mais de nós. Mas talvez "menos" seja a solução. Sair é ótimo para trocar de tema: paramos de ficar um a favor ou contra o outro e ficamos nós dois no mundo, fazendo descobertas lado a lado.

Quando saímos, a vida tem uma oportunidade de tomar conta de nós, equilibrando a convicção de que nós é que devemos tomar conta dela.

Quando sair, faça com que a criança possa andar um pouco sozinha. Um passeio no carrinho do supermercado ou uma visita à loja de animais pode valer tanto quanto uma visita a um museu, mas evite longos períodos de compras. Além dos passeios ao ar livre, as visitas à livraria são o máximo. Mas evite ficar dando ordens. Na maioria das livrarias, as crianças podem ficar à vontade na seção infantil. Vocês podem ir à sede dos bombeiros, ao aeroporto, podem dar um passeio de pijama antes de ir para a cama. E não deixe que a chuva os prenda em casa. Poucas coisas são mais divertidas do que galochas, guarda-chuva, poças e permissão para brincar na água.

Brincadeiras ativas. Há um momento de deixar subir nas coisas. Como agora você está junto, pode tirar a gradinha de segurança da escada para que ele possa praticar. Dançar. Marchar. Andar como um pato ou como uma minhoca. Ele faz as coisas e você imita. Dentro ou fora de casa, é hora de correr, pular e subir nas coisas. Há um tempo de paz e um tempo de guerras de travesseiro e algazarras.

Brincadeiras tranqüilas. Momentos tranqüilos — a sós ou na companhia um do outro. Há algum conflito ou frustração? Então cada um vai para o seu quarto — não como um castigo, mas para ficarem à vontade, para se acalmarem e para que um esqueça um pouco do outro. Um tempo para ouvir o vento ou para você ouvir o que seu filho tem a dizer. Para olhar pela janela, olhar as estrelas, a rua ou as árvores. Para dar uma volta em torno da casa, ouvindo a música dos insetos, antes da hora de dormir. Para que ele aprenda a rezar, não é preciso lhe ensinar as palavras, mas a ficar quieto e ouvir quando parece que não há ninguém falando.

Livros sobre Brinquedos Feitos em Casa e Brincadeiras

Antes de sair para comprar um brinquedo, considere a possibilidade de comprar um bom livro que ensine a fazer brinquedos em casa e outras atividades. Os livros mais técnicos são mais adequados para os avôs ou amigos entusiasmados, a menos que você tenha prática e habilidade ou alguém que tome conta do seu filho enquanto você aprende a entalhar, serrar e pregar. Mas os livros sobre atividades e brinquedos mais improvisados trazem idéias já testadas que podem ser postas em prática a qualquer momento. Um livro assim vale por dezenas de brinquedos e custa a metade do preço.

4

Liberdade

Lá em casa, nunca houve choradeira por causa de balões estourados porque nossos filhos os soltavam imediatamente, para vê-los subir. Como pais, custamos um pouco a nos acostumar com isso. Lamentávamos secretamente o "desperdício" de dinheiro, mas as crianças se maravilhavam com a liberdade dos balões que subiam ao céu. Depois de algum tempo, elas aprenderam a segurar os balões por mais tempo e com mais força. Assim, as crianças estão aprendendo a segurar enquanto nós estamos aprendendo a soltar.

um pai

E conhecereis a verdade, e a verdade vos libertará.

João 8-32

O desejo de liberdade é universal. Desde o começo, sempre que sentimos uma limitação queremos superá-la. O recém-nascido, que nem consegue firmar a cabeça, é completamente dependente de seus pais. À medida que aprende a se alimentar, a andar e a subir, ele se liberta cada vez mais das próprias limitações e da dependência com relação aos pais. Quanto maior a liberdade, maior sua consciência da liberdade. Vemos que ele deseja a liberdade e se alegra com ela. Em nenhum outro período da vida humana a liberdade cresce tão depressa quanto nos primeiros três anos. Por quê? Como favorecer essa busca pela liberdade? Será que com essa busca dos nossos filhos podemos aprender alguma coisa que nos liberte — para uma vida mais plena?

Falsa Liberdade

Para o Eu S.A., há duas maneiras de participar da realidade: tendo e fazendo. Para nós, a liberdade é uma questão de querer (ou não) e de ter vontade (ou não). Queremos liberdade para fazer o que bem entendemos. Procuramos nos libertar das expectativas dos outros. Invejamos aqueles que julgamos livres para fazer o que bem entendem. Tempo livre é tempo para nós mesmos, tempo de folga, tempo para relaxar à vontade. É, de certa forma, estar acima da lei. Que lei? Lei de quem? A lei dos outros. Por outro lado, esperamos que os outros nos libertem correspondendo às nossas expectativas. Equacionamos liberdade com uma posição de poder sobre os outros. Assim, aparentemente, liberdade significa estar acima da lei ou ter poder para impô-la aos outros.

Livre para Ser Eu

Sentimos que liberdade envolve prazer e ordem. Mas há um conflito entre esses aspectos da liberdade que resulta em pouco prazer (a menos que seja à custa da ordem) e pouca ordem (a menos que seja à custa do prazer). A liberdade como prazer resulta apenas numa auto-indulgência irritante, dominadora, caótica. Então, tentamos priorizar, ordenar: procuramos fazer depressa o que se espera de nós porque assim ficaremos livres para fazer o que nos agrada. Mas começa uma rebelião interior. Quanto mais tentamos, mais alguma coisa em nós resiste. Quanto mais sucesso temos, mais amarrados, ansiosos, tristes e *presos* ficamos.

Livre para Ser Eu e Você

Muitas famílias têm dificuldade para manter a liberdade sem abuso nem caos, a ordem sem tirania nem conflito. É um conflito constante: fazer o que temos vontade ou fazer o que os outros acham que devemos fazer. Além disso, membros da família brigam porque este ou aquele está fazendo o que quer. A liberdade parece se dar à custa do resto. O prazer de um causa uma devastação na ordem dos outros, a ordem de um interfere no prazer do outro.

Quando a liberdade é identificada com prazer fora da lei, bons pais são os que deixam os filhos fazer o que querem. Se a liberdade é identificada com imposição da ordem, então bons pais são os que vivem dizendo a seus filhos o que fazer. De qualquer forma, pais e filhos se sentem tiranizados — pelo caos ou pelo conflito, e pela convicção de que a ordem depende de nós ou nos é imposta.

> *Pai*: Você me tiraniza fazendo com que eu o tiranize porque você não faz o que deve fazer. Se você fizesse logo o que eu digo, eu não precisaria ficar mandando.
>
> *Filho*: Isso parece meio esquisito.
>
> *Pai*: Acho que você tem razão.

Os pais que equacionam liberdade com prazer tendem a ser superprotetores, invasivos e medrosos — ou então superindulgentes. No primeiro caso, a criança pode ficar com medo de experimentar coisas novas, ou pode se tornar descuidada e inquieta, propensa a se machucar. Seja como for, não é livre. No segundo caso, ela se torna exigente e auto-indulgente. Guiando-se pelo critério da vontade própria, ela fica confinada, por seus sentimentos, a um mundo estreito em que há pouca liberdade. A liberdade de realizar seu potencial e de participar de um mundo cada vez mais amplo fica prejudicada. Ela está sempre entediada, sempre precisando que alguém a distraia. Não tem idéia do que gostaria de fazer, só uma longa lista de coisas que não tem vontade de fazer ou de que tem medo.

Os pais que identificam liberdade com ordem costumam ser severos demais, exigentes e mandões. Queremos que nossos filhos façam primeiro suas obrigações, para que depois fiquem livres para fazer o que gostam. São sensatos esses argumentos, mas não impressionam a criança. Ensinando-a a ser disciplinada, nossa meta é fazer com que ela seja livre para ser tudo o que pode ser. Mas, no momento, ela só sente que você está mandando nela. Assim, aprende que liberdade é exercer poder sobre os outros, o que significa também que ela não deve fazer o que os outros mandam. Ouvi uma mãe desesperada dizer ao filho: "Quando eu peço para você ir depressa, é como se pedisse para tirar uma soneca." As crianças nunca fazem o que deveriam fazer, mas às vezes tentam e não conseguem ou conseguem mas ficam infelizes e irritantes. Ficam bravas ou se sentem culpadas, são cruéis ou covardes, sentem-se derrotadas ou cansadas de tanto tentar. Mas não são livres.

Eu Quero, Logo Eu Sou

Em todas essas abordagens, a liberdade é equiparada ao exercício da força de vontade pessoal num universo caótico ou conflitante. Egoísta ou altruísta, severo ou permissivo, individual ou coletivo, o pressuposto básico é: sendo a vida uma situação caótica, a liberdade depende do exercício da vontade humana e da imposição da ordem sobre outros seres humanos, especialmente os membros da família. Não vemos — mas sentimos — que conquistar a liberdade por meio do exercício da vontade é uma idéia tirânica e geradora do caos. A busca frustrada da liberdade pressupõe sempre uma idéia subliminar de força de vontade pessoal, uma noção errada de quem somos e de onde estamos: um corpo entre corpos, uma força de vontade entre forças de vontade — o Eu S.A. A idéia de que cada um de nós é um corpo entre corpos aponta para uma vida fora da lei, que é estreita, caótica e auto-indulgente, sempre em busca do prazer (ter ou não vontade). A idéia de que somos pessoas entre pessoas, vontades encarnadas entre vontades encarnadas, leva à luta pelo poder (querer ou não).

Deixe a Liberdade Falar Mais Alto

A menina custava muito para dormir. Quando tinha dez anos, começou a ligar o rádio à noite — o que era contra as regras. Como raramente quebrava as regras, era com medo que o fazia, deixando bem baixinho o volume do rádio. Só conseguia ouvir colando o ouvido ao alto-falante. Quando a estação saía do ar e tocava o Hino Nacional, ela saía da cama, tremendo e com sono, e ficava obedientemente em pé enquanto o hino tocava. Com o volume tão baixo, ela não conseguia ouvir, e tinha que ficar se abaixando para saber se já tinha terminado.

Conheci uma moça, filha de pais abastados, que tinha fugido de casa. Dirigia um táxi em Nova York e vivia em Greenwich Village, na maior pobreza. Dizia que queria ser livre. Consegui fazer com que ela entendesse que não era livre, que estava tentando ser independente, o que significava que ainda era dependente, pois lutava contra os pais dirigindo o táxi e vivendo na pobreza. Isso não é liberdade, é uma luta pela independência, o que é um estado de dependência.

Thomas Hora, *Existential Metapsychiatry*

A Criança como Modelo de Liberdade

Jesus disse: "Em verdade vos digo que, se não vos converterdes e não vos fizerdes como meninos, de modo algum entrareis no reino dos céus."

Mateus 18:3

Jesus não disse que as crianças vão para o céu, mas que em seu modo de ser há alguma coisa que pode nos libertar para entrar no céu. O que será? As crianças são livres? De certa forma não, mas de certa forma sim.

Na superfície, nada é menos livre do que um bebê. Ele parece ser uma criaturinha tirânica, voltada para si mesma e para o corpo, indefesa, fraca, dependente dos outros para tudo. Mas, em poucos anos, ele conquista tanta liberdade que nos surpreende. De uma coisinha fraca, quase cega, prisioneira da dor e do prazer, ignorante, sem compreensão, ineficaz, incapaz de falar, ele se transforma numa maravilha que corre, dança, canta, conversa, pergunta, compreende.

E por falar em caos! O que é mais caótico do que a louca mistura de sensações sem sentido que bombardeiam o recém-nascido? Mas, num tempo inacreditavelmente curto, ele descobre a ordem e o significado, e aprende a se orientar de tal forma que consegue se movimentar livremente, com considerável domínio sobre a própria experiência. Ainda há muita coisa que ele não consegue fazer, ainda depende dos outros, ainda nem entrou na escola, mas sua capacidade de se tornar livre nos deixa perplexos. É inevitável que comece a viver o conflito entre o que o Eu S.A. quer e o que o mundo de outros Eus S.A. parece exigir. Mesmo assim, ao superar uma limitação depois da outra com incrível velocidade, ele dá surpreendentes demonstrações de como se dá a liberdade.

Qual é o segredo da criança? É um segredo que vem dela mesma. Na verdade, é o segredo dela. Ela não tem o segredo da liberdade, mas o manifesta. Como um mensageiro com um envelope fechado, ela nos entrega a mensagem da liberdade.

> *In inexperienced infancy*
> *Many a sweet mistake doth lie:*
> *Mistake, though false, intending true;*
> *A seeming somewhat more than view,*
> > *That doth instruct the mind*
> > *In things that lie behind*
> *And many secrets to us show*
> *Which afterwards we come to know.*
> > — Thomas Traherne, de "Shadows in the Water", em *Poems of Felicity*

> [Na infância inexperiente
> Há um erro encantador:
> Embora falso, pretende a verdade;
> Mais do que visão, uma coisa aparente,
> > Que instrui a mente
> > Em coisas ocultas
> E nos mostra segredos
> Que depois chegaremos a conhecer.]

Ao contrário das crianças, parece que nos falta disponibilidade para nos tornar livres. Mas temos uma coisa que falta a elas: a autoconsciência, ou seja, a consciência do eu e do outro. Além da pureza e da inocência, é admirável nas crianças pequenas a despreocupação com respeito ao que os outros pensam ou querem delas. Na primeira infância, caracterizada pela ausência da consciência de si mesmo, elas mostram a pureza, a inocência e a *liberdade* que tanto admiramos.

Será que há alguma ligação entre essa incrível falta de autoconsciência e a incrível liberdade para ser cada vez mais livre? Se observar um grupo de crianças pequenas brincando, você vai perceber que a mais livre de todas é a que tem menos consciência de si mesma. Essa liberdade para ser cada vez mais livre vem da capacidade de descobrir o que a vida pode ensinar, uma capacidade diretamente proporcional à falta de preocupação com o eu em relação aos outros. Ela não fica se preocupando com o que os outros pensam dela, mas está totalmente voltada para o que está fazendo. Sua atenção não se divide entre o que está fazendo e o que os outros podem pensar. Seu eu não está dividido entre o que deseja e o que teme. E o que ela está fazendo? Está descobrindo leis ocultas e sua unidade com elas. Diante dessa atenção não dividida, que lhe permite ver *o que é*, *isso que é* vem a ela e lhe traz mais liberdade. O tremendo esforço que ela faz não é um ato de vontade, mas de paixão.

Zen e a Arte de Jogar Beisebol

Maravilhado, o pai disse: "Onde foi que ele aprendeu a jogar a bola tão longe? Não fui eu que ensinei! Quando foi? Eu não vi! Como ele fez isso? Na nossa família, ninguém se interessa por beisebol."

Essas coisas, que o pai via como desvantagens, poderiam ter sido um obstáculo. Mas, jogando bola, o menino tinha percebido em algum momento a possibilidade da liberdade. Pode ser que tenha observado alguém jogar. Pode ser que, sem querer, tenha feito um bom arremesso e se surpreendido. De qualquer forma, encontrou a liberdade, que agora é uma possibilidade em sua consciência. Inconsciente de si mesmo (não dividido), ele conseguiu dedicar atenção total à possibilidade que tinha detectado. Por esse desejo de liberdade (e do senso de possibilidade), certas leis tiveram a oportunidade de ganhar poder sobre ele. Atirando-se a uma possibilidade consciente, rendeu-se a ela. Através de sua consciência receptiva e devotada, a própria força do ser organizou, energizou, utilizou e coordenou tudo, expressando-se em forma de liberdade para deixar a bola voar.

Ele deve ter praticado horas a fio, embalado pela vontade de ver o que era possível. Certo de que tudo o que imaginava era possível, ele foi em frente. Às vezes a bola não ia longe, mas ele não inferia daí que lhe faltava poder. Às vezes a bola saía sem direção, mas ele não inferia daí que a meta era inviável ou que não existe uma ordem em que confiar. A dificuldade só indicava que ele ainda não tinha pegado o jeito. O que parecia caótico lhe sugeria que ainda não tinha percebido direito a ordem e sua unidade com ela.

Às vezes o ombro doía, mas a dor se transformou num guia, levando-o a se sintonizar melhor com a força oculta de que ele nunca duvidou. Sempre buscando *o que é* e *o que não é*, com tudo aprendia, até que conseguiu arremessar a bola — com precisão e incrível facilidade. Ele não ficou orgulhoso, mas emocionado; não se sentiu vitorioso, mas agradecido; não se sentiu poderoso, mas confiante; e ficou mais livre ainda.

Não era uma questão de dominar a bola. Pelo contrário: através de sua consciência sem autoconsciência, concentrada na paixão, as leis invisíveis da física o dominaram. Pela submissão às leis invisíveis, ele descobriu aquilo que, com tanta alegria, experimentou como liberdade.

O Eu S.A. sabe que a liberdade está relacionada com a lei e com a ordem, mas acredita que a ordem depende da força de vontade. Mas as crianças revelam o contrário: conquistamos a liberdade quando descobrimos nossa unidade com a ordem existente e nos sintonizamos conscientemente a ela. O Eu S.A. sabe que a liberdade está relacionada ao prazer, mas acha que prazer significa sentir-se bem e estar acima da lei. A criança espontânea nos mostra que esse prazer é, na verdade, um subproduto da obediência à lei.

Obedecendo às leis ocultas da física, ficamos mais livres para manejar criativamente uma bicicleta — sem as mãos, de ponta-cabeça, com uma roda só, qualquer coisa imaginável — com um mínimo de esforço. Para o Eu S.A. esses feitos parecem ser resultado do poder. Como, em geral, não atribuímos a falta de liberdade à ignorância, não esperamos conquistar a liberdade através da consciência espiritual. Mas o menino com a bola nos mostra que somos Seres-Que-Vêem e que ver é ser, que aquilo que conseguimos ver de verdade conseguimos ser. Ele nos mostra que a vida é, em sua essência, ordenada; que é inteligente e também inteligível. Ele mostra que, em qualquer empreendimento, a liberdade máxima depende da obediência máxima às leis fundamentais do ser. Obediência significa unidade. Unidade com a inteligência fundamental é consciência. Assim, ele nos mostra que *ver é se libertar*.

E conhecereis a verdade, e a verdade vos libertará.

João 8:32

Pais como Agentes de Libertação

"Não fui eu que ensinei." "Na nossa família ninguém se interessa por beisebol." Não devemos concluir daí que criar um filho livre é deixá-lo abandonado à própria sorte. Na verdade, crianças relativamente negligenciadas parecem se desenvolver melhor do que as que têm pais que "investem demais" e cuja atenção dominadora as torna inibidas e as desvia da exploração natural do eu e do universo. Mas melhor ainda são os pais que dão exemplos da ordem fundamental da vida, reconhecem-na, confiam nela e fazem o possível para facilitar a consciência dessa ordem.

(1) *Pais Livres* perguntam em qualquer situação: *O que a vida está me mostrando? O que está acontecendo aqui? O que posso aprender com isso?* Sabendo que o único obstáculo para a liberdade são nossas idéias limitadas e limitantes (e não as expectativas dos outros ou as circunstâncias externas), reforçamos uma noção inata dos nossos filhos: ver é se libertar. Assim, eles não ficam escravizados à idéia de que precisam lutar contra as limitações "externas". Procurando descobrir qual é a ordem natural do dia, em vez de impor a eles a nossa ordem, reforçamos outra certeza que nossos filhos têm naturalmente: seus únicos impedimentos são os limites de sua própria compreensão.

(2) *Pais que Fazem do Filho uma Criança Livre.* A liberdade da criança depende da confiança que ela tem no fato de que é uma pessoa de valor e na idéia de que a vida é um sistema inteligível e ordenado. Sabendo que ver é ser, queremos que nossos filhos consigam ver por si mesmos. Sabendo que a vida é cheia de significado, confiamos nossos filhos a ela, certos de que ela vai ensiná-los com bondade.

Os pais que libertam os filhos são acima de tudo pais que vêem. Como pais que vêem, não consideramos nossos filhos (ou nós mesmos) em termos de virtudes e defeitos, mas em termos do que é verdadeiro e do que não é. Assim, estamos continuamente libertando nossos filhos em vez de prendê-los (ou nós mesmos) aos grilhões da culpa, da vergonha e da censura.

(3) *Pais que Pavimentam o Caminho para a Liberdade.* Compreendendo que a base da liberdade é a ordem inteligente, fundamental, ficamos livres da confusa dicotomia severidade *versus* permissividade e abuso *versus* liberdade. Quando somos guiados pela consciência da *idéia* que está sendo expressa e daquilo que a criança está pronta para *ver*, percebemos quando as repreensões garantem a segurança e não fomentam a tirania ou a dependência, e quando a atitude de "deixar" favorece a confiança e o aprendizado e não a insegurança e a auto-indulgência.

(4) *Pais que Preparam e Mantêm o Ambiente que Liberta.* A substância da liberdade é a ordem. A ordem abre caminho para a criança livre. A ordem inteligente e libertadora se manifesta na administração da casa e do tempo e nas prioridades estabelecidas. (Ver páginas 166 e 206.)

Quando seus filhos eram pequenos, a ilustradora Cyndy Szekeres comprou um chiqueirinho — para ela mesma! Trabalhava no chiqueirinho, protegendo assim seu trabalho e deixando as crianças livres para o trabalho mais ativo. É uma solução que não serve para todo mundo — mas a idéia básica faz sentido.

(5) *Pais como Guias e Companheiros na Busca*. Como pais libertadores, nós não procuramos ficar em evidência, mas nos ajustar à disposição da criança. Em geral perguntamos antes de informar e, depois, preferimos mostrar em vez de falar. O valor essencial da instrução é despertar a criança para uma possibilidade (e não a dependência com relação a pais superiores). O valor das regras é ajudar a criança a encontrar uma nova liberdade ou a proteger a que já existe. Nós e nossos filhos somos companheiros na busca pela liberdade. Considerando com atenção o que é realmente libertador para a criança, compreendemos melhor a liberdade.

(6) *Pais como Provedores de Oportunidades de Libertação*. As atividades têm valor na medida em que estimulam, na criança, a consciência da liberdade e o potencial para ser livre. A criança se interessa por uma atividade quando percebe que alguma ordem será revelada e a libertará, ou que alguma liberdade será atingida, ajudando-a a descobrir a ordem subjacente. Animais, brinquedos, veículos, árvores, atividades dentro e fora de casa — é possível se relacionar com tudo isso tendo em mente a liberdade.

Reflexão Adicional: A Liberdade de Ser Individual

Tudo o que foi dito deixa implícita uma idéia importante, que vale a pena reforçar: para a criança, a liberdade mais importante é a de descobrir e de ser seu eu particular e individual. Como psicoterapeuta, conheci adultos que se desesperam quando percebem que passaram a vida tentando ser o que os pais queriam que fossem, na esperança de finalmente conquistar a bênção paterna — que afinal era um direito nato.

Os pais dessas pessoas já morreram há muito tempo, mas sua voz cheia de censura ainda ressoa dentro delas. Essa voz diz que elas não fazem nada que preste, que deveriam ter se esforçado mais, que deveriam ser diferentes. Bem-sucedidas como "falsos eus", como diz Winnicott, sentem-se no entanto vazias, não realizadas, mortas por dentro ou com a sensação de que faltava alguma coisa. E faltava mesmo. Faltava o "verdadeiro eu", ou pelo menos aspectos dele. Chorando, essas pessoas falavam de paixões e interesses que resplandeceram e morreram na infância, extintos pela pressão, pela censura ou pela indiferença dos pais.

Digo sempre a essas pessoas que o que está morto ou está morrendo é apenas o falso eu, pois o verdadeiro está tentando vir à tona. Em geral, os pais dessas pessoas também sofreram por causa de um eu falso e tentaram viver por intermédio dos filhos, transformando-os naquilo que os pais deles queriam, mas que sentiam que não tinham conseguido ser. Para curar e trazer à vida a verdadeira "criança interior", é preciso curar os críticos "pais interiores". É um longo trabalho. É preciso encontrar novos pais interiores para então aceitar, encorajar e libertar o verdadeiro e único filho de Deus.

Para poupar aos nossos filhos uma jornada tão dolorosa e cheia de desvios, há duas coisas importantes a fazer. A primeira é aprender a lidar com nossos filhos subjetivos, pois só assim vamos conseguir lidar com os filhos objetivos — aprender a ouvir as vozes do eu interior, impertinente e negligenciado. A segunda é ter confiança na fonte divina de nossos filhos, que transparece nas paixões que eles têm. Cada eu, intrinsecamente pleno, valioso e singular, é criado e guiado por Deus. Cada caminho procura trazer o eu à sua plenitude única.

Em vez de querer transformar os filhos, temos de abrir caminho para o que eles são por natureza. É nisso que devemos nos concentrar. Hoje, vendo meus filhos crescidos, penso em nossos anos juntos e percebo que uma das minhas maiores alegrias como mãe foi ver sua singularidade emergir. Vejo que o que eles tinham, têm e terão de melhor já estava lá desde o começo.

Um Modelo para os Pais Libertadores

Os pais libertadores são como o maestro de uma orquestra. À primeira vista, parece que é o maestro quem cria a música, dizendo a todos o que fazer. Mas um bom maestro não se limita a dizer aos músicos o que fazer; ele ajuda cada um deles a ouvir a música. Assim, sua principal função não é dizer, mas ouvir. Mesmo com o som alto da orquestra, interiormente ele ouve a música. Em vez de comandar, ele obedece. Conduz sendo conduzido. Ouvindo, sentindo e se perdendo na música, ele descobre como ajudar os outros a ouvi-la e a expressá-la. Ele sabe que a música não é feita por pessoas que tocam instrumentos, mas pela música que toca as pessoas. Ele procura levar sua orquestra à consciência do que seja a música. Para isso, ele obedece à música e respeita os músicos como instrumentos musicais. E procura se anular, para que não haja nada entre a música e seus instrumentos, a consciência dos músicos. Ele sabe que a música faz a música.

Essa filosofia é bem demonstrada por Isaac Stern no filme *From Mao to Mozart*. Esse filme conta a história de músicos chineses, que por muitos anos foram proibidos de ter contato com a música ocidental. Sabiam tocar as notas escritas, mas o resultado não era música. Não conseguiam expressar o que não sentiam interiormente. O trabalho de Stern com os alunos adultos é um modelo para os pais. Ele é severo ou permissivo? Elogia demais ou critica o tempo inteiro? É gentil ou duro demais? A cada momento, ele reage de uma maneira diferente. Nunca é condescendente e está sintonizado com a música e com o que o aluno está preparado para ouvir.

Diante de uma grande audiência, uma aluna começa a tocar. Mas ele a interrompe depois de alguns momentos. *Ficamos indignados, achando que ele está humilhando a aluna.* Mas a interrupção não é pessoal, é musical. Recusando-se a deixar a aluna tocar sem musicalidade, ele demonstra confiança em sua capacidade de tocar musicalmente. Há um intérprete por perto, pronto para traduzir o que ele diz, mas ele prefere falar a linguagem universal da música tocando ele mesmo a passagem — que se torna bela e viva, e não apenas bem tocada. *Nesse momento entendemos*, e a aluna também. Depois, ele pede que outra aluna cante o que acabou de tocar. Ela canta expressivamente e ele diz: "Muito bem. Quando canta, você ouve a música. É assim que se toca o violino. Ouvimos a música e depois descobrimos um jeito de fazer o violino reproduzi-la." Tudo o que ele faz ajuda o aluno a ouvir e a sentir a música.

Para as crianças pequenas ele nada diz: limita-se a ouvir com evidente satisfação. Crescendo com a música ocidental, as crianças conseguem ouvi-la e senti-la. Os professores vão lhes ensinar a técnica. A música está lhes ensinando música, que cada qual tocará à sua maneira. Por isso, Stern fica em silêncio. Um bom maestro rege sendo regido pela música. Pais capazes de demonstrar inteligência e amor são regidos pelo amor-inteligência.

Segundo a tradição oriental, o verdadeiro mestre encarna a verdade para o discípulo e a transmite diretamente, como uma vela acesa acende outra vela. Ele representa a realidade que está presente no discípulo mas que ainda não se expressou totalmente, com o propósito de ajudar o discípulo a perceber, como se diz na Índia, o eterno Guru e Professor que existe em si mesmo. Quando consegue, não há mais necessidade de um Mestre e mediador externo. Em suma, o objetivo do Mestre é provar que ele mesmo é supérfluo, pois aquilo que ele é essencialmente, o discípulo também é.

Hugh l'Anson Fausset, *The Flame and the Light*

Livre para Partir

... subirão com asas como águias; correrão, e não se cansarão; caminharão, e não se fatigarão.

Isaías 40:31

"Whither, oh whither, oh whither so high?"
"To sweep the cobwebs from the sky."

Canção infantil

["Por que, mas por que tão alto?"
"Para varrer as teias de aranha do céu."]

Sendo as crianças tão ativas, como aplicar a idéia de que ver liberta? Quando nossos filhos são pequenos, seus limites mais óbvios são físicos. São as primeiras limitações que eles percebem, na tentativa de superar todas elas: querem ficar em pé, depois ir mais alto, mais depressa, mais longe. Detectando a motivação espiritual da atividade física dos nossos filhos, conseguimos favorecer seu crescimento em vez de obstruí-lo.

No início os motivos das crianças são puros. Não é para competir que sobem nas coisas, nem para treinar, nem para nos deixar de cabelo branco, nem para derrubar nossa luminária favorita. Elas sobem para ver, elas precisam ver para ser livres. Esse é o motivo principal de tanta atividade — até que passem a ter outros motivos.

Como já vimos, tendemos a usar nossos filhos para nos dar satisfação e para atender à nossa ambição. Precisamos ficar atentos a essas tentações, para não atrapalhar o progresso deles em direção à liberdade. Para agir a favor da liberdade e não contra ela, precisamos identificar e abandonar a tendência a usá-los, e à sua atividade, para fins egoístas, e ver sua atividade à luz da idéia de que ver é libertar.

Segurança e Liberdade: Pais como Obstáculos ao Progresso

"Mother, may I go out to swim?"
"Yes, my darling daughter.
Just hang your clothes on a hickory limb,
But don't go near the water."

Canção infantil

["Mãe, posso sair para nadar?"
"Sim, minha filha querida:
Pendure as roupas na árvore,
Mas não chegue perto da água."]

A tendência para usar nossos filhos para o nosso prazer coloca obstáculos no caminho de sua liberdade. Com relação à atividade física, isso transparece nas idéias de coragem/medo ("Não seja covarde!"/ "Você vai cair!"), prazer/dor ("Vai ser ruim/gostoso"), agrado/desagrado ("Você não quer que seu pai tenha orgulho de você?"), querer/não querer ("Ele não *quer* andar, acho que você deveria pegá-lo no colo.") doença/saúde ("Assim você vai ficar doente").

Essas atitudes com relação à atividade física dos filhos podem praticamente paralisá-los em sua busca pela liberdade. Alguns pais inibem os filhos porque têm muito medo de que se machuquem. Outros pressionam os filhos a se exercitar, a competir e "a ter espírito esportivo". Qualquer extremo pode prejudicar a liberdade e a alegria da brincadeira. Pais que se preocupam mais com aspectos psicológicos têm medo de que os filhos fiquem "magoados". Não é necessário nem possível considerar todas as variações. Mas há uma questão que merece nossa atenção: a segurança com relação à liberdade.

Os pais, principalmente os novatos, preocupam-se quando os filhos começam a correr e a subir nas coisas. Os pais de filhos mais velhos enfrentam a mesma tentação quando seus filhos começam a dirigir o carro, sair sozinhos e viver novos desafios.

Se são agentes de libertação, como podem os pais preservar a segurança do filho? É preciso tomar cuidado ao mandar tomar cuidado. Quase contra a nossa vontade, essa advertência domina nosso vocabulário. Uma vez, nossos filhos foram para a Holanda visitar alguns parentes. Quando voltaram, não tinham aprendido a falar muita coisa em holandês, mas sabiam dizer *cuidado* de várias maneiras.

Até certo ponto, é inevitável. A criança está prestes a cair da cama, está em pé no cadeirão, está balançando distraída no topo da escada do escorregador: nesses momentos é preciso adverti-la. Mas alguns pais têm tanto medo que transformam seus filhos em prisioneiros. Já vi crianças com mais de dois anos sentadas no carrinho *perto* do tanque de areia *olhando* a brincadeira das outras! Outros deixam os filhos brincar, mas têm tanto medo de perigos reais e imaginários que ficam gritando: "Você quer se matar? Se cair a culpa é sua! Eu avisei para tomar cuidado!"

Essas crianças correm o risco de ficar estouvadas e desajeitadas, tímidas e hipocondríacas ou apáticas, o que é ainda pior. É bom que fiquem a salvo do perigo, mas não *cheias de cautela*! Como resguardar a segurança sem minar a confiança e a liberdade?

Quando conseguimos ver nossos filhos como Seres-Que-Vêem, compreendemos melhor seu impulso para a liberdade e aprendemos a confiá-los à vida, preservando ao mesmo tempo a segurança deles. O bebê que engatinha para a lareira não está querendo se destruir. Está interessado em aprender. Quando souber o que significa *quente* e que o fogo é quente, ele não vai mais engatinhar para a lareira. *"Ai! Está quente! Ai! Não é para mexer!"* Em geral é o que basta. Precisamos protegê-lo de sua ignorância sem amarrá-lo na cadeira.

Conheci um rapaz que cresceu perto de um penhasco. Um dia, ele me contou como os pais dele tinham resolvido esse problema: "Logo que nos mudamos para lá, eles nos levaram para a beira do penhasco e jogaram um melão lá de cima. Vimos o melão se esborrachar e nunca mais fomos lá perto." Quando meus filhos eram pequenos, íamos sempre para o campo, num lugar em que havia um paredão de pedra. Na primeira vez, eles correram para o paredão e começaram a escalá-lo. Fiquei petrificada. Percebi que *eles sabiam o que estavam fazendo*, mas eu não conseguia olhar. Então virei para o outro lado e rezei para *subirem com asas como águias*. Ficaram muito arranhados, mas não caíram do paredão. Há um tempo para proteger e proibir, e um tempo para rezar e soltar.

Não se trata de negligência nem de descaso, mas de ajudar nossos filhos a não ligarem muito para a dor. É durante o processo de aprendizado que eles mais se machucam e, em geral, o que mais dói é a interrupção do processo. As crianças ficam felizes quando a dor passa porque aí podem continuar a aprender. Sem despertar o medo nem a autopiedade, podemos confortar nossos filhos e depois ajudá-los a esquecer a dor e a continuar brincando. O melhor remédio é dar um abraço e mudar rapidamente de assunto.

Conheço uma família em que os pequenos machucados são chamados de infortúnios menores. Quando as crianças choram, os pais as examinam rapidamente e lhes dão um abraço generoso, perguntando: "Você teve um pequeno infortúnio?" A criança acha essa idéia muito mais fascinante do que a idéia de machucado. E volta a brincar, dizendo: "É, tive um pequeno infortúnio com a escada!"

Pois que tão encarecidamente me amou, também eu o livrarei;
pô-lo-ei num alto retiro, porque conheceu o meu nome.
Ele me invocará, e eu lhe responderei;
estarei com ele na angústia, livrá-lo-ei, e o glorificarei.

Salmos 91:14-15

As experiências, ruins ou boas, são nossos mestres. Todas elas podem ser libertadoras. *As experiências positivas aprofundam nossa consciência da ordem fundamental do ser, mas as negativas nos mostram que não estamos em sintonia com essa ordem fundamental.* Assim, ao proteger nossos filhos do mal, é melhor não ficar entre eles e as experiências negativas que decerto podem lhes ensinar alguma coisa. Os pais libertadores perguntam: O que meu filho está querendo ver? O que ele está preparado para ver? O que vai ajudá-lo agora? O que esta experiência vai lhe mostrar? Há algum perigo sério? É libertador deixar que as crianças enfrentem certas coisas, mesmo que se atrapalhem. (Ver páginas 201-202).

O Menino e a Esponja

Depois de limpar o chão noventa e três vezes, ela gritou: "Cuidado! Por que não presta atenção no que faz?" E depois: "Eu já disse para *não chorar!*" Tinha tanto veneno na voz que o choro ficou ainda mais forte. Nervoso, ele derrubava as coisas cada vez com mais freqüência e ela tinha dores de cabeça de tanto reprimir a fúria e a culpa desmedida.

Um dia, ela visitou uma escola Montessori e pela primeira vez viu crianças usando esponjas para limpar o que tinham sujado. As crianças aprendiam a umedecer e a apertar a espoja, limpavam o que tinha caído com leves movimentos circulares, depois apertavam a esponja para limpar de novo. Uma tarefa difícil? Não, uma liberdade. Experimentou fazer a mesma coisa em casa. "Ele tinha derrubado a tinta pela quarta vez em meia hora. Fiquei contrariada e ele me olhava preocupado porque sabia que eu estava aborrecida. Pensei em guardar a tinta só para evitar outro acidente. Mas então eu me lembrei da esponja. Dei uma esponja a ele e disse: 'Que tal limpar você mesmo desta vez?' Ele olhou como se eu tivesse lhe dado um presente. Estava aliviado. E disse: 'Mamãe, eu te amo!' Não sabia se ficava triste ou alegre — é tão fácil, mas quase nunca nos ocorre o que fazer. Agora, sempre que pretende fazer alguma coisa que pode sujar o chão, ele vai buscar a esponja. Ainda precisa da minha ajuda, mas está aprendendo."

Liberdade e Competição: Pais como Fatores de Desvio

Podemos desviar nossos filhos ao usá-los para satisfazer as nossas ambições. A competição é tão comum que nem percebemos os problemas que provoca. Não é preciso ter medo da competição, mas sim manter a liberdade no centro das preocupações. Assim, as crianças não se tornam competitivas demais quando competem, e nem se sentem de fora quando não competem. A competição desvia as crianças porque muda o tema das atividades: em vez da liberdade e da descoberta, o interesse passa a ser a competição entre eus.

No começo, as crianças correm e pulam pela alegria da liberdade. Quando aprendem a noção de competição e de comparação, o tema se modifica. Quando o motivo é a busca do prazer, o mais importante é o que sentimos. Quando o motivo é a competição, o mais importante é o poder que temos com relação aos outros. As dicotomias vencer/perder, ter sucesso /fracassar se tornam centrais, ocupando o lugar da alegria e da liberdade. As atividades físicas, a recreação e os esportes estão associados, na mente de muitas pessoas, à liberdade e também à competição. Como, para nós, ser atlético é ser competitivo, perdemos de vista as outras possibilidades.

Na Holanda, muito mais do que nos Estados Unidos, vi meninos e meninas cantando e dançando — uma coisa muito bonita. Como a Holanda é um país pequeno, a maioria das crianças conhece as mesmas canções e as mesmas danças. Além disso, brincam pelo prazer de brincar. Não é que isso não aconteça nos Estados Unidos, mas é que nesse país a ênfase na competição é muito maior: vencer, perder, ter sucesso *e fracassar*. Alguns pais atiçam seus filhos contra outras crianças como se fossem galos de briga. Competir vicia — a tal ponto que crianças de idade escolar, especialmente os meninos, não conseguem usar o tempo livre para brincar, só brincar. Se não estão competindo, ficam entediados ou começam a arrumar briga.

> Num acampamento da escola, a maioria das crianças divertiu-se escalando as rochas e subindo em árvores. Mas duas crianças extremamente competitivas estavam inquietas e entediadas, até que se juntaram. Enquanto o resto procurava sapos na lagoa, elas ficaram apostando corrida — para lá e para cá, para lá e para cá. Não tinham liberdade para descobrir novas diversões, para fazer as descobertas que as aguardavam nessa situação nova.

O que aconteceu com as crianças que subiam em árvores, construíam fortes e faziam explorações? É claro que ainda existem. Mas hoje a tendência é equacionar atividade com disputa. Como pais, precisamos ter consciência disso. O valor de nossos filhos não depende da capacidade de derrotar uns aos outros. Existem maneiras alegres e libertadoras de se divertir e de se aventurar, sem que se estabeleça uma relação de adversários.

Reflexão Adicional: Um menino de dez anos que adorava beisebol tinha receio de entrar para o time infantil do seu bairro. Seus pais o convenceram a experimentar. No primeiro treino, outra criança disse que ele era um perna-de-pau. Quando voltou para casa, ele disse que não ia mais nos treinos e se fechou no quarto. Reconhecendo a própria insegurança no menino, o pai o deixou em paz por algumas horas. Mais tarde, bateu na porta, respeitando a regra da família: não entrar no quarto de ninguém sem permissão. Lá de dentro, o menino disse que ele não podia entrar. Paciente, o pai disse que, como a conversa era muito importante, ele ia entrar. Como não houve resposta, o pai entrou e sentou na cama ao lado do filho. Pôs a mão no ombro dele e disse que pessoas descontentes consigo mesmas costumam humilhar os outros. Contou que muitas vezes tinha deixado de se divertir, com medo de ser criticado. Acrescentou: "Você não é obrigado a ficar no time, mas acho que tem vontade de ficar. Você gosta de beisebol e já joga bem. Precisa decidir se vai deixar que esse menino tire sua liberdade de fazer o que tem vontade ou se consegue entender que ele estava confuso quando disse aquela bobagem."

Pontos importantes: (1) o pai entendeu o que estava acontecendo com o filho porque já tinha passado pelo mesmo problema; (2) assim, ele entendeu a urgência da situação e conseguiu ver que a questão não era vencer ou ser valente, mas a liberdade; (3) conseguiu falar com autoridade sem humilhar o filho; (4) respeitou a liberdade de escolha do filho. Ele conseguiu ajudar o filho porque tinha passado pelo mesmo problema, servindo assim de exemplo. Assim como o menino tinha sido prejudicado pelos medos secretos do pai, agora se libertava ao ver que o pai era cada vez mais livre para viver, sem medo de fracassar ou de se magoar.

As contribuições mais libertadoras que podemos dar aos nossos filhos são mentais e espirituais. Tendo sempre em mente o eu ideal da criança, sua perfeição essencial, preservamos sua liberdade de crescer. Ao longo do caminho, a verdadeira liberdade deve ser preservada em cada situação. Embora haja necessidade de proteção e conforto, deve haver liberdade com relação ao medo. Embora haja necessidade de orientação e ensinamentos, é preciso que haja liberdade com relação à dominação. Embora haja necessidade de censura e correção, é preciso que haja liberdade com relação à culpa.

Aos cinqüenta anos, um homem ainda tentava agradar aos pais e ser aquilo que eles queriam que ele fosse. Ele criticava a si mesmo como eles o tinham criticado, por nunca estar à altura de suas expectativas. Ele nunca chegou a saber o que queria, porque não sabia quem na verdade era. Procurando ajudá-lo a encontrar seu verdadeiro eu, perguntei se ele se lembrava de alguma paixão ou interesse da infância. Disse que era obrigado a jogar no time infantil de beisebol, coisa que odiava. Mas não lembrava de nada que tivesse tido vontade de fazer. Pedi então que dissesse ao seu eu menino que não precisava mais ir ao treino de beisebol e lhe perguntasse o que gostaria de fazer depois das aulas. Ele respondeu sem hesitar: "Gostaria de pescar com meu vizinho. Ele não tinha filhos e às vezes me levava para pescar. Eu gostava de pescar com ele." Perguntei sobre o que conversavam quando iam pescar e ele respondeu que conversavam sobre a pescaria. O vizinho gostava da companhia dele e ele se sentia livre para ser ele mesmo. Sem críticas, pescavam e ficavam juntos. Era um bom começo.

Alguns gostam de beisebol, alguns gostam de pescar, alguns gostam das duas coisas. O importante é que os pais entendam a importância da liberdade, não apenas liberdade para fazer, mas liberdade para descobrir a si mesmo. A criança que tem permissão para brincar e aprender com a brincadeira é livre para ser autêntica. Os pais que dão atenção à liberdade dos filhos aprendem a ser mais livres.

Pennant
Come up here, bard, bard;
Come up here, soul, soul;
Come up here, dear little child
To fly in the clouds and winds with me, and play with the measureless light.

Child
Father, what is that in the sky beckoning to me with long finger?
And what does it say to me all the while?

Father
Nothing, my babe, you see the sky;
And nothing at all to you it says. But look you, my babe,
Look at these dazzling things in the houses, and see you the money-shops opening;
And see you the vehicles preparing to crawl along the streets with goods;
These! ah, these! how valued and toil'd for, these!
How envied by all the earth....

Child
O father, it is alive — its is full of people — it has children!
O now it seems to me it is talking to its children!
I hear it — it talks to me — O it is wonderful!
O it stretches — it spreads and runs so fast! O my father,
It is so broad, it covers the whole sky!

Father
Cease, cease, my foolish babe,
What you are saying is sorrowful to me — much it displeases me;
Behold with the rest, again I say — behold not banners and pennants aloft;
But the well-prepared, pavements behold — and mark the solid wall'd houses....

Child
O my father, I like not the houses;
They will never to me be anything — nor do I like money;
But to mount up there I would like, O father dear — that banner I like;
That pennant I would be, and must be....
Walt Whitman, "Song of the Banner at Day-Break"

[*Bandeira*
Suba aqui, poeta;

Suba aqui, espírito;

Suba aqui, menino querido

Para comigo percorrer as nuvens e os ventos, para brincar com a luz
sem fim.

Criança
Pai, o que é aquilo no céu acenando para mim com o dedo comprido?
E o que está falando para mim sem parar?

Pai
Nada, meu filho, é o céu;
E nada ele lhe diz. Mas olhe, meu filho,
Veja aquelas coisas maravilhosas nas casas, e veja
as lojas abrindo;
Veja os veículos se preparando para cruzar as ruas cheios de mercadorias;
Essas coisas sim, são valiosas, é por elas que se trabalha!
Elas são cobiçadas na terra inteira...

Criança
Pai, ela está viva — está cheia de gente — tem filhos!
E parece que está falando com seus filhos!
Dá para ouvir — está falando comigo — é maravilhoso!
Ela se estende — ela se abre e se agita tão depressa! Meu pai,
É tão grande, cobre todo o céu!

Pai
Pare com isso, meu tolinho,
O que você está dizendo me entristece — me desagrada;
Preste atenção no resto, eu repito — não em bandeiras e estandartes lá
   no alto;
Mas nas ruas bem calçadas — e nas sólidas paredes das casas...

Criança
Meu pai, não gosto das casas;
Eles nunca serão nada para mim — e não gosto de dinheiro;
Mas gostaria de ir lá em cima, meu pai querido — gosto daquela bandeira;
Aquela bandeira eu seria, eu preciso ser...]

Reflexão Adicional — Uma Palavra sobre a Adolescência

Hoje em dia, é terrível a ameaça do abuso de drogas, do suicídio e da gravidez precoce entre adolescentes. Os antigos valores repressivos desmoronaram, mas ainda não se estabeleceram valores melhores. As relações familiares ficaram tumultuadas e destrutivas, enquanto nossos adolescentes saem em busca de liberdade, desrespeitando a liberdade dos outros, se machucando e nos matando de preocupação. Quero dizer algumas palavras sobre a adolescência, sobre os problemas específicos dos garotos e garotas de hoje, e sugerir alguns critérios para lidar com eles. Por mais equivocada que seja a noção de liberdade que os adolescentes têm hoje, eles têm razão quando acham que a liberdade é o mais importante — a liberdade de descobrir quem são.

Lembre-se de que seu filho é uma pessoa e não uma peça de xadrez. Como pessoa, ele é único no mundo. O universo precisa que ele seja o eu que Deus lhe deu. Ele não conhece esse eu. E nem você. Descobrir a si mesmo é um processo que vai levar a vida inteira. Não vá achar que este ano, este exame ou esta atividade vai definir o futuro do seu filho. Não vá achar que ele precisa provar que é melhor do que uma outra pessoa qualquer. Não acredite que, se ele não entrar para a faculdade, a vida acabou. Cada filho é um universo em si mesmo. Não dá para fazer comparações.

Na nossa sociedade, a pressão para competir é persuasiva e ameaçadora. Atinge proporções gigantescas no colégio, quando entrar para a faculdade "certa" se torna uma questão de vida ou morte. Ser bem cotado na escola, fazer cursos extracurriculares, ser aprovado em todos os testes — são muitas as pressões impostas aos adolescentes, num momento em que, para o bem do seu desenvolvimento, precisam descobrir o próprio caminho, precisam descobrir os próprios marcos e estrelas, para então definir sua rota. Os que participam de conjuntos musicais, peças de teatro ou cursos de pintura têm mais oportunidade de explorar interesses mais individuais. No início, essas opções atraem a maioria, mas, à medida que as pressões aumentam, alguns ficam frustrados ou rebeldes demais. Fazer isso tudo e entrar na melhor faculdade exige uma carga de trabalho pesada demais. Acho que a pressão é desumana.

Ensaio da banda às 7 horas, reunião da comissão de formatura na hora do almoço, ginástica logo depois da escola e ensaio da peça de teatro até 11 da noite. Depois disso, eles ainda fazem a lição de casa e estudam para o trabalho oral. Alguns garotos parecem gostar desse ritmo — pelo menos no começo. Outros não agüentam a pressão, desistem, se revoltam ou fogem. Alguma coisa está errada. Todos os adolescentes precisam de espaço para dar um tempo com a turma, para conhecer melhor os outros e a si mesmos.

É mais importante a criança descobrir quem é do que se tornar tudo o que os outros esperam. É mais importante experimentar do que triunfar. As crianças precisam sentir que temos confiança nelas e num processo de vida em que uma coisa leva à outra. Precisam se sentir respeitadas e amadas como são agora e não julgadas pelo que ainda não são. Precisam sentir que podem aprender com seus erros, precisam ter a esperança de que as coisas vão acabar se ajeitando, mesmo quando tudo parece estar desmoronando. Precisam de tempo para sonhar, sentir, reclamar, ficar à toa. Precisam sentir que os problemas não são erros vergonhosos, mas situações que levam a novas possibilidades.

Você vai confiar, apoiar e aceitar o processo individual do seu filho com mais facilidade se não esquecer que ele é filho de Deus e que é único, que o mesmo Deus que o sonhou pode fazer com que o sonho se realize. Crianças que não se preocupam tanto com o próprio desempenho, cujos pais não estabelecem padrões tão altos e procuram levar em conta os problemas e as confusões da idade, são as primeiras a descobrir sua verdadeira vocação. Quando os pais procuram dar mais condições para os filhos fazerem suas lições e cumprirem suas obrigações e além disso estão sempre dispostos a ouvi-los, é mais provável que os filhos aceitem ajuda quando for preciso.

Preste atenção na pressão que seu filho está sofrendo. Não a aumente. Vão lhe dizer que você precisa pressionar seu filho. Não acredite. Pelo contrário: comece a reduzir a pressão dando espaço para a individualidade dele. Se você sempre favoreceu e cultivou os interesses dele, por mais que ele se sinta tentado a fugir da pressão e apresentar comportamentos horríveis, há um nível abaixo do qual ele não vai se permitir descer. Ele vai perder o interesse no que não o satisfaz, se já encontrou alguma coisa mais satisfatória. Nesse processo, você pode ajudá-lo a perceber as escolhas que tem e a fazer escolhas responsáveis. Ensine a ele que às vezes temos que fazer o que esperam de nós, mesmo sem vontade, e que às vezes temos que dizer não. Ensine-o a manter o controle de todos os aspectos de si mesmo, a perceber que, na vida, há tempo para tudo.

Lembre-se de que o curso colegial não é o ponto decisivo da vida do seu filho, como se depois disso ele fosse subir às alturas ou entrar pelo cano. Tudo que você lê sobre o colegial conspira para fazê-lo acreditar que precisa domar seu filho. A faculdade não é decisiva e acredito até que seria melhor não ir diretamente do colégio para a faculdade. Assim, os adolescentes desperdiçariam menos dinheiro em latas de cerveja. Os que passam algum tempo trabalhando ficam mais motivados a fazer a faculdade e têm uma idéia mais clara do que pretendem estudar. Uma adolescente que eu conheci era divertida e apreciada por todos, mas sua vida acadêmica deixava a desejar. Ela se formou sem distinções, começou a trabalhar num programa para adolescentes problemáticos, virou diretora desse programa e agora tem uma posição muito melhor do que a dos colegas de turma.

Conheci um menino que terminou a muito custo o colégio. Entrou para o exército, mas foi expulso por ser um contestador. Abandonou a faculdade e acabou se tornando professor de aikidô. É agora um homem tranqüilo a que muitos executivos recorrem para encontrar um pouco de paz. Um deles lhe perguntou como os pais dele, pessoas de tanta educação, tinham reagido à sua juventude indócil. Ele disse: "Eles achavam que eu era louco. Mas eu sempre soube que eles me amavam."

Se houver problemas, não os piore. Você, que fez de tudo para educá-lo, é a última pessoa que pode ajudá-lo diretamente quando surgem os problemas. A adolescência é um período de preparação para sair da casa dos pais.

Os adolescentes têm de começar a se ver como pessoas viáveis, capazes de viver pelos próprios méritos. Então, *não podem* aceitar muito apoio dos pais. Mesmo quando ficamos angustiados ao ver que transmitimos a eles muitos dos nossos problemas, precisamos aceitar que agora os problemas são deles. Assim como nós tivemos que lidar com o mundo como o encontramos, eles precisam lidar com o mundo deles. Esse mundo os inunda de liberdades e exigências, verdadeiras e falsas, que são maiores ou pelo menos diferentes daquelas que enfrentamos. Esse mundo os convida a ir atrás de tudo isso, mas lhes dá muito pouco para começar.

Na época do colégio, é impossível poupá-los da pressão e da confusão, mas você pode tentar compreender. E não faça previsões com base nessa confusão. São os adolescentes mais criativos e independentes que em geral têm mais problemas no colégio. Quando você tenta endireitá-los, eles ficam ainda mais hostis, sem consideração e irresponsáveis. Você vai ficar com raiva e morto de preocupação. Eles podem até arranjar problemas sérios. Somado à pressão escolar e à incerteza comum aos adolescentes, qualquer problema (pequeno ou grande) é demais. Até mesmo aquele garoto que sempre conseguiu fazer tudo direito começa de repente a mostrar como é impossível viver, tornando-se ele também impossível.

Aconteça o que acontecer, o mais importante é manter abertas as linhas de comunicação. Mesmo que eles não queiram usá-las agora, um dia vão querer. A severidade tem seu valor e talvez você descubra que foi muito tolerante. Talvez precise mesmo ser mais duro. Só que a severidade tardia pode ter o efeito contrário: agora pode ser o momento de deixar que o mundo, a escola e até a polícia ajam com dureza e severidade. Até certo ponto, você pode estabelecer limites. Pode, por exemplo, fazer com que a casa fique em silêncio para que *você* possa ter as horas de sono de que precisa, mas provavelmente não vai conseguir fazer que o seu filho adolescente tenha as horas de sono de que *ele* precisa. Você costuma acordá-lo para ir à escola, mas em algum momento vai ter que deixar a cargo dele essa responsabilidade, mesmo que ele comece a chegar atrasado e isso se reflita em suas notas.

Você só pode disciplinar seus filhos enquanto eles deixarem — e eles só vão aprender a se disciplinar quando você parar. Você tem que estabelecer padrões para o que acontece na sua casa e talvez consiga formar uma aliança com outros pais. Mas você só pode ameaçar ou subornar seu filho adolescente enquanto isso funcionar. Por mais irritante e ultrajante que seja o comportamento adolescente, não se ofenda e nem deixe que a atmosfera fique tão carregada a ponto de impossibilitar a comunicação.

Conheço três adolescentes que fugiram no início do último ano de colégio. Os pais delas as procuraram durante cinco dias, sem saber onde estavam. Tempos depois encontrei uma delas. Perguntei por que tinham fugido e por que tinham voltado. Ela me disse que, diante de toda a pressão que estavam vivendo, sentiam-se impotentes. Resolveram fugir e começar uma vida nova. Contou que, no início, ficaram felizes e aliviadas, mas, quando perceberam como era difícil arrumar emprego, acharam que era melhor voltar, para ao menos terminar o colégio. Perguntei-lhe, então, como tinha sido a volta para casa. Ela disse: "Tive muita sorte. Logo que entrei, minha mãe correu e me abraçou. Mas minhas amigas ainda estão de castigo. Os pais nem falam mais com elas. Minha mãe e eu temos problemas. Eu tenho problemas. E eu sei que a deixei apavorada. Mas a primeira coisa que ela fez foi me abraçar. Ficou tão feliz que chorou. Esse foi o melhor presente que ela já me deu. Sei que ela realmente me ama." Foi por pouco, mas ela terminou o colégio. Ainda não encontrou seu caminho, mas está trabalhando e pensando em fazer faculdade.

Alguns problemas têm que atingir um clímax antes de serem resolvidos. Outro adolescente, que foi estudar em outra cidade, também fugiu. Desapareceu por quatro dias. Finalmente, telefonou para casa.

"Você está bem?" perguntou o pai.

"Sim. Mas estou com medo. Tem carros de polícia lá fora."

"Não se preocupe. Vou mandá-los embora. Só me diga onde está."

"Não quero lhe dizer. Não quero voltar para aquela escola."

"Está bem. Vou telefonar para a escola e você não precisa me dizer onde está. Mas me prometa que vai me telefonar todos os dias."

E, na semana seguinte, todas as noites o telefone tocava.

"Sou eu, papai. Telefonei para dizer que está tudo bem."

"Obrigado, filho. Quer me dizer alguma outra coisa?"

"Não."

"Então vai me telefonar amanhã?"

"Vou."

No fim dessa semana, o garoto voltou para casa e só então conseguiram começar a falar sobre o que o perturbava. Esse garoto também teve sorte. Seu pai sabia que o mais importante era manter o contato. Como esse caso indica, a solução não é sondar nem interrogar nossos filhos, mas deixar as linhas de comunicação abertas. Talvez seu filho nunca se abra com você, mas é você que vai ajudá-lo a encontrar quem o ajude se ele precisar. Mostre respeito, gratidão e boa vontade, mesmo que seu filho o procure como último recurso. E pode chegar o momento em que você seja de fato seu único recurso.

Espero que não achem que estou recomendando uma permissividade excessiva. Haveria muito a dizer sobre estrutura e sobre limites, mas acredito que os pais que se propõem a ler este livro são mais inclinados a exagerar como pais do que a serem negligentes. Além disso, há livros que falam bastante da tendência da sociedade para cruzar os braços e deixar que os adolescentes façam o que bem entendem. Mas me parece que o problema oposto — a pressão excessiva imposta aos adolescentes e aos pais, para que aumentem ainda mais essa pressão — é negligenciado. Procurei oferecer algumas sugestões práticas, mas no fim o mais prático é o caminho espiritual.

Nossa principal tarefa como pais é o trabalho que cada um tem de fazer consigo mesmo. É buscando sem cessar nossa base espiritual que descobrimos quando ficar de lado e quando interferir no desenvolvimento dos nossos jovens. É mantendo o nosso equilíbrio espiritual que percebemos quando e como ajudar nossos filhos. É encontrando o nosso caminho que conseguimos ajudá-los a encontrar o deles. É descobrindo a nossa natureza espiritual que ajudamos nossos filhos a serem fiéis à deles. É entregando o nosso eu e o deles a Deus que os liberamos com responsabilidade para a vida.

Os Animais e a Liberdade de Sentir Amor

Quando os bebês vêem um animal pela primeira vez, ficam felizes como se o reconhecessem, pois sentem muita afinidade com tudo o que é alerta e vivo. Assim, eles têm muito interesse no que os animais conseguem fazer, como vivem, como se tratam entre si. É na tentativa de descobrir a si mesma que a criança começa a se interessar pelos animais. O urso consegue correr tão depressa assim? Será que eu também consigo? O passarinho consegue voar? Será que essa liberdade é possível para mim? O castor consegue construir essa represa? Então talvez eu consiga construir coisas maiores e melhores.

A possibilidade da liberdade é inquestionável até prova em contrário. É um choque descobrir que existe conflito, tirania e luta pelo poder entre o homem e os animais ou entre os animais. A criança descobre essas coisas quando se assusta com algum cachorro ou quando vê uma briga entre dois animais. Ou quando vê um animal sendo maltratado pelo dono. Ou quando percebe que um animal tem medo de ser tocado. Ou quando vê o medo dos pais. Para ela, esses problemas são novidade. *Eles brigam e um machuca o outro? Eles podem me machucar? Um de nós precisa ser mais poderoso do que o outro? Não somos livres para ficar juntos?*

A criança se aproxima de tudo com interesse pessoal e existencial. Vai acabar se perguntando, como os seres humanos sempre fizeram: Onde está a verdade? Na lei do amor? Ou na lei do mais forte?

Porque eis que eu trago um dilúvio de águas sobre a terra, para desfazer toda a carne em que há espírito de vida debaixo dos céus; tudo o que há na terra expirará.

Gênesis 6:17

É geralmente com a história da Arca de Noé que a criança entra em contato com a Bíblia e com a idéia de Deus. Só que, do jeito que costuma ser contada, essa história retrata a lei do mais forte. Como o homem e os animais eram maus, Deus os matou. Esse Deus parece ter sido feito à imagem do homem, só que é maior e mais forte.

Mas a história pode ser vista de outras maneiras. Diz na Bíblia que Deus fez o homem à sua imagem, para dominar a terra e as criaturas da terra. Segue-se um estado de harmonia e não de dominação; não é pelo poder que o homem domina, pois prevalece a liberdade e o amor. Mas, quando o homem (Adão) pretende ser como Deus, quando adquire conhecimento do bem e do mal, surge a necessidade de *um* dominar o *outro*.

Na vida de cada ser humano essa experiência começa na infância, quando surge a consciência do eu e do outro, o conflito e a ameaça de castigo. Começa aí a idéia da lei do mais forte, da inimizade entre pais e filhos, entre seres humanos e animais e, segundo os psicólogos que estudam o inconsciente, entre o eu consciente e o eu inconsciente. Mas será que o dilúvio foi um castigo de Deus? Ou vem da crença de que a liberdade de uns depende da anulação da liberdade de outros — sejam eles interiores ou exteriores, animais ou humanos. Será o dilúvio o fim da vida? Ou o início do despertar para um novo nível de harmonia e liberdade entre os eus interiores e exteriores, aparentemente incompatíveis?

Noé porém achou graça aos olhos do Senhor... Noé andava com Deus... E fez Noé conforme a tudo o que o Senhor lhe ordenara.

Gênesis 6:8, 9 e 7:5

Noé é descrito como um homem de Deus, que vê a vida do ponto de vista de Deus, vive à maneira de Deus e de acordo com Sua sabedoria. É poupado da lei do mais forte e do dilúvio por estar em comunhão com a ordem fundamental do ser. Noé é inspirado a construir a arca, e os casais de animais acolhidos nela vivem em paz sob seu teto, sua consciência de amor-inteligência, *como se fossem um*.

Nossos filhos vão entrar em contato com animais, com pessoas que têm animais e com pessoas que se comportam como animais, mas o amor-inteligência continua sendo a principal questão. Então, ao encontrar partes de si mesmos que são incompatíveis, que talvez queiram matar umas às outras, eles podem construir uma arca do eu em que esses diferentes aspectos possam conviver com amor, tornando-se produtivos.

> *Criança*: Quando conheço uma pessoa já sei logo de cara se vou gostar dela ou não.
> *Pai*: Acho que seria melhor dizer que às vezes você vê as pessoas da maneira que Deus as vê e às vezes sabe que vai ter de olhar melhor.
> *Criança*: É isso. Quando conheci Kate, eu não a suportava — mas agora ela é minha melhor amiga. Acho que às vezes você tem de ver as pessoas como Deus as vê, mesmo que elas próprias não se vejam assim.

Nossos filhos vão encontrar pessoas e animais bondosos, mas vão também encontrar pessoas (os pais inclusive) e animais que reagem com crueldade, por medo ou sede de poder. Não podemos nem devemos proteger nossos filhos desses encontros. Esconder ou negar o conflito que há no mundo é ensiná-los a esconder e negar o conflito que há dentro deles. É melhor ajudá-los a enfrentar o conflito e a descobrir que há maneiras de resolvê-lo.

Podemos ajudá-los a ver o amor-inteligência aparente, a ver que o amor-inteligência é necessário também onde não é aparente, a expressar amor-inteligência quando é o caso e a perceber que é o amor-inteligência, não a lei do mais forte, que vai prevalecer na Terra e dentro de cada um. A criança consegue entender que pessoas que não sabem amar estão cheias de problemas. Ela é inspirada pelo poder do amor da história da arca de Noé, onde os animais, que "normalmente" brigam e comem uns aos outros, ficaram livres para viver juntos, a salvo do dilúvio.

Reflexão Adicional — Quando os Filhos de Deus Encontram o Mundo "Mau"

Como é impossível proteger nossos filhos do mal, eles precisam aprender a lidar com ele. Qualquer situação desagradável que vocês enfrentem juntos pode servir a esse propósito. Suponha que você esteja no ônibus com seu filho e alguém é estúpido com vocês ou rouba a sua carteira. A primeira questão é como resolver a situação imediata. A outra, que nos interessa mais aqui, é como ajudar seu filho.

No primeiro momento, você precisa avaliar a situação. Há algum perigo imediato? Seu filho vai ficar chocado demais ou é uma situação que ele vai superar e que até pode lhe ensinar alguma coisa? Opções a serem consideradas: proteger e afastar seu filho; ficar ao lado dele e esperar para ver o que acontece; pedir ajuda. Opções a serem evitadas: responder à altura; ficar passivo e indefeso; entrar em pânico.

Depois, converse sobre o incidente. Comece considerando os sentimentos. Fale primeiro dos seus sentimentos e dos sentimentos do seu filho. *Fiquei com um pouco de medo. Fiquei com raiva. O que você sentiu? Já tinha acontecido uma coisa assim? Quando?* Depois, imagine o que a outra pessoa pode ter sentido, o que a motivou.

Analise as opções que você tinha, por que resolveu fazer o que fez, se poderia ter reagido de maneira diferente. Pergunte a seu filho o que ele teria feito em seu lugar. Pergunte o que ele, como criança, faria numa situação semelhante se você não estivesse lá. Deixe claro quando seria melhor pedir ajuda ou fugir.

Analise a questão do perdão e da culpa. Ajude-o a aprender a agir de maneira adequada e a estabelecer limites firmes sem perder a compaixão. Não o deixe esquecer que, em qualquer situação, existe um poder maior do que ele e do que a outra pessoa, a que ele pode recorrer, pedindo orientação e proteção. Fique um momento em silêncio com seu filho, para "saber que você é Deus".

E repousará sobre ele o espírito do Senhor, o espírito de sabedoria e de inteligência, o espírito de conselho e de fortaleza, o espírito de conhecimento e de temor do Senhor. E deleitar-se-á no temor do Senhor; e não julgará segundo a vista dos seus olhos, nem repreenderá segundo o ouvir de seus ouvidos. Mas julgará com justiça os pobres, e repreenderá com eqüidade os mansos da terra; e ferirá a terra com a vara de sua boca, e com o sopro dos seus lábios matará o ímpio. E a justiça será o cinto dos seus lombos, e a verdade o cinto dos seus rins. E morará o lobo com o cordeiro, e o leopardo com o cabrito se deitará, e o bezerro, e o filho do leão e a nédia ovelha viverão juntos, e um menino pequeno os guiará. A vaca e a ursa pastarão juntas, e seus filhos juntos se deitarão; e o leão comerá palha como o boi. E brincará a criança de peito sobre a toca da áspide, e o já desmamado meterá a sua mão na cova do basilisco. Não se fará o mal nem dano algum em todo o monte da minha santidade, porque a terra se encherá do conhecimento do Senhor, como as águas cobrem o mar.

Isaías 11:2-9

Reflexão Adicional — Amor que Vem Naturalmente

Alex, a filhinha dos nossos vizinhos, sempre adorou Marley, nosso velho cão. Quando ainda mal sabia falar, sempre que via o cachorro corria para acariciá-lo. Quando ela tinha dez anos, Marley, que estava mais velho do que Matusalém, começou a definhar. Alex veio para lhe dizer adeus. Quando Marley morreu, Alex e os irmãozinhos trouxeram flores para o túmulo. Depois, Alex perguntou se podia trazer mais uma coisa. Eu disse que sim e um dia, cerca de um mês depois, ela trouxe uma placa de cerâmica que tinha feito na escola. Embaixo de um desenho muito bonito de Marley, estavam gravadas as palavras: "Ele Era Amado", seguidas de três desenhinhos — um coração, um osso e outro coração.

A reação de Alex à morte de Marley foi totalmente espontânea. E acredito que foi de natureza religiosa. A placa que ela preparou em segredo (nem mesmo seus pais sabiam) e o jeito que a colocou no túmulo tinham a qualidade de um ritual religioso. É natural que as crianças entrem em contato com Deus através da natureza. Foi assim comigo, e ainda é. Árvores, céu, montanhas, tempestades e pôres-do-sol "cantam a glória de Deus" e inspiram nas crianças a idéia de mistério — além de respeito e amor.

Os animais, selvagens ou domésticos, fazem com que Deus fique mais próximo, permitindo o encontro íntimo com uma fonte maior de inteligência, vitalidade e amor. A morte de um animal, ou a cena de um animal caçando outro, não evoca apenas questões obscuras sobre a morte e a lei do mais forte, mas também uma atmosfera de reverência pela vida, de respeito pela liberdade e pelas diferenças individuais, de vontade de proteger todas as formas de vida. A familiaridade com os hábitos de criaturas diferentes sugere que há algo enorme e maravilhoso, a que cada um de nós pertence e com que podemos contar. Ou pelo menos ficar em contato.

A criança que convive com a natureza recebe essas mensagens diretamente, através do contato sensorial, sem instrução religiosa verbal. Nesse sentido, a natureza é o melhor santuário e a melhor escola de religião. Por isso, é uma infelicidade, um verdadeiro desastre em potencial, que hoje em dia tantas crianças cresçam sem livre acesso à natureza. Temos de fazer o possível para proporcionar essa oportunidade a nossos filhos.

Humildade e Liberdade de Amar

"Fomos dominadores demais... ansiosos... nós o forçamos demais... nós o sufocamos... vivíamos corrigindo... esperávamos demais... não o deixamos ser criança." Os pais se sentem culpados pela própria severidade — coisas ditas e feitas por amor acabam provocando arrependimento. É comum o primeiro filho ter pais superprotetores, mas o segundo não está livre disso: "Com o primeiro foi fácil. Não sabíamos nada. Não nos preocupávamos." É ruim fazer demais? Talvez. Mas a resposta é não desistir nem se culpar. Alguns problemas fazem parte do desenvolvimento. Não há como evitá-los. Precisam ser vividos e superados. A humildade diminui a culpa e acelera a compreensão.

Quando começa a andar, a criança segue aos trancos e barrancos; às vezes se esborracha no chão, às vezes consegue dar alguns passos trôpegos. Se ela soubesse um pouquinho mais, acharia aquilo impossível e injusto. Se ouvisse falar da lei da gravidade, teria sérias dúvidas. Se alguém lhe dissesse que a gravidade a ampara, ela não acreditaria. Mas sabemos que dá para confiar na gravidade e que, pelo menos quando se trata de andar, ela é necessária e benéfica. Não ficamos pensando nas leis que nos permitem andar, mas sabemos que existem e contamos com elas. Sem elas, andar seria impossível.

As leis da mecânica clássica que nos permitem andar são muito complicadas. Mas, mesmo sem nunca ter ouvido falar delas, nós andamos. Mesmo sem compreendê-las, nós as aceitamos. Como foi que as dominamos? Não dominamos. Elas nos dominaram, e sempre que andamos nós lhes damos domínio sobre nós. Batendo de frente com elas, vendo os outros andar, levada pelo desejo inato de liberdade, a criança descobre sua unidade com essas leis. Agora, as leis que antes nem pareciam leis, a amparam, a orientam e a libertam para andar.

> *E de um só fez toda a geração dos homens, para habitar sobre toda a face da terra, determinando os tempos já dantes ordenados, e os limites da sua habitação. Para que buscassem ao Senhor, se porventura, tateando, o pudessem achar; ainda que não está longe de cada um de nós. Porque nele vivemos, e nos movemos e existimos; como também alguns dos vossos poetas disseram: Pois somos também sua geração.*
>
> Atos 17:26-28

Como as crianças conquistam a liberdade de andar se suas primeiras tentativas são tão malsucedidas? Isso nos leva de volta às palavras de Jesus:

"... se não vos fizerdes como os meninos, de modo algum entrareis no reino dos céus." Parece que ele estava chamando a atenção para a notável capacidade que as crianças têm de *confiar* e *aprender*. As crianças pequenas querem aprender, acham que essa é a melhor coisa do mundo e têm certeza de que a vida vai lhes ensinar. Até que a autoconsciência se desenvolva, elas conseguem aprender *porque* sabem que não sabem.

Não dá para os adultos voltarem ao estado infantil da inconsciência de si mesmos. Mas podemos buscar a realização consciente da unidade com o todo, com Deus. As crianças nos ajudam a redescobrir o estado de receptividade em que a autoconsciência é substituída pelo desejo de descobrir essa unidade — em outras palavras, de aprender. Elas nos mostram como "perder nossa vida para achá-la". Precisamos perder o orgulho, e achar a humildade. Um dos aspectos mais notáveis da receptividade das crianças é a ausência de orgulho. Choram quando caem, mas não ficam humilhadas. Ficam desapontadas quando *uma* tentativa não dá certo, mas não acham que fracassaram ou que andar é impossível. Então, depois de algumas lágrimas, tentam de novo.

As crianças só começam a cair quando começam a andar. Então, cair é um sinal da capacidade para aprender e não um fracasso. Quase não temos consciência de que aprender é uma questão de amor. Quando nos imaginávamos como pais, nós nos víamos em situações cheias de amor, mas agora estamos sempre magoados e com raiva. Não pensávamos em amor como liberdade, mas agora parece que não estamos livres para amar. Dependendo de quem ou do que culpamos, ficamos com raiva porque estamos decepcionados ou nos sentimos culpados porque erramos. As crianças pequenas nos mostram que os problemas com o amor são sinais de disponibilidade para aprender. O amor é mais difícil agora porque estamos mais preparados do que nunca para aprender a amar.

Elas nos mostram também que é por meio dos erros que nos vem a orientação. É por meio dos tombos que as crianças aprendem a se sintonizar com as forças que tornam possível andar. Da mesma forma, nossas tentativas fracassadas de amor podem nos orientar e nos corrigir — basta que a vejamos como as crianças, não com culpa ou vergonha, mas com o coração e a mente abertos para perceber por que não estamos sintonizados com o amor.

Às vezes, a criança fica com medo de cair, ou com raiva por não ter conseguido andar naquele momento. Talvez até desista por algum tempo. Mas logo a necessidade de andar se torna mais premente do que o medo ou a raiva. É uma urgência; ela precisa aprender a andar. Na busca pelo amor, nós também, assustados e zangados, pensamos em desistir — desistir um do outro, desistir de amar, desistir do amor. Mas não dá para desistir do amor porque o amor não desiste de nós; ele nos impulsiona mesmo quando queremos desistir. As crianças nos mostram a necessidade de levantar e persistir na tarefa de aprender a amar. E nos mostram também que há alguma coisa além de nós que com certeza vai tornar isso possível.

Depois que aprendem a andar em casa, as crianças conseguem andar em qualquer lugar. Com um pouco de luta e sofrimento, elas descobrem o que é andar, o que torna isso possível. Conseguem, então, andar livremente em qualquer lugar. Com isso, elas demonstram que podemos aprender o que é o amor, que estamos nele, que somos dele e que podemos expressá-lo em toda parte. Elas nos levam a reconhecer que a luta vale a pena. Nossos filhos e nossa família valem a pena, nós valemos a pena, a liberdade de amar vale a pena.

Problemas são lições que servem para nossa edificação... a compreensão do que realmente é anula tudo o que parece ser.

Thomas Hora, *Dialogues in Metapsychiatry*

Jesus recomenda: "E conhecereis a verdade, e a verdade vos libertará." Na literatura zen está escrito: "Não busque a verdade, basta parar de alimentar as opiniões." Essas afirmações não se contradizem, pois ambas indicam que a liberdade é, basicamente, liberdade de aprender, de compreender. As palavras de Jesus falam especificamente do aspecto da receptividade que chamamos de gratidão (reconhecimento do valor da verdade) ou de prece. As palavras zen evocam a humildade ou abstinência. Valorizando a verdade e nela firmando o coração, como diz Jesus, e abandonando a mente pessoal, como diz a doutrina zen, a verdade que é a mente única se torna nossa, é o que somos. E então já somos livres.

Seja um lume para o seu eu,
seja como uma ilha.
Lute mais, seja sábio.
Destituído de fraqueza, você vai ficar livre
do nascimento e da velhice.

Buda, *Dhammapada*, tradução, para o inglês, de P. Lal

Na pureza surge a liberdade de todas as dores; naqueles cuja mente está livre de todas as dores, a compreensão é imperturbável.

Bhagavad-Gita

Informações Práticas para Pais Novatos

Esta seção sugere o que fazer para que a casa, os passeios, as viagens, os brinquedos e os animais de estimação sejam à prova de crianças e não ofereçam perigo para elas — tudo mais ou menos relacionado à questão da liberdade.

Casa à prova de crianças — e segura para elas

Algumas precauções deixam as crianças livres para aprender, os pais livres das preocupações e das repreensões e a casa livre da destruição e da desordem. Mas não há necessidade de exagerar e reformular a casa inteira em função da criança, de modificar toda a sua vida por causa de uma fase que vai passar. É bom fazer alguns ajustes e tomar algumas precauções, mas nada substitui a vigilância dos adultos. Aos nove meses, seu bebê corre o risco de sair andando e machucar a cabeça na mesinha do café, com um ano e meio ele consegue abrir a porta e fugir! Procure tomar precauções razoáveis, sem chegar a extremos.

Para saber que medidas de segurança tomar, use como critério a liberdade. Quanto mais perigos der para eliminar, mais livres (de ferimentos e broncas) vocês vão ficar. Quando o bebê é pequeno é fácil: basta que ele não fique onde haja perigo de cair, de ser pisado ou de alguma coisa cair em cima dele. Mas, quando ele cresce um pouco, é outra história. É preciso proteger o bebê e a casa, sem coibir a liberdade de nenhum dos dois — a casa precisa ter a liberdade de ser agradável para todos, a criança precisa ter a liberdade de aprender a crescer.

As medidas de segurança são óbvias em sua maioria. Para iniciantes: tire as coisas quebráveis e perigosas do alcance das crianças. Feche os lugares de onde é fácil cair. Instale fechaduras seguras em armários e gavetas que contenham coisas perigosas, mas deixe algumas gavetas e prateleiras para a criança explorar. O estágio de tirar tudo para fora e espalhar no chão não dura muito e ensina muita coisa. As proteções de tomada evitam que crianças pequenas enfiem objetos nos buraquinhos.

A Prática da Liberdade

Depois de horas de atividade, ainda desperto e inquieto, o bebê cai instantaneamente no sono quando é posto no carrinho e levado para fora de casa. Será que é o barulho da rua, o balanço do carrinho ou a mudança de cenário que faz o bebê dormir? Tudo isso junto. Mas acho também que ocorre uma mudança na mãe — ou no pai. Há uma grande diferença entre a mãe que tenta pôr a criança na cama e a que sai para passear. A primeira reclama que o bebê não a deixa nem mesmo sair do quarto. Mas quem não deixa quem? Quem põe a criança na cama presta atenção na criança. Quem sai para um passeio olha para onde está indo e presta atenção na rua. Será que a criança, ao dormir no carrinho, deixa a mãe dar um passeio ou será que a mãe, ao sair para um passeio, deixa a criança em paz? Já ouvi muitas vezes: *Então eu desisti e resolvi levá-lo para dar uma volta. Foi o tempo de vestir o casaco e sair com o carrinho e ele já estava dormindo!*

Muito antes de a criança ter necessidade consciente de ficar livre *dos* pais, os pais novatos precisam ter liberdade com relação ao bebê e às exigências da maternidade e da paternidade. Cativados pela dependência física do bebê, podemos cair numa armadilha. Por isso, a maternidade e a paternidade nos torna extremamente conscientes do desejo de liberdade. Não é bom viver sozinho, mas não é bom viver sempre juntos. Para que tenham uma boa convivência, saia um pouco. Dê um passeio. Pare de correr em círculos. Afaste-se. Pegue a estrada. Renda-se à estrada.

Confia no Senhor de todo o teu coração, e não te estribes no teu próprio entendimento. Reconhece-o em todos os teus caminhos, e ele endireitará as tuas veredas.
Provérbios 3:5-6

O coração do homem considera o seu caminho, mas o Senhor lhe dirige os passos.
Provérbios 16:9

Se os pais não tiverem uma idéia correta de liberdade, a crescente necessidade de liberdade da criança (mesmo em pequenas coisas, como a liberdade para dormir) vai ser frustrada.

Quando levamos nosso bebê para passear pela primeira vez, achei que ele não ia agüentar o som da britadeira, a fumaça dos carros. Vindo não sei de onde, um pouco de graxa respingou no rostinho dele. Tentei limpar, mas a graxa virou um borrão preto. Queria levá-lo de volta para um lugar seguro. Atravessei a rua com o carrinho. Rostos passaram por mim — mães, balconistas, motoristas, adolescentes, policiais, milhares e milhares de habitantes da cidade que já tinham sido bebês e que sobreviveram.

Pais diferentes têm ilusões diferentes, mas passear a pé é bom para a maioria.

O Canguru

O canguru é ótimo: pais e bebês ficam juntos, mas sem girar um em volta do outro. Às vezes parece que o bebê e os pais são prisioneiros um do outro. A criança chora quando é posta na cama e a mãe desconfia que é a sua vontade de colocá-la na cama que a deixa acordada. O canguru ajuda a resolver esse problema, deixando que os pais façam outras coisas com o bebê pertinho, mas sem atrapalhar. Muitos bebês caem no sono logo que são postos no canguru.

É melhor usar na frente ou nas costas? Em Taiwan o canguru é usado o tempo inteiro, sempre nas costas: as tiras se prendem nas costas depois de se cruzarem na frente. Como é usado até a criança ter dois ou três anos, substitui o carrinho, o andador e até a babá. Dobrado, fica do tamanho de uma bolsa e é considerado tão indispensável quanto as fraldas.

Nos Estados Unidos, costuma ser usado na frente. É menos confortável para os pais, mas permite ver como está o bebê. Seja como for, o canguru é uma ótima solução para quem mora em prédio sem elevador ou para os momentos em que o bebê está inquieto e precisamos limpar a casa — ou fazer compras, passear, andar de bicicleta.

Cadeirinha. Para carregar o bebê com facilidade, nada como uma cadeirinha com estrutura leve, para levar nas costas. Nela, a criança sorri, ri, aproveita a paisagem ou cai no sono sem um pio. Em casa, quando o bebê está cansado mas não consegue dormir, você pode lavar a louça, passar a ferro, passar o aspirador ou juntar as folhas com ele nas costas. Ele vai estar dormindo quando você acabar, pronto para ser aconchegado na cama sem muito alvoroço. Se houver convidados no jantar, experimente ir para a mesa com o bebê às costas: ele vai ver o movimento, ser visto e cochilar um minuto. Como no caso de qualquer equipamento, você precisa se acostumar à cadeirinha. Um bebê de cinco meses já pode ser levado nela. Se o bebê for um pouco mais novo, use um travesseiro para dar mais apoio. Muitos acham que um bebê de onze quilos é o limite.

Uma das lembranças mais agradáveis de uma conhecida minha é ela e os filhos sob um guarda-chuva, com três mãos segurando o cabo. Não dá para dizer qual é a versão melhor: ser uma das duas pessoas sob o guarda-chuva ou estar com o próprio guarda-chuva e observar pai e filho no outro — uma cena ensopada, cheia de cores e de risadas. Os três tão protegidos e seguros, andando quentinhos e secos pelas calçadas molhadas, ouvindo o barulho da chuva. Dá também para ouvir o barulho da neve no guarda-chuva.

Passeios a Pé

Para pais e filhos, caminhar é um maravilhoso exercício de liberdade: caminhando, eles se libertam uns dos outros, encontram juntos a liberdade. Mas, se você gosta de caminhar sozinha ou se está atrasada, andar com seu filhinho vagaroso, louco para ir no colo, não dá muita sensação de liberdade. Em geral, as caminhadas com crianças pequenas são uma briga. Elas ficam parando, se agachando para estudar as coisas — e os pais loucos para continuar andando. Alguns arrastam seus filhos, outros os manipulam, tentando-os com promessas de coisas maravilhosas — que vão ver quando virarem a esquina ou que vão comer quando chegarem em casa. Neste caso, a liberdade da caminhada se transforma em castigo.

Lá pelos dois anos e meio, três anos, a criança descobre que andar é uma forma de chegar a algum lugar. Espontaneamente, ela vai segurar sua mão e caminhar, vendo as coisas ao passar por elas em vez de parar para estudar cada porta, cada relógio de luz e cada balaustrada. Mas antes ela precisa examinar essas coisas. Então, antes de sair, considere o tipo de caminhada que vão dar. Se é só para o bem dela, fique à disposição. Mesmo que seja curta, essa caminhada vai levar um bom tempo. No ritmo dela, uma volta no quarteirão pode levar uma hora e meia. Por isso, se o tempo for pouco, não vá muito longe. E se estiver com pressa para chegar em algum lugar, leve o carrinho ou o canguru. Os dois tipos de caminhada são bons e podem ser libertadores.

Dicas de Viagem

(1) *Saia um pouco antes do horário da soneca do bebê*, ou mesmo quando já passou um pouquinho da hora.

(2) A viagem vai ser longa? Então veja se há *algum lugar para parar que seja do interesse da criança*. Para um bebê, um piquenique num parquinho é melhor do que um almoço cheio de gordura e a tensão de um restaurante. Um lanchinho e alguns minutos na caixa de areia e nos balanços vão ser muito mais reconfortantes para ele do que comer as primeiras batatas fritas da vida, num restaurante onde ele nem sabe se comportar.

(3) *Leve algumas coisas* para distrair a criança e facilitar seu trabalho.

• Um rolo de toalhas de papel — equipamento obrigatório para viagens.

• Uma toalhinha molhada num saco plástico e uma toalha de mão. Ou um pacote de lencinhos umedecidos.

• Alguns adesivos (que aderem em superfícies lisas) para brincar no vidro do carro.

• Qualquer brinquedo em que a criança esteja interessada na época.

• Um quadro mágico — aqueles com folha de acetato. Desenha-se com uma vareta e depois apaga-se erguendo o acetato.

• Uma antologia de histórias para ler ou contar.

• Um livro de atividades para viagens.

• Fraldas (às vezes a gente esquece).

• Colheres, copos e pratos descartáveis (ou não). Com eles, você pode comprar o almoço no supermercado em vez de fazer um piquenique ou procurar um restaurante.

• Petiscos e suco.

• Babador. Mesmo no caso de crianças um pouco mais velhas, é bom usar babador para comer no carro. Um babador grande impede que os cintos de segurança das crianças fiquem grudentos e difíceis de abrir e fechar.

• Jogos com peças imantadas. As peças não caem nem somem no carro.

Livres!

Brincar no parquinho, curtir os bichos de estimação, subir nas coisas como macacos, voar como pássaros, capturar e libertar criaturas selvagens — é fazendo essas coisas que os nossos filhos procuram a liberdade e tentam entendê-la. Qual é o momento de apresentar um novo equipamento ou experiência? Para responder a essa pergunta, observe a criança.

A movimentação constante do bebê — ele chuta, mexe os braços, brinca com os pais — satisfaz sua necessidade de movimento físico. Então, basta que você lhe dê algumas coisas para pegar. Depois vem o desejo de levantar e sair andando, sozinho, de preferência. E então ele começa a correr, a pular, a balançar, a subir — o céu é o limite.

Pulador. É uma espécie de rede (ver ilustração). Nele, a criança que ainda não sabe andar pode pular à vontade. Alguns acham que esse equipamento é um trambolho. Antes de o nosso primeiro filho nascer, achei que dava muito bem para ele aprender a andar sem a ajuda dessa geringonça. Mas, quando ele tinha uns quatro meses — quando o desejo de ficar na vertical se transformou em paixão —, resolvemos experimentar o pulador, que acabou lhe proporcionando muitas horas felizes. Do pulador, ele enxergava melhor e conseguia se virar sozinho. E assim pulou e pulou de pura alegria até

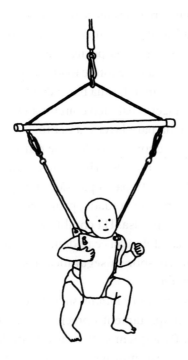

os sete meses, quando foi tomado pelo desejo de ir para a frente e não só para cima e para baixo.

As primeiras tentativas duram menos tempo do que você leva para ajeitar o bebê no pulador. Ele vai ficar parado, babando nos dedos dos pés, até descobrir que consegue pular e se virar. Quando você for preparar o jantar, monte o pulador no batente da porta da cozinha. Toque música, cante. E de vez em quando pule com ele.

Os *andadores* estão se tornando obsoletos por causa de sérios acidentes. De qualquer forma, não há nada melhor do que andar por aí segurando a mão do pai ou da mãe. Fui até o aeroporto com um amigo cuja filha estava aprendendo a andar. Num dos cantos do salão de espera havia uma escada rolante, que atraiu a menina. Ele a levava até o ponto mais distante da escada rolante, punha-a no chão e ia andando atrás dela, que corria de volta para a escada. Com isso, o passeio foi muito melhor do que se tivéssemos tentado mantê-la quietinha num banco.

Balanço para ficar dentro de casa. Quando se trata de pré-escolares, geralmente não se pensa em montar dentro de casa brinquedos de parquinho. Mas, para crianças que vivem na cidade e não podem brincar sozinhas na rua, um bom brinquedo desse tipo supre até mesmo a falta de um quintal. Os *balanços montados no batente da porta* são ótimos. Ao contrário dos balanços dos parques, feitos para crianças de todas as idades e alturas, este pode ser instalado baixinho, até para uma criança de um ano e meio. As crianças pequenas adoram balançar na posição de voar — apoiadas na barriga, vendo o chão passar. Se o batente for de madeira, pendure o balanço em dois ganchos de rede. Se for de metal, uma barra de ginástica própria para batentes resolve. Você pode fazer o balanço com uma tábua e uma corda ou comprar uma tira de borracha para fazer o assento.

Colchonetes. Use colchonetes velhos. Se quiser, forre com tecido.

Parquinho dentro de casa. Os brinquedos para crianças pequenas que conjugam escorregadores e trepa-trepas são úteis por muito pouco tempo. É melhor um equipamento de verdade, principalmente no caso de crianças que pouco brincam fora de casa. Há combinações de casinha, trepa-trepa e escorregador. Alguns são dobráveis e podem ser usados em várias combinações. Procure se informar sobre a segurança desses brinquedos em lojas e publicações especializadas.

Equipamento feito em casa e improvisado. Use caixas de papelão e engradados. Quem mora em apartamento precisa de soluções para brincadeiras ativas dentro de casa. Para quem sabe usar o martelo e o serrote, há livros que ensinam a construir e a improvisar equipamentos. Fizemos uma prancha para escorregar que ficava presa no beliche. Ela teve mil e uma utilidades. As idéias são muitas. Mas o momento de usá-las é agora e novamente agora. E agora novamente.

Equipamentos para áreas externas. Nas casas em que há espaço para montar um parquinho, as crianças acabam preferindo brincar em outros lugares: na garagem, no gramado, nas árvores. A menos que você tenha condições de comprar um equipamento de madeira de alta qualidade, é melhor levar a criança ao parquinho da praça.

Balanço. Como as crianças adoram voar, é bem melhor montar o balanço numa árvore. Quanto melhor a paisagem, melhor o balanço. Quanto mais longa a corda, mais longe ele vai. Você só precisa de uma árvore, de uma tábua ou pneu velho, de um cano de bicicleta para proteger o galho e de uma corda. Tenho boas lembranças do balanço de pneu que havia em nossa casa — era para lá que eu ia depois do jantar, não para balançar, mas para ficar arrastando os pés no chão e vendo o sol se pôr. Caso não haja árvores, há outros suportes para balanços em lojas que vendem esse tipo de equipamento. Se você não tiver quintal, improvise um balanço num dia de piquenique. É só jogar uma corda por cima de um galho. Faça um laço numa altura que dê para o seu filho subir. Uma criança de dois anos consegue ficar apoiada num pé só nesse laço. Diga a ela para segurar na corda antes de pôr o pé. Se houver corda sobrando no nó, você pode usá-la para impulsionar o balanço. Diga à criança para não descer com o balanço em movimento. Só empurre mais forte *se* ela pedir.

> *How do you like to go up in a swing*
> > *Up in the air so blue?*
> *Oh, I do think it the pleasantest thing*
> > *Ever a child can do!*
> *Up in the air and over the wall*
> > *Till I can see so wide,*
> *Rivers and trees and cattle and all*
> > *Over the countryside —*
> *Till I look down on the garden green,*
> > *Down on the roof so brown —*
> *Up in the air I go flying again,*
> > *Up in the air and down!*
> > > Robert Louis Stevenson, "The Swing"

> [Que tal subir num balanço
> > Lá para cima no céu tão azul?
> Acho que é a coisa mais gostosa
> > Que uma criança pode fazer!
> Lá para cima, por cima do muro
> > Até ver bem longe
> Rios e árvores e vacas e tudo
> > No campo —
> Até ver lá embaixo o verde do jardim,
> > E o telhado marrom —
> Lá para cima voando outra vez,
> > Para cima e para baixo!]

Animais de Estimação

> *Oh, a hunting we will go*
> *And a hunting we will go*
> *We'll catch a fox*
> *And put him in a box*
> *And them we'll let him go.*
> > Canção popular

[Nós vamos caçar

Nós vamos caçar

Pegar uma raposa

E pôr numa caixa

E depois soltar.]

Livros sobre Animais. Com um sapo na mão ou um girino no vidro, é incrível como as crianças ficam interessadas. Os livros sobre animais são tantos e tão bons que é difícil fazer uma seleção, mas incentive o interesse da criança com uma visita à biblioteca ou à livraria. Há livros que ensinam a capturar insetos e pequenos animais e a fazer viveiros provisórios.

Animais de Estimação. Para crianças de todas as idades, é bom conviver com um bicho de estimação. Os pré-escolares são muito pequenos para cuidar de um bichinho. E também não dá para ter todos os bichos e insetos que chamam a atenção da criança. Além disso, os bichos não agüentam por muito tempo a ignorância carinhosa imposta a eles. Mas, mesmo para quem já tem um bichinho de estimação, um esquema de visitas — aos bichos dos amigos, aos bichos dos vizinhos que estão de férias ou aos animaizinhos achados no parque — é uma boa maneira de satisfazer o interesse da criança e de desenvolver o respeito inteligente e carinhoso pela vida e pela liberdade.

O estudo dos animais, dos seus hábitos e hábitats, ensina muito sobre a inteligência em geral. É maravilhoso observar, junto com nossos filhos, como cada animal sabe exatamente o que fazer. Não é preciso diminuir essa inteligência chamando-a de instinto, nem atribuí-la ao gênio das próprias criaturas. A questão principal é: *o amor-inteligência está ao alcance de todos, desde que haja a idéia necessária e a capacidade necessária no momento necessário.* Observe essa maravilha com seu filho e deixe que ele assimile seu significado, com uma sensação de segurança e confiança.

Na observação de uma criatura cativa, o que realmente interessa não é o animal em si, mas a inteligência refletida nele. Procure perceber o que cada criatura precisa enquanto está sob seus cuidados: um ambiente adequado, alimento, e depois ser libertada, ficando aos cuidados da inteligência que a tudo governa. É preciso ressaltar essa liberdade. Liberdade para ir embora. Até mesmo liberdade para morrer. A criança pequena (ainda sem noção de propriedade ou poder) fica mais feliz quando solta o animal do que quando o captura. O importante é deixar: deixar que ele venha, deixar que ele vá. Cada hóspede temporário traz uma nova oportunidade para explorar a liberdade. Pegue um vaga-lume. Coloque o inseto num vidro e veja como ele brilha. Deixe que ele se vá!

Animais em Cativeiro

Animal	*Onde?*	*Por quanto tempo?*
Lagarta	Num vidro com buracos na tampa, tendo dentro um ramo fresco da folhagem certa (algumas lagartas são muito específicas) e areia no fundo. Borrife a planta todos os dias com água, até o casulo ficar pronto. Depois, mantenha a areia úmida.	Até aparecer a borboleta ou mariposa — se possível, solte-a antes que esteja pronta para voar.
Sapo, peixe, inseto ou qualquer animal que ponha ovos na água	Num vidro cheio da água onde ele vivia. De vez em quando, tire um copo de água e ponha um copo da água do lugar onde ele vivia.	Até o animal sair do ovo — então solte ou pesquise para descobrir como manter em cativeiro esse animal.
Peixinhos	Pegue com uma toalha de banho e ponha num vidro cheio da água do lago, riacho ou mar de onde vieram. Os filhotes de peixe são maravilhosamente transparentes: pouco mais do que olhos com capacidade de se locomover.	Observe por uma hora, depois solte no lugar em que estavam.
Vaga-lumes	Num vidro com furos na tampa e um pouco de folhagem dentro.	Uma hora de escuridão.
Formigas (umas vinte da mesma colônia) das maiores	Numa caixa de plástico fino (com furinhos feitos com alfinete aquecido no fogo), ou num vidro que tenha dentro outro vidro virado de cabeça para baixo (para formar um espaço estreito onde dê para ver os túneis). Encha de areia. Quando não estiver olhando, deixe os lados cobertos com papel escuro, para que as formigas não se escondam. Uma ou duas vezes por semana, ponha uma gota de mel ou xarope. Caso as formigas consigam sair pelos furos (por isso prefira as maiores), ponha seu formigueiro numa bacia com pouca água. Assim, elas vão voltar pelos furos.	Se não pegar uma rainha, solte-as depois de uma semana e meia.
Qualquer inseto ou animal que encontrar	Num vidro com buracos na tampa ou numa gaiola.	Só para ver mais de perto — ele precisa de mais espaço.
Um filhote de passarinho que caiu do ninho	Não é para prendê-lo. Pegue com cuidado e ponha numa árvore, fora do alcance dos gatos.	Só o tempo que levar para pôr na árvore. Depois fiquem quietos, esperando que a mãe venha buscá-lo.

A little light is going by,
Is going up to see the sky,
A little light with wings.

I never could have thought of it,
To have a little bug all lit
And made to go on wings.

Elizabeth Madox Roberts, "Firefly"

[Uma luzinha está passando.
Está subindo para ver o céu,
Uma luzinha com asas.

Imagine só,
Ter um bichinho iluminado
E feito para voar.]

Um aquário de peixes é uma coisa que até um bebê aprecia. Há aquários de vinil para pendurar sobre o berço, mas parecem cruéis porque o peixe não sobrevive por muito tempo. Um aquário de vinte ou quarenta litros equipado com lâmpada, borbulhador e filtro é um bom investimento. Melhor ainda se der para instalar um aquário iluminado no quarto da criança, para ela ver da cama, livre de outras distrações. Ela vai ver que os peixes nadam perpetuamente, ao acaso, não em linha reta nem em círculos, dentro dos limites do aquário, livres mas sem bater uns nos outros.

Porque Nele vivemos, e nos movimentamos e existimos.

Atos 17:28

5

Unidade

Um em tudo,
Tudo em Um —
Se isso for compreendido,
Você não vai mais se preocupar por não ser perfeito.

Buddhist Scriptures, seleção e
tradução de Edward Conze

Ouve, Israel, o Senhor nosso Deus é o único Senhor.

Deuteronômio 6:4

Para muitas pessoas, o aspecto menos óbvio da realidade é a nossa unidade fundamental com os outros. Para nós, a vida é caótica, fragmentária, precária, incerta e até mesmo sem sentido. Até a ordem que percebemos não nos parece confiável. No entanto, como Seres-Que-Vêem, como seres que vivem, é a unidade que queremos e buscamos.

Queremos encontrar um fundamento para nossa unidade com nós mesmos e com os outros, um ponto de vista que dê sentido às coisas e que nos permita viver com confiança e certeza. Sem conseguir encontrá-lo, o Eu S.A. pega todos os pedaços aparentes da vida e procura *transformá-los* em um. Como nós nos sentimos isolados — *não*-unidos com o todo — tentamos criar nós mesmos a unidade. Na família, a tentativa de organizar a vida e criar unidade familiar costuma gerar a desunião, como quando uma criança tenta montar um quebra-cabeça pela primeira vez.

Há dois elementos em nosso quadro mental de unidade familiar: o amor e a inteligência. Do ponto de vista do amor, a unidade familiar é apoio, conforto, prazer, amizade, calor e aconchego. Do ponto de vista da inteligência, é cooperação, concordância e consenso. Mas a dificuldade é incrível. Quanto mais buscamos a unidade, mais desunião — desarmonia, dissidência, insatisfação e distância — ocorre entre nós. Todos querem ser aquele que resolve o quebra-cabeça, mas ninguém quer ser uma peça do quebra-cabeça do outro.

Será que devemos concluir que a unidade familiar é algo inatingível? Que não dá para cada um viver uma vida individual e ao mesmo tempo estar em unidade com os outros? A frustração e a desilusão sugerem essas conclusões. Mas lá no fundo nós não as aceitamos. Mesmo rompendo com a família (quando saímos de casa, nos separamos, nos divorciamos), não abandonamos a busca pela unidade.

Não precisamos abandonar a esperança de ter relacionamentos solidários, respeitosos e estimulantes. Mas para que a unidade se expresse assim em nossa vida, devemos transcender a idéia fundamentalmente desunificadora de que cada um de nós é um eu separado, fechado num corpo separado: o Eu S.A. O "quadro familiar" se adapta aos conceitos que alimentamos.

Para ter um quadro familiar unificado, em que haja um amor-inteligente, temos de buscar a unidade com a fonte amor-inteligente do nosso ser. Nela estão todas as suas expressões — o eu, o outro e a boa relação entre eles — unidas. É só através dela que conseguimos criar a harmonia que chamamos de amor. Já ao nascer, ansiamos pela unidade e sentimos sua necessidade e possibilidade, mas descobri-la é uma tarefa para a vida inteira. Numa de minhas passagens favoritas da Bíblia, Paulo diz que habitamos sobre a face da terra para buscar o Senhor "porque nele vivemos, e nos movemos e existimos".

A unidade com Deus — o todo ou a inteligência fundamental — não é algo que se conquiste de uma só vez. A percepção da unidade é gradual, pois se dá à medida que descobrimos que todas as coisas, todas as pessoas e todos os aspectos e fases da vida vêm de Deus — daquilo em que "vivemos, e nos movemos e existimos" e que é anterior a todas as coisas. Não tem fim a tarefa de descobrir uma unidade cada vez mais profunda com camadas cada vez mais profundas da realidade. Assim, é sensato parar de buscar a perfeição em nós mesmos e nos outros e nos resignar humildemente a tatear em busca de Deus, a cada acontecimento.

Uma vez iniciada essa longa busca, o inesperado fica mais significativo e mais fácil de aceitar, mesmo antes de a unidade ser percebida. Quando nossas "expectativas razoáveis" irritam os outros, em vez de criticar ficamos atentos; em vez de gritar, escutamos; em vez de acusar, rezamos. Assim, temos mais probabilidade de nos encaixar no gigante quebra-cabeça divino, em vez de nos encaixar à força — e de tentar encaixar os outros — em pequenos e desconfortáveis quebra-cabeças humanos.

O amor e a inteligência não são separados um dos outros, assim como não somos separados de Deus. A beleza lisa e arredondada do lado de fora do copo vem da conformidade à *raison d'être* do lado de dentro: servir de recipiente. O lado de fora é definido pelo lado de dentro. Da mesma forma, o amor é a expressão da ordem inteligente fundamental. Acredito que existe uma inteligência fundamental que tende ao amor como efeito universal. A necessidade de amor e inteligência é seu impulso em nós. É a ela que devemos recorrer para obter a inspiração que nos leva à expressão do amor. *Universal* e *único* têm a mesma raiz: *um*. Como a onda no oceano, o indivíduo *único* é um lugar em que o amor-inteligência assume uma forma perceptível, atinge seu auge.

No princípio era o Verbo, e o Verbo estava com Deus, e o Verbo era Deus... E o Verbo se fez carne, e habitou entre nós...

João 1:1, 14

Jesus disse: Eu e o Pai somos um.

João 10:30

Graças à unidade consciente de Jesus com a realidade universal do amor-inteligência, essa realidade ganhou expressão plena e única. Da mesma forma, como pais que procuram ser fatores unificadores da família, nossa prioridade deve ser o contato constante e consciente com o amor-inteligência Além-do-Pessoal.

Sem consciência do Um fundamental e de nossa unidade com ele, a vida é uma confusão. Partindo da idéia do eu isolado, queremos impor amor e inteligência uns aos outros, mas o que se expressa é a desunião, em forma de atrito, de conflito, de desconforto e de tudo o que nos magoa e nos entristece. *Sozinhos*, não é possível fazer outra coisa: a tentativa de trazer a unidade aos filhos é pervertida pelas imitações egoístas e exploradoras do amor como hedonismo e da inteligência como poder e controle. Mas buscando a consciência de nossa unidade individual com o Um fundamental, permitimos que o amor-inteligência tenha um efeito unificador sobre nós, em forma de amor pessoal verdadeiramente sábio e de inteligência pessoal cheia de amor.

Encaixe Perfeito

Assim como os pais que são realmente paternais são os pais-criança,
assim como os pais que realmente ensinam são os pais que aprendem,
assim como os pais realmente libertadores são os pais obedientes,
assim os pais realmente unificadores são os pais unificados.

Todas as coisas são feitas através do amor-inteligência, e sem amor-inteligência nada se faz que seja realmente feito.

Um momento de amor-inteligente leva a outro.

Compreender essas idéias, ou pelo menos lhes dar atenção, já nos ajuda como pais, pois nos leva a perceber o amor-inteligência em nossos filhos e a reagir a eles de uma maneira que lhes possibilita descobrir a própria unidade com esse amor-inteligência. A Mente Única guia e governa os pais através do filho e o filho através dos pais, cada um como um Ser-Que-Vê único num universo unificado de amor-inteligência e que se revela a si mesmo.

Enquanto não tem consciência de si mesma, a criança é um lugar em que a Mente Única se expressa com uma consciência cada vez maior da unidade. Ao resolver seu quebra-cabeça, nossos filhos demonstram que é possível descobrir a unidade em meio ao caos aparente. Diante de um quebra-cabeça de madeira, desses que têm pinos onde encaixar as peças, a criança com menos de um ano se limita a erguer as peças, pois o que primeiro lhe chama a atenção são os pinos. Para ela, é uma revelação ver que aquilo que parece um todo único pode se transformar em partes. Ela não se preocupa em remontar o quebra-cabeça. Fascinada pelas peças, ignora a base do quebra-cabeça. Quando lhe ocorre a possibilidade de recolocar as peças na base, ela tenta encaixá-las em qualquer lugar, sem perceber que cada uma tem seu próprio buraco e que há uma relação entre a borda externa de cada peça e a borda interna do buraco. Aos poucos, ela descobre que precisa associar as peças aos buracos para que ocorra o encaixe, a unificação.

Na paternidade e na maternidade, assim como no quebra-cabeça — e na verdade em todos os aspectos da vida —, é preciso fazer essa descoberta: quando você associa as partes aos buracos, as partes se transformam no todo e o todo se torna evidente. Aquilo que a criança descobre concretamente sobre o quebra-cabeça, devemos descobrir espiritualmente sobre nós mesmos: não é por meio da manipulação dos outros que a unidade chega à nossa experiência, mas através da sintonização de nossos pensamentos e de nós mesmos com o todo fundamental a que pertencemos.

Para os adultos, os quebra-cabeças costumam ser apenas uma atividade intelectual, uma confirmação do poder mental. Mas a motivação inconsciente da criança é diferente. Como ainda não aprendeu a acreditar na falta de unidade, ela parte do pressuposto inconsciente de que a unidade existe. Fica deliciada com as demonstrações de unidade, que têm para ela um interesse existencial. Um anúncio dizia o seguinte: "Os quebra-cabeças reforçam uma convicção necessária ao aprendizado: a convicção de que as coisas fazem sentido." A alegria que o quebra-cabeça provoca na criança vai ainda mais longe: ela gosta de ser parte do senso fundamental das coisas (e de estar unida a ele). Encaixando no todo as peças do quebra-cabeça, ela também se encaixa no todo.

Pais como Fatores de Unificação

(1) Pais como Rochas

Todo aquele, pois, que escuta estas minhas palavras e as pratica, assemelhá-lo-ei ao homem prudente, que edificou a sua casa sobre a rocha. E desceu a chuva, e correram rios, e assopraram ventos, e combateram aquela casa, e não caiu, porque estava edificada sobre a rocha.

Mateus 7:24-25

Pais unificadores são pais unificados. À medida que nos tornamos "um com o Pai", o todo divino, é menos provável que haja desacordo entre nós e entre nós e Deus. Ser um com o pai divino significa ser um com o amor-inteligência. Para descobrir essa unidade, precisamos levar ao que é amor-inteligente cada pensamento, cada palavra, cada ação, a qualidade do nosso ser e a nossa maneira de olhar.

Deixamos que o amor-inteligência assuma o controle sobre nós e sobre os outros. O que está de acordo com o amor-inteligência é verdadeiro. O resto não é. Ver em termos do que *é* e do que *não é*, e não do que *deveria* ou *não deveria* ser, é o que nos torna mais equilibrados, mais seguros, mais firmes, mais abertos e mais compreensivos. Assim, com a totalidade do nosso ser, mostramos à criança que é possível confiar na vida.

... olhai para a rocha donde fostes cortados, e para a caverna do poço donde fostes cavados.

Isaías 51:1

Assim nós, que somos muitos, somos um só corpo em Cristo...

Romanos 12:5

De sorte que haja em vós o mesmo sentimento que houve também em Cristo Jesus.

Filipenses 2:5

E Jesus disse-lhe: Amarás o Senhor teu Deus de todo o teu coração, e de toda a tua alma, e de todo o teu pensamento. Este é o primeiro e o grande mandamento.

Mateus 22:37-38

(2) Pais que Vêem a Unidade

E o segundo, semelhante a este, é: Amarás o teu próximo como a ti mesmo.

Mateus 22:29

Vendo um ao outro como seres em unidade com Deus ou com o todo amor-inteligente, somos capazes de reagir um ao outro com amor e inteligência. Assim, vemos cada criança como um ponto em que o universal atinge seu auge de maneira inigualável. Sabendo que ela é uma expressão do amor-inteligência no processo de se tornar consciente, nós a respeitamos como tal. O que parece ruim é considerado falso e não um defeito, e tratado como algo que nada tem que ver com a criança essencial. O que é bom é considerado verdadeiro e apreciado como uma expressão de Deus. Assim, mais livre da autoconsciência que é ensinada pelos pais, a criança não se desvia; um Ser-Que-Vê em processo de ver.

One is one and all alone
And evermore shall be it so.

de "Green Grow the Rushes", canção popular

[Um é um e tudo apenas
e para sempre assim será.]

(3) Pais que Conhecem a Unidade e Abrem Caminho para Ela. Sabendo que a vida é uma jornada em direção à unidade consciente com Deus, nós libertamos a criança e a confiamos ao amor-inteligência. Expressamos assim nossa confiança na vida que, por meio da lição e da revelação, vai produzir a reunião total.

Não sabeis que me convém tratar dos negócios de meu Pai?

Lucas 2:49

How like an angel came I down!
  How bright are all things here!
When first among his works I did appear
  Oh, how their glory did me crown!
The world resembled his eternity,
  In which my soul did walk;
And everything that I did see
  Did with me talk....
A native health and innocence

Within my bones did grow,
And while my God did all his glories show,
I felt a vigour in my sense
That all was spirit: I within did flow
With seas of life like wine;
I nothing in the world did know,
But 'twas divine....

Thomas Traherne,
"Poems of Felicity"

[Como um anjo eu desci!
Como tudo brilha por aqui!
Quando apareci entre suas obras
A glória delas me coroou!
O mundo era como a sua eternidade,
Em que minha alma passeou;
E tudo o que eu vi
Comigo falou...
Saúde e inocência genuínas
Cresceram em meus ossos,
E enquanto meu Deus mostrava suas glórias,
Senti um vigor em minha percepção
De que tudo era espírito: por dentro fluí
Com mares de vida semelhante ao vinho;
Eu nada no mundo sabia,
Mas era divino...]

(4) Pais Centralizados na Unidade, como Guardiães do Ambiente Centralizado em Deus. Muito antes de a criança conceber a unidade, ela consegue apreciar seu valor. Cada aspecto da casa, cada tarefa e atividade pode ser tratado com a idéia de tornar perceptível a força do amor-inteligência. Ordem, simplicidade, eficiência, respeito, paz e privacidade — são essas as qualidades da casa centralizada em Deus. O que expressa melhor o amor-inteligência? O que é amor-inteligente? À luz do amor e da inteligência, o que devo fazer agora? — sempre que fizermos essas perguntas com sinceridade, seremos guiados pelo amor-inteligência.

E os teus ouvidos ouvirão a palavra do que está por detrás de ti, dizendo: Este é o caminho, andai nele...

Isaías 30:21

(5) Pais que Apontam para a Unidade como Professores e Guias. Os pais são um dedo que Deus aponta para Deus. Nós não apontamos para nós mesmos, não apontamos para a criança, não sacudimos o dedo no rosto dela. Como ela está em unidade com o amor-inteligência, é a Mente Única que lhe ensina as coisas mais importantes, pela experiência, pela inspiração e pelo nosso exemplo. Para ensinar, explicar ou estabelecer regras, temos de nos concentrar no amor-inteligência fundamental e na capacidade que a criança tem de tomar consciência dele. Assim, conseguimos estabelecer padrões de amor-inteligência em nossa casa, sem nos tornar pessoais ou dominadores demais.

Conseguimos também discernir o que é melhor que nossos filhos descubram pela experiência, sentindo as conseqüências. Há um tempo para arrumar o quarto da criança; há um tempo de pedir a ela que o arrume; há um tempo para arrumar junto com ela; há um tempo para ensiná-la a arrumar; há um tempo para fechar a porta e deixar que ela viva com a bagunça até se cansar.

Assim resplandeça a vossa luz diante dos homens, para que vejam as vossas boas obras e glorifiquem a vosso Pai, que está nos céus.

Mateus 5:16

(6) Pais como a Mão que Propicia a Unidade. Os pais são uma das mãos de Deus. Por meio dela, Deus concede muitas dádivas à criança. Por meio de pais inspirados, capazes de amar e de agir com inteligência, Deus concede Seu próprio eu. Pais que têm consciência da unidade como uma questão básica da vida conseguem escolher e proporcionar brinquedos, aulas e equipamentos de maneira a favorecer a consciência que a criança tem do amor-inteligência fundamental e da sua unidade com ele.

Além de ensinar habilidades necessárias e proporcionar experiências agradáveis, as brincadeiras e idéias apresentadas no final deste capítulo têm o intuito de ajudar a criança a encontrar a unidade. Com elas, a criança que não é dispersa vai perceber também a transição da aparente falta de unidade para a unidade, da não-confiabilidade à confiabilidade. Ela vai aprender que é impossível juntar à força as peças do quebra-cabeça, que é preciso descobrir o lugar de cada uma delas, para que se encaixem com facilidade. Ela vai aprender que só afunda na água quando sente medo e se debate, pois a água é capaz de fazê-la boiar quando ela pára de lutar sozinha e começa a confiar em sua unidade com sua própria capacidade para flutuar.

Como as crianças ainda não têm consciência do significado dessas experiências, elas não partem ainda para a generalização. Mas as experiências favorecem a expectativa positiva e o desenvolvimento da adaptabilidade e da constância. Quando as crianças se tornam mais conscientes, as experiências se transformam em provas de que a unidade e a confiabilidade são fatos da vida, de que as experiências em contrário são transitórias e instrutivas, de que é possível fazer a transição de uma coisa à outra, e de que isso é possível por meio da compreensão — que afinal é o que importa.

> *Não erreis, meus amados irmãos. Toda a boa dádiva e todo o dom perfeito vem do alto, descendo do Pai das luzes, em quem não há mudança nem sombra de variação.*
>
> Tiago 1:16-17

Ciência

> *Ó Shiva, qual é a sua realidade?*
> *O que é este universo cheio de maravilhas?*
> *O que constitui a semente?*
> *Quem está no centro da roda universal?*
> *O que é esta vida além de forma permeando formas?*
> *Como mergulhar nela plenamente, além do espaço e do tempo,*
> *Dos nomes e das descrições?*
> *Que minhas dúvidas se dissipem!*
>
> Zen Flesh, Zen Bones, compilação de Paul Reps

> *Enquanto ele estiver pesquisando a natureza da xícara, beber leite será a atividade menos absorvente que ela oferece. Ele examina a superfície externa da xícara, explora a superfície interna, descobre seu vazio, bate com ela na bandeja para produzir um som. Rios de leite, de suco de laranja e água caem em cascata da xícara para a bandeja, para o chão da cozinha, acrescentando alegria à experiência.*
>
> Selma Fraiberg, The Magic Years

Ciência significa conhecimento. O interesse científico dos nossos filhos é um aspecto de sua busca para conhecer o amor — não como sentimento, mas como subproduto de uma inteligência fundamental confiável. Todas as crianças são cientistas à maneira dos antigos, para quem a ciência, a filosofia e a religião eram uma coisa só. Seu interesse em compreender *como é a vida* é também um interesse no próprio ser. A vida é boa? É um lugar em que existe amor? Como funciona? O que é? O que eu sou? Como eu me encaixo nela?

Na superfície, a evidência é conflitante. Não dá para olhar em volta e dizer que a vida é amor. Mas também é enganoso se deter na evidência contrária. O conflito e a confusão da superfície são apenas isso: confusão superficial, que só é resolvida e harmonizada por meio da compreensão mais profunda. Nossos filhos querem chegar ao fundo das coisas e, quando incentivamos esse interesse natural, aumentamos a capacidade deles de reconhecer o amor. Porque o amor e a verdade são aspectos de uma só realidade.

Assim, a coisa mais importante com relação às explorações científicas dos nossos filhos não é a aquisição de informações, mas a descoberta da inteligibilidade fundamental da vida. Percebendo que existe ordem por trás de todos os fenômenos, as crianças acabam descobrindo seu caminho para superar as dificuldades. Assim como a consciência do todo reduz a um quadro coerente a aparente complexidade das peças do quebra-cabeça, a consciência da unidade supera as atribulações da vida.

No mundo tereis aflições, mas tende bom ânimo, eu venci o mundo.

João 16:33

No início, nossos filhos têm um motivo inconsciente mas legítimo para querer saber: o desejo de se unir à Mente Única por meio da consciência; à bondade por meio da consciência do que é bom; ao amor por meio da consciência de que o amor-inteligência é. Eles são naturalmente atraídos por essa união. Cada revelação de que a inteligência é acentua o desejo secreto e sugere que eles pertencem ao que é fundamentalmente bom e cheio de amor.

Hoje em dia, a competição da vida escolar nos leva a pressionar nossos filhos do ponto de vista acadêmico, o que atrasa e dispersa seu aprendizado. Saber detalhes de como funcionam as coisas não é tão importante quanto compreender *que* elas funcionam — segundo certas leis. O conhecimento factual é constantemente revisado à luz de novas e mais profundas maneiras de ver. Há pouco tempo, o físico David Bohm e o neurofisiologista Karl Pribram afirmaram publicamente que "no começo era o Verbo!" (Conferência de 1979 sobre a "Co-evolução da Ciência e do Espírito").

A ênfase no conhecimento pessoal escraviza a criança à idéia de ter uma mente pessoal, afastando-a da mente única. A valorização excessiva do conhecimento pessoal dificulta seu aprendizado, porque ela tem de defender o que já sabe, mesmo que esteja errado. A amizade e o amor também são difíceis para a criança que aprende a opor a sua mente às outras.

Os "fatos" precisam ser aprendidos. Mas, quando descobrem que a inteligência fundamental é o mais importante, nossos filhos conseguem se abrir com mais facilidade a uma nova compreensão. Essa abertura melhora sua eficiência na escola, pois só é possível fazer novas descobertas quando "fatos" antigos são abandonados. Além disso, fica mais fácil fazer amigos quando o valor pessoal é definido à luz da Mente Única e não por meio da competição. Guiados pela unidade, nossos filhos têm mais possibilidade de realizar seu potencial de amor e inteligência, partindo sempre do pressuposto de que a vida é harmoniosamente ordenada a favor do bem.

Nosso principal papel nas explorações de nossos filhos é a não-interferência atenta. Fornecemos o material e as oportunidades, mas sem predeterminar como eles vão usá-los. Essa atitude descontraída expressa confiança no significado da vida e na capacidade de compreensão da criança. Consideramos nossos filhos como Seres-Que-Vêem e não como seres que fazem e acumulam conhecimento. Tendo em mente que sua tarefa mais importante é desenvolver a faculdade de perceber, saberemos o que dizer, fazer e providenciar para favorecer o aprendizado. Deixamos de corrigir as respostas erradas e de refazer o que suas mãos pouco treinadas não conseguem fazer direito. Nós nos tornamos capazes de apreciar com alegria suas descobertas.

Em vez de dizer:	*Vai nos ocorrer dizer:*
Está muito bom (ou ruim).	Desse jeito não funciona muito bem.
Você é muito bom (ou ruim).	Agora você viu como é (ex.: os copos quebram quando caem no chão).
Que criança boba (esperta) você é.	Você descobriu.../ Não é uma maravilha?/ Isso nos ensina.../ Agora o leite caiu direitinho na xícara/ A xícara tremeu um pouco, acho que é mais fácil com as duas mãos.
Você ainda não sabe fazer isso?	Você está aprendendo. Foi só um erro. (Veja só como é fácil.)
Como você é sabido! (Sabe o alfabeto inteiro!)	Que bom! (O alfabeto inteiro! É assim que a gente começa a aprender a ler!)
	Você está começando a descobrir...
Você não consegue fazer isso direito.	Ainda é um pouco difícil mexer com... Está ficando cada vez mais fácil...
Que menino(a) sortudo(a)!	É maravilhoso saber que uma coisa assim pode acontecer!

É difícil dizer o que é ciência e o que não é ciência para as crianças. Quando pequenas, elas são, no mínimo, cientistas físicos. Qual é a textura? Qual é o gosto? Que cheiro tem? Qual é o som que faz? De onde veio? Para onde vai?

Como aconteceu? Como funciona e o que acontece depois? Tudo o que as crianças fazem, toda a bagunça, todos os brinquedos que quebram, tudo o que derrubam, para elas tudo isso é aprendizado. Então, não tem sentido perguntar o que é um bom brinquedo ou uma boa atividade científica para pré-escolares. O que não é? Basta que os pais percebam que é ciência o que está acontecendo. O quebrar de um ovo, o descascar de uma maçã são revelações científicas! Pelo menos uma vez, deixe a criança brincar com a casca da maçã, quebrar um ovo e esmigalhar a casca, esmagar algumas ervilhas.

No inverno, uma criança com menos de dois anos foi passear com o pai no canguru. No caminho, o pai fez para ela sua primeira bola de neve. Era tão bonita, saiu limpa e branca lá do chão e virou uma bola perfeitamente redonda e firme, que cabia direitinho nas mãos enluvadas da criança. A caminho de casa, ela dormiu nas costas do pai, ainda segurando a bola de neve. O pai tentou pegar a bola de neve, mas a criança acordou e chorou. Então, levaram a bola de neve para casa, puseram no *freezer* e a criança foi continuar a soneca. À noite, quando estava tomando banho, os pais lhe trouxeram a bola de neve, dizendo: "Vai derreter. Ponha na água e veja como derrete. A neve é feita de água. Na água quente, ela vai virar água de novo." Ela não ficou triste quando sua bola de neve derreteu. Ficou maravilhada.

Algumas coisas que parecem virar nada ainda existem. Algumas coisas que parecem ser, na verdade, não são. Algumas coisas que parecem não ser na verdade são. Descobrir o que é e o que não é torna a vida interessante. O ar é nada? Você pode encher um saco de papel ou um balão com ele. Você pode apagar uma vela deixando-a sem ar. Se você tentar segurar a respiração, o que acontece? Dá para soprar bolhas de ar na água. Quando se mexe, o ar esfria, seca e move as coisas. Ele faz com que as coisas voem e ajuda os barcos a navegar. Encha alguns balões e veja como ficam leves, como sobem com facilidade. O que é o quê? E o que não é? E quem diz o que é e o que não é?

Quando eu era criança, pensei que minha pipa voaria melhor se eu a empinasse perto das árvores. Achei que tinha mais vento perto das árvores porque era ali que eu via seu efeito. É claro que a pipa ficou presa nas árvores. Passei o dia na árvore, tentando recuperar as varetas para fazer outra pipa. E consegui. E ela voou, desta vez no meio do campo. O que aprendi com essa experiência me ajuda até hoje. Quando estou presa numa árvore, quando as coisas não caminham como eu esperava, eu me lembro daquele dia.

Who has seen the wind?
   Neither I nor you;
But when the leaves hang trembling,
   The wind is passing through.
Who has seen the wind?
   Neither you nor I;
But when the trees bow down their heads,
   The wind is passing by.

Christina Rossetti, "Who Has Seen the Wind?"

[Quem já viu o vento?
   Nem eu nem você;
Mas quando as folhas ficam tremendo,
   É o vento passando por elas.
Quem já viu o vento?
   Nem eu nem você;
Mas quando as árvores abaixam a cabeça,
   É o vento passando por elas.]

Nossos filhos cientistas muitas vezes nos perguntam: *Por quê?* É bom responder a essa pergunta quando é possível, mas saber por que não é da máxima importância. Ao responder, faça outra pergunta: *Qual é o significado?* O que significa ver a ação do vento mas não o vento? Qual é o significado disso?

O vento assopra onde quer, e ouves a sua voz, mas não sabes donde vem, nem para onde vai; assim é todo aquele que é nascido do Espírito.

João 3:8

Não atentando nós nas coisas que se vêem, mas nas que se não vêem.

II Coríntios 4:18

De nenhum brinquedo ele gostava mais do que da lanterna do pai. Quando a segurava, seu rosto brilhava mais do que a luz de qualquer lanterna. Um dia, quando tinha dois anos, foi "ajudar" o pai: segurava a lanterna enquanto o pai consertava alguma coisa num canto escuro da casa. O pai chamou: "Dá para voltar aqui? Preciso de um pouco de luz." O menino foi correndo para perto do pai na maior felicidade, balançou a lanterna como se fosse um saleiro e foi brincar de novo, acreditando que a luz que tinha "borrifado" já era suficiente. Somos como ele: borrifamos um pouco de amor, pequenas compreensões parciais nos cantos escuros, e depois ficamos desapontados porque a escuridão continua.

Disciplina

Nem crianças nem adultos se importam muito quando castelos de areia ou torres de blocos desmoronam ou porque a água não pára dentro de um vaso furado ou virado. Os castelos são reconstruídos muitas vezes, ficam cada vez melhores, até que a natureza da areia e as leis que governam seu comportamento são parcialmente entendidas. Em geral, o progresso é feito de maneira harmoniosa e a caixa de areia continua sendo um lugar agradável para brincar.

Como sabemos que a areia está sujeita às leis da física, nossos filhos aprendem conosco a aceitar seu comportamento inconstante, assim como nós aceitamos com tranqüilidade o fato de eles ignorarem essas leis. Dizemos que "é assim mesmo", que "é isso que acontece quando...", e assim eles entendem que não dá para modificar esse fato por meio da vontade pessoal.

Mas não somos tão esclarecidos quando se trata das leis superiores do ser. Como Eu S.A., a vida em geral e os filhos em particular nos afetam pessoalmente. Assim, quase todos nós temos dificuldade com os filhos na área que chamamos de disciplina. "Para o bem deles", lançamos mão de um arsenal de técnicas, que vão da insistência antiquada e punitiva a formas sutis de manipulação, coerção e suborno. Os resultados variam: obediência medrosa, passividade, incerteza ansiosa, total anarquia, rebeldia, variando em geral de um extremo ao outro, especialmente na adolescência.

Quando nossos propósitos disciplinares falham, recorremos a todos os extremos. Mas método nenhum funciona se o que o inspira é a crença no poder da mente pessoal. Muitas técnicas disciplinares são baseadas na idéia de que a mente pessoal dos pais é o principal determinante da criança. Acreditamos que somos pessoalmente responsáveis pela existência de nossos filhos e pelo comportamento deles. Uma noção equivocada, que causa muitos problemas.

Temos uma certa fé na areia como professora e na criança como aprendiz mas, quanto ao resto, assumimos total responsabilidade pessoal. Quanto menos sabemos a respeito de alguma coisa, mais responsabilidade pessoal assumimos. Violamos, por ignorância, leis superiores do ser, atraindo experiências de desarmonia que reforçam nossa crença na falta de leis. Interpretamos nossa ignorância com relação às leis superiores como ausência de leis superiores, pressupondo que a realidade é desprovida delas. Assim, assumimos pessoalmente a responsabilidade de criar, impor e fazer cumprir as leis. Quando se trata de nossos filhos (que também vemos como criações nossas), acreditamos que é preciso assumir essa responsabilidade. Mas, presos a esse equívoco, acabamos ensinando a eles que o importante é a vontade pessoal (seja ela obediente ou desafiadora). Isso nos põe — e aos nossos filhos — em conflito direto uns com os outros e com a vida.

Na verdade, não passamos de crianças na caixa de areia. Os filhos e as situações que vivemos são como a areia, manifestando implacavelmente — mas não maliciosamente — certos princípios da existência. Somos a areia um do outro, e ao mesmo tempo cavamos juntos a areia da caixa. Nossa responsabilidade é apenas descobrir e expressar essas leis em nossa vida, sempre lhes obedecendo. Mas criá-las não é responsabilidade nossa. Não criamos as leis, não podemos modificá-las e nem forçar ninguém a viver segundo elas. Somos responsáveis na medida em que somos *capazes* de reagir às leis — no entendimento e na maneira de ser no mundo. Essas leis são a verdade sobre nós, não somos nós que as tornamos verdadeiras.

O que isso sugere sobre a disciplina dos filhos? Como evitar os anos de brigas, frustração, raiva, desapontamento e até mesmo tragédia que assolam a vida de tantas famílias bem-intencionadas?

O Saber Silencioso

É importante lembrar que a consciência da verdade fundamental é mais importante do que aquilo que fazemos ou dizemos. Os castelos de areia, cuidadosamente construídos, vão desmoronar até que o construtor compreenda a diferença entre areia seca e molhada. Do ponto de vista material, a areia é mutável, é essa sua característica. Em termos ideais, é constante, é confiavelmente mutável. Ela expressa sempre as leis do seu ser. O mesmo se aplica aos nossos filhos, aparentemente indisciplinados. Eles são confiavelmente desobedientes, expressando sempre as leis fundamentais do ser. Assim, é importante que os pais façam um esforço consciente para discernir o significado essencial de qualquer situação disciplinar — não as causas ou fatos imediatos, mas o princípio fundamental.

Devemos vigiar os nossos pensamentos, distinguindo honestamente nossos estados de espírito pessoais da lei ou verdade constante. É tão fácil humilhar e tiranizar crianças pequenas. Precisamos entender a verdade de todas as situações para transmiti-la a nossos filhos sem recorrer ao poder pessoal.

O que compreendemos da verdade é transmitido aos nossos filhos por meio da consciência, sem que haja necessidade de falar nem impor. À medida que percebemos a ação da lei fundamental, paramos de interferir tanto e deixamos que nossos filhos vivam e aprendam. Essa não-interferência é aceita pela criança como um voto de confiança nela e na vida, apesar de todas as evidências em contrário.

Assim, a primeira resposta ao problema da mente pessoal é a busca e o saber silenciosos. Nesse processo, devemos abandonar o excesso de responsabilidade pessoal e voltar nossa atenção para a revelação do princípio.

Demonstração

A segunda resposta ao problema da mente pessoal é a demonstração na vida dos princípios que compreendemos. Isso significa praticar o que pregamos — o que é fácil quando sabemos do que estamos falando. Caso contrário, é muito difícil. Temos domínio sobre nossos filhos assim como temos domínio sobre a areia — não por meio da imposição, mas por meio da compreensão. Nossos filhos se comportam de acordo com nossos valores, refletindo positiva ou negativamente as idéias que mais prezamos. Eles percebem a verdade que compreendemos plenamente e demonstramos na vida diária. Embora as crianças não sejam conscientes a ponto de compreender os princípios em si (nós estamos começando a descobri-los), elas são atraídas por eles e vão viver de acordo com eles, experimentando alegremente seus frutos.

Mas, às vezes, nós nem conhecemos a lei, quanto mais o princípio fundamental. Nessas ocasiões, é necessária a afirmação diante da incerteza. Afirmamos que a verdade é que a areia se comporta de acordo com as leis, mesmo que não esteja claro por que esse castelo em particular acabou de desmoronar ou por que nosso filho está tendo um acesso de mau humor. Nossas dificuldades com os filhos não são mais pessoais do que as dificuldades deles com a areia. Essas dificuldades dizem respeito apenas à ignorância com relação à natureza e ao significado do que acontece.

Se não compreendemos as leis que determinam o comportamento da areia, podemos chutá-la por frustração ou tentar fazer com que se comporte de acordo com nossas idéias equivocadas e de maneira contrária à própria natureza. Se acreditamos que o problema está na areia, a areia só vai conseguir manifestar nosso erro. Ela vai ferir nossos olhos, vai ser mutável, indigna de confiança. Da mesma forma, quando temos problemas com os filhos, tentamos modificá-los em vez de modificar nossos pensamentos, fazendo com que se comportem de maneira contrária à verdade do seu ser ainda inconsciente. Na melhor das hipóteses, isso confunde. Na pior, a criança, além de expressar nosso erro, vai adotá-lo como uma crença dela, pois, ao contrário da areia, ela está desenvolvendo a consciência.

Perceber que discórdia é ignorância da verdade é o primeiro passo para abandonar o erro e seus resultados problemáticos. Esse passo poupa nossos filhos de falsas lições de ruindade pessoal. A afirmação de que a verdade confiável existe, mesmo que não a conheçamos, é fé. Em nossos filhos, ela será expressa em forma de confiança, entusiasmo, expectativa feliz, liberdade de viver e aprender. Em nossa vida, a prática dos princípios que conhecemos leva à sua validação em primeira mão.

Para eliminar o que há de pessoal na questão da disciplina, os pais têm de, em primeiro lugar, buscar silenciosamente o princípio e, em segundo lugar, demonstrá-lo. Mas será que basta saber e dar o exemplo? Não é preciso ensinar? Uma coisa substitui a outra? Não.

A Lei Enunciada

Muita tirania que passa por medida disciplinar é eliminada através do saber silencioso e da demonstração. Mesmo assim, os pais têm um importante papel como professores.

O que não é comunicado por meio do saber silencioso e do exemplo tem de ser reduzido a leis. As leis são medidas provisórias, necessárias porque não compreendemos bem os princípios e porque nossos filhos ainda não são maduros para compreendê-los.

As leis que estabelecemos devem ser baseadas em princípios que compreendemos e *seguimos em nossa vida*. As leis são um reflexo imperfeito do princípio. Precisamos estar preparados para revisar ou abandonar qualquer lei — quando a compreensão aumentar ou quando nossos filhos forem capazes de passar da regra imposta ao princípio compreendido. Quando sabemos que, ao destruir uma flor, o bebê está tentando compreender alguma coisa, em vez de repreender e proibir, vamos canalizar seus esforços e favorecer a descoberta. Em vez de dizer para ele não mexer nas flores, vamos escolher uma flor para ele dissecar.

Da mesma forma, devemos estar prontos para revisar ou abandonar leis de comportamento à medida que for aumentando a compreensão da criança. No começo precisamos protegê-la fisicamente do perigo e deixar fora do seu alcance as coisas que quebram. Mas, à medida que ela vai crescendo, a proteção e a prevenção vão dando lugar à repreensão e ao conselho. Cada vez mais, a criança é capaz de descobrir coisas sozinha por meio da tentativa e erro (dependendo, é claro, do perigo envolvido).

De vez em quando, é bom expressar verbalmente os princípios que conhecemos, mas apenas como um estímulo, deixando que as idéias caiam como sementes na consciência, para brotar e florescer mais tarde. *É importante fazer isso em termos bem concretos.*

No começo, nem dá para usar palavras, como quando protegemos o bebê de um perigo físico. Depois, dá para começar a usá-las, mas as frases devem ser simples. Por exemplo: quando começam a brincar juntas, as crianças têm muita dificuldade para compartilhar. Não compreendem o valor dessa atitude. Mas temos que ajudar a criança a parar de brigar por causa dos brinquedos de que gosta, para que possa ter uma experiência social agradável. Há uma lei eficaz que pode ser usada de vez em quando: "Ninguém pode tirar nada das mãos de ninguém." Uma lei assim, concreta e baseada num princípio, permite que a criança encontre por si mesma os princípios fundamentais.

As leis têm de ser expressas da maneira mais positiva possível. A melhor maneira de fazer com que a criança pare de bater na mesinha de café com o xilofone é lhe dar alguma coisa mais interessante para fazer. Em certos momentos, só um enérgico *não* resolve. Mas, em geral, em vez de dizer à criança o que ela não pode fazer, é melhor sugerir alguma coisa que ela possa fazer. Um bebê costumava chutar a mãe enquanto esta trocava a fralda. Os chutes foram ficando doloridos e propositais. Dizer a ele para não chutar fixava a idéia em sua mente e o impossibilitava de pensar em outra coisa. Então, a mãe teve uma idéia. Ela disse: "Os chutes vão embora, as pessoas não." Os chutes pararam. Foi mais do que uma técnica. Por detrás de uma técnica eficaz há um princípio: a verdade está sempre a nosso favor. "Os chutes vão embora" distraiu a criança, sugerindo-lhe uma nova possibilidade. Sacrificar o erro não significa perda, mas realização. A criança viva não está interessada em como não viver, mas em viver.

Finalmente, *ao formular leis para nossos filhos, o mais importante é deixar de lado os aspectos pessoais.* O que importa é a verdade, não a vontade ou a opinião pessoal. É muito importante poupar nossos filhos de doutrinações sobre pontos de vista pessoais. O comportamento bom ou mau não reflete a maldade ou a bondade da criança e o que o torna bom ou mau não são nossas opiniões nem nossas preferências. Na verdade, não existe bom e mau comportamento. Existe apenas o que funciona existencialmente e o que não funciona, o que traz harmonia e o que traz discórdia. O oposto de verdadeiro não é mau, é apenas ignorante. Para impedir que nossos filhos pensem que a vida é uma questão de bondade e ruindade pessoal, é bom tirar das leis e das instruções as enganadoras palavras "eu" e "você", "quero" e "não quero".

Isso significa, antes de tudo, ver o comportamento discordante como equívoco ou falta de conhecimento e saber que a criança faria melhor se soubesse mais. Essa atitude de perdão facilita o aprendizado. Evite dizer: "Por que fez isso?", "Não devia ter feito isso", "Você é uma menina levada", "Eu disse para não fazer isso", "Nunca mais quero ver você fazer isso". Use frases concretas: "Bater o copo na mesa é errado. Está vendo? O copo quebrou." (Ver páginas 139 e 308.)

Da mesma forma, é bom *tirar o "eu" e "você" de todas as ordens e regras.* Em vez de "você tem que fazer isso porque eu mandei", ou de longas explicações que não têm sentido para a criança, procure dizer: "É hora de ir para casa" ou "É hora de pôr o casaco". A sensação de domínio pessoal fica reduzida, mesmo que seja necessário pôr a criança no carrinho e levá-la embora. O não-pessoal não é melhor porque é menos ofensivo, mas é menos ofensivo porque é mais verdadeiro.

O Verdadeiro Disciplinador

Atrás das leis está a Lei, à qual as outras leis devem seguir e que é maior e mais perfeita do que estas. Atrás da Lei está a verdade, à qual a lei deve servir e que é mais pura e mais perfeita do que esta. Só a verdade redime. Ela não é nem pessoal nem impessoal. É transpessoal. O saber silencioso, o exemplo e o ensinamento não-pessoais favorecem o despertar da criança para a verdade Além-do-Pessoal — e o nosso despertar também.

Desses caminhos, o mais elevado é o saber silencioso, que é puro interesse pelo princípio puro. O saber silencioso também pode ser chamado de prece. Seus frutos em nossa vida são a revelação e a redenção. Na vida de nossos filhos, seu fruto é a preservação de um ambiente de crescimento pleno e feliz.

O segundo caminho para alcançar a realização é o exemplo — a afirmação, a prática e a demonstração do princípio na vida diária. Na nossa vida, seu fruto é a descoberta e o reconhecimento do princípio como Lei. Na vida dos nossos filhos, é a presença de modelos saudáveis e a preservação da liberdade e do desejo de ser saudável. O exemplo também pode ser chamado de testemunho.

Finalmente vem o ensinamento. No nível mais elevado, ele é a verbalização da verdade que se conhece, na presença de um interesse sincero. Como pais, a preocupação é o que fazer ou dizer *no meio-tempo* — enquanto não sabemos, enquanto nossos filhos ainda não estão prontos para procurar saber. É isso que mais confunde porque é o que está mais distante da verdade, é o mais humano, temporário e contingente. Fica mais fácil quando se anula o aspecto pessoal e é em parte substituído pelo saber silencioso e pelo exemplo. Em nossa vida, o fruto do ensinamento é o aprendizado. Na vida de nossos filhos, é o crescimento mais fácil.

Assim, é a verdade o verdadeiro disciplinador de todos nós. A verdadeira disciplina é seguir ou buscar a verdade. A melhor maneira de disciplinar nossos filhos não é discipliná-los no sentido comum, mas nos tornar discípulos da verdade. A verdadeira resposta para os problemas da disciplina é, portanto, o discipulado.

> *Montanhas e rios, a terra inteira —*
> *Tudo manifesta a essência do ser.*
> *The Gospel According to Zen*, edição de Sohl e Carr

> *Assim nós, que somos muitos, somos um só corpo em Cristo, mas individualmente somos membros uns dos outros.*
> Romanos 12:5

> *Kabir disse: Veja apenas Um em todas as coisas; é o segundo item que faz com que você se extravie.*
> Lao-Tsé, *The Way of Life*, tradução, para o inglês, de R. B. Blakney

> *O Um nada é além do Tudo, o Tudo nada é além do Um.*
> *Firme-se nisso, e o resto se seguirá.*
> *Confiar no Coração é o "Não Dois", o "Não Dois" é confiar no Coração.*
> *Falei, mas em vão; porque o que podem as palavras dizer*
> *De coisas que não têm ontem, amanhã nem hoje?*
> Seng Ts'an, em *The Religions of Man*, de Huston Smith

Reflexão Adicional — A Raiva

Em busca da unidade familiar, muitas vezes provocamos e sentimos raiva. Nas edições anteriores deste livro, falei pouco da raiva porque pouco sabia sobre ela. Meus pais eram amorosos e generosos, mas não sabiam lidar com a raiva e, assim, não puderam me ajudar com a minha. Meu pai expressava sua raiva em erupções súbitas, que atingiam tudo à sua volta. Com ele, aprendi a temer a raiva. A dele. Minha mãe nunca admitia que estava com raiva e nunca a demonstrava abertamente. Com ela, aprendi a ter vergonha da raiva. Da minha. E, pior ainda, aprendi a equiparar o fato de *me sentir mal* com o de *ser uma pessoa má*. Assim, não aprendi o valor da raiva nem a usá-la.

Aprendi que a raiva, a minha *e* a dos outros, devia ser evitada a todo custo. Meus pais lidavam melhor com a raiva do que os pais deles. Nossos filhos lidam melhor com a raiva do que nós. Mas, quando eram pequenos, enfrentamos a raiva como nos foi possível. Às vezes ficava confuso, como acontece com a maioria das pessoas. A raiva diz *não* e o amor diz *sim*. Um não anda sem o outro. A raiva, como o amor, deve ser vivida por cada ser humano ao longo da vida, pela humanidade ao longo da história. É bom saber que a raiva tem seu lugar na vida e que precisamos aprendê-la.

A raiva é um dos vários aspectos psíquicos em que prevalece o som do A. Como a própria letra A, essas palavras são angulosas. Cortantes, podem ser destrutivas ou construtivas. Coisas pontudas podem cutucar, picar, golpear, cortar, ferir ou matar, como uma espada ou um punhal. Mas podem também escrever, entalhar, gravar, esculpir, fazer aberturas, abrir caminhos, distinguir, sondar, separar, remendar e costurar uma coisa à outra de um jeito novo. Alguns poucos sinais de trânsito, fincados no chão — *mão única, não ultrapasse, cuidado obras* — proporcionam uma viagem mais segura, menos conversões erradas e colisões. Da mesma forma, a raiva *bem fundamentada, oportuna e claramente enunciada* — *não agora, não aqui, cuidado: pessoa em obras* — evita conflitos, acidentes e colisões interpessoais. A raiva destrutiva geralmente assume a forma de ataque ou abandono, que nunca levam ao amor. A raiva construtiva favorece o amor, assim como os sinais de trânsito favorecem o fluxo harmonioso dos veículos.

Se você tem medo da raiva, é provável que também tenha medo de todas as formas de afirmação, ação, autonomia, autoridade — em você e nos outros. Todas essas formas A de expressão são necessárias e inter-relacionadas. Se temos problemas com a raiva, nossos filhos não vão ter problema apenas com ela, mas com a agressividade, a afirmação, a ação, a autonomia e a autoridade. Em outras palavras, com o que é preciso para "se impôr no mundo". Freud chamava esse impulso de *libido*, vendo-o principalmente em termos sexuais. Jung expandiu o conceito de libido para todas as formas de expressão de si mesmo. Para mim, é o impulso de nos tornar plenamente o que somos em essência. É também o impulso de dar, receber e ser recebido.

Temos necessidade de receber e contribuir, de assimilar e *ex-pressar*. A ex-pressão é uma de nossas funções como partes que contribuem para o todo. Para que os outros nos recebam, temos de nos expressar. Para receber os outros com amor, devemos saber como receber sua auto-expressão, incluindo o *não* dito com raiva.

A raiva acontece quando há frustração, quando a afirmação encontra o perigo e os obstáculos, quando a libido está ferida. Dói quando expressamos alguma coisa e encontramos a rejeição, a oposição ou a indiferença. Quando há dor, a raiva acontece. Sabendo que a raiva esconde a dor, vamos ser mais compreensivos e gentis com relação à raiva — a nossa e a dos outros. Há uma diferença entre a raiva e o que ela nos dá vontade de fazer. A raiva pode nos dar vontade de fazer coisas ruins. Mas a raiva em si não é ruim.

Já dissemos que *nossos anseios são manifestações de Deus*, e que no fundo das tentações e dos comportamentos mais destrutivos e doentios, existe um impulso divino e saudável à totalidade e à plenitude do ser (ver também página 161). Ardemos — de raiva ou de febre. Ficamos feridos — por uma pancada ou por um insulto. Sabemos que o inchaço e a dor significam que alguma coisa está errada no corpo, que ele está tentando se curar, que as células brancas e o plasma estão atacando um inimigo, que mensagens de ajuda estão sendo enviadas ao cérebro.

Sabemos que algumas dores são dores do crescimento. Quando crescem, as pernas doem, os seios ficam sensíveis. A dor e a sensibilidade são sinais de crescimento. Aprendemos a ler algumas dessas mensagens e a reagir a elas. O sintoma é uma experiência negativa, mas é um sinal positivo da saúde que tenta prevalecer. Às vezes é preciso tratar um sintoma, baixar a febre alta, perfurar um furúnculo, aliviar a dor. Mas sabemos também que precisamos tratar a doença que causou os sintomas. Da mesma forma, não basta tratar a raiva como comportamento sintomático; é preciso reagir ao que ela esconde.

Se o seu filho começa a espernear e a gritar no supermercado, você tem que levá-lo a força para o carro. Mas, quando ele se acalma, é preciso procurar chegar ao fundo da raiva, ver qual é a verdadeira necessidade. Interpretar a raiva nos dá a possibilidade de transformar a energia destrutiva e o comportamento defensivo em energia construtiva e criatividade, a raiva em amor e crescimento individual. Se não der para interpretá-la, já ajuda saber que ela é a expressão de uma necessidade real.

Um dia, ouvi o filhinho de dois anos e meio do nosso vizinho tendo uma crise de raiva. Ele gritava e ameaçava o pai, que estava regando as plantas: "E eu vou te bater com o ancinho!" O pai respondeu calmo: "Acho que não, porque vou tirá-lo da sua mão." Ele terminou de regar as plantas, pegou o filho e o levou para dentro de casa. Percebendo que ele não tinha considerado a crise do garoto como uma coisa "má", toquei no assunto. Ele riu: "Ele estava exausto. Depois daquilo dormiu três horas." Situações assim geralmente terminam mal. A criança grita alguma coisa, o pai se ofende e a situação vai de mal a pior — e só termina quando os dois ficam exaustos.

Alguns pais têm tanto medo de demonstrar raiva que deixam a criança ficar sempre impune. Outros ficam tão ofendidos pela demonstração de raiva da criança que querem assassiná-la. Outros afogam a criança na culpa se fazendo de magoados. Outros a aterrorizam com o abandono, adotando uma atitude fria demais. Quase todos nós surfamos como loucos por essas terríveis opções. Mas esse pai teve uma atitude diferente. Para ele, a raiva é como a febre ou o nariz escorrendo: um sintoma que significa alguma coisa. Interpretando corretamente a raiva do filho, conseguiu estabelecer uma diferença entre o mau comportamento e o filho, que é bom mas estava exausto. Com firmeza, ele enfrentou o mau comportamento e pegou o ancinho. E logo que terminou de aguar as plantas, levou o filho para a cama. Vale a pena observar que esse é seu terceiro filho. As filhas mais velhas já lhe ensinaram algumas coisas.

Não dá para interpretar e enfrentar a raiva de nossos filhos se não soubermos interpretar e enfrentar a nossa raiva. A mãe de um menino de quatro anos veio ao consultório porque odiava a raiva com que tratava o marido e o filho. Ela se queixou, dizendo que tinha ficado igual à mãe dela. Quando se sentia abandonada, atacava; quando se sentia atacada, abandonava — e era mais dura consigo mesma do que com a família. Com o tempo, descobrimos a dor que havia sob a raiva. Descobrimos o medo e a mágoa da sua infância, provocados pelo abandono e pela ira vulcânica da mãe. Sob isso, descobrimos sua necessidade real e o desejo saudável de amar. Parte dela era um adulto. Parte era uma criança magoada, abandonada e raivosa.

Ao compreender e enfrentar a dor que sentiu na infância, essa mulher não precisou mais do marido e do filho para isso. Assim, foi deixando de perder o controle, de atacar com raiva causticante e de abandonar com frieza. Agora ela conseguia ser mais firme e mais gentil. Mas, quando chegou o segundo bebê, uma menininha, o mais velho não perdia uma oportunidade de magoá-la. Ora machucava a irmã, ora dizia que odiava a mãe, e esta começou a perder o controle de novo. Eu lembrei a ela que a dor é a base da raiva. Sugeri que procurasse descobrir qual era a dor do filho. Assim, ao ouvir os gritos da bebezinha, ela não gritou com o filho, mas perguntou o que tinha acontecido. O menino pensou um pouco e disse: "Acho que belisquei com muita força." *Outra novidade!* Um novo nível de consciência. Embora ainda tivesse vontade de beliscar a irmã, não o faria mais com tanta força. Ele não se sentiu abandonado nem atacado, não se sentiu tão mal por se sentir mal. Tinha conseguido refletir. Logo faria escolhas melhores — especialmente com o apoio da mãe.

Sabe-se que a independência e a objetividade da criança começam a se manifestar mais ou menos na mesma época em que ela aprende a usar o banheiro. Ela precisa atingir um certo grau de desenvolvimento para perceber que quer fazer xixi e que pode escolher quando e onde fazê-lo. Nós também precisamos ter confiança na nossa escolha, saber que ela é segura e adequada.

Aprender a usar o banheiro envolve um complexo processo psicológico: a criança precisa observar as próprias sensações, mantê-las sob controle até chegar a um determinado lugar, depois liberar as sensações e deixar que se vá alguma coisa que ela mesma produziu. Usar o banheiro precisa ser idéia dela e não de outra pessoa. Não é à toa que dizemos m.... quando estamos com raiva. E, muito pequena ainda, quando fica com raiva a criança diz: "Seu cocô"!

As primeiras palavras são muito semelhantes. Primeiro *mamá*, depois *papá*. E logo em seguida *cocô*. Quando a palavra cocô entra no vocabulário da criança, podemos ter certeza de que ela já reconhece o próprio eu e o dos outros, e que está aprendendo a afirmar o seu. Quando o garotinho do vizinho me chama de *cocô* eu me sinto honrada, pois percebo que ele se sente seguro para expor seus sentimentos, como quando corre e me abraça.

A raiva está, portanto, relacionada à autonomia, ao poder e ao controle. É por isso que a fase em que a criança começa a se afirmar, por volta dos dois anos, é tão terrível para os pais. Como eu já disse, como pais ficamos na posição de Deus, mas logo somos arrancados dela. Achamos que, como pais, devemos ser adultos, sábios e generosos. Mas, quando saber, amor e generosidade não resolvem, nossas desprezadas partes infantis, tão indefesas, magoadas e *raivosas*, vêm à tona.

Nesses momentos, achamos que precisamos é de mais poder. Quando não percebemos que estamos na posição de criança, é impossível não cair na posição aterrorizante, enfurecida, punitiva, vingativa e cruel de Deus Todo Poderoso, ou na posição ainda pior de Santa Mãe de Deus, que provoca tanta culpa. Seja como for, aterrorizamos e sobrecarregamos nossos filhos com a responsabilidade de cuidar de *nós*! É preciso reconhecer e enfrentar a criança subjetiva, magoada e raivosa que há dentro de nós para lidar com firmeza e amor com nossas crianças objetivas, magoadas e raivosas.

O primeiro passo é reconhecer quando você está na posição de criança e dar atenção a essa parte criança, perceber o que ela sente. O segundo é eliminar a idéia ridícula de que seus filhos devem ser seus pais. O terceiro é recorrer, com todos os seus sentimentos e necessidades, ao Pai dos pais — a Deus, ao todo, à vida, à fonte Além-do-Pessoal de tudo o que precisamos. Já falamos desses passos: *aceitar* (a criança), *libertar* (seu filho ou seu companheiro, que a desapontaram) e *entregar* (a Deus, à fonte Além-do-Pessoal do nosso ser — ver também páginas 109-113).

Esses passos, como a prece, são úteis em qualquer situação, mas aqui nos interessa saber como eles se aplicam à raiva e à condição de pais. É preciso administrar a situação e ao mesmo tempo dar atenção aos sentimentos infantis — seus e do seu filho. Às vezes, é preciso se afastar da situação para conseguir ter uma atitude de oração. Eu costumava me trancar no banheiro quando começava a perder o controle com meus filhos. Até as crianças percebem que o banheiro é um lugar privado, onde geralmente se tranca a porta. Assim, é um bom lugar para você se trancar e proteger seus filhos da sua raiva. Como a raiva tem relação com o controle, que é o que está em questão quando se aprende a ir ao banheiro, esse é um lugar simbolicamente apropriado para cuidar da raiva, que se vai levada pela descarga de inspiração.

A Prece e o Processamento da Raiva

Primeiro, trabalhe consigo mesmo, com os seus sentimentos. O que eles são? Interprete-os. Qual é o sentimento que a raiva esconde? Você se sente indefeso, magoado, embaraçado, abandonado? Espera que seu filho aja como um pai — satisfazendo seus desejos e não os dele, cuidando dos seus sentimentos e não dos dele, fazendo com que você se sinta bem, continuando a ser seu bebê em vez de desenvolver a própria liberdade? Uma aluna de pós-graduação que tinha três filhos passou por isso. A família vivia num apartamento pequeno. Sua tese estava atrasada e seus filhos não davam sossego. "Então, meu filho de quatro anos descobriu que podia esguichar o suco apertando a caixinha. Entrei na cozinha e lá estava ele, esguichando suco para todos os lados. Tive vontade de estrangulá-lo mas, lembrando de nossas conversas, peguei a caixinha de suco, fui para o banheiro, tranquei a porta e rezei. Percebi que me sentia impotente e chorei [aceitar]. Depois me ocorreu que ele não estava esguichando suco contra mim, que não tinha idéia da bagunça que estava fazendo e que não tinha responsabilidade de cuidar de mim [libertar]. Depois eu me lembrei de que existe um poder superior e que, do ponto de vista de Deus, não era possível que meu ser dependesse do seu não ser, ou que o bem-estar dele dependesse do meu sacrifício. Não sabia por que, mas percebi nisso a lógica divina. Pensei que, se minha tese fosse realmente urgente, eu descobriria um jeito de escrevê-la, que Deus resolveria tudo [entregar]. Depois disso eu me senti mais calma e voltei para a cozinha."

Em segundo lugar, trabalhe com seu filho. Depois de trabalhar os próprios sentimentos, você vai enxergar com mais clareza e vai conseguir lidar melhor com ele. Repita os mesmos passos: aceitar, liberar e entregar. Se eu ficava triste quando era criança, minha mãe perguntava o que *estava* acontecendo. Quando fazia coisas "erradas", ela me perguntava o que estava acontecendo *comigo*. Nesses momentos, eu também me perguntava o que estava acontecendo *comigo*. Com os anos, descobri perguntas que me ajudam mais. Perguntas melhores trazem respostas melhores.

É bom perguntar sempre: "O que há por trás disso?" É possível que a mãe do pequeno esguichador tenha perguntado: "O que há por trás disso? Ele está querendo que minha vida vire suco? Quer acabar com a minha carreira? Será que está se sentindo abandonado e quer chamar minha atenção? Será que a vida está dizendo para eu ir mais devagar, que ser mãe me desenvolve e melhora minha atuação profissional? Que meu tempo com meu filho vai ser mais curto do que minha carreira e que não vale a pena desperdiçá-lo? Será que ele estava apenas fazendo uma deliciosa experiência científica que nada tinha que ver comigo? O que eu preciso aprender com isso? Que ele precisa de mais estrutura? Ou de mais liberdade? Que preciso aprender alguma coisa aqui em casa ou que preciso arranjar alguém para levá-lo ao Museu de História Natural enquanto eu trabalho? Será que essa situação é um sintoma ou uma dor que cresce cada dia mais? Dele? Minha? Nossa?

"O que há?" Essa pergunta também ajuda. Quando perguntamos ao nosso filho "o que há?" em vez de perguntar o que há de errado com ele ou por que fez aquilo, transmitimos duas mensagens importantes. A primeira: *Eu conheço você. Você é meu filho querido e você é bom. Sei que está magoado ou precisando de alguma coisa. Por isso está agindo assim.* A segunda: *Estou aqui. Vamos descobrir o que está magoando você e do que você precisa. Gosto de você e estou aqui para ajudar.* Aliás, é melhor não perguntar ao seu filho por que ele fez uma determinada coisa: as crianças raramente sabem. É melhor perguntar o que ele está sentindo. Ele precisa aprender a tomar consciência dos próprios sentimentos.

Não sei bem quais as perguntas que fez a mãe do pequeno esguichador ou quais as respostas que obteve no banheiro. Mas sei o que ela disse ao filho. "Voltei à cozinha e juntos limpamos o suco. Eu disse que caixinhas de suco não servem para esguichar, que há coisas que esguicham muito melhor. Ele pareceu interessado!" Ela terminou a tese e, uma semana depois, a família inteira viajou para o campo, de férias. *Caramba!*

Outras Dicas e Histórias sobre a Raiva

Ser um bom pai ou uma boa mãe não significa não ficar com raiva. Você grita quando dá uma topada. Quando você dá uma topada na vida, é normal sentir raiva e até gritar. Seja honesto a esse respeito. Descreva seus sentimentos e aquilo que o magoa, se possível sem depreciar a outra pessoa. Uma mulher, que estava sempre à beira de perder o controle com o filho, testemunhou um incidente inspirador na casa de uma amiga. O filho da amiga derramou uma caneca de leite. Em vez de despejar a raiva em cima dele, a mãe gritou: "Ai! Queria que isso não tivesse acontecido!" "Eu também", disse o garotinho. Depois, limparam juntos o leite.

Por mais que tente, às vezes você vai perder o controle. Não seja severa demais com você mesma a esse respeito. Sentir-se mal por ter perdido o controle, por não ter sido perfeita, é apenas uma maneira de continuar pensando em você mesma.

Por mais que ele tente, às vezes seu parceiro perde o controle. Não seja severa demais com ele. Quem perde o controle sente mágoa e impotência. Não fique impressionada demais. Procure separar os problemas dele dos seus problemas.

Não queira resolver a raiva do seu parceiro. Não tente combatê-la nem impedir que se manifeste. Em geral, a raiva está relacionada ao poder e à impotência. Ela procura tiranizar. Mas, tentar agradar o tempo inteiro para impedir que alguém fique com raiva também é tirania — e é irritante. Todos nós queremos fazer as coisas do nosso jeito e evitar a frustração. Quando não dá certo, ficamos com raiva. Mas somos diferentes uns dos outros e são coisas diferentes que nos fazem felizes. No casamento, há momentos em que queremos coisas diferentes, em que parece que um só é feliz à custa do outro. A raiva aparece e surge então uma nova pergunta: como não ficar com raiva e como evitar que nosso parceiro fique com raiva de nós. É nesse ponto que o casamento pode fracassar ou crescer. Algumas pessoas procuram agradar para evitar que o parceiro fique com raiva. Tentam descobrir o que vai deixá-lo com raiva, o que o agrada e o que o desagrada. Mas isso não dá certo. Alguém que fica pisando em ovos à nossa volta aborrece tanto quanto alguém que fica pisando no nosso pé. Quanto mais queremos agradar, mais raiva provocamos. É irritante viver com alguém que fica tentando controlar o que sentimos, pensamos e fazemos e que nos trata como uma pessoa perigosa.

O oposto da raiva tirânica não é a "amabilidade", é a raiva sinalizadora. A raiva sinalizadora não castiga nem manipula; ela informa. *Não, isso não, não aqui, não agora. Perigo: pessoa em construção.* Graças a ela, damos espaço um para o outro. Ela viabiliza o trânsito de duas pessoas. Uma vez agradeci a um amigo por sua amabilidade. Ele disse: "Eu não sou amável. Pergunte a quem me conhece direito." Percebi o que ele queria dizer e respondi: "Verdade. Dá para confiar muito mais na falta de amabilidade de algumas pessoas do que na amabilidade de outras." Daria para falar muito mais, mas este livro não é sobre casamentos e há ótimos livros sobre o assunto. Leia Harville Hendrix, John Bradford ou Harriet Goldhor Lerner, que falam sobre os aspectos produtivos das brigas.

Às vezes seus filhos vão perder o controle. Lembre-se: eles precisam saber que sua raiva tem conseqüências, mas que não mata. Eles precisam praticar. Procure interpretar a raiva, ver o que há sob ela. A raiva pode significar: cansaço, doença, frustração, inveja, medo, opressão, mágoa, ansiedade, desapontamento, tristeza, abandono, crescimento, época de atingir um novo estágio, de testar um novo poder. O que há por trás da raiva? O que é necessário?

Ensine seu filho a interpretar e a enfrentar a própria raiva. *O que você estava sentindo? O que você acha que aconteceu? Não dá para mandar o bebê embora, mas o que você acha que dá para fazer?* Um casal me telefonou porque a filha de seis anos tinha começado a ter crises de descontrole: chorava e gritava. Houve uma que durou uma hora e meia. Foi impressionante. Conversamos, tentando descobrir o que estava acontecendo com a menina. Será que estava dormindo pouco? Será que era ciúme dos irmãos, sentindo que o mais velho era mais esperto e que a mais nova ganhava mais atenção? Será que estava ansiosa porque ia para a primeira série ou porque a mãe tinha mudado de emprego? Acho que nunca chegamos à raiz do problema. Nada dava certo. Melhorou um pouco quando todos pararam de perguntar "por que" e de chamá-la de "malcriada".

A menina começou a passar alguns momentos tranqüilos com o pai ou com a mãe e a ir mais cedo para a cama — isso também ajudou. Mas quando os pais pensaram que as crises tinham passado, elas voltaram. Então, sugeri que arrumassem para a filha um "lugar para ficar com raiva" e um bastão para bater num travesseiro. E que estabelecessem uma regra clara: se ela perdesse o controle no café da manhã, tinha que ir para o lugar de ficar com raiva, em vez de parar tudo e atrasar todo mundo. A mãe dizia: "Pode voltar quando se sentir melhor. Senão, eu vou ficar com você quando seus irmãos saírem para a escola." Aparentemente, isso a ajudou a manter uma certa distância e a não perder tanto o controle. As crises passaram. O que será que resolveu o problema? Pode ser que nenhuma dessas coisas, pode ser que todas elas juntas. Ou talvez ela simplesmente tenha crescido. Mas foi muito bom ver que todos eles aprenderam juntos a lidar com a situação.

Por mais que vocês todos tentem, seu filho vai ficar exposto à raiva de outras pessoas. Uma pequena dose de raiva é uma boa imunização. O importante não é se a raiva se manifesta ou não, mas o que acontece quando ela vem. Não é ruim que nossos filhos fiquem expostos à raiva dos outros, mesmo que seja injusta e descontrolada. Se em casa não tiverem contato com a raiva, vão ficar perdidos quando se defrontarem com ela no mundo. Eles precisam saber que conseguem agüentar a raiva dos outros e que os outros conseguem agüentar a deles.

Raramente os pais concordam com relação à raiva, sendo ela o motivo de muitas discussões (que incluem disciplina e limites). Há muitos casos em que um deles procura proteger os filhos da raiva do outro, sem ter coragem de brigar diretamente com o parceiro. Sobre isso, tenho duas coisas a dizer: (1) Vilanizar o pai ou a mãe não é saudável para os filhos nem para o casamento. (2) As crianças precisam aprender a lidar com o pai e com a mãe, e com todos os tipos de raiva. Assim, dentro do possível, não interfira e nem tente administrar o relacionamento do seu parceiro com os filhos. Pais controlados e pais sem controle têm em comum a questão do controle. Evite-a. (Ver também "Filhos Combativos e Pais Pacíficos", páginas 299-302.)

Se você tem tendência para reprimir sua raiva, enquanto seu parceiro tem tendência para perder o controle e para maltratar verbalmente os filhos, talvez seja preciso tomar uma posição. Mas, em geral, é melhor ficar de lado e lembrar que há alguma coisa além de todos vocês que vai ajudar seu parceiro e seu filho na busca por uma solução. A maneira de reagir a cada situação é uma coisa que você vai descobrir dentro de você. Quando são muito pequenas, as crianças dependem desse nosso discernimento, mas depois precisam aprender a navegar sozinhas.

As palavras em que o *A* prevalece têm um lado pontudo, mas o outro aberto. Quando temos abertura para compreender melhor a nossa raiva e a dos outros, nós nos abrimos também para uma vida mais plena e mais cheia de amor.

Informações Práticas para Pais Novatos

Os brinquedos e outros materiais apresentados aqui oferecem às crianças demonstrações práticas da unidade e encontros com ela. A apresentação segue uma certa ordem, indo dos mais específicos aos mais gerais, dos mais concretos aos mais abertos e potencialmente mais abstratos. Há brinquedos para bebês, quebra-cabeças e pré quebra-cabeças, blocos, brinquedos para montar, carpintaria, jardinagem, brincadeiras com água e areia — coisas que ajudam a criança a fazer descobertas sobre a ordem e a unidade fundamentais.

Partes e Todos

Um chocalho é um todo composto de partes. Qualquer brinquedo de bebê com partes que não saem demonstra a idéia partes/todo. (*Está separado de mim, mas eu consigo pegar.*) Qualquer coisa com partes que se movem também demonstra essa idéia. (*Tem partes, mas é uma coisa só.*) Brinquedos de empilhar e de encaixar, quebra-cabeças e tábuas com pinos são todos que se transformam em partes, partes que se transformam em todos. Blocos e brinquedos para montar são partes que expressam as infinitas possibilidades da unidade. (*Com o mesmo conjunto de partes posso fazer coisas diferentes.*) Ferramentas implementam a idéia partes/todo. Barro, areia e água são materiais amorfos, úteis por muito tempo e os melhores professores de unidade e confiabilidade.

Para Bebês

É bobagem falar das características de um bom chocalho ou de qualquer outro brinquedinho de bebê, mas mesmo nesse nível há brinquedos que funcionam e brinquedos que não funcionam. Você precisa prestar atenção no bebê — perceber o que ele consegue fazer e o que ele está tentando fazer. Para ajudá-lo a aprender a segurar, escolha uma coisa que sirva para a mãozinha dele. Os chocalhos em forma de haltere são os melhores para bebês pequenos — eles conseguem segurá-los antes mesmo de saber o que é segurar. Parece que é o som do chocalho nas mãos do bebê que chama a atenção dele para o fato de que a mão e o chocalho existem. Por questões de segurança, não escolha brinquedos quebráveis, pontudos, solúveis na boca ou fáceis de engolir.

Não compre brinquedos redundantes. Procure variedade. Compre ou faça alguma coisa que ajude o bebê a aprender a pegar, alguma coisa colorida para ajudá-lo a aprender a usar os olhos, alguma coisa com som agradável para ajudá-lo a aprender a usar os ouvidos. Arrume um brinquedo com partes que se movem, um que role, um que deslize, um que balance, um que tenha formas diferentes. Arrume uma coisa dura e uma coisa mole para ele morder ou segurar. A maioria dos brinquedos é/faz várias dessas coisas, mas de jeitos diferentes. Assim, procure variar.

Lembre-se de que você *não* tem que comprar nada. Sua casa já está cheia de coisas inspiradoras:

- Uma *latinha* vazia com ervilhas dentro.
- *Botões grandes, carretéis de madeira* ou um *rolo de corda de* nylon.
- Um *livro de pano feito em casa*: quatro páginas com formas coloridas costuradas a máquina. Use tecidos de texturas diferentes (pele falsa, lã, cetim, veludo cotelê, oleado).
- Um *mostruário de formas*: coisas maravilhosas, como enormes botões brilhantes ou pulseiras de plástico, costuradas num pedaço de tecido forte, para o bebê segurar. Faça a mesma coisa na borda da colcha ou cobertor que você costuma estender para ele brincar em cima. Nada que ele consiga engolir, é claro.

Quando começar, não vai nem conseguir parar. As possibilidades são infinitas.

Pré Quebra-Cabeças, Cubos de Madeira e Outras Coisas

Aos poucos, a criança aprende a usar brinquedos partes/todo que realmente desmontam e podem ser montados de novo. Há vários, até chegar no quebra-cabeça:

Pino e argolas. Com cerca de um ano, a maioria das crianças gosta de empilhar discos ou argolas num pino central. Mas esse interesse não dura muito. Quando o brinquedo não tem muitas argolas, é mais fácil de recolher. É melhor que o pino central seja reto e não em forma de cone, próprio para ensinar seriação (o maior vai primeiro, o menor por último). No começo, ela só quer pôr e tirar as argolas, sem dar atenção ao tamanho.

Potes ou caixas empilháveis. É melhor aprender seriação com brinquedos deste tipo do que com as argolas. Além de empilhá-los, a criança pode pôr e tirar coisas de dentro dos potes e das caixas. Com relação ao desenvolvimento, pôr e tirar vem antes de empilhar. Dá para brincar com esses objetos: esconda um objeto sob uma caixa virada para a criança adivinhar em que caixa ele está. Considere estes jogos, fáceis de fazer em casa:

Dá para fazer uma linda *torre com três latas de atum*. Tire primeiro qualquer rebarba ou borda cortante. Não é preciso decorar, a menos que queira. Sem o rótulo, essas latas têm uma bela cor prateada, e algumas são douradas por dentro. Ponha numa caixa, embrulhe para presente e dê para o bebê quando ele acordar da soneca.

Dá para fazer uma *supertorre com latas empilháveis* de comida para gato sem o fundo e sem a tampa. Cubra com tiras de papel *contact* de várias cores e ajude seu filho a construir uma torre colorida mais alta do que você! Para que a base fique mais firme e a torre mais alta, deixe uma das latas com o fundo e pregue-a numa tábua. Faça um quebra-cabeça vertical colando a figura de um palhaço numa pilha de latas, que pode ser desmanchada e montada de novo. Para a criança um pouco mais velha, as latas servem como um jogo de matemática. Faça uma pilha de duas latas, uma pilha de três latas, uma escada de pilhas de uma a dez.

Há brinquedos que ensinam a reconhecer as *formas*: uma caixa com buracos em formas geométricas, que admitem apenas objetos da mesma forma. Alguns brinquedos têm buracos e superfícies demais. Antes de comprar, procure descobrir a dificuldade que ele vai apresentar para seu filho no momento.

Com seus dedinhos incrivelmente fortes, o bebê começa a beliscar a pele do seu pescoço. Dói, mas procure sorrir: ele está desenvolvendo a destreza e pesquisando. A pele desmonta? E você? As *tábuas com pinos* são para crianças um pouco mais velhas, mas se você estiver disposta a ficar supervisionando, pode lhe dar uma mais cedo. Com menos de um ano, o desafio é tirar os pinos. Por volta de um ano e meio, ele vai se interessar de novo pelo brinquedo, só que desta vez vai manobrar o pino nas mãos para encaixá-lo no buraco. É fascinante: é como desabotoar uma camisa com as mãos congeladas. Uma tábua com pinos que tenha buracos a espaços regulares e pinos de várias cores é muito útil e depois vai servir para ensinar matemática e para formar desenhos. As crianças mais velhas gostam de ter um modelo para seguir. Para isso, copie a tábua num papel, desenhe um círculo para cada buraco, faça cópias xerox e depois faça várias figuras, colorindo os círculos conforme as cores dos pinos.

Quebra-cabeças de madeira com pegadores. Feitos de compensado, são ideais como primeiro quebra-cabeça. Alguns têm formas geométricas, outros têm animais ou objetos pintados. Podem ser introduzidos logo que o bebê aprende a sentar sozinho e vão servir por muito tempo. Um quebra-cabeça com animais da fazenda, como o da ilustração, é ótimo para começar. Por vários meses, o bebê só vai conseguir erguer as peças. Além disso, ele reconhece os animais, seus nomes e o som que fazem. Depois de algum tempo, ele vai perceber que dá para encaixar as peças de volta na base do quebra-cabeça. No final de uma refeição, ajude-o a montar o quebra-cabeça no cadeirão. (Gire! Mais um pouquinho! Pronto!)

Nós usávamos os animais do quebra-cabeça como personagens de histórias ou em jogos de esconde-esconde.

Num dia de sol, o pato e a galinha foram passear. [A criança "leva" as figuras para passear.] Depois de algum tempo, sentaram embaixo de uma árvore para descansar. [A criança "senta" as figuras.] A vaca e o corvo também resolveram passear. Tum-tum-tum-tum-tum. Logo encontraram o pato e a galinha. Que surpresa! Então, todos ficaram sentados na sombra. [E assim vai, até a criança ter sentado todos os animais sob a "árvore".] "Que bom se pudéssemos fazer um piquenique!" disseram, porque todos já estavam com fome. Nesse instante, a galinha olhou para cima e disse: "Olhem só! Esta árvore é uma macieira e está cheia de maçãs!" Então, o pato, a galinha, a vaca, o corvo, o cachorro, o porco, o carneiro, a ovelha, o galo, o gato, o bode, o ganso e o coelho fizeram um belo piquenique sob a macieira, no dia de sol. Depois, felizes e satisfeitos, voltaram para casa.

Os *quebra-cabeças de madeira que formam figuras*, em que cada peça é uma parte completa da figura, vêm depois. Existem muitos à venda, mas nem todos servem. Como esses quebra-cabeças vão ser usados por muito tempo, é bom que sejam bonitos e resistentes. Não é preciso ter muitos. Alguns poucos vão servir por bastante tempo, se forem introduzidos cedo.

Primeiro quebra-cabeça com a figura recortada. A dificuldade depende do tamanho e do número das peças. Comece com quebra-cabeças que tenham só peças grandes, facilmente reconhecíveis pela forma. Vá passando aos poucos para jogos com peças cada vez menores, de acordo com a capacidade e o entusiasmo da criança. Os de madeira são bons, mas os de papelão também servem e são mais fáceis de encontrar. Quando ficam mais velhas, as crianças não fazem o mesmo quebra-cabeça muitas vezes porque têm menos a aprender com ele. Nesse ponto, uma caixa cheia de quebra-cabeças é melhor do que um ou dois de madeira. Os quebra-cabeças de papelão com uma base emoldurada são mais práticos dos que os que não têm base.

Quebra-cabeças feitos em casa. Escolha uma figura numa revista, uma foto, um pôster infantil, um desenho que seu filho fez. Cole a figura num pedaço de papelão, deixando uma margem de uns dois centímetros em toda a volta. Corte a figura em pedaços de tamanho apropriado para seu filho. Faça uma bandeja para o quebra-cabeça colando a borda que sobrou num pedaço de papelão do mesmo tamanho.

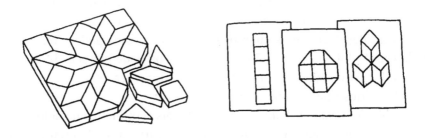

Parquete. Tacos de madeira que, dispostos de uma determinada maneira, formam um desenho. Há lindos jogos desse tipo, de madeira colorida, de todos os tamanhos. Os tacos servem para fazer desenhos simples, ao acaso, ou sofisticados estudos de simetria e ilusão de ótica. Nas lojas de brinquedos educativos há cartões com sugestões de desenhos que apresentam vários graus de dificuldade. Com ou sem cartões, o parquete é uma atividade excelente, em que a unidade se torna aparente e se revela como beleza. Vale a pena comprar, principalmente quando são difíceis.

Tangram. Toda criança deveria ter um desses antigos quebra-cabeças chineses, que combinam a arte do parquete e do quebra-cabeça de maneira incrivelmente versátil. Há modelos magnéticos para viagem.

Construção e Montagem

Blocos para Montar

Apesar de sua pouca habilidade, as crianças pequenas são construtores que servem de modelo para nós. Elas constroem sem preconceito — não para provar alguma coisa, não para impressionar, mas para descobrir. Quando ensinamos nossos filhos a construir para agradar aos outros ou pela sensação de poder, nós os corrompemos. Mas podemos comemorar com eles suas pequenas demonstrações de equilíbrio, estabilidade e ordem. Mas atenção: não dirija a brincadeira, não dê instruções e não construa coisas espetaculares, que intimidem a criança. Procure entender o que ela está tentando fazer com os blocos. Muitas crianças "desenham" com eles, fazendo longas fileiras de blocos dispostos lado a lado. Se quiser ajudar, ajude-a a atingir seus objetivos em vez de impor os seus. Se a família inteira puder construir alguma coisa em conjunto, vocês vão se divertir e descobrir novas maneiras de construir. Resolvam antes quantos blocos cada pessoa pode acrescentar de cada vez — dois ou três é o ideal. Cada pessoa pode pôr seus blocos onde quiser. Essa atividade ensina a criança a esperar a vez dela.

Há vários tipos de blocos para montar:

Cubos coloridos de madeira, com uns dois centímetros de lado. Servem para ensinar matemática à criança de três a quatro anos. As crianças menores, de um a dois anos, aproveitam esses cubos, trabalhando com eles na mesinha ou no cadeirão. Os bebês também gostam, de maneira que você pode comprá-los bem cedo.

Quando tinha quatro anos, nosso filho costumava inventar jogos maravilhosos para jogar com o irmão de dois anos. Um deles era: "Você constrói o que eu construir (e ao contrário), bloco por bloco. Está igual? Não! Está diferente? Qual está mais parecido?" Com isso, ele ajudava o irmão a aprender cores ("Pegue outro cubo *vermelho*!"), números ("Vamos contar os cubos"), relações ("Vamos construir uma escada!") e padrões ("Azul, vermelho, azul, vermelho. Qual vem depois?").

Se houver espaço, os *cubos de eucatex* são muito divertidos — são tão grandes que uma pilha de três já faz vista. Leves e fortes, eles agüentam o peso da criança e não machucam ninguém se desabarem. Você vai encontrá-los em lojas de brinquedos educativos.

Blocos de madeira de diferentes formatos e tamanhos. Os pequenos cubos de madeira e os grandes cubos de eucatex são bons, mas nada se compara a esses blocos. Há vários tipos, com peças pequenas para brincar na mesa e com peças grandes, para brincar no chão. Os últimos agradam mais, mas são mais caros. Compre um jogo pequeno para começar, e depois vá acrescentando mais peças. Verifique se têm as superfícies e as bordas bem lisas e se realmente formam um conjunto modular. São um ótimo investimento.

Outros Brinquedos para Montar

Os brinquedos vistosos de plástico atraem a atenção da criança por algumas horas, mas ela acaba voltando aos blocos, à areia, ao barro, às tintas e à madeira. Para os pré-escolares, uma das melhores coisas é aprender a serrar e a martelar.

Os pedaços de madeira oferecem um leque de possibilidades mais aberto do que os blocos, os blocos um leque mais aberto do que os brinquedos para montar. Mas, na hierarquia dos brinquedos manufaturados, os blocos para montar são os que despertam mais interesse, os que dão mais prazer, mais noção de relações espaciais, os que mais favorecem a coordenação e as idéias criativas.

Ao comprar um desses brinquedos, escolha o que oferecer mais possibilidades e que seja mais adequado ao estágio em que a criança está. Há vários, e talvez o melhor seja o Lego. Há Legos grandes para crianças menores.

Carpintaria e Ferramentas de Verdade

Para pré-escolares, nada melhor do que coisas de verdade. Uma *bancada para bater* é um dos brinquedos prediletos das crianças com mais ou menos um ano, mas, aos três anos, a maioria é capaz de usar martelo e serrote e de furar madeiras macias. Basta um pacote de pregos, um martelo, uma furadeira mecânica e permissão para brincar no toco de árvore do quintal. Há lindas bancadas de madeira, que vale a pena comprar *se* você estiver disposto a ajudar e a arranjar madeira com regularidade. Nas marcenarias, sempre dá para pegar sobras de madeira — prefira pedaços de pinho. Em vez de comprar uma bancada para a criança, faça um banquinho para que ela possa usar a sua. Ou construa uma bancada para ela.

Você vai precisar de um serrote de uns 30 a 40 centímetros, de um *martelo* médio, de uma *furadeira mecânica* e de uma *morsa* para segurar a madeira. A morsa é importante, pois a criança precisa das duas mãos para serrar. Se a morsa for muito cara, um grampo C ajuda. A vantagem da morsa é a que criança consegue usá-la sozinha.

Ensinar a cuidar das ferramentas é mais importante do que comprá-las. Arranje um bom lugar para as ferramentas da criança e para as ferramentas que você divide com ela.

Em geral, a criança fica contente só de serrar e martelar. Dê a ela um pouco de arame ou elásticos de borracha para formar desenhos num quadro de pregos. Depois, pendure-o na parede. E deixe cola sempre à mão. Quando martelar e serrar fica difícil, colar é uma glória.

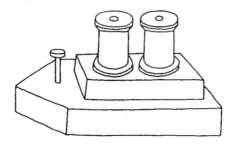

É estimulante fazer alguns objetos. Um barco pequeno que realmente flutue, um cabide para gravatas ou utensílios de cozinha:
- A criança corta a tábua. (Se precisar, você inicia o corte.)
- Lixem juntos — bem lixado (faça com que a lixação seja importante, não a vontade de segurar a lixa).
- Supervisione o polimento.
- Parafuse os ganchos (em forma de L), depois de medir com cuidado. Você começa e termina, a criança parafusa um pouco no meio.
- Embrulhe para dar de presente para alguém que vá usá-lo de verdade.

E não esqueça: há um tempo para ajudar e um tempo para conter a vontade de ajudar, um tempo para demonstrar e um tempo para não demonstrar, um tempo para fazer experiências (mais raro) e um tempo para fazer "produtos acabados". Oriente-se pela capacidade da criança e pelo que ela quer aprender. Esteja aberto ao que a criança entende por produto acabado. Há bons livros sobre o assunto, que trazem boas idéias.

Maravilhas Mecânicas

Parafusos, ferramentas e máquinas — todas as coisas mecânicas fascinam as crianças e favorecem sua consciência da unidade. Qualquer coisa que não ofereça perigo para a criança — *um batedor de ovos, uma manivela, uma máquina de escrever* — proporciona uma atividade feliz e construtiva. As lojas de ferragens estão cheias de brinquedos para crianças. Um parafuso bem grande com a porca é ótimo para uma criança pequena.

Quase todas as crianças têm fascínio por chaves. Elas fazem um barulhinho gostoso para os bebês e são um desafio para a criança maiorzinha, que gosta de encaixar as coisas, e para a mais velha, para quem abrir e fechar um cadeado é uma alegria. Compre um cadeado de bom tamanho e esconda a chave extra. Monte um conjunto de fechaduras numa tábua. Melhor ainda: recorte uma porta na tábua e monte-a com dobradiças de verdade. Um presente melhor do que dúzias de brinquedinhos.

Nunca perca uma oportunidade de desmontar uma *máquina velha*. Um *relógio velho* ou uma *torradeira velha* oferecem uma tarde inteira de investigações, a oportunidade perfeita para ver que as coisas funcionam, para ter uma idéia de como funcionam e para aprender a usar chaves de fenda, alicates e outras ferramentas de verdade.

Água, Areia e Barro

Quanto mais amorfo o material, mais coisas dá para fazer com ele, mais tempo dura o interesse que ele desperta e mais a criança aprende. Nenhum brinquedo de loja tem tanto valor educativo e oferece tanta diversão quanto água, areia e barro. Como tudo no mundo, esses materiais têm um significado simbólico a ser considerado muito além da infância.

Caixa de areia. Compre ou construa uma caixa de madeira — ou use um pneu grande cortado ao meio. Senão, ponha na varanda uma bacia cheia de areia (arroz ou milho), alguns potinhos e colheres. Qualquer solução é satisfatória.

Monte de areia. Nem é preciso uma caixa. Um monte de areia ou terra num canto do quintal é até melhor: a criança pode escalá-lo. De vez em quando, pegue a pá e junte a areia, para que o monte dure mais tempo.

Veículos de brinquedo. Há lindos modelos de madeira, mas as crianças preferem os de metal, mais realistas. Entre eles, os que servem para trabalhar a terra são mais divertidos para brincar na caixa ou no monte de areia.

Água. O banho diário é acima de tudo um hábito que tranqüiliza. É um dos melhores momentos para uma brincadeira tranqüila. Uma mulher conta que morava num apartamento em que o banheiro dava para a cozinha. Apesar de incômodo, isso tinha uma vantagem: enquanto ela preparava o jantar, seu filho de dois anos tomava banho e ela podia vigiá-lo discretamente. Com isso, descobriram que os melhores brinquedos para brincar na água vinham da cozinha. O menino pedia: "Quero um escorredor de macarrão, por favor!" Com um fio de água corrente, o garoto brincava feliz por quase uma hora antes do jantar. Mãe e filho repousavam nesse período de tranqüila independência.

Assim, aproveite ao máximo a mangueira naquele pedaço do quintal em que a grama não cresce de jeito nenhum, a banheira, a pia, a caixa de areia, os dias de chuva e, acima de tudo, a praia.

Varetas, pedras e palitos de sorvete são mais do que suficientes para a criança brincar com areia e água, mas há alguns brinquedos que você pode fazer ou comprar e algumas atividades interessantes:

Barcos de esponja, recortados das esponjas de cozinha ou de banho, são ótimos para esfregar e navegar.

Conduíte plástico. Uns 50 centímetros de conduíte, que você compra em qualquer casa de material de construção, servem para fazer bolhas barulhentas na banheira.

Xícaras, escorredores, conchas e funis de cozinha são ótimos para brincar na areia ou na água.

Espuma de banho é ótima para amontoar, modelar e cobrir o corpo.

Barcos. Em geral, os barquinhos de plástico não são muito bons porque viram ou afundam. Cheios de água, emboloram por dentro. O barquinho de brinquedo deve flutuar muito bem. Compre ou faça um barquinho de madeira. Os barquinhos com motor de elástico são especialmente divertidos.

Bolhas. Para fazer uma bolha gigante de sabão, esfregue um pedaço de sabão no polegar e no indicador. Aperte o polegar em torno do indicador. Abra devagar formando um anel. Assopre com cuidado. Se a proporção da água com o sabão estiver correta, você vai fazer uma bolha enorme, que seu filho vai adorar.

Brinquedos movidos a água. Existem pequenas bombas e rodas d'água, que podem ser presas com ventosas no lado da banheira. São divertidas e têm valor educativo.

Jardinagem

A jardinagem é uma coisa maravilhosa para fazer junto com as crianças. Lidar com seres em crescimento envolve um tipo concreto de prece em conjunto que torna evidente a providência divina. Você começa se ajoelhando e logo o amor e as cenouras estão brotando. Com um ano e meio ou dois, a criança já pode aprender e se divertir plantando, transplantando e cuidando do jardim. Se você não tiver um jardim, saia com seu filho para passear. Na primavera, vocês vão ver os brotos sob as folhas amareladas do último outono. Descobrir esses brotos sob as velhas folhas amarronzadas é uma delícia. Escolha alguns brotos promissores e arranque-os, com um bom pedaço de terra. Leve-os para casa, deixando que seu filho os carregue com cuidado num pote de sorvete. Plante em vasos pequenos e regue de vez em quando.

No outono, dá para recolher e plantar sementes de pinheiro, bordo e carvalho. Uma vez, nós plantamos sementes de alfarroeira. As folhas se fechavam à noite e abriam de manhã. Mesmo dentro de casa a planta tinha seus ciclos outono/primavera, com a queda e o renascer das folhas. Em qualquer época do ano, seu filho pode cultivar uma cebola, uma batata, um caroço de abacate, uma raiz de gengibre — as maravilhas são ilimitadas. Lembre-se de que tanto a planta quanto a criança estão crescendo. Quando a planta precisa de água, você lhe dá água, quando a terra está encharcada demais, você deixa de regá-la. Se a criança estiver interessada, estimule-a; se estiver aborrecida, deixe-a fazer outra coisa e encarregue-se da planta. Deixe que ela ajude quando puder e quiser, mesmo que sua ajuda se limite a descobrir o broto, levá-lo para casa e apertar a terra do vaso. Participar do crescimento das plantas favorece o interesse, aumenta a destreza e o conhecimento de Botânica, desenvolve a capacidade que a criança tem para cuidar das coisas — a espera paciente, o cuidado esperançoso, a avaliação do crescimento, o mistério de tudo isso.

Alguns Bons Projetos de Cultivo

• Encaixe uma *cebola* na boca de um copo ou vidro com água. A parte de baixo da cebola deve apenas tocar a água. Em poucos dias as raízes vão começar a brotar e, logo depois, as folhas. O crescimento é tão rápido que é quase visível.

• Corte a parte de cima de algumas *cenouras e beterrabas* e ponha-as numa bandeja rasa com água. Algumas pedrinhas ajudam a mantê-las no lugar. As folhinhas novas vão crescer muito depressa. É uma maneira interessante de demonstrar que de cada planta cresce uma folha diferente.

• Os *nastúrcios* são muito fáceis de cultivar. As sementes são grandes, boas para a criança enfiar na terra. Crescem dentro de casa, desde que perto de uma janela onde bata sol. Eles demoram um pouco para florescer (mais de um mês), mas no meio-tempo produzem muitas folhas bonitas. Plantando quatro a cinco sementes, mais de trinta botões vão abrir ao mesmo tempo. Colha-os que outros nascerão.

• Plantar e colher alguma *coisa comestível* — manjericão ou cenoura, por exemplo. As cenouras levam bastante tempo para crescer — duas semanas só para germinar. Mas não há pressa e, como revelação do milagre do crescimento e da fruição, são uma maravilha para as crianças. Da sementinha marrom brotam as folhas verdinhas que crescem para cima e finalmente a cenoura, que cresce para baixo — para depois ser arrancada, incrivelmente dourada e crocante.

• Para resultados mais rápidos, espalhe *sementes de alfafa* numa bandeja e cubra-a. Molhe-as com água morna e ponha num lugar escuro para passar a noite. Drene e regue com água morna: use um coador de chá ou um pedaço de pano esticado sobre a bandeja. Mantenha a bandeja coberta no lugar escuro, regando uma ou duas vezes ao dia. Em dois ou três dias, quando as sementes tiverem germinado e as folhas já estiverem abertas, ponha a bandeja numa janela por algumas horas, para que as folhas fiquem verdes. Agora seu filho pode comer os brotos de alfafa num sanduíche, numa salada ou numa sopa. São deliciosos e altamente nutritivos.

• Experimente plantar as *sementes que ficam no prato do seu filho* — melancia, maçã, *grapefruit*, uva, abóbora, pêra. Plante do seu jeito ou faça uma rápida pesquisa na biblioteca. Algumas sementes precisam invernar. Em geral, um ou dois dias no *freezer* é o suficiente para tapear a Mãe Natureza.

• Embrulhe para presente alguns *bulbos de narciso* para seu filho cultivar ou dar de presente para um coleguinha. Ponha os bulbos numa bandeja, sobre uma camada de pedrinhas. Ponha água, que deve ficar tocando os bulbos. Quando eles florescerem, leve-os para o quarto do seu filho; ele vai sentir o cheiro gostoso no escuro e ver sua exuberância de manhã.

Livros de Ciência

Os primeiros cientistas/filósofos tinham um interesse básico: entender a natureza do ser. Os antigos sábios queriam saber o que os fatos significavam. Hoje, pensamos na filosofia e na ciência como coisas separadas. Quem fica com um pé em cada área é no mínimo incomum. As crianças são o único grupo para quem filosofia e ciência continuam unidas. Quando um bebê se depara com outras coisas vivas — cachorro, inseto — acontece um terremoto dentro dele. Ouça a explosão de sua risada. "Heureca!" ele exclama. Ele não sabe as palavras, mas nos seus olhos vemos como está maravilhado. Dê a ele as palavras!

Na escola, seu filho só vai estudar "ciência" lá pela terceira série, quando o mundo já estiver dividido em fato e ficção e ele já tenha sido considerado "bom" em matemática ou linguagem/literatura. Por isso, cabe a nós ajudar nossos filhos a conservar a noção inata de que ciência e filosofia são os dois lados da mesma moeda — estar vivo. Devemos ouvir suas perguntas e ajudá-los a encontrar as palavras para elas, deixando que sua vida seja uma experiência religiosa/científica. E livros — acima de tudo *livros*! Há muitos livros incríveis, que mostram coisas maravilhosas e fornecem palavras para as perguntas. Que livros? Deixe que o interesse do seu filho responda essa pergunta. Não deixe que o interesse morra por negligência, mas não force: ajude-o a ir atrás daquilo que o interessa. Em casos de interesses transitórios, é ótimo pegar livros na biblioteca. Mas há alguns livros que vale a pena comprar.

6

Beleza

i thank You God for this most amazing
day: for the leaping greenly spirits of trees
and a blue true dream of sky; and for everything
which is natural which is infinite which is yes

(i who have died am alive again today,
and this is the sun's birthday, this is the birth
day of life and of love and wings: and of the gay
great happening illimitably earth)

how should tasting touching hearing seeing
breathing any — lifted from the no
of all nothing — human merely being
doubt unimaginable You?

(now the ears of my ears awake and
now the eyes of my eyes are opened)

e. e. cummings, Poems 1923-1954

[agradeço Meu Deus por este dia
incrível: pelos espíritos das árvores saltando verdes
e pelo céu azul real como um sonho; e por tudo
que é natural que é infinito que é sim

(eu que morri hoje estou vivo outra vez,
e é o dia do nascimento do sol, do nascimento
da vida e do amor e das asas: e da grande
terra feliz acontecendo ilimitadamente)

o homem sentindo tocando ouvindo vendo
respirando — erguido do não
de todo nada — meramente sendo
duvida ainda do Inimaginável?

(agora os ouvidos de meus ouvidos acordam e
agora os olhos dos meus olhos estão abertos)]

*E aconteceu que, desceu Moisés do monte Sinai, tendo nas suas mãos as
duas tábuas da Lei. Descendo do monte, Moisés não sabia que a pele do
seu rosto resplandecia, depois que falara com o Senhor. Olhando pois
Aarão e todos os filhos de Israel para Moisés, notaram que a pele do seu
rosto resplandecia, pelo que temeram de chegar-se a ele.*

Êxodo 34:29-30

A beleza é universalmente associada à bondade. Mas o Eu S.A., que entende a vida só em termos de prazer (materialismo) e poder, não compreende o que é a beleza. O Eu S.A. em nós quer apenas ter e fazer a beleza, quer ter beleza pessoal e belas posses. Tem inveja de pessoas bonitas e criativas e associa a beleza à visibilidade. Como Eu S.A., queremos ser visivelmente belos e criativos para aparecer aos olhos dos outros. Essas motivações contaminam nossa maneira de ser pais, reduzindo nossos filhos a projetos e objetos de arte de nossa criação, valorizados apenas como reflexos nossos. O Eu S.A. faz com que o interesse dos pais seja parecer e não ver, reduzindo a vida familiar à encenação de quadros forçados.

Um homem tinha sempre "sido um bom menino", aceitando totalmente sua posição no quadro familiar. Na idade adulta, continuou assim: procurava ser o que se esperava dele e não ser o que não se esperava. Com o tempo, a vida foi ficando sem sentido para ele. Por meio da terapia, ele percebeu que tinha sido esculpido, transformando-se numa coisa que não era. Aos poucos, começou a descobrir quem ele era. Um dia, falando de um velho álbum de fotos, ele disse: "As fotos dos aniversários eram todas iguais: a mesma pose de família, o mesmo bolo, os mesmos sorrisos forçados, a mesma infelicidade." Pouco tempo depois, por ocasião do aniversário do filho, ele comentou: "Foi muito bonito. Queria que ele se divertisse, mas não sabia o que fazer. Então perguntei a ele e planejamos tudo. Ele pediu que todos trouxessem uma piada para contar. E todos trouxeram. Foi ótimo, e foi idéia dele!"

Ter Beleza e Fazer Bonito

"Ter" beleza se traduz em ter boa aparência e coisas bonitas, o que inclui os filhos. Alguns gastam fortunas para melhorar a aparência (e acabam ainda pior) ou a aparência da casa (e acabam com a casa entulhada). "Fazer bonito" se traduz no esforço que fazemos para que os outros nos reconheçam como pessoas criativas. Neste caso, sofremos por causa da falta de talento ou de reconhecimento. Se falta criatividade, as pessoas buscam o reconhecimento como conhecedoras das artes, ou convivendo com "pessoas bonitas". Todas as tentativas de ter beleza e fazer bonito são artificiais e superficiais porque a preocupação é com a aparência e não com a própria beleza.

Como pais, o Eu S.A. quer que os filhos tenham beleza e façam bonito por nós. Queremos que façam bonito e que nos façam fazer bonito. Nossas "pequenas obras de arte" nos valem créditos. Nós os embonecamos, penteamos, pedimos que se comportem, que se sentem direito, que sejam educados e sorridentes. Em troca, eles sentam de qualquer jeito, esquecem de apertar a mão dos outros, dão um jeito de levar um soco nos dentes da frente e cortam o próprio cabelo na véspera da chegada da Tia Lalá. Queremos exibir filhos talentosos. Então, sem dar atenção aos seus interesses, nós arrumamos um professor de piano para eles. Mas, por mais que sejam obrigados a praticar, não fazem progresso algum. As festas de aniversário ou Natal se transformam em espetáculos em que eles choramingam, são mal-educados e ficam doentes — e nós nos transformamos em bruxas ou lobisomens e temos enxaqueca.

Um homem me contou que, ao saber que a mãe tinha morrido, a primeira coisa que lhe ocorreu foi que não precisava mais ir às aulas de piano. Depois sentiu tristeza pela morte da mãe, mas primeiro ficou feliz por causa das aulas de piano.

Temos também imagens mentais da família ideal — boa aparência, corpos bonitos, casa bonita, filhos bonitos, maneiras bonitas, relacionamentos bonitos. Os comerciais de TV mostram como deveríamos ser e agir. Há algo horrível nesses comerciais. Afinal, e se nossos filhos não tiverem aquele tipo de beleza? E se as relações entre nós não forem assim tão bonitas? Que vergonha!

Quem diz o que é bonito? As agências de propaganda? E o que dá a uma determinada empresa o direito de dizer o que é bonito? O Eu S.A. A principal fonte de feiúra e infelicidade é a vontade de corresponder às idéias de beleza preconcebidas de outras pessoas.

Uma menininha com a alegria dançando nos olhos e novidades para contar corre para a mãe.

"Seu nariz está escorrendo e seu cabelo está horrível. Primeiro limpe o nariz e

depois me conte", diz a mãe.

Daí a um minuto o nariz está limpo e o cabelo penteado. Mas ela está de olhos apagados, ombros caídos e boca aberta.

"O que você ia dizer, querida?"

"Esqueci."

Durante o dia, ficamos dizendo às crianças que sejam menos desleixadas, que façam melhor isto ou aquilo. À noite, quando estão dormindo, os rostos delas flutuam diante de nós, como as imagens que ficam depois de um *flash* — tão bonitinhos, com bigodes de leite e geléia. Assim, o problema não é tanto produzir a beleza que deveria ser mas não é. A tarefa é reconhecer a beleza que é quando a vemos.

A Vida como Obra de Arte

Um dia, uma mulher desenhou uma criança. Pediu ao filho de dois anos e meio para acrescentar algumas roupas ao desenho. "Vou fazer um suéter para ela." Dito isso, o garotinho pegou o lápis e, com muito cuidado, desenhou uma linha em volta de todo o desenho.

Uma criança viu, num livro de gravuras, a ilustração da cauda e das pernas traseiras de um cachorro. Ficou preocupada. "Meus Deus. Ele está quebrado. Onde está o resto dele? Ele foi cortado? Como ele foi cortado? Ele morreu?" Ela só percebeu que era o desenho de um cachorro indo embora quando virou a página. Então, viu o resto do cachorro e percebeu que ele não estava morto, mas indo a algum lugar.

Ver além da superfície, do que parece ser — disso depende a beleza. A segunda criança não foi capaz de fazer isso, pois é algo que tem que ser aprendido. Para apreciar a beleza do desenho do suéter da primeira criança, é preciso ver o significado além das linhas inexatas do desenho. Em vez de ensiná-la a desenhar direito, o importante é perceber que seu desenho expressa belamente a idéia de que um suéter é quente, aconchegante e a envolve inteira.

Quem estuda a beleza da arte e da música faz mais do que simplesmente gostar ou não de arte. É antes uma questão de *reconhecer* seu valor e compreendê-lo. O *reconhecimento* guarda uma relação com a *gratidão*, que é mais do que meramente gostar do que aparece na superfície.

Costumam dizer que deveríamos agradecer pelas coisas que nos fazem felizes. Mas a verdadeira gratidão é reconhecer o significado profundo de tudo o que se apresenta a nós. Sendo a realização espiritual a bênção suprema, o importante é perceber o que é realização espiritual e o que não é. Assim, cada coisa, boa ou má, se transforma num mestre e numa bênção em potencial, tornando mais claro o que é e o que não é bom e verdadeiro. Em forma de duras lições do que *não é*, ou de belas revelações do que *é*, coisas boas e más nos trazem "revelações" — que merecem nossa gratidão.

A humildade é a parceira da gratidão — e um pré-requisito para ela. Com humildade, mesmo diante da feiúra e de experiências negativas, pomos de lado nossas idéias sobre o que deveria e o que não deveria ser e consideramos a possibilidade de o problema ser apenas ignorância. A verdadeira gratidão não é possível sem a humildade. Outro nome para essa combinação é prece (gratidão) e desapego (humildade). Não se trata de religiosidade sentimental. A vida é uma obra de arte. Toda obra de arte expressa uma idéia que o artista tem a respeito de si mesmo e da vida. A feiúra é a expressão de uma idéia falsa a respeito de nós mesmos ou da vida. A cada momento, a vida pode ser a obra feia do Eu S.A. ou uma bela revelação de Deus. A cada momento podemos escolher o que ver e o que expressar.

Porque o meu povo fez duas maldades: a mim me deixaram, o manancial de águas vivas, e cavaram cisternas, cisternas rotas que não retêm as águas.

Jeremias 2:13

A feiúra (experiências feias, situações feias, sentimentos feios) é a auto-expressão do Eu S.A. como algo separado de Deus. A beleza, por outro lado, chama a atenção para uma coisa além de si mesma. Ela toma forma sempre que um Ser-Que-Vê individual usa sua consciência (unidade com Deus) para ser um veículo através do qual Deus se expressa.

Dois artistas moldam a nossa vida. Um é um falsário. O outro é o Velho Mestre. O falsário, o Eu S.A., tenta fazer de si mesmo um retrato bonito, em contraste com o resto. Sua obra não tem um valor duradouro pois não é comparável à obra do Velho Mestre — e nem pode diminuí-la. Ela ofusca por pouco tempo, porque é falsa e logo enjoa.

As mais belas visões são as que nos forçam a ver além do que é visto. Essa é a verdadeira criatividade. Num acampamento, um grupo de adultos retardados cozinharam e remaram pela primeira vez na vida e se divertiram muito — no meio de uma tempestade. "Gosto de acampar", disse um deles a um repórter...

... e a tempestade que caía em cima da fogueira parecia despertar sua grande reserva de alegria. Perguntei-lhe do que tinha gostado mais — do barco, das amizades? "De estar vivo", disse ele sorrindo, com gotas de chuva caindo do nariz.

Glenn Collins, *New York Times*

A arte do mestre pode se revelar em todos nós. Uma pessoa aparentemente retardada percebe e expressa sua unidade com a beleza e nesse momento é uma pessoa inquestionavelmente bela e criativa. O observador fica surpreso quando a primeira impressão dá lugar à obra perfeita do mestre oculto.

Quão suaves são sobre os montes os pés do que anuncia as boas novas, que faz ouvir a paz, que anuncia o bem...

Isaías 52:7

Porque a nossa leve e momentânea tribulação produz para nós um peso eterno de glória mui excelente; não atentando nós nas coisas que se vêem, mas nas que se não vêem; porque as que se vêem são temporais, e as que se não vêem são eternas.

II Coríntios 4:17-18

Qualquer pintor amador percebe que não é possível modificar a feiúra trabalhando apenas a superfície. Para descobrir ou expressar a beleza, como no caso de qualquer bem que desejamos, é preciso primeiro compreender o que ela é e reconhecer sua fonte. Para compreender a beleza, o segredo não é fazer ou ter, mas ver. Não estamos aqui para ter uma boa aparência, mas para ver, *e portanto ser*, a beleza. A beleza está no ser.

O Único Olho

Para distinguir as cores, meu olho deve antes se livrar de todas as impressões de cor. Se vejo azul ou branco, o ver dos meus olhos é idêntico ao que é visto. O olho pelo qual vejo Deus é o mesmo olho pelo qual Deus me vê.

Meister Eckhart, tradução, para o inglês, de R. B. Blakney

As cinco cores podem cegar,
Os cinco tons ensurdecer,
Os cinco sabores enjoar.
A corrida, a caçada, enlouquecem os homens
E seu prêmio não lhes dá paz.

No entanto, o homem sensato
Prefere o olho interior ao exterior:
Ele tem seu olho — ele tem seu não.

Lao-Tsé, em *The Way of Zen*, de Watts

Como a "beleza está no olho de quem vê", o olho tem de ser treinado, primeiro para ver, depois para ver a beleza. Como há um olho interior para ver a beleza interior, a primeira tarefa na busca pela beleza é descobrir esse olho. É preciso ver claramente além da ponta do nariz, ver além da superfície de um quadro, além das circunstâncias difíceis, da personalidade, dos sentimentos e do comportamento feio.

"... *o olho* de quem vê." O uso do singular — *olho* em vez de *olhos* — é importante. O olho que vê a beleza é o olho único, interior e espiritual, e não o físico. Só o olho interior vê a beleza que é verdadeira, a verdade que é bela. O que o olho espiritual vê como beleza, mesmo na arte e na música, está além do som e das imagens. A verdade espiritual consiste em qualidades espirituais — harmonia, ordem, bondade, paz, graça, alegria.

Ainda mais valioso do que aquilo que vemos com o olho interior é aquilo em que nos transformamos quando vemos. Nesse momento, cada um se transforma no que realmente é — um com a Mente Única, um com as qualidades infinitas da Mente Única, inseparável da fonte do ser. Percebendo a harmonia, nós nos tornamos harmoniosos. Percebendo a realidade espiritual, nossa vida se torna espiritual. Percebendo a unidade, nós nos tornamos um, sem deixar espaço para o conflito. Percebendo a verdade, nós nos tornamos verdadeiros. Percebendo a beleza, nós nos tornamos belos. Tudo o que vemos com o único olho encontra expressão em nossa vida.

Sua Aparência Reflete a Sua Maneira de Ver

Somos o que pensamos
Tendo nos tornado o que pensamos
E a alegria segue o pensamento puro
Como a sombra segue, fiel, o homem.

The Dhammapada, tradução, para o inglês, de P. Lal

A candeia do corpo são os olhos; de sorte que, se os teus olhos forem bons, todo o teu corpo terá luz.

Mateus 6:22

Nunca vi uma pessoa espiritualmente alerta que não tivesse olhos bonitos, com qualidades espirituais como alegria, bondade e clareza. A aparência dos olhos reflete a maneira como vemos as coisas. Uma pessoa de beleza convencional, a quem falte um olhar amável, amoroso, pode não parecer bonita. Por outro lado, a pessoa "feiosa" que tenha olhos para a beleza parece bonita. Nossos filhos vão se ver da maneira que nós os vemos agora. E a aparência deles vai depender de como se vêem.

Os Filhos de Outras Pessoas

Conversei com Bobby várias vezes, sempre junto com a mãe. Ela o achava cansativo, irritante e difícil de controlar, o que atribuía ao seu suposto brilhantismo. Como a mãe, ele estava sempre impecavelmente arrumado, com todos os fios de cabelo no lugar. Mas era exigente, atrevido e interrompia a conversa várias vezes — sendo ao mesmo tempo controlador e incontrolável. Tinha o olhar esquivo, mostrando que se achava inaceitável.

A despeito da boa aparência, não o achei atraente. Então, um dia, fui esperá-lo na escola e o levei para casa. "Dia bonito, não é, Bobby?" Fiz a pergunta querendo, secretamente, descobrir suas qualidades espirituais. Ele se animou e começou a falar com alegria das manhãs de primavera — dos pássaros e esquilos, do cheiro fresco das flores e da grama, do orvalho nas teias de aranha. Seu rosto brilhava e eu fiquei surpresa ao descobrir que ele era uma criança bonita e entusiasmada. Lá estava um bom ponto para começar.

O olho não é apenas um instrumento para ver, mas também expressa e *evoca* o que vê. Nossa vida pode ser transformada por nosso ponto de vista — e outras vidas também. Assim, ao olhar para nós mesmos e para nossos filhos, devemos aprender a distinguir a obra superficial do falsário e a obra mais profunda do Velho Mestre — e assim trazer à luz a verdadeira beleza.

Perceber a beleza é afirmar a bondade profunda da vida. É querer ver a expressão da bondade, querer compreender a bondade e as qualidades espirituais expressas na beleza que vemos. Deus está nas coisas realmente belas, e é aí que podemos encontrá-lo. Nas pessoas ou nas casas, nos nossos filhos, nas obras de arte, na natureza — a beleza que vemos é sempre um aspecto de Deus, do amor e da inteligência, que vem à luz.

Para cultivar a capacidade de perceber, expressar e produzir a beleza, temos de procurar o significado de tudo, para ver o que é de Deus e o que não é. Que qualidades estão sendo expressas — são espirituais e divinas? Ou não? Para expressar a beleza, temos de descobrir quais as qualidade espirituais que precisam de expressão naquelas circunstâncias. Dessa forma, descobrimos o que é bom e positivo no momento.

Com três crianças num apartamento pequeno, às vezes a família se sentia oprimida. Sentindo que precisavam de paz e liberdade, decoraram o apartamento em função dessas qualidades. Ressaltaram a luz e o espaço, usando branco, cores suaves e móveis leves, que contribuíram para a sensação de paz e liberdade. O resultado foi renovador, a atmosfera mudou e as visitas sempre achavam o apartamento muito espaçoso.

Que idéia essencial está sendo (ou precisa ser) expressa? Paz no quarto, alegria na cozinha? Ou, quando se trata de roupas, *que qualidades espirituais preciso expressar? Que qualidades espirituais são mais necessárias nesta situação?* Não dá para impor a boa aparência aos outros nem copiar o "bom gosto". O Velho Mestre tem sua maneira única de ser belo. É a beleza interior que se torna visível através da visão interior — como um "sinal visível e exterior de uma graça interior e espiritual". É sempre original porque tem a mesma origem da beleza.

Criatividade

Assim resplandeça a vossa luz diante dos homens, para que vejam as vossas boas obras e glorifiquem a vosso Pai, que está nos céus.

Mateus 5:16

Não sabeis que me convém tratar dos negócios de meu Pai?

Lucas 2:49

Para realizar nosso potencial criativo e/ou ajudar nossos filhos, é bom lembrar que criatividade é auto-expressão divina. Assim, nós não nos tornamos, nem fazemos de nossos filhos, aprendizes do falsário e temos o privilégio de observar o Velho Mestre em ação.

Pensa-se, em geral, que a beleza é o meio de o artista expressar a si mesmo, mas os artistas realmente bons (compositores, escritores, dançarinos) não estão interessados em auto-expressão. Às vezes, é a ambição pessoal da criança ou dos pais que dá o primeiro impulso, mas depois a motivação egoísta desaparece para que o artista se torne o instrumento através do qual a verdade se expressa como beleza. Os músicos têm de se perder em sua música. Senão, mesmo que tenham disciplina para aprender a técnica, vai lhes faltar inspiração para tocar ou compor com beleza, ou segurança para apresentar seu talento ao mundo. Como Seres-Que-Vêem, nossa tarefa é nos perder no amor-inteligência.

Crianças pequenas gostam muito de brincar com a "Fábrica Feliz", uma prensa que dá várias formas à massinha de modelar. Nós também, livres de preocupação pessoal, nos transformamos em canais através dos quais o amor-inteligência universal assume formas singulares. Sempre que percebemos uma qualidade divina, ela se torna nossa e pode assumir uma expressão singular em nossa vida. Quem aprecia a graça no balé, mesmo que não saiba dançar, é gracioso e manifesta a graça em todos os lugares *e em tudo o que faz*. Para perceber a forma única que Deus quer dar à nossa vida ou à vida dos nossos filhos, é preciso expressar incondicionalmente o amor-inteligência. Então, nosso propósito singular e a individualidade única de nossos filhos tomam forma. Mas temos primeiro que abandonar as idéias fixas sobre a nossa criatividade e sobre a criatividade de nossos filhos.

Duas Lições de Música

Durante muitos anos o menino estudou violão. Praticou tanto que ficou extremamente habilidoso — o bastante para tocar num quarteto e impressionar nas apresentações para os pais. Mas, aos quinze anos, quando veio à tona a necessidade de fazer as próprias escolhas, ele desistiu do violão, o que foi uma surpresa geral. Perguntaram-lhe por que, se pretendia recomeçar depois. Ele respondeu: "Não. Não me serve de nada."

Os pais fizeram questão que o filho tivesse aulas de música, mas o menino esquecia religiosamente de praticar, não aparecia nos ensaios e depois mentia. A frustração dos pais e a culpa do menino assombravam o espaço que deveria ser ocupado pela música. Finalmente, a derrota foi aceita — ou quase. Antes, o menino não conseguia enfrentar os ensaios, agora a mãe esquecia de devolver o instrumento alugado — e a trompa brilhante continuou perto da porta, em seu estojo empoeirado.

No meio-tempo, aconteceu uma coisa em três partes: (1) um novo carro, (2) com toca-fitas e (3) um compromisso que punha a mãe e o filho juntos no carro toda semana — por umas duas horas. Fora isso, passavam a maior parte do tempo separados, cada um ocupado com sua vida, ou juntos como supervisora e supervisionado, sempre às voltas com as obrigações diárias — lição de casa, refeições, limpar isso e aquilo. Como os dois viviam ocupados, as viagens semanais se transformaram num oásis entre isto e aquilo — um tempo precioso. Com os olhos na estrada, nem aqui nem ali, era um tempo sem obrigações, caracterizado por consideração mútua, pela sensação de estar a salvo do mundo: um tempo de liberdade, alegria, paz, diversão e amor. Havia um bom estoque de fitas, dos Beatles a Handel, para todos os gostos da família. A mãe dirigia e o filho escolhia as fitas. Na estrada, cantando afrontosamente, ele se apaixonou — por Pachelbel — e quando chegou em casa tirou a poeira da trompa.

Como observou o jovem ex-violonista, a questão é "perceber para que serve". Como demonstrou a outra criança, quem percebe que uma coisa é boa passa a apreciar sua expressão criativa. Não interessa se nossos filhos vão cultivar este ou aquele interesse, assim como não precisamos nos preocupar com o que vamos fazer da vida deles. É preciso apenas prestar atenção.

Como Seres-Que-Vêem, quando vamos a um concerto não ficamos com inveja do que os outros sabem fazer, desejando que nós, ou nossos filhos, soubéssemos fazer também. E se, como Seres-Que-Vêem, compomos, dançamos ou pintamos, não ficamos pensando no que os outros vão pensar de nós ou de nossos filhos. Criando, ouvindo, olhando, ceifando ou cozinhando, nosso objetivo é simples: ver e comungar com o bem de Deus.

Artistas

Meu pai costumava falar de um vendedor de jornais de uma estação de Chicago. Todos os passageiros preferiam comprar dele. Quando o comprador apressado estendia a mão para pagar, o vendedor punha um jornal dobrado sob o braço dele. Dessa forma, a transação era feita sem que o passageiro precisasse parar de andar. Esqueci o que vi nos museus quando criança — acho que essa história me ajudou mais a compreender a verdadeira criatividade do que todas as visitas aos museus.

Garçom não era uma boa descrição para ele; ele era um mestre. Os pedidos eram transmitidos com talento: "Presunto no centeio — preserve o verde", quando o freguês não queria salada no sanduíche. Mas o melhor era quando ele servia coca-cola. Com o copo na mão esquerda, deixava cair nele alguns cubos de gelo, enquanto com a mão direita punha um pouco de xarope, o que é normal. Mas o resto era maravilhoso: ele jogava o copo de maneira que, sem derramar uma gota, ele descrevia um círculo. Assim, o gelo ficava coberto de xarope antes do copo aterrissar na mão direita — enquanto a esquerda puxava a alavanca do sifão.

Minha avó me deixou seu belo piano de cauda, que precisou atravessar vários Estados para chegar à minha casa. Não esperava ser transportada também, mas foi o que aconteceu. Contratei um transportador de piano que me recomendaram e combinei de encontrá-lo na casa da minha avó. Era um velhinho miúdo, frágil, que chegou numa camioneta pequena, com um ajudante ainda mais velho e mais fraquinho. Como estávamos tão longe de casa, não vi como desfazer o trato, mas me pareceu impossível que aqueles dois conseguissem erguer o piano. Ainda por cima, ele comentou tranqüilamente: "Antes eu erguia os pianos. Mas desisti."

Com incrível precisão, eles aproveitaram ao máximo todas as leis da física. Trocando pouquíssimas palavras e aparentemente sem fazer força, os dois removeram as pernas, puseram a proteção de papelão e, sem nem mesmo usar um macaco hidráulico, manobraram e deslizaram o enorme piano para a camioneta e o fixaram para a viagem em menos de quinze minutos. Foi um balé! Uma obra de arte! Um trabalho feito com puro amor-inteligência.

Algum tempo depois, três homens, com metade da idade e o dobro da força, transportaram o mesmo piano, usando o cérebro e os músculos. Removendo mais peças para diminuir o peso, usando o dobro do equipamento e seis vezes a força muscular, conseguiram pôr o piano no caminhão em quatro vezes o tempo. O piano sofreu alguns danos no transporte e um dos homens torceu o braço.

Maternidade, Paternidade e Criatividade

Às vezes, achamos que a maternidade e a paternidade interrompem a vida "criativa". Mas, pelo contrário, essa é uma oportunidade sem igual de crescer em beleza e criatividade.

Nossos filhos são modelos de como se manifesta a beleza. Eles são atraídos e impelidos pela beleza. Assim, são naturalmente criativos e, como Moisés descendo a montanha, o que eles vêem os torna radiantemente belos. Mesmo antes de aprender a falar com palavras, eles falam com música. Para eles, dançar não é recreação, mas uma maneira de se locomover. Nada é tão belo quanto o rosto de uma criança que se ilumina num súbito encontro com a beleza.

No esforço de evocar a bondade para nossos belos filhos, somos forçados a olhar mais no fundo, a nos expressar com mais criatividade. Há uma beleza especial no amor dos pais, e seus talentos — mesmo que antes lhes fossem desconhecidos — se desenvolvem ainda mais.

Um pintor de retratos disse: "Aprendi a técnica há muito tempo. Mas para ser um artista de verdade, precisei entender o que torna uma pintura bonita. Aprender a amar meus filhos ajudou muito."

Outra artista espiritualmente alerta estava indo até a cidade com o filho de três anos e meio. Ela propôs à criança que procurassem a beleza no caminho. "Você pode juntar algumas coisas bonitas e fazer uma colagem quando voltar para casa." Era outono. Havia muitas coisas bonitas no chão — folhas, pinhas — e um pacote amassado, listado de vermelho e branco, que chamou a atenção da criança.

Na volta para casa, o menino estava cada vez mais maravilhado com todas as coisas bonitas espalhadas pelo chão. "Olha, mamãe. Isto é bonito. E isto é bonito. E isto é bonito. Podia juntar tudo para a minha colagem." De repente, ele se viu diante de uma árvore enorme, chamejante com as cores do outono. Ficou parado, olhando. Disse baixinho: "Olha! O mundo inteiro é bonito! Não preciso ter medo de nada!"

Na caridade não há temor, antes a perfeita caridade lança fora o temor.

João 4:18

Num momento de exaltação, a criança encontra, além da beleza que vê, seu significado mais profundo. Através da beleza, ela percebe que a vida é boa e que o bem é verdadeiro — que não há nada a temer. Meu livro *Gently Lead: How to Teach Your Children About God While Finding out for Yourself* (HarperCollins Publishers) explica, pelos exemplos, como apresentar Deus a uma criança, diante da natureza. Essa história que contei mostra como isso é espontâneo.

Assim como a liberdade está claramente relacionada à inteligência fundamental, a beleza está relacionada ao amor. A liberdade é uma função do fato de que a vida obedece a uma ordem, a beleza expressa o fato de que essa ordem é boa. A inteligência é a causa, o amor é o efeito, a beleza é um aspecto. Lembre-se da beleza do copo, que vem da expressão do propósito interior do copo como recipiente. Assim, o amor-inteligência fundamental se manifesta lindamente e de forma singular através da consciência de cada pessoa.

When old age shall this generation waste,
 Thou shalt remain, in midst of other woe
Than ours, a friend to man, to whom thou sayst,
"Beauty is truth, truth beauty," — that is all
 Ye know on earth, and all ye need to know.

John Keats, "Ode on a Grecian Urn"

[Quando a velhice devastar esta geração,
 Você vai continuar sendo, em meio a outras dores,

Não mais as nossas, amiga do homem, a quem disse,
"Beleza é verdade, verdade beleza" — isso é tudo
Que você sabe na terra, e tudo que precisa saber.]

Beleza e Crescimento Espiritual

A beleza ocorre quando o ver se torna ser. Quando a beleza é entendida como o bem de Deus, expressá-la é uma forma não pessoal de mudar o foco da atenção — de nós para Deus. Não precisamos saber como produzir beleza, precisamos apenas ter consciência das qualidades espirituais e nos dedicar à sua expressão. O simples fato de reconhecer e expressar a bondade pela bondade nos coloca numa posição em que a própria bondade assume o controle e se revela claramente. A beleza é o sinal inevitável de uma bênção ainda maior: a percepção da unidade com o amor divino e com a inteligência divina.

Em todos os momentos, temos a escolha de expressar o Eu S.A. ou Deus. O que deixamos prevalecer no momento determina a qualidade do momento seguinte. Se prevalecer a vontade de fazer bonito, vai se seguir a feiúra, a falta de sintonia e a falta de inspiração criativa. Mas se prevalecer o amor-inteligência, a beleza e a criatividade resultarão. Um momento de beleza e amor-inteligência leva a outro.

Pais como Influência Estética

1. *Pais como Modelos.* Os pais são um pincel com que Deus pinta autorretratos. Para pais que pensam assim, a beleza, como evidência da bondade de Deus, é uma prioridade. Pais que vêem procuram expressar a beleza e embelezar a casa chamando a atenção para qualidades espirituais, para o bem de Deus. Seja por meio da aparência pessoal, da atividade criativa ou da gratidão pela alegria de viver, expressam um constante amor pela beleza. Sabem que a expressão do bem espiritual é ao mesmo tempo o meio e o significado da beleza. São gratos, alegres, agradáveis, amorosos, dignos e respeitosos.

2. *Pais que Observam.* Vendo nossos filhos como Seres-Que-Vêem e não como nosso reflexo ou criação, fica evidente que cada criança é singularmente bela e talentosa. A bondade essencial da criança tem sempre prioridade nos nossos pensamentos. Sorrindo prontamente para nossos filhos e

apreciando sua beleza, reconhecemos, respeitamos e aceitamos sua bondade, permitindo que ela tome a forma que for, sempre singular e bela.

3. *Pais que Preparam o Caminho do Amor.* Em vez de serem escravos da aparência ou ávidos de reconhecimento por sua criatividade, os pais se juntam à criança para celebrar o bem de Deus, que é expresso na atividade de todos os dias. Não há tarefa que não seja criativa. As atividades não são vistas como *performances*, mas como oportunidades de ver, de se alegrar e de levar à expressão valores espirituais. Apreciamos silenciosamente os valores espirituais em tudo que nossos filhos fazem e nossa reação (não necessariamente verbal) mostra como estamos satisfeitos.

4. *Pais que Criam um Ambiente Bonito.* Tudo na casa tem o objetivo de fazer com que a bondade espiritual se revele em forma de beleza. Ao guardar as roupas, decorar a casa, arrumar os brinquedos ou servir o jantar, procuramos dar aos nossos filhos uma oportunidade de participar de valores espirituais como a beleza. Não é para impressionar os outros que expressamos a beleza, mas para tornar inteligível o amor de Deus. Alegria, simplicidade, originalidade, variedade, graça, ordem, paz e amor emergem como qualidades da casa.

5. *Pais como Professores.* A atividade criativa é proposta como forma de ver e celebrar o bem espiritual. As atividades musicais e artísticas não têm como objetivo possibilitar que a criança (ou os pais) faça bonito, mas ajudá-la a ver o bem de Deus e a descobrir suas próprias maneiras de expressá-lo. Descobrimos como ajudar quando priorizamos as paixões e os interesses da criança.

Sob essa luz, fica evidente que é bom evitar o excesso de elogios e de críticas. Pelo menos no início, a descoberta é o objetivo da criança e sua recompensa. Ela não busca o mérito *pessoal*, pois sua atividade visa o aprendizado. Ela se alegra com a compreensão e a realização, e é assim que vai desenvolver seu talento singular. O elogio dispersa. Quando ensinamos aos nossos filhos que a recompensa é o elogio, atrapalhamos o aprendizado, estimulando a autoconsciência e o crescimento do Eu S.A. Elogiando-os, conseguimos até que eles *façam* mais, mas pervertemos seus motivos.

Cada vez que procura os nossos elogios, a criança se afasta do aprendizado. Incentivando a necessidade de aclamação, suscitamos a possibilidade da dúvida com relação a si mesma. Dessa forma, surge o apetite pelo elogio, que será cada vez mais difícil de satisfazer à medida que ela for crescendo. É inevitável que esses motivos conquistem a criança mais cedo ou mais tarde, mas não é preciso incentivá-los prematuramente, e é possível minimizá-los.

Então, o que proporcionar a nossos filhos que se esforçam para aprender (música, arte, vestir-se, ou seja o que for)? Entusiasmo, amor, gratidão! Podemos dizer: *Maravilha! Está tão bonito! Você deve estar tão feliz com o resultado! Gosto muito das cores desse desenho! Obrigada por me mostrar!* Para a criança, descobrir junto com você o que é bonito em seu trabalho, vale dez vezes mais do que o elogio e favorece o crescimento criativo. (Ver também páginas 149-150 e 229.)

6. *Pais como Provedores de Arte.* Os pais que têm consciência da importância da beleza conseguem proporcionar ao filho o material, o equipamento e as oportunidades de que ele precisa para aprender a identificar a beleza e a expressá-la. Os olhos e os ouvidos precisam ser bem treinados antes que o verdadeiro olho e o verdadeiro ouvido despertem. Veja "Informações práticas para Pais Novatos", na página seguinte. Arbitrariamente divididas em seções sobre arte e sobre música, a orientação geral é estimular o interesse da criança e deixá-la à vontade. Não é preciso comprar muitas coisas, embora seja bom que haja uma abundância de suprimentos artísticos, de instrumentos e gravações — veículos para estimular o interesse, educar e favorecer a inspiração. Deixar a criança à vontade é mais difícil, mas sabendo que ela está em busca da beleza, conseguiremos ajudá-la sem interferir.

> *Then I Said, "I covet truth;*
> *Beauty is unripe childhood's cheat;*
> *I leave it behind with the games of youth"; —*
> *As I spoke, beneath my feet*
> *The ground-pine curled its pretty wreath,*
> *I inhaled the violet's breath;*
> *Around me stood the oaks and firs;*
> *Pine-cones and acorns lay on the ground;*
> *Over me soared the eternal sky,*
> *Full of light and of deity;*
> *Again I say, again I heard,*
> *The rolling river, the morning bird; —*
> *Beauty through my senses stole;*
> *I yielded myself to the perfect whole.*
>
> Ralph Waldo Emerson, "Each and All"

[Então eu disse: "Eu desejo a verdade;
A beleza é um engano imaturo da infância;
Deixo-a para trás com os jogos da juventude"; —
Enquanto falava, sob os meus pés
A ajuga encrespava sua linda guirlanda,

Inalei o hálito da violeta;
À minha volta erguiam-se os carvalhos e abetos;
Pinhas e bolotas se espalhavam pelo chão;
Sobre mim se elevava o céu eterno,
Cheio de luz e divindade;
Outra vez eu digo, outra vez eu ouvi,
O rio correndo, o pássaro da manhã; —
A beleza através dos meus sentidos se esgueirou;
E eu me entreguei ao todo perfeito.]

I hearing get who had but ears,
*   And sight, who had but eyes before,*
I moments live who lived but years,
*   And truth discern who knew but learning's lore.*

I hear beyond the range of sound,
*   I see beyond the range of sight,*
New earths and skies and seas around,
*   And in my day the sun doth pale his light.*

Henry David Thoreau, "Inspiration"

[Eu que tinha só ouvidos consigo ouvir,
    E ver, eu que tinha apenas olhos,
E viver momentos, eu que vivia apenas anos,
    E discernir a verdade, eu que só tinha erudição.

Ouço além do alcance do som,
    Vejo além do alcance da visão,
Novas terras e céus e mares à minha volta,
    E nos meus dias o sol empalidece sua luz.]

Informações Práticas para Pais Novatos

Estas "Informações Práticas" tratam de arte, música e poesia para crianças muito pequenas. Os pais de crianças mais velhas podem ler "Sem Ouvido para Música" (páginas 287-288).

Arte: Habitar no Amor

Na volta de uma viagem ao Oriente Médio, Nancy, nossa querida *babysitter*, trouxe uma lembrança para um de nossos filhos: uma linda caixa de bambu feita a mão com um pássaro pintado na tampa. Detalhes primorosos faziam da caixinha um presente incomum para uma criança tão pequena! Alguns dias depois, Nancy levou nosso filho para dar um passeio no parque. À noite, olhei por acaso na caixa de bambu. Dentro dela havia duas belas folhas de faia, em forma de coração. Compreendi então para que servia a caixa: para ajudar nosso filho a desenvolver o gosto consciente pela beleza.

Pendure alguma coisa bonita e com movimento sobre o berço e sobre o trocador — um *móbile* bem leve, que fique fora do alcance do bebê. Você pode comprar ou fazer um móbile. Quanto mais ele se mexer, melhor. É bom variar de tempos em tempos. Leve em conta o ponto de vista do bebê, pois alguns móbiles são quase invisíveis quando vistos de baixo. Escolha um que seja bonito visto de baixo ou senão pendure meio de lado ou nos pés do berço, em vez de pendurá-lo diretamente sobre o bebê. Para aumentar a mobilidade do móbile, prenda-o num gancho giratório (que você encontra em casas de pesca). Com esse gancho, fica mais fácil trocar o móbile de vez em quando. Se ele estiver ao alcance da mão, você nem vai precisar de escada.

As papelarias vendem *envelopes plásticos transparentes*, com cantos seguros, arredondados. Ponha desenhos, fotos ou pedaços de papel de embrulho dentro deles, trocando de vez em quando. Para o bebê, os desenhos contrastados em preto e branco são mais interessantes, pois são mais visíveis. São ótimos para o bebê ver de bruços. Se ele se cansar, pode deitar o rosto nos envelopes que não vai se sentir desconfortável.

Quadros na parede: para olhos tão jovens, os quadros na parede do quarto são ótimas janelas para o mundo e para mais além. Nos momentos mais quietos, antes e depois da soneca, a criança pode dar seus primeiros vôos de imaginação examinando e memorizando cada detalhe dos quadros, entrando pela moldura para viajar pelo mundo e além dele. Nem todos os quadros do quarto do bebê precisam ser infantis. Além das gravuras e pôsteres feitos para crianças, é uma sorte que existam reproduções das grandes obras de arte. Não escolha coisas que possam dar medo, pois a última coisa que a criança vê antes de dormir costuma entrar em seus sonhos. Paz, beleza, alegria, harmonia — é isso que devemos procurar ao escolher uma pintura ou reprodução para o quarto de uma criança.

A beleza com que as crianças convivem é a beleza que vão apreciar quando crescerem. A paisagem do quadro pode ser o cenário das histórias que vocês inventam juntos e dos sonhos do seu filho. Alguns quadros podem ficar para sempre na parede do quarto, mas no geral é bom variar logo que a criança esgota o que dá para aprender com eles e à medida que seus interesses se modificam. Pendure os quadros no nível dos olhos dela. No corredor, pendure alguns perto do chão para o bebê que engatinha.

Arte e Trabalhos Manuais

Nada é mais proveitoso, mais gratificante e mais barato do que giz de cera, massinha, canetas de ponta porosa, tinta e cola — mesmo que exijam mais supervisão do que os brinquedos. O giz de cera e a massinha podem ser dados à criança com mais ou menos um ano de idade. Depende do interesse dela e de sua disposição para ajudar. Tenha boa vontade. Ponha a criança para brincar num lugar em que a probabilidade de desastres seja menor, pois assim não vai precisar ficar defendendo as paredes e a mobília. Nesse sentido, o cadeirão é um bom lugar para os muito pequenos, além de favorecer a concentração. Para a pintura de dedo, experimente a banheira. Quando ele crescer um pouquinho, é bom que tenha a própria mesa. Um cavalete seria ótimo. Há livros que trazem ótimas sugestões. Para começar, aproveite estas idéias:

Giz de cera. Quando seu filho tiver mais ou menos um ano, você pode lhe dar giz de cera. Mas, a menos que goste de paredes grafitadas, guarde-os fora do alcance dele. Não ligue muito para os pedaços de giz quebrados, descascados ou até mesmo mastigados. No começo, você e seu filho podem até descascar e cortar todos eles ao meio. Um giz de cera descascado e partido ao meio é ótimo para pintar superfícies maiores. Para os pequenos, há gizes de cera hexagonais, que não rolam da mesa, ou mais grossos, que fazem linhas grossas e que dá para segurar com a mão fechada.

Não sugira logo de início que esse objeto serve para desenhar alguma coisa. Os desenhos que representam coisas fazem parte de um estágio posterior, que virá (e passará, talvez) a seu tempo. Limite-se a demonstrar coisas como pontos! linhas onduladas! linhas retas! rabiscos! Pegue o giz de cera só para ajudar seu filho a fazer descobertas: *o que acontece quando fazemos assim?* Às vezes, a criança se interessa mais pelo que está fazendo com as mãos, às vezes presta atenção nas cores. Depois de algum tempo, vai começar a *interpretar* seus desenhos. "Êi! Desenhei um monte de dedinhos!" Procure ver o que ele vê e comemore a descoberta.

Canetinhas de ponta porosa são muito ao gosto dos pré-escolares porque deslizam com facilidade e têm cores brilhantes. Compre das grossas, com tinta lavável. Isso não quer dizer que a tinta sai com uma esponja ou com uma lavada no tanque, mas que sai das mãos num dia ou dois e que sai das roupas na máquina de lavar. Ensine seu filho a recolocar as tampas mas, como as pontas secam muito depressa, esteja preparada para ajudar. Se ele estiver interessado no trabalho, vai esquecer de pôr as tampas — fique feliz pelo interesse. Para crianças mais velhas, canetas com tintas indeléveis são ótimas para decorar ovos de Páscoa ou para desenhar na madeira.

Pintura com os dedos. Para ser honesta, depois de um tempo comecei a achar um problema a pintura com os dedos. Mas as crianças adoram. Dá para fazer a tinta em casa, mas dificilmente compensa. Não vale a pena comprar caixinhas pequenas, pois as crianças gastam muita tinta de cada vez. Existem embalagens maiores com preço melhor. Você vai precisar de papel brilhante — papel especial para pintura com os dedos ou papel de embrulho. No começo, algumas crianças não querem pôr a mão na tinta. Por que, me digam, por quê? Estão sempre dispostas a espalhar a comida! Não insista. Demonstre você mesma a alegria de pintar com os dedos, guarde as tintas e pendure o seu desenho. Talvez tenha que fazer isso mais de uma vez antes que a criança se decida a pôr os dedos na tinta. Faça assim:

• Molhe o papel mergulhando-o na água ou molhando ambos os lados com uma esponja.

• Coloque o papel numa fôrma para limitar a sujeira.

• Ponha colheradas de tintas de diferentes cores no papel (use uma colher comum).

• Espalhe a tinta com as mãos e depois pinte (ou "despinte") com os dedos. Essa é a maneira convencional.

Tinta *guache.* Para trabalhar com as crianças em casa, é mais prática do que a pintura com os dedos. Dá para fazer essa tinta, mas é melhor comprá-la em potes de plástico inquebrável. Dê uma cor por vez para crianças de um ano e meio ou dois anos — e um pincel para cada uma delas. É melhor não pôr potes grandes na frente da criança até que ela aprenda a não misturar as tintas nos potes. Use vidros pequenos (os de comida de bebê são ótimos) ou latinhas.

Aquarela. Essa tinta é mais barata, mais fácil de usar e mais agradável do que qualquer outra. A criança logo aprende a molhar o pincel antes de passá-lo em outra cor. Para facilitar, pingue um pouco de água em cada cor antes que a criança comece a pintar. A tentação de correr o pincel por todas as cores, como se a caixa fosse um xilofone, é irresistível. Limpe a tinta com uma toalha úmida de papel e não em água corrente.

Papel. Se possível, nunca recuse a uma criança um pedaço de papel. Tenha sempre na bolsa e no porta-luvas um bloquinho e alguns minilápis. Em casa, tenha sempre um bloco grande de papel-jornal ou de papel de computador usado. Um rolo de papel de embrulho também é ótimo. Risque o contorno do corpo inteiro da criança no papel de embrulho e deixe que ela complete o desenho. Esse papel serve também para pintura com os dedos e é uma superfície gigante para atividades criativas na parede ou no chão.

Numa tarde de chuva, convide outra criança para brincar com seu filho. Espalhe papel de embrulho pelo chão para que elas possam sentar sobre ele e pintar. Desenhe a planta de uma casa para as bonecas, uma paisagem com trilhos para o trenzinho, cercas para guardar os animais de plástico, estradas para os carros, pistas de pouso para os aviões. Construa casas de blocos ao lado da estrada. Pendure uma folha grande na parede e deixe que cada membro da família ou cada convidado da festa de aniversário acrescente alguma coisa ao mural. Com folhas menores, faça livros para seu filho desenhar. Ofereça-se para escrever as histórias que ele inventa, legendando as ilustrações que ele faz. Use papel-jornal, papel de rascunho, sacos de papel, mas nunca fique sem papel.

Cavaletes. Um bom cavalete é uma aquisição que vale a pena, pois facilita as coisas para você e para a criança. Alguns são lousas ao mesmo tempo. Dois cavaletes, colocados um de costas para o outro, formam um ótimo arranjo para quando vem um amiguinho, ou para dois irmãos. Há também cavaletes de parede, compactos.

Lousa. Uma lousa é o máximo e a cozinha é um bom lugar para ela — com um banquinho ao lado. Enquanto espera alguma coisa ferver no fogão, você pode fazer um desenho ou escrever uma mensagem para o seu filho. Ele também vai gostar de desenhar na lousa e logo vai estar formando as primeiras letras ao seu lado.

Materiais para modelar. No começo (entre um e dois anos), é melhor a massinha (comprada ou feita em casa), pois o barro e a argila são mais difíceis de trabalhar. Não insista para a criança fazer alguma coisa, mas deixe que descubra sozinha o que dá para fazer com esses materiais: apertar, furar, beliscar, grudar nos brinquedos, cortar, riscar. Improvise uma rampa para ela rolar as bolas de argila, ou um ninho para os ovos. Dê a ela um cortador de ovos (sem serras nem bordas afiadas), uma faca de mesa, um pau de macarrão e alguns moldes especiais para massinha ou argila.

Quando, por volta dos três anos, ela quiser "fazer coisas", é melhor lhe dar um material um pouco mais consistente, pois as coisas feitas de massinha duram pouco. A argila endurece e pode ser esmaltada depois. Nosso filho fez um presépio de figuras de argila para dar de presente de Natal a uma de nossas amigas. Ela ainda monta esse presépio, todos os anos.

Carimbos e estampas. Os carimbos são ótimos, mas a tinta é indelével. Vocês podem, também, pintar o carimbo com tinta guache. Qualquer coisa serve como carimbo. Os vegetais são ótimos (mas seque-os antes em papel-toalha). Pressione uma folha na almofada e depois sobre o papel. Para evitar manchas de dedo, use duas fichas de cartolina: uma para pressionar a folha na almofada e outra para pressionar a folha molhada de tinta no papel. As fichas também podem ser impressas: se você usar uma folha grande de papel, ela vai virar uma miscelânea de impressões boas e ruins, que nem vale a pena pendurar na parede. Há também vários tipos de carimbos para crianças, com tinta lavável.

Use um rolo para criar estampas. Cubra uma pintura ainda molhada com uma folha de papel do mesmo tamanho. Passe o rolo (de macarrão serve) várias vezes sobre a pintura. Depois, reimprima a mesma pintura em outra posição ou imprima em cima outra pintura. Fica muito bom.

Como alternativa, com um lápis ou com um prego, risque um desenho numa pedra de sabão ou num pedaço de madeira balsa bem macia (compre numa loja de materiais para pintura). Ponha tinta para impressão solúvel em água (encontrada na mesma loja) numa bandeja de plástico ou metal e passe o rolo na tinta. Depois, passe-o na superfície riscada da madeira (ou do sabão). Com a madeira (ou sabão) molhada de tinta, carimbe uma folha de papel. Experimente. Às vezes funciona melhor pondo o papel sobre a madeira; nesse caso, passe uma colher ou um rolo limpo nas costas no papel.

Uma tela para fazer estampas. Recorte a tampa de uma caixa de papelão pequena, deixando apenas os lados e um pouquinho da parte de cima (ver ilustração). Coloque sobre ela um pedaço de tela de janela (maior que a abertura), grampeando-a com firmeza nos lados da tampa. Coloque no fundo da caixa uma folha de papel e sobre ela um objeto ou um recorte de papel. Molhe uma escova de dentes na tinta e esfregue-a na tela até que a silhueta do objeto ou do recorte apareça no papel.

Decalques. Faça uma caça à textura com um pedaço de papel e um giz de cera. Calçada de cimento, parede de tijolos, mesa de madeira, tronco de árvore, sola de tênis, folhas ou qualquer outra coisa interessante.

Papel e tesoura. Uma hora cortando, dobrando, grampeando ou fazendo furos no papel é divertido e um ótimo treino. Recortar com a tesoura é uma atividade por si só: não é preciso fazer nada em especial, só cortar por cortar e pela alegria de usar uma ferramenta. É uma preparação divertida para futuros trabalhos artísticos.

Escultura com sucata. Faça casas, barcos e esculturas livres colando rolos e caixinhas de papelão. Como outra atividade, pinte ou decore o que foi feito.

Escultura de madeira. Dá para colar e formar esculturas com pequenas sobras de madeira que você pega na marcenaria. Em geral, os resultados são muito bonitos. Podem ser deixadas ao natural ou pintadas, o que já é outra atividade. Com um pouco mais de ajuda dos pais e algumas ferragens, dá para fazer um belo abajur para o quarto.

Pintura com areia. Encha copos de papel com areia e tinja-a com corante de alimentos. Depois, espalhe a areia colorida em fôrmas para secar ao sol. Desenhe ou pinte com cola uma folha de papel e jogue a areia colorida sobre a cola (uma cor por vez). Sacuda para tirar o excesso de areia. Escovando a cola, dá para fazer desenhos com superfícies maiores (como paisagens de aquarela). É uma atividade maravilhosa, que produz resultados muito bonitos. Crianças de um ano e meio já conseguem fazer desenhos de areia. Você pode tingir bastante areia e guardar para ir usando.

Colagens. Guarde numa caixa tudo o que servir para ser colado: tampas de vidro, contas, cartões, casca de árvore. Colecionar e separar essas coisas já é divertido. Procure organizar essa atividade de maneira que, aos três

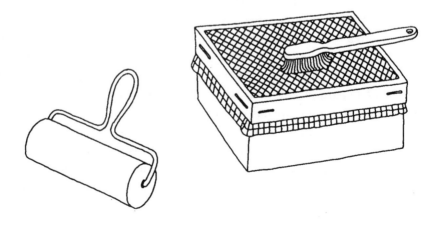

anos, seu filho consiga trabalhar com esses materiais sem supervisão. Providencie:

- Uma mesa de trabalho e uma toalha para protegê-la.
- Um avental para proteger a roupa.
- Um pedaço de oleado para proteger o chão.
- Uma esponja para limpar coisas que caírem. Antes, você vai precisar ensinar a criança a molhar a esponja, limpar o que for preciso, apertar a esponja.
- Um lugar para pôr os trabalhos para secar.
- Um lugar para o lixo.
- O óbvio: cola, tesoura, papel.

Atividade adicional: Jogue o "Jogo do Rabisco", que meus filhos adoravam e que já ensinei para muita gente. Você vai precisar de papel e lápis. Feche os olhos e faça um rabisco pequeno no papel. Peça à criança para olhar o rabisco de diversos ângulos. Se ela enxergar um desenho nele, peça que complete esse desenho. Depois, ela deve fechar os olhos e fazer um rabisco para você completar. Em *Gently Lead*, eu falo de como essa brincadeira ajuda a criança a descobrir sua capacidade criativa e a fonte Além-do-Pessoal de inspiração. É uma ótima atividade para crianças irrequietas em restaurantes. Use guardanapos ou as costas das toalhinhas de papel. Dá para jogar jogos parecidos com barro ou tinta: os jogadores espremem pedaços de barro ou fazem manchas de tinta para o outro completar: "Jogo do Barro Espremido" e "Jogo do Borrão".

O que Importa, Afinal?

Nos trabalhos artísticos, a liberdade criativa é sagrada, mas a falta de habilidade não deve ser levada em conta. Valorize a beleza que é buscada e expressa no trabalho do seu filho — não como realização, não como uma coisa boa para uma criança tão pequena, mas como algo bonito. Não é besteira dizer que o trabalho das crianças pequenas é bonito. Quando trabalham com liberdade, há sempre movimento espontâneo, brilho de luz e cor e formas incríveis em seus desenhos e pinturas.

Se você conseguir enxergar o que é bonito num determinado desenho, vai pendurá-lo com gosto na parede — não só para agradar a criança, mas porque é bonito e você quer pendurá-lo. O fato de você valorizar o trabalho do seu filho a ponto de pendurá-lo na parede estimula a expressão da beleza. Emoldure a pintura que ele fez para realçar sua beleza. Deixe que ele pinte o papel de embrulho para o presente de aniversário do amiguinho.

Às vezes, depois de pintar alegremente por algum tempo, a criança começa a pintar de qualquer jeito e a enrolar. Pode ser que esteja precisando de um pouco de ajuda ou de companhia. Se continuar inquieta, é hora de parar. Procure sempre guardar tudo enquanto ela ainda está feliz.

Recortar papel só para aprender a usar a tesoura é muito bom, mas se o objetivo é fazer alguma coisa, o produto final deve funcionar. Isso exige planejamento e atenção à capacidade da criança, que deve ser capaz de atingir um bom resultado. Num curso de férias para pré-escolares, o projeto do dia era fazer chapéus com pratos de papelão. As crianças trabalharam a manhã inteira, usando a inspiração para colar coisas nos pratos, para pintá-los e decorá-los. Mas quando os chapéus foram postos na cabeça e presos no queixo com elástico, os pratos rasgaram e caíram. Uma grande frustração. Muitas coisas podem ser feitas com sucata, mas o resultado não pode ser um lixo.

Música e Alegria

Porque com alegria saireis, e em paz sereis guiados; os montes e os outeiros exclamarão de prazer perante a vossa face, e todas as árvores do campo baterão palmas.

Isaías 55:12

Só para Ouvir

Sinos no berço. Numa casa, havia um mensageiro-dos-ventos de bronze, vindo do Japão, pendurado sobre o berço do bebê. Ele adorava aquele som. Mas os sinos tinham sido pendurados muito embaixo, de maneira que o bebê os alcançava com os pés. Então, quando chutava, ele tocava os sinos, geralmente quando estava chorando ou nervoso. O som o surpreendia tanto que ele parava na metade de um choro para escutar. Com o tempo, descobriu que havia uma relação entre o choro e o som. Os pais perceberam que ele estava tentando resolver esse problema. Ele acabou descobrindo que era o movimento, especificamente os chutes, que produzia o som. Mais tarde, aprendeu a balançar os sinos com a mão, produzindo um som mais forte. Daí em diante, quando acordava tocava os sinos em vez de chorar.

Caixinha de música. Em certos momentos, ela é ótima para acalmar.

Gravações. Suas contribuições têm um valor inestimável. Uma melodia alegre faz a criança dançar e é através do movimento, afinal, que ela começa a sentir a música. A exposição constante a músicas gravadas não desenvolve apenas o gosto musical, mas a aptidão conceitual e a linguagem. Ouvindo gravações, pais e filhos logo aprendem a cantar juntos. As gravações são melhores que a televisão para estimular a participação ativa.

Há muitos *brinquedos e instrumentos musicais* para crianças muito pequenas (tambores, pianos, cornetas etc.) e todos são bons até certo ponto. Mas, para os bebês, basta uma caixinha de música e os mensageiros-dos-ventos. Espere que ele comece a dançar e a cantar para acrescentar outras coisas.

As crianças gostam de cantar e dançar juntas quando a harmonia da música se transforma na harmonia das pessoas. Para uma criança, é um momento especial ver os pais dançando e cantando com outras pessoas. Seu rosto se ilumina de surpresa e felicidade ao ver pela primeira vez essa maravilha — em festas ou acampamentos.

Concertos. Convide (contrate? peça?) crianças da vizinhança que estejam aprendendo a tocar algum instrumento para tocar na sua casa. Assim, seu filho vai ter a oportunidade de ver os instrumentos e observar as crianças maiores tocando (uma pequena melodia ou uma escala). Se o dono do instrumento deixar, seu filho pode até tocar um pouquinho. Organize uma festinha: todos tocam e depois comem um bolo. Que tal um concerto de Natal com coral e tudo? Grave-o e ouça no ano seguinte para sentir o progresso! Temos ótimas lembranças de nossos dezoito concertos de Natal. Os pequenos cantavam "Jingle Bells", os adolescentes tocavam piano, os pais cantavam "We Three Kings", pais e filhos tocavam duetos e todos batiam palmas e cantavam juntos.

Pegar o Tom

Sem Ouvido para Música

Quando pequeno, o menino adorava música, especialmente canções. As canções populares e as comédias musicais o fascinavam. Ouvia com tanta atenção que memorizava discos inteiros num dia ou dois. Mas, quando ia cantar, desafinava. Convencida de que todo mundo tem ouvido para música, a mãe dele pensou: "Não existe quem não tenha ouvido para música. Ele é dotado de todos os dons de Deus." Depois pensou: "Mas se existisse, seria ele."

Um dia o menino perguntou: "Por que quando os outros cantam parece que estão cantando, e quando eu canto parece que estou só falando?" Era a prova.

Ele tinha ouvido musical. Ouvia com clareza e distinguia perfeitamente as notas. Mas ainda não conseguia reproduzir o que ouvia. A mãe o tranqüilizou: "Não se preocupe. Você vai aprender." Dito e feito: em pouco tempo ele "pegou o tom". E desde então não parou mais de tocar e de cantar.

Muitas pessoas são rotuladas de desafinadas quando crianças e continuam assim a vida inteira. Não desenvolvem a capacidade de reproduzir os tons que ouvem e nunca vivem a alegria da música. Um desperdício! Rotular uma criança de desafinada é como dizer que o bebê é incapaz de falar porque só fala "gu-gu".

Todos sabem que não há nada como uma canção, e a vontade de cantar, para transformar um momento melancólico, aborrecido ou difícil num momento alegre e animado.

Uma canção na hora de dormir, uma rima para cumprimentar, uma música com dez versos para viagens longas — têm um efeito estimulante na lida diária com as crianças, sugerindo que a vida merece ser cantada. Quando uma criança ouve palavras que rimam e fazem sentido, ela descobre ordem e harmonia num mundo que geralmente parece confuso. Além disso, sente que a alegria e a harmonia são possibilidades reais e prioridades importantes na vida. Tudo isso — em troca de uma canção!

Livros de Poesia

Há muitos livros maravilhosos com versinhos e poesias para crianças pequenas.

Livros de Música

Se você não lê música, não compre livros com muitas músicas desconhecidas. Por outro lado, não é preciso saber tocar piano ou violão para usar um livro de música com seu filho. Sente-se no sofá com um livro ilustrado de canções e cante. O canguru é ótimo para tocar piano e cantar com o bebê. Lá, o bebê fica feliz, confortável e pode ser embalado ao ritmo da música. Um ótimo jeito de pegar no sono.

Ao escolher um livro de música, o tamanho não é necessariamente uma vantagem e pode até ser um problema, pois você pode levar muito tempo procurando as músicas que já sabe. Procure canções fáceis de cantar, com arranjos que sejam ao mesmo tempo melodiosos e estejam dentro da sua capacidade (se você souber tocar).

Há muitos livros de música para crianças pequenas. Alguns dos melhores se prestam mais para cantar em grupo. Escolha o que tiver mais utilidade no seu caso.

Há livros de gravuras que são edições ilustradas de canções infantis. São uma fonte de alegria para crianças muito pequenas, pois permitem que elas acompanhem melhor as letras que não conseguem entender direito.

As melhores canções são as que você e seu filho fazem juntos. Cantar uma canção sobre qualquer coisa, sobre qualquer atividade rotineira, reforça a noção da vida como algo harmonioso, fluente, alegre. As letras não precisam rimar, o tom pode ser sempre diferente. Seja uma narração ou palavras sem sentido, com um estribilho apenas ou com uma letra comprida, a canção alivia algumas situações e realça outras. É uma experiência valiosa para você e seu filho.

Esta é uma das melhores canções da nossa família — sobre um passeio no inverno:

Soft, soft snow is falling on my hair (face) (hand).
Soft, white snow is falling everywhere (every place) (on the land).
I hear the crow calling.
I hear the snow falling — soft, white snow.

[A neve macia está caindo em meu cabelo (rosto) (mão).
A neve branquinha está caindo em toda parte (em todo lugar) (sobre a terra).
Ouço o galo cantar.
Ouço a neve cair — macia e branquinha.]

7

Verdade

No princípio era o Verbo, e o Verbo estava com Deus, e o Verbo era Deus. Ele estava no princípio com Deus. Todas as coisas foram feitas por ele, e sem ele nada do que foi feito se fez. Nele estava a vida, e a vida era a luz dos homens. E a luz resplandece nas trevas, e as trevas não a compreenderam... Ali estava a luz verdadeira, que alumia a todo o homem que vem ao mundo. Estava no mundo, e o mundo foi feito por ele, e o mundo não o conheceu. Veio para o que era seu, e os seus não o reconheceram. Mas, a todos quantos o receberam, deu-lhes o poder de serem feitos filhos de Deus; aos que crêem no seu nome. Os quais não nasceram do sangue, nem da vontade da carne, nem da vontade do varão, mas de Deus. E o Verbo se fez carne e habitou entre nós, e vimos a sua glória, como a glória do unigênito do Pai, cheio de graça e de verdade.

João 1:1-5, 9-14

Todos nós, pais e filhos, somos palavras que Deus pronuncia, pontos individuais da auto-expressão divina, promessas destinadas a se realizar. Em hebraico, *palavras* não são apenas idéias ou conceitos que podemos encontrar no dicionário, mas lugares de encontro do ouvir e do falar. Se não é falada *e* ouvida, expressa e recebida, a palavra não ocorreu. Para nos realizar, nós e nossos filhos devemos nos encontrar na comunicação. Como pais, temos de ouvir não apenas o que nossos filhos dizem por meio da ação, do choro, da palavra e do comportamento, mas também o que Deus diz por intermédio deles. Temos de prestar atenção no que dizemos, não apenas pelas palavras e ações, mas acima de tudo no que dizemos pela nossa maneira de ser. O que nossa vida põe em evidência? O que nossa maneira de ser transmite? É o Eu S.A. ou Deus que fala através de nós? Queremos parecer ótimos e corretos ou queremos nos realizar, ajudando nossos filhos a fazer o mesmo? Muito mais do que ouvir o que dizemos, nossos filhos ouvem *como* somos. Assim, temos de ser seres que vêem e que *ouvem*, olhando através do que está diante de nós para ver o que Deus está tentando nos mostrar; ouvindo, através dos ruídos e sons à nossa volta, o que Deus tem em mente.

Mas o que dizemos, as palavras que pronunciamos, também são importantes. Todos nós associamos *verdade, comunicação, idéias, linguagem, discurso, inteligência, compreensão* e *realidade* com *palavras. Palavra* inclui conceito e expressão, é a transição entre *idéia* e *expressão*, o ponto em que a idéia se transforma em acontecimento. *Idéia* é a causa, *acontecimento* é o efeito. *Palavra* é a transição entre os dois. Assim, sabemos que a linguagem é importante. Definimos nossa singularidade como espécie pela sofisticação da nossa linguagem. Sabemos que o desenvolvimento da linguagem é importante para as crianças, que a comunicação é importante para as famílias. Reconhecemos o poder da palavra impressa quando dizemos que "a caneta é mais poderosa do que a espada". Sabemos que o que dizemos pode curar ou matar.

Pontes

Algumas palavras são pontes; depois que atravessamos a ponte não precisamos mais dessas palavras. Neste livro, *Eu S.A.*, *Ser-Que-Vê* e *amor-inteligência* são palavras-ponte, que nos ajudam a ir da margem das idéias falsas sobre nós mesmos e sobre Deus para a margem das idéias mais verdadeiras. Em geral, cunhar palavras é uma presunção, mas às vezes ajuda na travessia.

Os termos *Eu S.A.* e *Ser-Que-Vê* nos ajudam a ir de quem não somos para quem somos. *Amor-inteligência* nos ajuda a entender o que Deus é, para que estamos aqui e para que serve tudo isso.

Por que não dizer *eu* em vez de *Eu S.A.*? Porque *eu* indicaria tanto o eu que tem e faz, absorto em si mesmo, ou o eu que vê a unidade com a fonte Divina. O *Eu S.A.*, como alude a uma corporação, sugere um eu num corpo, incorporado, chamando a atenção para o fato de que o Eu S.A. age sempre em proveito próprio, às vezes por meio de negócios escusos. O Eu S.A. não é uma pessoa, mas uma idéia pessoal e um impostor habilidoso. Em busca de um lugar para chamar de seu, o Eu S.A. nos convence de que somos esse lugar — que somos seu próprio eu.

Por que não dizer simplesmente *Deus*, *amor* ou *verdade* em vez de *amor-inteligência*? Porque essas palavras estão carregadas de conotações confusas. Às vezes, o Eu S.A. as apropria para usá-las de acordo com seus próprios interesses, usando-as como chaves para entrar em nossa vida. O Eu S.A. tem um chaveiro cheio de palavras-chave — ter/fazer, certo/errado — que usa em nome do *amor*, da *verdade* e do *bem*, até que finalmente consiga nos fazer acreditar que somos *ele*! Se não tivermos cuidado, essa apropriação pode arruinar nossa vida. Mas quando tomamos cuidado, o Ser-Que-Vê, que realmente somos, desperta. Quando o Ser-Que-Vê desperta ou pelo menos fica alerta, o Eu S.A. não consegue ir entrando e se sentando dentro de nós, porque ficamos menos confusos com as confusões que ele cria.

Agora, depois de observar o Eu S.A., já conhecemos seus truques. Assim, não ficamos surpresos ao descobrir que ele, que tudo vê em termos de ter e fazer, procura ter e fazer a verdade pela palavra. Para o Eu S.A., as palavras são veículos da auto-expressão e meios para fins egoístas: aquilo que ele quer.

Ter e Fazer a Verdade

O *Eu S.A., aquele que tem*, acha as palavras sensacionais. Para ele, que gosta de falar, as palavras faladas são efeitos sonoros. Como as palavras provocam sentimentos — bons ou ruins — no Eu S.A., elas fazem com que ele ache que realmente é alguma coisa. O silêncio é intolerável porque não lhe dá sensação alguma — nenhum efeito sonoro, nenhum Eu S.A.

Para o Eu S.A., aquele que tem, a comunicação é uma maneira de fazer com que os outros cuidem dos nossos sentimentos. Quando nossa conversa gira em torno do que gostamos ou não gostamos, quando nos sentimos bem quando dizem coisas boas a nosso respeito e mal quando dizem coisas ruins, então o Eu S.A., o que tem, está levando a melhor sobre nós.

Com relação à inteligência, o Eu S.A., o que tem, considera as palavras como recipientes dos fatos. Preocupado com a própria mente, ele faz questão de obter fatos, armazenando-os como informação. Acredita que as palavras são cápsulas de fatos, guardadas na mente, que no seu caso é a cabeça. Quanto mais fatos são armazenados, mais inteligência ele acha que tem. Aprende por meio da repetição e às vezes ele acha que não tem boa memória, que não capta as idéias. Às vezes ele se sente burro.

Quanto à comunicação com a família, o Eu S.A., o que tem, quer "ter a palavra" ou "chamar a atenção". Ele usa o discurso para fazer exigências, para ter prazer, de maneira direta como em "coce minhas costas" ou indireta como nas ocasiões em que elogia à espera de um elogio. Quando são essas as nossas preocupações, o Eu S.A. está no controle.

A respeito da verdade (a Palavra de Deus), o Eu S.A., o que tem, considera as idéias verdadeiras como experiências em si mesmas ou como uma maneira de produzir experiências agradáveis. No primeiro caso, podemos ter um "barato", ter experiências emocionais ou sensuais ao ouvir "a Palavra". No segundo caso, ele espera trocar a verdade por prazer. Achando que Deus pode ser uma fonte de prazer, ele procura agradar a Deus (satisfazer as exigências Dele): desiste de alguns prazeres na esperança de assim obter prazeres maiores (satisfazendo assim as próprias exigências). O Eu S.A. "acredita". Ele acredita no poder da crença. Só pelo fato de acreditar em "boas" idéias, ele espera se tornar bom. Tenta incorporar a verdade por meio da repetição e tenta melhorar sua experiência fazendo afirmações positivas. Acha que diante de bons pensamentos e palavras vai ter boas experiências. Quando o Eu S.A., o que tem, começa a achar que sua atitude diante da vida não funciona, ele imagina que está ficando louco.

O *Eu S.A.*, o que faz, acha as palavras poderosas. Ele as usa como ferramentas e armas para produzir o que acha que deveria ser. Falar é uma forma de agir e induzir à ação. Ele fala para se sentir poderoso e para exercer o poder, sentindo também que a conversa dos outros exerce poder sobre ele.

Para o Eu S.A, o que faz, a comunicação se transforma em combate verbal. Sua conversa gira em torno do que ele acha que deveria ou não deveria ser. Ele não se preocupa tanto em se sentir bem ou mal, mas em estar certo. Ele se sente forte e influente quando as pessoas concordam com ele. Ele se sente ótimo quando as pessoas acham que ele está certo, infeliz quando pensam que está errado. Secretamente ou abertamente, ele tende ao autoritarismo, à disputa, à discussão e à persuasão.

O Eu S.A., o que faz, quer uma mente poderosa. Enquanto o Eu S.A., o que tem, vê a mente como recipiente, o Eu S.A., o que faz, vê a mente como uma arma. Para o Eu S.A., as palavras são fórmulas e cartuchos de poder. Ele trabalha com pensamentos, moldando a mente para ter a ilusão de que produz pensamentos. Aprende computando e calculando. Parece seguro, mas está sujeito a uma tremenda ansiedade, à dúvida, ao dilema, à culpa, à indecisão — subprodutos da crença no poder, ou no suposto poder, de sua mente e de suas palavras.

O Eu S.A., o que faz, usa o discurso para dar ordens de maneira direta, como em "faça o que eu digo", ou indireta, por meio da esperteza, esperando que reconheçam seu poder mental. Procura obter o comando da verdade, dominar a Palavra de Deus, para exercer poder sobre a vida. Para ele, a Palavra de Deus não passa de ordens ou técnicas. Almeja usar a Palavra de Deus para ter poder pessoal, quer estar "do lado certo" para ter "Deus do seu lado". Faz o que Deus manda na esperança de que Deus faça o que ele mandar. Acha que o que é certo gera poder, que gera o que é certo.

Paulo deu voz ao Eu S.A., o que faz a verdade, quando disse: "Porque não faço o bem que quero, mas o mal que não quero esse faço." Quando o Eu S.A. começa a achar que sua atitude diante da vida não funciona, sente uma terrível impotência e a vida perde o sentido para ele.

Verdade e Comunicação

Achamos que estamos interessados na verdadeira comunicação. Mas, em geral, não concordamos com relação à verdade. Dizemos "nós não estamos nos comunicando". Os pais se queixam, dizendo que a comunicação com os filhos é difícil. Mas, quando surgem "problemas de comunicação", é bom examinar o que é que se quer transmitir. Em geral, o problema não está na comunicação, mas no que está sendo comunicado. (Ver também "Uma Palavra sobre a Adolescência", páginas 193-198.)

A Menina que Disse Gato

Os pais da menina estavam ansiosos para que ela aprendesse a falar. Zelosamente, tentavam lhe ensinar os nomes das coisas. Exclamavam: "Gato! Copo! Cadeira!" — querendo que ela repetisse as palavras. A menina ficou fascinada com o gato, com o copo e com a cadeira — e se divertia com o jeito animado dos pais. Mas não aprendeu a falar. Finalmente, um dia, ao ver o gato, ela disse: "Gato." Os pais se encheram de alegria. A criança recebeu beijos e abraços. Disse "gato" outra vez. Mais beijos e abraços.

Alguns dias se passaram, a menina continuou falando gato, mas não aprendeu outras palavras. O entusiasmo dos pais foi diminuindo e de repente a menina começou a chamar tudo de gato, incluindo o copo e a cadeira. Os pais ficaram desanimados. "Não. *Gato* não. *Cãozinho*." Finalmente ela disse "cãozinho" e os beijos e abraços foram redobrados. Mas com o advento de *cãozinho*, *gato* desapareceu. Passou a chamar tudo de *cãozinho*, inclusive o gato.

Como o Eu S.A., usamos nossos filhos para ter e fazer a verdade, tendo em vista o nosso prazer e a nossa vontade de poder. A menina que falava *gato* entendeu que a palavra serve para lhe dar prazer. Como ela não sabia o que é discurso e o que ele faz, ela não estava aprendendo a falar. Para ela, falar servia para ganhar beijos e abraços. Logo, acreditaria que aprender serve para ganhar elogios — não para compreender.

O Menino que Dizia Não Faço

Um pai disse que queria se comunicar melhor com o filho. Quando lhe pedi para explicar melhor, ele disse: "Bem, tenho que lhe ensinar o que ele deve fazer, certo? Mas, quando eu o mando lavar os pratos ou levar o lixo para fora, ele me ignora ou responde: 'E por que eu? Quem lhe deu o direito de me dizer o que fazer?' Ele não quer fazer o que deve fazer. Por isso, quero saber como me comunicar melhor."

Para ele, como o Eu S.A., o que faz, a comunicação significava dizer ao filho o que fazer. De certa maneira, o filho era obediente. Tinha adotado o ponto de vista do pai, para quem o discurso servia para exercer o poder. Assim, ele se comunicava com o pai dizendo "não faço". A comunicação entre eles era boa, mas girava em torno de um mal-entendido.

Com Quantos Eus S.A. se Troca uma Lâmpada?

Como temos prioridades diferentes a cada momento, todos nós nos comportamos como o Eu S.A. que tem e que faz a verdade. A palavra pode entrar pelo ouvido ou sair pela boca, pode ocorrer entre Deus e o eu ou entre o eu e o outro, mas todos nós a percebemos como a junção da idéia com o efeito. Assim, procuramos compreender a verdade e trazê-la à experiência por meio da palavra. Através da palavra, tentamos nos dar o prazer desejado e produzir nós mesmos o que queremos. Parece razoável. Mas, quando tentamos comunicar aos outros nossas "expectativas e exigências razoáveis", encontramos uma oposição nada razoável. E quanto mais racionais tentamos ser, mais irracionalmente nos comportamos. Será que nossa premissa está errada? Que premissa?

Nas histórias em quadrinhos, uma descoberta ou idéia súbita é representada por uma lâmpada sobre a cabeça do personagem. Se o nosso palhaço que buscava a luz (páginas 31, 43, 135 e 331-332) pusesse as mãos na lâmpada, ele provavelmente a desatarraxaria, com o intuito de tê-la e usá-la para seus fins. É uma tolice, mas é isso que faz o Eu S.A. ao se apropriar das palavras e da Palavra. Só uma lâmpada atarraxada em sua fonte pode fazer o palhaço ver e ser um Ser-Que-Vê inteligente e não um tolo desajeitado. Da mesma forma, a palavra só lança luz quando ligada à fonte de força: Deus. A diferença entre o Eu S.A. e o Ser-Que-Vê está no que é considerado como fonte e propósito da palavra. Como o Eu S.A., achamos que a palavra é um meio para atingir a realidade. Como Seres-Que-Vêem, percebemos que a palavra é o meio pelo qual a realidade pode nos atingir.

Ligada à fonte de força, a palavra, como a lâmpada, é uma coisa que ilumina, que nos permite ver. Essa comunhão da palavra com a fonte é a base da comunicação. Não é a união daquele que vê com a palavra, mas o vir à luz da unidade daquele que vê e da palavra com a fonte. A luz se comunica através da palavra e por intermédio daquele que vê de maneira singular, como inspiração que ilumina, como ver e ser.

Porque em ti está o manancial da vida;
na tua luz veremos a luz.

Salmos 36:9

Lâmpada para os meus pés é tua palavra,
e luz para o meu caminho.

Salmos 119:105

A minha alma está pegada ao pó;
vivifica-me segundo a tua palavra.

Salmos 119:25

A minha alma consome-se de tristeza;
fortalece-me segundo a tua palavra.

Salmos 119:28

A Criança como Modelo da Verdade

Não diga nada. O que você é se sobressai tanto e faz tamanho estardalhaço que
nem consigo escutar o que você diz em contrário.

Ralph Waldo Emerson, *Letters and Social Aims*

Crianças pequenas desenvolvem a linguagem muito depressa e com muita facilidade. Conseguem dominar várias línguas ao mesmo tempo com sotaque perfeito, misturando-as muito pouco, sem texto, sem aulas, sem testes. Alguns dizem que isso é possível porque o cérebro delas é jovem e que, ao longo da vida, o ser humano nunca mais aprenderá línguas com a facilidade da infância.

O que, na mente da criança, dá a ela essa facilidade para aprender línguas? Acredito que não seja tanto o que o cérebro tem, mas o que ele não tem. No início, a criança não pretende ser inteligente, fazer certo ou ter razão. Qual é então sua principal preocupação? Ver e ser.

Como os computadores, as crianças aprendem a língua em termos de uma espécie de liga/desliga. No caso delas, o equivalente é verdadeiro/falso, pergunta/resposta, sim/não, é/não é. Elas não aprendem a falar para agradar ou para receber elogios, nem mesmo para exercer poder. Seu motivo para compreender e para aprender a falar é a vontade de *descobrir o que é*. Quando compreendem as inflexões de pergunta e resposta, a linguagem se desenvolve num piscar de olhos. "*Onde* está a mamãe? *Achou!* Esse é o ursinho? Não, esse não é o ursinho. *Este* é o ursinho!" Desde o início, a criança tem um interesse que orienta e facilita: *o que é? o que não é?* Esse interesse não tem relação com prazer ou poder. Elas aprendem a falar para se comunicar, para chegar à unidade consciente com a verdade do ser.

Essa maneira de aprender é demonstrada negativamente em nossas duas histórias: "A Menina que Disse Gato" e "O Menino que Dizia Não Faço." Os dois casos comprovam a idéia de Emerson: sua maneira de ser fala mais alto do que aquilo que você diz. Na mente dessas duas crianças, o que os pais *diziam para fazer* era secundário com relação ao *ser que comunicavam*. As crianças pressupõem que vendo o que é real elas podem realmente ser.

Essa é uma orientação válida na vida, como demonstra a eficiência com que aprendem e a mudança que esse aprendizado produz na vida delas. Mal orientados pelos pais, a menina que dizia *gato* e o menino que dizia *não faço* demonstram negativamente essa eficiência. Mas a grande maioria das crianças (menos mal-orientadas ou apesar de mal-orientadas) domina linguagens altamente complexas, demonstrando positivamente que somos Seres-Que-Vêem, para quem *ver o que é* é a melhor orientação.

Reflexão Adicional — Filhos Brigões de Pais Pacíficos: Depois de uma palestra que fiz, uma senhora muito agradável e de fala macia me pediu ajuda. Explicou que ela e o marido eram pessoas pacíficas e que faziam o possível para passar essa qualidade para os filhos, que no entanto viviam brigando. "São violentos! Fazem ameaças terríveis para valer. Somos pacíficos, mas não conseguimos levar a paz para a nossa casa." *Levar*? Isso me deu uma idéia. Você pode levar para casa um prego, uma espada, um punhal, mas não a paz. Estavam *forçando* os filhos a serem pacíficos, mas isso gera a rebelião, não a paz.

Levar a paz para casa: uma expressão de poder. Esses pais não eram pacíficos, não valorizavam a paz acima de tudo. Eram pessoas que temiam acima de tudo a agressividade. Assim, falavam macio e nunca mostravam que estavam com raiva, eram controlados *e controladores*. Sua agressividade e raiva reprimidas vinham à tona nos filhos. Mesmo não sendo proposital, a mensagem que recebiam era alta e clara — e era essa mensagem que devolviam aos pais. A mensagem era: "Ser é dominar." Nessa noite a mãe recebeu a mensagem e começou a pensar no *que* ela e o marido estavam comunicando — e não numa forma de comunicar a mesma mensagem com mais força ainda.

Pit Pat

So here comes little Pit Pat
up to us, listening
through those clear blue eyes
with 20/20 hearing
to every word we are.
She may or may not
understand the words we say;
But she listens carefully
to our much louder
pointing of view.
Her seeing hears every word
our being is saying.
She only sees in order to be,
and as far as she knows
the may we are
is telling it like it is. So
(regardless of what else
we are telling her to do
and how to do this
and why not to do that)
pit pat off she trots,
seeing being as we saw it;
saying her self
as we said ours;
being exactly
as she was told.
Poor little spitting image,
apple of my eye,
spitting at the sky.
But try as she may,
even with all our help,
little Pit Pat can't
put out Old Sun.
Still, still it shines
and drives her face
and warms her hair
and lightens her way
and brightens her day.

Pit Pat

[Vem aí a pequena Pit Pat
chegando, ouvindo
com os claros olhos azuis
com os ouvidos voltados
para cada palavra que somos.
Ela pode ou não
entender as palavras que dizemos;
Mas ouve com cuidado
o nosso muito mais audível
ponto de vista.
Seus olhos ouvem cada palavra
que nosso ser está dizendo.
Ela só vê para ser,
e pelo que ela sabe
nossa maneira de ser
conta como é. Então
(não importa o que
digamos para que ela faça
e como
e por quê)
Pit Pat vai andando
vendo o ser como nós o vimos;
dizendo o seu eu
como nós dissemos o nosso;
sendo exatamente
como lhe disseram para ser.
Pobre retrato escarrado,
menina dos meus olhos,
cuspindo no céu.
Mas por mais que tente,
mesmo com a nossa ajuda,
a pequena Pit Pat não consegue
apagar o Velho Sol.
Ele brilha ainda
e seca seu rosto
e aquece seu cabelo
e dá brilho ao seu caminho
e ilumina seu dia.]

***

Porque, assim como desce a chuva e a neve
dos céus, e para lá não torna,
mas rega a terra, e a faz produzir, e brotar,
e dar semente ao semeador, e pão ao que come.
Assim será a palavra que sair
da minha boca:
ela não voltará para mim vazia,
antes fará o que me apraz,
e prosperará naquilo para que a enviei.

Isaías 55:10-11

Até a criança se dará a conhecer pelas suas ações,
se a sua obra for pura e reta.
O ouvido que ouve, e o olho que vê,
o Senhor os fez a ambos.

Provérbios 20:11-12

Pais Articulados

(1) *Pais como Palavra.* Os pais são a mais forte declaração que a criança ouve a respeito do que significa estar vivo e ser real. Não é tanto o que dizemos ou fazemos, mas sim nossa maneira de ser que expressa o significado que damos à vida. Assim, pais articulados ouvem mais e falam menos. Ouvindo interiormente aquilo que é, nós nos tornamos para a criança a palavra de Deus sobre Deus. Não somos a expressão do Eu S.A., mas de Deus. Não são tanto nossas respostas, mas nossas perguntas que levam a uma comunicação eficaz. Não nos baseamos tanto no que pensamos e perguntamos sempre: *O que é amor-inteligência? Como Deus está se expressando aqui? Como pode o fato do amor ser evidenciado? Como pode a ordem inteligente se manifestar?*

(2) *Pais que Observam.* O filho é a palavra de Deus para os pais. Vendo a criança como palavra — quanto ao significado e importância — descobrimos que ela nos diz o que precisamos ouvir. O que vemos de Deus na criança nos ilumina. O que parece contrário a Deus nos instrui. A maneira de ser da criança nos diz o que a nossa maneira de ser transmite a ela. É o que nos diz a frase: "Tira primeiro a trave do teu olho, e então cuidarás em tirar o argueiro do olho do teu irmão." Como pais articulados, em vez de nos agarrar às idéias que temos sobre a criança, observamos para ver que idéia Deus

tem da criança. Vendo que a criança é articulada por Deus e para Ele, distinguimos o que nela é verdadeiro e o que é falso. Na medida do possível, nós nos dirigimos ao que é verdadeiro em palavras e pensamentos, entregando a criança a Deus. Observamos nossos filhos como filhos de Deus e percebemos que é Nele que eles vivem, se movem e existem.

(3) *Pais que Preparam o Caminho.* A melhor maneira de preparar o caminho é sair do caminho. Quando se trata de comunicação, isso significa parar de falar de nós mesmos e não dar tanta importância à comunicação de mão dupla: o importante é manter abertos os canais para a comunicação de mão única. Assim, preservamos a capacidade que a criança tem para ouvir a "pequena voz silenciosa" de Deus. A Pequena Voz Silenciosa está sempre ali para orientar. Ela nunca pára, só é abafada.

> *Voz do que clama no deserto:*
> *Preparai o caminho do Senhor;*
> *endireitai no ermo uma vereda para nosso Deus.*
> *Todo o vale será exaltado,*
> *e todo o monte e todo o outeiro serão abatidos;*
> *e o que está torcido se endireitará,*
> *e o que é áspero se ampliará.*
> *E a glória do Senhor se manifestará,*
> *e toda a carne juntamente verá*
> *que foi a boca do Senhor que isto disse.*
>
> Isaías 40:3-5

(4) *Pais que Preparam o Ambiente Centralizado na Verdade.* No lar centralizado na verdade, tudo é orientado no sentido de nos deixar discernir a expressão de qualidades espirituais. A pergunta importante é: *que qualidade espiritual deve ou precisa ser expressa?* Reina uma atmosfera sem imposições nem julgamentos. Espaço e tempo para ouvir em silêncio — a sós ou em conjunto — são uma alta prioridade. Há fácil acesso para livros, fitas, cadeiras e lâmpadas. A leitura, as caminhadas e as idas à biblioteca são freqüentes.

(5) *Pais que Se Comunicam.* Pais comunicativos compreendem que a verdadeira comunicação é comunhão, unidade consciente com a verdade. Quando falamos, nosso objetivo não é controlar nem conduzir a criança, através da comunhão consciente, a algum aspecto da verdade. Não dizemos coisas como: "Como vou fazê-la comer? Como vou fazer com que se comporte?" E nem damos longas explicações verbais da verdade. A pregação banaliza a verdade e fecha a mente da criança. Como pais que se comunicam,

falamos pouco da "verdade", mencionando apenas aqueles aspectos que a totalidade do nosso ser revela à criança e que ela mostra querer conhecer.

As crianças reagem melhor a enunciados positivos — sobre o que é e o que não é — do que a negativos — sobre o que deveria e não deveria ser. Não dizemos, por exemplo, "Não pule no sofá". Mas sim, "O sofá não serve para pular. Que tal pular no colchão velho lá no porão?" Percebendo que a conversa é uma descoberta conjunta da verdade, os pais fazem mais perguntas do que afirmações. "Por que será que o cachorro rosna desse jeito?" Procuram o significado não apenas das palavras, mas também das coisas e acontecimentos. Mesmo que Deus não seja mencionado, a criança percebe que a vida é fundamentalmente ordenada a favor do bem. Ela começa a buscar lições no que é aparentemente um problema.

Pais que se comunicam ajudam os filhos a rezar "ouvindo o que Deus tem a dizer" ou "esperando" que surja uma boa idéia. Nesses momentos, ofereça-se para esperar respeitosamente com seu filho.

(6) *Pais Provedores*. Os pais articulados são guiados a escolher materiais e experiências que ajudem a criança a compreender o significado e a expressar a verdade, a perceber que há uma única mente amor-inteligente, que se expressa em todos os momentos e que pode ser conhecida diretamente. Assim, reforçamos três convicções na criança: *(1) que no fundo, a vida é boa, e é de se esperar que continue assim; (2) que é possível entender e superar os problemas; (3) que ela não depende tanto de nós, pois tem acesso direto à orientação nos momentos de necessidade.*

Essa perspectiva fornece critérios amor-inteligente aos pais. Assim, eles vão saber escolher bons livros para os filhos pequenos e, quando estes crescerem, vão saber ajudá-los a lidar com as chamadas más influências do mundo. (Ver também páginas 307-314.)

A Verdade e o Ser-Que-Vê

Para o Ser-Que-Vê, as palavras são a união de uma idéia com um acontecimento. Vendo e ouvindo *através* da palavra com o "único olho" e com o ouvido espiritual, o Ser-Que-Vê busca a unidade consciente com a Mente Única. Assim como o dinheiro significa ouro mas não é ouro, para o Ser-Que-Vê a Palavra aponta para Deus mas não é Deus. Os Seres-Que-Vêem não usam o discurso apenas como meio de expressão ou de satisfação dos próprios desejos. Para eles, o discurso é um meio que Deus usa para expressar Deus. Os Seres-Que-Vêem esperam a inspiração da pequena voz silenciosa para deixar que Deus os use.

A Ausência da Mente Individual

Como Seres-Que-Vêem, sabemos que não é a nossa mente que gera a inteligência. Compreendemos que somos uma consciência que pode receber orientação e inspiração da Mente Única. Pondo de lado idéias de futuro e passado, de querer e não querer, de deveria e não deveria, ficamos receptivos à inteligência divina e à inspiração, que é então expressa como palavra viva, o verbo feito carne. Através dessa atenção cuidadosa, sintonizamos nosso ser com a idéia de que o amor-inteligência realmente é. Percebemos a presença de Deus quando nossa irritação dá lugar ao amor-inteligência. Sabemos que uma idéia é divina quando ela é ao mesmo tempo inteligente e cheia de amor. Se for cheia de *amor* mas não for inteligente, ou se for *inteligente* mas destituída de amor, é provável que o Eu S.A. esteja por perto.

> *Porque, andando na carne, não militamos segundo a carne. Porque as armas da nossa milícia não são carnais, mas sim poderosas em Deus, para destruição das fortalezas. Destruindo os conselhos, e toda a altivez que se levanta contra o conhecimento de Deus, e levando cativo todo o entendimento à obediência de Cristo.*
>
> II Coríntios 10:3-5

A Vida é um Enunciado Verdadeiro ou Falso

Para o Ser-Que-Vê, tudo é palavra. Como as próprias palavras, o Ser-Que-Vê percebe tudo como símbolo, como pontos onde as idéias se manifestam. Todas as pessoas, todas as ações, todas as coisas, todos os sentimentos, todas as visões, todos os sons, todos os acontecimentos são expressões de idéias e, portanto, palavras ou enunciados verdadeiros ou falsos. Os verdadeiros expressam Deus. Os falsos expressam o Eu S.A. Considerando todas as coisas como palavras que têm um significado, desse ponto de vista espiritual verdadeiro/falso, o Ser-Que-Vê fica mais consciente, assim como todas as coisas, verdadeiras e falsas, aumentam a consciência de Deus.

A Palavra de Deus como Ser-Que-Vê

O Ser-Que-Vê é ele mesmo uma palavra de Deus — a união da idéia divina e da expressão divina, da causa divina e do efeito divino, da inteligência e do amor. Sendo como a criança, o Ser-Que-Vê sabe que o importante não é ter e fazer, mas ver e ser. Assim, o Ser-Que-Vê, com toda a sua compreensão, não é preeminentemente informado, mas preeminentemente capaz de amar.

Uma palavra determina o mundo inteiro;
Uma espada pacifica céu e terra.

Lao-Tsé, em *The Gospel According to Zen*,
edição de Sohl e Carr

Porque a palavra de Deus é viva e eficaz, e mais penetrante do que espada alguma de dois gumes, e penetra até a divisão da alma e do espírito, e das juntas e medulas, e é apta para discernir os pensamentos e intenções do coração.

Hebreus 4:12

Verdade é sempre verdade
inverdade, sempre inverdade
isso é o que importa, esse é o desejo correto.

Buda, *The Dhammapada*, tradução, para o inglês, de P. Lal

Pela fé entendemos que os mundos pela palavra de Deus foram criados; de maneira que aquilo que se vê não foi feito do que é aparente.

Hebreus 11:3

Você tem de compreender que existe Um que é destituído não apenas da fala, mas da própria boca, que não tem olhos, nem os quatro elementos nem as seis raízes da percepção [no Budismo a mente é um sexto sentido]. No entanto, ninguém pode dizer que ele é vazio, pois ele sozinho criou o seu corpo e a sua mente.

Keizan, *Zen: Poems, Prayers, Sermons, Anecdotes, Interviews*,
edição e tradução, para o inglês, de Stryk e Ikemoto

Palavras não importam; o que importa é o Dhamma.
O que importa é a ação realizada corretamente,
depois que a luxúria, o ódio e a insensatez são abandonados
com verdadeiro conhecimento e mente serena,
e completo desapego com relação ao fruto da ação.

Buda, *The Dhammapada*, tradução, para o inglês, de P. Lal

Influências: Boa e Má, Verdadeira e Falsa

Nossos filhos começam a fazer parte de círculos cada vez mais amplos e a passar períodos cada vez mais longos fora de casa — e nós ficamos cada vez mais preocupados com as influências externas. As chamadas "influências externas" invadem nossa casa, chegando em caixas de cereal, pelo correio, através de comerciais de TV em que crianças empunham armas de brinquedo. Os anunciantes de TV oferecem de tudo às crianças, de cosméticos a jogos eletrônicos. Até mesmo os programas educativos, com som e imagem fascinantes, não ensinam as crianças apenas a ler, mas a precisar de entretenimento constante. Alguns dizem que foi "sob a influência" do que viu na televisão ou no cinema que uma criança cometeu assassinato ou que um jovem tentou matar o presidente dos Estados Unidos.

Ficamos chocados quando descobrem drogas, álcool e armas em escolas fundamentais. Ficamos com vontade de tirar nossos filhos do mundo quando descobrimos que esses horrores assombram até as primeiras séries. Quando alguém sugere que é apenas os que os pais prezam, temem ou odeiam que influenciam os filhos (ver página 53), nossa primeira reação é de descrença. Mas, pensando da perspectiva espiritual, essa idéia nos dá alguma esperança. Se são apenas nossas crenças e valores que atraem o interesse das crianças, então elas não estão à mercê do mundo em geral.

Não podemos mudar o mundo nem manter nossos filhos afastados dele. Mas podemos supervisionar nossos pensamentos e valores. Nossos filhos são atacados por todas as idéias equivocadas do mundo, mas só algumas os "contaminam". A auto-análise honesta do nosso inconsciente e dos valores que consideramos inquestionáveis nos ajuda a reconhecer e a reavaliar essas idéias equivocadas. *Será que meu filho vai ser aceito se não for bom no esporte? Se não conseguir vencer os outros, será que vai ser um perdedor?*

Será que *supervalorizamos* a aceitação dos outros? Será que equiparamos secretamente valor e capacidade de ser amado com a necessidade de ter o que os outros têm, de fazer o que os outros fazem, de pertencer ao que os outros pertencem, de ter a mesma aparência que os outros? Como Eu S.A., somos todos vitimados por essas idéias, e há sempre alguma ligação entre o que valorizamos, odiamos ou tememos e o que nossos filhos valorizam, odeiam e temem. O que *não* tem interesse para nós não prende a atenção deles — pelo menos não por muito tempo. Às vezes se dá o inverso. Pais que supervalorizam o sucesso podem ter filhos ansiosos demais com relação às próprias realizações ou dominados pela preguiça e pelo fracasso. Pais preocupados demais com a aceitação social podem ter filhos manipuladores e pouco sinceros, ou inexpressivos.

O desejo de aceitação é particularmente insidioso. Será que tentando "corrigir" nossos filhos para que sejam aceitos fazemos com que se sintam inaceitáveis? Será que ao experimentar drogas pela primeira vez o adolescente está apenas tentando ser aceito? Será que só nas drogas ele encontra alívio da sensação perturbadora de fracasso e inaceitabilidade pessoal? Às vezes, aquilo que mais combatemos se transforma na paixão dos nossos filhos. Se isso acontecer, temos de olhar mais no fundo para ver o que inadvertidamente transmitimos a eles. Lembre-se da mãe que queria "levar a paz para casa" (página 299) e leia a seguinte passagem:

> Na perua que levava o nosso filho da escolinha para casa, havia um menino que era fascinado por armas. As outras crianças não ligavam muito, mas, quando iam à casa desse menino, brincavam só de *cowboy*, de polícia e ladrão ou de soldado. Ele só brincava com armas, só falava de armas. Mas seu pai era um pacifista que tinha buscado uma alternativa para o serviço militar por ser um contestador consciente. Ele e a mulher eram ativamente contrários às armas!

Pelo menos no caso das crianças pequenas, a influência externa não existe. No caso delas só há "influências internas". Às vezes, querendo um pouco de sossego, fazemos com que nossos filhos vejam televisão demais. Em outras palavras, para controlar nossos filhos nós os entregamos ao controle dos outros e à exposição a valores horrendos.

Seja a influência interna ou externa, a própria idéia de influenciar é um valor insidioso. O desejo de exercer poder, de ter sucesso, de ter o que os outros têm, de impressionar, de agradar, de controlar, de ser aceito e influente — tudo isso expressa a crença na possibilidade de *influenciar*. Quando tentamos influenciar as preferências dos nossos filhos, ensinamos a eles que a influência (ou seja, exercer poder pessoal sobre a mente dos outros) é o que importa na vida. Desse ponto de vista, as coisas que dizemos que odiamos — crime, guerra, álcool, narcóticos — podem atrair nossos filhos, pois servem para influenciar os outros.

Compreendendo que a influência externa é algo que não existe, conseguimos perceber que nenhuma influência pessoal é benéfica. Os pais que vêem compreendem que a única influência boa é a própria verdade. Assim, deixamos de nos preocupar tanto com a influência que exercemos sobre nossos filhos para nos preocupar com o que nos influencia a cada momento. Como Paulo, desejamos que haja em nós a mente que havia também em Cristo. Quando é essa a nossa preocupação, não precisamos ficar nos perguntando se estão corretos os pensamentos que transmitimos, pois temos inspiração para libertar nossos filhos das falsas idéias, elevando-os a guardiães "ininfluenciáveis" da própria consciência.

Não costumávamos dar dinheiro para nossos filhos gastarem em jogos eletrônicos, mas um dia, enquanto esperávamos uma pizza, ofereci algumas moedas para meu filho jogar. Ele disse que não queria. Comentei que aquilo era mesmo muito bom e guardei as moedas. Depois pensei melhor: o que eu estava dizendo com aquilo? Eu lhe dava dinheiro só quando era para jogar? Um minuto depois eu lhe dei as moedas para guardar.

Imunização em Vez de Ignorância

... sede prudentes como as serpentes e símplices como as pombas.

Mateus 10:16

Digamos que, numa família com três crianças, cada uma tenha direito de escolher todo dia um programa de televisão de meia hora, além de assistir ao que as outras escolheram e de ver duas horas extras nos fins de semana. Em quinze anos, cada uma delas terá passado mais de 365 dias de 24 horas na frente da televisão! Em muitas casas, os programas de televisão governam as atividades, determinam o horário das refeições, interrompem as tarefas e enfraquecem a vontade. Alguns pais se sentem culpados porque os filhos vêem televisão demais. O Ser-Que-Vê percebe que a questão não é ver TV ou não, que até mesmo o conteúdo bom ou mau dos programas é menos importante do que o hipnotismo e o vício. A questão é ser uma pessoa consciente, livre de vícios, com discernimento e discriminação.

Algumas famílias resolvem o problema abolindo a televisão. Isso pode funcionar, assim como os dispositivos que pré-selecionam o que as crianças podem ver. Mas muitas crianças que se sentem "privadas" de televisão em casa descontam vendo televisão na casa dos amigos. Não dá para proteger nossos filhos de valores nocivos desligando a televisão, assim como não dá para mantê-los em casa para sempre nem para reformar o mundo antes que eles cheguem. Mantê-los no escuro não é proteção e, na verdade, pode torná-los vulneráveis ao "fruto proibido". Em algumas famílias, abolir a TV para abrir espaço para outras coisas pode funcionar. Em outras, é preciso aprender a conviver com a televisão.

Vamos recordar o princípio da imunização: a injeção de pequenas doses inofensivas do agente da doença desperta as defesas do organismo e as fortalece contra futuras exposições. A imunização mental contra valores nocivos pode ser feita pela televisão. A televisão reflete as fantasias do mundo a respeito de si mesmo. Os programas populares revelam valores populares. Por menos sofisticados que sejam, refletem os desejos secretos do público. Muitos deles sugerem que o sexo, o poder e as posses são o que mais importa na vida.

Nossos filhos precisam aprender a transitar num mundo em que esses valores são venerados, sem serem vitimados por eles. Assim, apesar de toda a sua má influência, a TV oferece um laboratório razoavelmente seguro, imunizando-nos contra valores nocivos, tornando-nos aptos a "estar no mundo sem ser do mundo".

De Quem é o Controle?

Uma vez, eu me dei conta de que o hábito de ver TV tinha aumentado demais. Percebi que era a TV que servia de babá para nossos filhos quando eu precisava de tempo para mim mesma. Mas essa prática tinha saído do controle. Estabeleci alguns limites. Sabia que, se proibisse a TV, o controle seria meu e que, se não fizesse nada, o controle seria da TV. Nos dois casos as crianças seriam controladas, ficariam passivas sob a influência de uma coisa ou outra. Mas eu queria que aprendessem a escolher sozinhas.

Perguntei-me o que era tão ruim no excesso de TV e apresentei a questão da seguinte maneira: "Quando vocês estão vendo televisão, só pensam no que as pessoas da televisão querem que pensem. Se não estiverem vendo TV, vocês podem ter outras idéias — idéias só de vocês. Talvez sejam as melhores idéias que já tiveram na vida. E vão vir em primeira mão — não vão ser idéias de segunda mão, que outras pessoas tiveram antes."

Meus filhos ficaram animados. "Que idéias será que eu vou ter? Vou experimentar!" Desligaram a TV e foram para o quarto, cheios de entusiasmo e de curiosidade científica. Brincaram durante várias horas. Redescobriram velhos brinquedos, inventaram novos jogos. Um deles começou a escrever uma peça. Perceberam que precisamos estar disponíveis às boas idéias para que elas nos ocorram. Aprenderam alguma coisa sobre higiene mental. Perceberam que a TV pode interferir na inspiração. Mesmo assim, ainda foi necessário estabelecer limites, mas eu sabia que tinham tido um vislumbre da própria capacidade para receber inspiração.

Experimente, Você Vai Odiar

Todos sabem que os fabricantes procuram influenciar os pais influenciando as crianças pelos comerciais de TV. Nossos filhos são programados para nos pedir para comprar coisas. Podemos dizer que essas coisas não prestam, mostrar o que funciona e o que não funciona, mas eles vão continuar achando que são uma maravilha. Então, não seria melhor se descobrissem por si mesmos? Às vezes precisamos ser firmes, mas às vezes podemos aproveitar a oportunidade para deixar que nossos jovens Seres-Que-Vêem vejam por eles mesmos.

A Horrível Decepção Verde

Nossos filhos se apaixonaram por um comercial de televisão que mostrava crianças no campo, cavalgando belas lagartas verdes. Dava realmente para se imaginar num dia de sol, cavalgando aquelas criaturas simpáticas num campo de margaridinhas, conversando com esquilos e coelhinhos. Nessa ocasião, em vez de simplesmente dizer não, decidimos testar a coisa. Fomos animados para a loja, achando que íamos comprar o brinquedo.

Nas prateleiras cheias de brinquedos, procuramos a cobiçada montaria. Acabamos encontrando. Que frustração! Diminuída pelas altas estantes de metal, sobre o linóleo gasto, lá estava a inanimada lagarta de plástico. Já que estávamos lá, nossos filhos se resignaram a fazer um teste. Uma volta barulhenta resolveu a questão. Não sei bem o que tinham imaginado, mas não era aquilo. Tinham visto o brinquedo na TV, mas faltava alguma coisa.

Até mesmo o menorzinho percebeu que seria impossível cavalgar no campo naquela coisa. "É horrível", disse ele. O outro nem quis dar uma volta. Depois disso, ficou mais difícil seduzi-los. Os especialistas em propaganda apontavam todas as armas para eles — efeitos sonoros, animação, crianças rindo — mas eles nunca se convenciam totalmente. Diziam: "Não seria maravilhoso se isso fosse maravilhoso de verdade? Podemos olhar esse brinquedo na loja para ver se presta?"

A Melhor Coisa da Vida é a Vida

A TV não vende apenas brinquedos de terceira e valores horríveis. A própria inclinação para ver televisão em excesso revela um valor ainda pior: felicidade é se distrair com fac-símiles da vida. A vida real, a atividade real, é associada ao esforço desagradável, enquanto a passividade é associada ao prazer. É incrível, mas compramos essa idéia. Comparada à TV, a nossa vida parece sem graça, e então vemos TV em busca de emoções de segunda mão, trocando a vida real pelas vidas de mentira da tela.

Nossos filhos podem testar todos os brinquedos vagabundos que são anunciados, mas não podem testar todos os valores falsos que vêem. Será que é preciso que se tornem drogados, que enfrentem uma gravidez indesejada ou acabem na sarjeta para aprender o que a vida não é? Será que é preciso que se angustiem porque não são símbolos sexuais, superestrelas ou super-heróis antes que percebam que essas metas não são assim tão maravilhosas? Deve haver um jeito melhor. A chave é descobrir uma maneira de viver que seja melhor e mais gratificante.

Quem já comeu não sente fome. Dizemos muitas vezes: "Será que precisa assistir esse programa idiota? Desligue a televisão e vá brincar de outra coisa." Resmungando, ele obedece, mas fica aborrecido. Aborrecido num quarto cheio de brinquedos? Na verdade, ele está deitado no chão da sala, rolando de lá para cá, resmungando — esperando que a vida aconteça. Então, desligar a TV não é em si mesmo a resposta, porque o problema não é tanto a TV, mas acreditar que felicidade significa entretenimento. O problema é a falta de uma idéia melhor e mais verdadeira do que significa estar vivo.

Isso nos leva a questionar nossos próprios valores. Para nós prazer é passividade ou temos algum interesse mais vivo? Ajudamos nossos filhos a desenvolver seus interesses, fazendo com que todo dia tenham tempo e o que mais for necessário?

Nossos filhos passaram por um período de Mamãe Não Tenho Nada Para Fazer, que coincidiu com uma fase especialmente sobrecarregada da minha vida, quando eu só tinha tempo para trabalhar e pôr a comida na mesa. Então, decidimos reservar a última meia hora do dia para "fazer alguma coisa criativa": coisas de barro, pinturas, desenhos e espetáculos de fantoches. O importante era proteger esse momento de criatividade. Admito que não cumprimos direito nossa meta, mas a idéia foi plantada e seu benefício testado. Depois disso, as crianças conseguiam deixar de ver um ou outro programa para "fazer alguma coisa que tinham vontade de fazer, mas não tinham tido tempo".

Um bom hábito de leitura é especialmente útil. Depois de anos ouvindo histórias na hora de dormir, algumas crianças desenvolvem entusiasmo pela leitura. Nesse caso, podem até deixar de ver televisão para terminar um livro.

"Mãe, você está ocupada? Se estiver, posso ver TV? Se não, podemos fazer alguma coisa juntos?"

Estabelecer prioridades é a melhor maneira de lidar com os valores duvidosos que parecem capturar nossa atenção e influenciar nossos filhos. É o que diz o primeiro mandamento: "Amarás pois o Senhor teu Deus de todo o teu coração, e de toda a tua alma, e de todo o teu poder... Não terás outros deuses diante de mim." Para os Seres-Que-Vêem, isso significa que o amor-inteligência tem prioridade sobre todas as outras coisas. Não se trata de palavreado religioso: é uma forma de deixar que a verdade prevaleça em nossa vida. Quando *o que é* tem o controle, *o que não é* tem pouca influência.

Já vimos que o necessário e o prático são pontos de contato com o essencial e espiritual. Pois agora voltamos a isso. Sempre que paramos para considerar o que é amor-inteligente, o amor-inteligência assume o controle. Lição de casa, estudo, limpar o quarto, pôr a mesa — seja o que for, o que vem antes vem sempre antes, com poucas exceções. Quando as prioridades são estabelecidas com inteligência, as outras coisas logo encontram o seu lugar.

Com um quadro saudável de prioridades, a maioria das crianças não tem tempo para ver muita televisão. Ajudá-las a descobrir que há coisas melhores para fazer as imuniza contra os falsos valores apresentados na televisão ou na "vida real". A criança que se realiza lendo, tocando um instrumento, cozinhando, nadando ou escrevendo não acredita com tanta facilidade que precisa de reconhecimento, de poder ou de posses para sentir que tem valor. TV ou não, influências boas ou más, internas ou externas — não é essa a questão. A questão é ser ou não ser.

Reflexão Adicional — Leitura, Auto-Estima e Prática Espiritual

Com o hábito da leitura, a criança aprende que é uma boa companhia para si mesma. Aprendendo a ficar tranqüilamente consigo mesma, ela vai ter mais confiança perto dos outros. O livro pode ser um lugar para se esconder do mundo, mas pode ser também uma plataforma de lançamento para o mundo. A criança que tem um interesse real tem alguma coisa para compartilhar com os outros. A criança que descobre o vasto mundo de sua imaginação é capaz de brincar criativamente com as outras.

A capacidade para "deixar-se absorver por uma leitura" desenvolve também a capacidade para a prática espiritual. Ao perceber que um breve período de leitura no meio de um dia conturbado ou aborrecido traz paz, calma, renovação e inspiração, ela descobre em primeira mão o que significa se reorientar num contexto espiritual maior do que o eu e o outro. Sobre isso, ler *Gently Lead*.

A sedução exercida por programas de televisão, *videogames*, filmes e salas de bate-papo da Internet não é nociva para as crianças apenas porque o conteúdo e os valores aprendidos não costumam ser muito bons, mas porque o vício da diversão passiva inibe a vida espiritual, individual, psíquica e criativa. Esse vício ensina as crianças a temer o silêncio, a solidão, a paz e as aleija socialmente.

Os bons filmes, seja na televisão, no vídeo ou no cinema, são maravilhosos, mas quem não conhece o valor de uma boa leitura está perdendo muito mais do que a leitura. Se o amor pela leitura se perde, a oportunidade de se desenvolver e de descobrir a si mesmo que ele oferece também se perde. A situação é pior hoje em dia do que quando publiquei este livro pela primeira vez. O naufrágio do eu e da vida das crianças em horas e horas de televisão atingiu proporções espiritualmente perigosas, desastrosas até. Então, por favor, leiam mais para seus filhos! Comecem cedo e não parem.

Informações Práticas para Pais Novatos

Bebês, Livros e Aprender a Falar

Muitos ficam surpresos ao ouvir dizer que os livros servem para crianças com menos de um ano. Na verdade, o livro certo vale por uma dúzia de brinquedos, mesmo para quem ainda nem sabe engatinhar. Você percebe que seu pequeno lutador está cansado, mas quando tenta aquietá-lo ele se livra dos seus braços e corre. Então, acomode-o no colo, abra um livro grande à volta dele e veja o que acontece. Afinal, a menos que erguesse a cabeça, ele só conseguia ver o chão. Então, de repente, eis o mundo em visão panorâmica, diferente a cada página: tudo o que ele não alcançava vem até ele! Experimente logo — por volta do quinto ou sexto mês. Experimente livros diferentes em momentos diferentes. Ele não se interessa? Experimente de novo depois de algum tempo. Não insista, mas também não desista com facilidade.

Qual é a pressa? Não se trata de forçar o bebê, nem de sobrecarregá-lo com informações, nem de prepará-lo para a Harvard. A questão é a linguagem. Os livros são um portal para a liberdade de falar. Em geral, as pessoas pensam que os livros só servem para crianças que já aprenderam a falar. Mas um bom livro de gravuras ajuda a criança a aprender a falar. Aprendendo a falar, ela ganha liberdade para descobrir o que precisa saber, para se orientar e navegar no mundo, e acima de tudo, para buscar e encontrar sentido na vida.

Quando o bebê começa a se divertir com a brincadeira de esconde-esconde da mãe, já está pronto para o primeiro livro. Para saber se é cedo demais, veja se ele tenta comer o livro. Se ele achar que o livro serve para comer, está na hora certa. Primeiro, ele testa o gosto e a resistência. No começo, dê um livro de pano para ele mastigar, uma lista telefônica velha para ele rasgar. (Os médicos garantem que listas telefônicas não fazem mal.) A lista telefônica é um livro descartável que o bebê pode usar por conta própria. As grandes costumam durar o suficiente, mesmo rasgadas, amassadas, comidas, babadas e rabiscadas. Para o bebê, a lista é um bloco incrível, formado por milhares de coisas macias e finas que ele consegue virar e que às vezes voltam para o lugar sozinhas.

Quando você lhe mostrar um livro de gravuras pela primeira vez, é provável que ele tente pegar as coisas das páginas. Mas depois vai só passar a mão. Que revelação para o bebê de seis meses — aquelas coisas são planas! Essas coisas planas parecem tão redondas! É possível que ele tente rasgar o livro e mastigar as páginas. Você precisa estar por perto, protegendo o livro até que, tendo explorado todas as suas qualidades físicas, ele aprenda que livros servem para olhar.

Aprender a Falar

Use frases para falar com o bebê de três a quatro meses, principalmente frases que o ajudem a descobrir a idéia de pergunta e resposta. Não basta dizer o nome das coisas. "Viu o peixe? *Este* é o peixe? É, este é o *peixe.*" Os jogos de esconde-esconde também ajudam. "*Onde* está o papai? *Achou!*" Assim, ele descobre que "*onde está?*" e "*o que é?*" significam buscar e que "*achou*" e "*este é o...*" significam descobrir.

De repente, a inflexão de pergunta e resposta começa a fazer sentido. A pergunta expressa a vontade da criança de entender. A resposta celebra sua descoberta. O bebê logo aprende a entonação de pergunta. Uma vez decifrado o código, ela não pára mais. Não corrija demais a pronúncia. Se ela aponta para o telefone e pergunta: *"Dofone?"* e você diz *"Não, é telefone"*, ele pode pensar: *"Então não é um telefone?"* Em vez disso, diga: *"É (entendi o que você quis dizer e está certo), é um telefone."* Em geral, o bebê mistura os sons das palavras com mais de uma sílaba. Quando nosso filho pulava para fora das cobertas, gritando *ôôôôôu!*, percebíamos que ele estava tentando dizer *"Achou!"* Então respondíamos: *"Achou! Achamos você!"* Logo ele estava falando *achou*.

O importante é mostrar a nossos filhos que o discurso é uma forma de formular suas infindáveis perguntas e aprender com eles a perguntar com sinceridade. Assim, eles vão falar mais depressa e aprender mais e nós vamos falar menos e aprender mais depressa (e mais).

Contar Histórias — Um Momento para Compartilhar

Os livros nos proporcionam momentos aconchegantes com nossos filhos. Esse é um benefício imediato. Os momentos de leitura podem ser os mais inspirados e felizes que passamos juntos. Não é apenas o que está nos livros ou o que eles aprendem por meio deles, mas o que acontece entre nós quando compartilhamos um livro — a consciência mútua, a comunicação. Lendo, paramos de prestar tanta atenção um no outro e concentramos a mente em outra coisa. Os livros são veículos para viagens descontraídas e renovadoras.

De Vez em Quando

Há dias em que só temos problemas. A mãe planeja brincar com o filho "logo que terminar de arrumar a casa". Mas a arrumação não termina nunca, o telefone não pára de tocar, a criança não pára de fazer bagunça e de choramingar e, quanto mais queremos que ela espere, menos ela parece disposta a esperar. Não é preciso que as crianças venham sempre em primeiro lugar, mas às vezes elas precisam saber que estão na nossa lista de prioridades e que não deixamos de amá-las. De vez em quando, precisamos pôr o amor em primeiro lugar e, quando conseguimos, as coisas correm melhor.

Uma história rápida ajuda muito. Dez minutos de leitura logo no começo do dia vão ajudá-los a ficar por conta deles durante algum tempo. Se o seu filho ficar trançando nos seus pés, não precisa fugir de casa: experimente um livro. "Quando terminar a história, o que você vai fazer enquanto eu passo o aspirador?" A hora de ir para a cama é o momento óbvio para contar histórias, mas experimente ler em outras ocasiões — no fim de uma soneca ou durante uma refeição. É uma ótima maneira de mudar de assunto quando isso for preciso.

Momentos a Sós

A criança que tem alguém que lhe conte histórias aprende a gostar de ficar sozinha. *Se eu me aprontar agora para ir para a cama, vai dar tempo de ler um pouco? Amanhã é sábado; vou ficar na cama lendo um pouco. Enquanto você faz as compras, posso esperar na livraria?* Sabemos que os livros são um recurso sem par para fornecer conceitos, informações e entretenimento, mas o hábito de ler é por si só uma importante prática de higiene mental. Veja a seguir como um bom hábito de leitura contribui para a saúde mental da criança.

• *Paz.* Na nossa sociedade, algumas pessoas se sentem mal quando têm alguns momentos de paz e quietude. Mas os Seres-Que-Vêem *precisam* de paz. A paz é uma oportunidade de inspiração, um momento para restabelecer o contato consciente com Deus. Quando nos dispomos a ler um livro, deixamos de lado muitas das preocupações do Eu S.A. A criança que gosta de uma leitura tranqüila está cultivando o gosto pela paz e aprendendo a tolerá-la.

• *Disciplina.* Às vezes, quando a criança está fazendo alguma coisa que não deve, você lhe diz para parar, mas ela não consegue. Percebemos então que está faltando um pouco de disciplina. Disciplinar significa ensinar. No momento em que se comporta mal, a criança está sendo discípula de uma idéia equivocada. A antiga tática de mandá-la para o quarto não é má. Mas deixe que ela escolha um livro antes. Concentrar a atenção num livro interessante por alguns momentos é o suficiente para que a alegria, o bom humor e o amor assumam novamente o controle. Para os pequenos Seres-Que-Vêem, essa mudança de ponto de vista é um bom exercício de oração.

• *Auto-Estima e Confiança.* Hoje em dia, a criança aprende que é muito importante se relacionar com os outros. Só que ela se sente solitária e insegura quando não há outras pessoas por perto — ou ansiosa e carente de atenção quando há. O desembaraço no relacionamento com os outros é bom, mas seu pré-requisito é o desembaraço com relação a si mesmo. Os livros são uma porta de entrada para o gosto pela solidão. A criança que descobre a alegria de tranqüilos momentos de leitura tem como se refugiar da interação excessiva.

Seções de Leitura

Na nossa casa, as noites de sexta-feira eram as mais descontraídas da semana. As crianças não tinham lição de casa e as tarefas domésticas podiam ficar para o fim de semana. Nas sextas à noite, a vida exigia menos de nós e nós exigíamos menos uns dos outros. Assim, nessas noites, tínhamos mais tempo e facilidade para ficar juntos. Em vez de jogos, filmes ou televisão, costumávamos fazer "seções de leitura". Às vezes líamos histórias juntos, em voz alta, às vezes cada um lia para si mesmo. "A seção de leitura vai ser em silêncio ou em voz alta?", os meninos perguntavam. Muito antes de aprender a ler, eles escolhiam uma pilha de livros cada um, para estudar as figuras e pensar nas histórias conhecidas. Assim, mesmo quando eles eram pequenos, fazíamos seções silenciosas de leitura e, quando cresceram, continuamos a fazer seções em voz alta, lendo livros longos, que mantinham o suspense de uma semana para a outra. Não fizemos tantas seções de leitura quanto programamos, mas não há dúvida de que elas estão entre nossas lembranças mais agradáveis.

Ler Histórias para Pré-Escolares

Em geral, os livros de gravuras com histórias de verdade são complexos demais para crianças com menos de cinco anos. Mas, com um pouco de ajuda, crianças muito mais novas podem usar esses livros com mais vantagens e por períodos mais longos do que crianças mais velhas. Um livro de histórias serve primeiro como dicionário, depois como livro de conceitos e só mais adiante se transforma numa viagem por uma história com começo, meio e fim. A criança mais velha tem mais distrações, pois já faz suas explorações sozinha, mas a criança de colo, com menos liberdade de movimentos, aproveita mais as descobertas que faz no livro — descobre o que é cada coisa e como elas se combinam. Há algumas técnicas simples para ler para crianças que ainda estão aprendendo a falar:

• *Leia mais a criança do que o livro, as figuras mais do que o texto.* No começo, você pode ter apenas conversas improvisadas sobre as figuras. *Está vendo o caminhão? Vrumm! Vruumm! Lá vai ele! Que cachorrinho fofinho! Is-*

so, faça carinho nele! Veja o que interessa mais à criança, o que ela consegue e não consegue entender. Fale de maneira que ela entenda e só enquanto estiver interessada. É fácil perceber quando ela perde o interesse, pois logo quer sair do colo. Por falar em se comunicar com clareza...

• *Deixe que seus dedos falem.* Apontar pode não ser muito educado em sociedade mas, ao ler para crianças pequenas, aponte sempre. Aponte as figuras, bata nelas com os dedos. Metade do que dizemos não faz sentido para a criança. Se há 25 animais na página e você está falando do rato, aponte para ele. Dá também para brincar de esconde-esconde. Pergunte: *"Onde está o urso?"* Depois, apontando e batendo com o seu dedo (ou com o dedo da criança), pergunte: *"Este é o urso? Não, este não é o urso. É um cachorro. Você sabe onde está o urso? É este o urso? É, este é urso."* Isso é esclarecedor e divertido. "Estou vendo um rato nesta página. E você? Quer me mostrar o rato?" Ande com os dedos pela página, procurando coisas. "Olha o rato aqui. O que o rato está *fazendo? Dormindo? Comendo?"*

• *Contar histórias.* Quando a criança tiver familiaridade com as palavras e conceitos básicos do livro, vai estar preparada para entender a história. A menos que o texto seja muito simples, resuma a história a palavras e seqüências que ela entenda. Aos poucos, introduza a idéia de que uma coisa leva à outra. Anuncie claramente cada acontecimento: *e agora... e então... e de repente... e depois disso... e então, o que você acha que aconteceu?*

• *Contar histórias com os dedos.* A dramatização com os dedos ajuda a criança a descobrir a continuidade da história. Dramatize as ações, aponte as figuras. Por exemplo: mostrar quem jogou a bola e para onde ela foi é uma forma de explicar por que um personagem aparece em várias ilustrações. É preciso mostrar com os dedos que este urso que saiu pela porta com o chapéu na cabeça é o mesmo urso que agora está pondo o pijama, porque senão a criança vai pensar que o livro está cheio de ursos que por acaso se parecem.

• *Pantomima.* A dramatização de palavras e acontecimentos é essencial para a criança compreender o que está acontecendo. Ela conhece, por exemplo, o verbo *jogar*, mas não o reconhece no passado. Se você fizer um gesto de jogar quando disser "ele jogou a bola", vai tornar tudo muito mais claro e divertido.

• *Pergunta e resposta.* Perguntas simples favorecem a verbalização e mostram à criança que os livros são uma maneira de descobrir as coisas. Pelas perguntas e respostas, você descobre o que ela entende e o que ela não entende, o que a interessa e o que não a interessa. De perguntas mais simples — do tipo *"Onde está o urso?"* — você pode passar para perguntas não enunciadas, fazendo uma pausa silenciosa e convidando a criança a preencher a lacuna. As crianças gostam também de erros intencionais, que permitem que elas façam correções.

• *Expressão*. Ler expressivamente torna a leitura mais interessante e dá dicas do significado das figuras e das palavras.

• *Abreviação*. Dizem que é melhor falar com as crianças por meio de sentenças completas. Mas frases curtas podem ser muito mais claras. Complete-as com mais palavras quando ela estiver preparada para entendê-las.

• *A história inteira*. Até agora você instalou os trilhos. Agora, logo que a criança tiver uma idéia geral da direção da história, você pode fazer o trem inteiro passar por eles, acrescentando os vagões conforme o necessário. Finalmente, vai ser possível ler o texto inteiro. Quando ela compreender o que está acontecendo na história, vai ouvir alegremente as palavras e os detalhes mais sofisticados. Até mesmo as palavras que você ainda não explicou ficam claras, pois ela entende seu sentido pelo contexto ou quando percebe que são usadas em outras situações.

A Escolha dos Livros

Antes da publicação deste livro, todos os livros para crianças pequenas ficavam amontoados numa única categoria. O meu sistema foi o primeiro a fazer uma classificação dos livros para pré-escolares: livros para crianças na fase pré-verbal, para crianças que sabem falar e para crianças que sabem ler. Para você saber usar uma seleção de livros (ou para ajudar crianças mais velhas na escolha de seus livros), para decidir o que comprar e o que pegar na biblioteca, espero que os critérios a seguir ajudem:

Veracidade. Perguntas que você precisa fazer: *O que este livro diz sobre a vida? Ele vai aumentar ou diminuir o entusiasmo, a competência, a confiança, a segurança, o humor, a paz de espírito, a gentileza, a compreensão e a liberdade da criança quando ela sair para o mundo?* Todo livro afirma alguma coisa sobre a vida. Os melhores o fazem indiretamente, contando uma história interessante. Há alguns que trazem mensagens importantes, mas de maneira pouco interessante. Como estes últimos são lidos poucas vezes, é melhor pegá-los na biblioteca. Às vezes a criança escolhe livros que transmitem valores horríveis. Neste caso, procure ler junto e conversar com ela, ajudando-a a descobrir valores mais saudáveis.

Valor artístico. É uma história bem contada, bem ilustrada, que vai favorecer o gosto pela boa linguagem, pela literatura e pela arte? *Será que o texto e as ilustrações favorecem a consciência estética da criança? O livro é bem feito, original, bonito?* Para os pré-escolares, as qualidades estéticas importantes são: clareza, simplicidade, vitalidade, brilho e alegria. Descobrir histórias ao gosto de crianças muito pequenas é uma tarefa difícil. Em muitos livros, o texto é apenas uma tênue desculpa para as gravuras, ou é muito sofisticado ou desinteressante. As crianças perdem logo o interesse nesses livros. Os livros que prendem o interesse e são de fácil compreensão são raros e de valor inestimável.

Valor educativo. Quanto aos livros de não-ficção, a pergunta é: *Este livro oferece informações que a criança precisa ou deseja e que não pode conseguir de maneira mais fácil, mais barata e mais satisfatória em outro lugar?* Com esse critério, excluo a maior parte dos livros de pré-alfabetização e incluo "livros de paixões" (livros sobre dinossauros, caminhões ou cavalos para crianças com um interesse especial), livros de atividades e livros conceituais que tenham algo a mais.

Valor de entretenimento. A criança vai gostar e aproveitar? O livro vai prender realmente o interesse dela? Às vezes achamos que o livro vai ser bom *para* ela, mas, se *ela* não achá-lo bom, comprar será um desperdício. A proporção entre texto e gravuras é boa ou ela vai se aborrecer antes de virar a primeira página? Se for interessante mas longo demais, será que não dá para simplificar ao ler a história?

Custo-benefício. Feitas todas as considerações, *é uma boa compra? É melhor pegar emprestado ou será que é melhor desistir?* Há livros bons em edições mais em conta. No caso dos pré-escolares, que ainda não têm contato com muitas coisas, é bom ter muitos livros — até mesmo alguns medíocres, que assim a criança vai ter mais opções e mais condições de escolher. Há alguns que vale a pena comprar em edições de capa dura. Considere o tempo de uso, o valor a curto e a longo prazo, as preferências individuais da criança. Se estiver em dúvida, vá até a biblioteca e experimente antes de comprar.

Os Livros e a Alegria de Viver: Os Valores nos Livros Infantis

Sabe-se que, em geral, as coisas acontecem de acordo com a nossa expectativa. Quem tem uma visão alegre tende a ter experiências alegres. Livre de suspeita e medo, essa pessoa age com segurança, simpatia e bom humor, atraindo reações mais agradáveis. As dificuldades não a atingem tanto e ela enfrenta as adversidades com força e confiança, aprendendo até mesmo com as más experiências. Por outro lado, quem tem medo está sempre vigilante, vê os outros com suspeita e interpreta as dificuldades como fracasso ou perseguição. Em geral, essas atitudes tendem a se perpetuar e acabam virando realidade.

Mas nossos filhos não precisam aprender a ser realistas? Eles não precisam aprender sobre os fatos duros da vida? Não se preocupe, isso vai acontecer de qualquer jeito. O pensamento positivo não é a solução. Mas é enganoso e perturbador tornar as coisas ainda mais negras. Ao selecionar livros para as crianças, lembre-se de que realistas são os livros que as ajudam a *descobrir* seu potencial para uma vida plena e significativa. A partir das histórias, as crianças formam uma idéia do que esperar da vida e de como reagir às situações. Há livros bem-intencionados, que propõem soluções honestas para problemas como a rivalidade entre irmãos, mas há livros que geram medo e ansiedade nas crianças, expondo-as de uma só vez a situações que é melhor enfrentar aos poucos.

Esses livros acabam causando os problemas que deveriam ensinar a resolver. Além disso, transmitem à criança a mensagem sutil de que a vida é um problema — que ela pode não estar preparada para enfrentar. Nesse sentido, os chamados livros "realistas" costumam ser os menos realistas. No período pré-escolar, é melhor procurar histórias — "realistas" ou "fantásticas" — que reforcem a expectativa positiva da criança com relação à vida e sua confiança na própria capacidade para reagir a ela. Não é tão importante que o livro ofereça respostas para problemas específicos. O importante é que ele mostre à criança que ela é capaz, que mesmo os problemas trazem revelações de alguma coisa boa.

Num livro chamado *Make Way for Ducklings*, por exemplo, a chegada de um policial prestativo transmite à criança uma mensagem de confiança: se o problema surgir, ela poderá pedir ajuda. Em outro livro, *Pippa Mouse*, o personagem cheio de recursos transmite à criança confiança na própria capacidade para ter idéias inteligentes. É bom que ela saiba que a vida vai ampará-la mesmo quando ela comete erros, como aconteceu com o patinho de *The Story About Ping*.

Até mesmo certos contos de fadas horríveis, com criaturas e pessoas muito más, ajudam a criança a lidar com sentimentos de medo e de raiva. Com eles, a criança aprende que essas coisas podem ser superadas, que apesar de perdas terríveis a vida continua, que mesmo que cometa erros, ela será perdoada. Em suma: é bom que os livros do seu filho reforcem sua alegria de viver. É bom que ele saiba que tem valor, que levantar a âncora não significa afundar nem ficar à deriva.

Bons Livros para Crianças

Um bom livro infantil é como uma cebola, com camadas e mais camadas a serem descobertas. Crianças pequenas gostam de ouvir a mesma história inúmeras vezes — enquanto ainda têm o que aprender com a história. Quando descobrem a resposta para todas as suas perguntas, conscientes e inconscientes, o interesse acaba: pedem para você ler a história mas, antes que você acabe, já estão inquietas, querendo sair dali. É hora de aposentar esse livro e descobrir outro. Às vezes a aposentadoria é provisória porque, depois de alguns meses, as crianças estão prontas para descobrir uma nova camada de significado. Às vezes, anos depois, um livro que adoravam quando pequenas volta à baila, trazendo uma mensagem importante e necessária.

Livros em Quatro Estágios

Os livros para pré-escolares podem ser separados em quatro grupos, conforme o grau de sofisticação e dificuldade:

• Os livros do *primeiro grupo* são bons para crianças que têm um vocabulário de palavras isoladas (25 palavras mal pronunciadas já é o suficiente para começar). No início, esses livros servem para aumentar o vocabulário da criança, depois para apresentar idéias encadeadas e só depois dá para usá-los como livros de história. Ao apresentar idéias encadeadas, eles preparam o caminho para as histórias. A maioria é ambientada no cenário doméstico e serve para um sem-número de leituras.

As opções são muitas, mas não deixe de comprar um bom livro com versinhos e muitas ilustrações, do tipo *Mamãe Gansa*. Mesmo que as histórias não sejam de compreensão muito fácil, as rimas divertem, favorecem o desenvolvimento musical e da linguagem. A rima, o ritmo e a repetição favorecem o domínio dos sons básicos da fala. Além disso, através das gravuras e do contexto, as crianças acabam aumentando seu repertório de palavras e conceitos. Os versos proporcionam as primeiras experiências de continuidade narrativa e um certo grau de exposição a um mundo mais amplo.

Se for ricamente ilustrada, uma boa antologia de versos permite que a criança "leia" as ilustrações enquanto você lê os versos em voz alta. Procure uma antologia em que haja pelo menos uma ilustração por verso. Assim, muito antes de os versos serem compreendidos, esse livro poderá ser usado como uma espécie de dicionário. Fale sobre os objetos conhecidos que aparecem nas gravuras e diga o nome dos que a criança não conhece.

São divertidos os que trazem versos que falam de atividades comuns do dia-a-dia porque dá para recitá-los no correr do dia. Você pode escolher uma coleção ou senão livrinhos pequenos, que tratam detalhadamente um único verso.

• Os livros do *grupo dois* têm muitas palavras, mas são compostos de acontecimentos concretos que podem ser contados em poucas palavras. Não importa se no começo as crianças não pegam a idéia central da história. Elas gostam da seqüência, de descobrir que os acontecimentos estão relacionados.

• Os livros do *grupo três* trazem histórias mais longas do que os do grupo dois e falam de situações mais gerais, embora ainda bem concretas. Agora a criança está preparada para um número menor de repetições. É um ótimo período para visitar a biblioteca e a seção infantil das livrarias.

• Os do *grupo quatro* podem trazer histórias mais longas do que os do grupo três. E mesmo que não sejam mais longas, são conceitualmente mais difíceis.

O Bebê Conta as Histórias

Se, além de cozinhar e lavar mamadeiras, você tiver disposição para ser o redator do seu filho, vai despertar nele a criatividade literária e artística, assim como o gosto pelos livros. Crianças pequenas adoram contar histórias e adoram muito mais fazer um livro. Transformando as idéias de seu filho em livrinhos, você favorece sua capacidade criativa e lhe dá uma oportunidade de perceber o próprio valor. A seguir, algumas sugestões para você começar:

Ofereça-se para *escrever legendas para os desenhos da criança*. Não pergunte o que é o desenho, pois a pergunta pode não ter resposta: às vezes o desenho representa um sentimento, uma descoberta ou algum outro acontecimento. Experimente dizer: "Fale sobre seu desenho e eu escrevo as suas palavras." Às vezes as respostas são pura poesia.

Ajude a criança a recortar uma ilustração de uma revista e colá-la numa folha de papel. Peça-lhe para falar sobre ela. Escreva sua "história" embaixo da ilustração. No início, é provável que ela diga apenas o que é a ilustração. Depois, talvez consiga inventar uma história sobre ela.

Divida uma folha de papel em quadrados para registrar o que ela diz em forma de história em quadrinhos. Assim, a criança tem a oportunidade de ver a seqüência dos acontecimentos. Dependendo da criança, ela pode fazer os desenhos. Caso contrário, você faz ou talvez possam trabalhar juntos. Não ligue para a qualidade do desenho.

Dobre algumas folhas de papel pela metade e faça um livrinho com páginas que viram de verdade. Talvez ela tenha uma história em mente. Ou talvez não saiba como ou por onde começar. Ajude-a com perguntas. Era uma vez um ... que foi ... quando de repente ... Como era ele? O que aconteceu depois?

Livros de Referência

As perguntas das crianças podem ser muito difíceis, especialmente as simples: "O que quer dizer *contudo*?" É fácil, até você tentar explicar com palavras que seu filho de quatro anos entenda. E, de repente, lá vem a resposta mal-humorada: "Pare de fazer tantas perguntas. Não vê que eu estou ocupada?"

Tire um minuto para procurar. Deixe um dicionário num lugar em que possa ficar aberto. Um dicionário completo, com ilustrações e mapas, é melhor do que um dicionário infantil. Vá fazendo uma lista de palavras e fatos que vocês querem procurar e reserve um tempo para isso. Um dicionário é também um ótimo livro de gravuras, para olhar ao acaso com a criança. E que tal um atlas, uma enciclopédia de um volume e uma Bíblia? Além do valor educativo, o hábito de procurar traz benefício a longo prazo para a saúde mental de toda a família. A família que consegue procurar coisas em conjunto consegue também conversar sobre as coisas; livres da impressão de que sabemos tudo, nossos filhos vão ter mais facilidade para recorrer a nós na adolescência, nas ocasiões em que tiverem perguntas.

Gravadores

"Um caçolinho! É um caçolinho", diz uma vozinha incrivelmente familiar.

"Isso mesmo", diz uma voz paternal. "E então o cachorro foi para o mar numa... no que mesmo ele foi?"

"Numa zangada."

"É isso. Ele foi numa jangada."

"Sou eu?", pergunta o menino já grande. "Eu falava assim?" Ele parece orgulhoso. E nós ficamos comovidos. Sua voz já está muito mais profunda, mas a semelhança com a vozinha da fita é inconfundível.

A utilidade de um gravador é enorme, especialmente no caso dos pré-escolares. E é um recurso que traz grandes contribuições à vida familiar. Depois de ler uma história muitas vezes, você desenvolve uma certa maneira de contá-la, que para a criança passa a fazer parte do livro. As gravações dessas leituras podem ser ouvidas muitas vezes pelas crianças — não como um substituto, mas como um suplemento para as leituras.

As crianças logo aprendem a operar o gravador sozinhas. Existem no mercado alguns modelos seguros para elas. Assim, podem pegar um livro e a gravação da história e ler sozinhas, à vontade. O mesmo vale para canções e para histórias que a criança inventa. Essas gravações têm um valor inestimável como lembranças. Uma de nossas gravações favoritas foi feita numa noite, na hora de dormir: a história, algumas canções, a vozinha de meu filho de um ano e meio se recusando a falar boa-noite e finalmente seus balbucios no escuro, já pegando no sono.

8

Amor

E o Verbo se fez carne e habitou entre nós...

João 1:14

Porque estou certo de que, nem a morte, nem a vida, nem os anjos, nem os principados, nem as potestades, nem o presente, nem o porvir. Nem a altura, nem a profundidade, nem alguma outra criatura poderá nos separar do amor de Deus, que está em Cristo Jesus nosso Senhor.

Romanos 8:38-39

Amor. Eu quero amor! Me dê amor. Você tem que me amar porque sou bom. Tem que me amar porque sou esperto. Tem que me amar porque sou bonito. Tem que me amar porque sou rico e forte. Tem que me amar porque sou pobre e indefeso. Tem que me amar porque sou bonzinho e bobo. Tem que me amar porque sou esperto e durão. Tem que me amar porque sou competente. Tem que me amar porque sou engraçado. Tem que me amar porque sou engraçadinho. Tem que me amar porque sou uma boa mãe. Tem que me amar porque estou pedindo.

Mostre que me ama me aceitando. Mostre que me ama me tocando. Mostre que me ama não me tocando. Mostre que me ama concordando comigo. Mostre que me ama gostando do que eu gosto. Mostre que me ama me respeitando. Mostre que me ama cuidando de mim. Mostre que me ama deixando que eu cuide de você. Mostre que me ama me dando presentes. Mostre que me ama deixando que eu lhe dê presentes. Mostre que me ama me fazendo favores. Mostre que me ama deixando que eu lhe faça favores. Mostre que me ama catando suas meias.

Fale comigo. Confie em mim. Deixe-me confiar em você. Olhe para mim quando eu falo com você. Você tem que me amar porque sou um marido maravilhoso. Tem que me amar porque sou uma mulher maravilhosa. Tem que me amar porque sou um pai maravilhoso. Tem que me amar porque sou uma criança sensacional.

Bom, então pelo menos perceba que eu existo. Está vendo? Estou aqui! Está me vendo? Eu eu eu eu eu eu eu. Está ouvindo? Eu *exiiiiiiiiiisto*! Não me ama por isso?

Se não me amar, eu vou morrer. Está vendo? Estou morrendo. Não estou brincando — desta vez estou falando sério! Você não se preocupa? Você vai acabar comigo... Pelo menos diga alguma coisa. "Está bem: alguma coisa." Foi crueldade. Está bem, seja cruel. Pode fazer o que quiser, contanto que não me ignore. *Não agüento mais.* Quando você me ignora, sinto vontade de gritar.

Vamos ser razoáveis. Que tal assim? Eu vou te amar, e então você vai me amar. Eu começo. Está vendo? Eu te amei. Agora é a sua vez de me amar. Como assim, não está com vontade? Não está *nessa*! Não é justo. Não pode desistir no meio. Eu odeio você por não me amar. Me ame, *senão eu morro.*

Rock-a-bye baby
on the tree top.
When the wind blows
the cradle will rock.
When the bough breaks
The cradle will fall,
and down will come baby —
cradle and all.

Canção infantil

[Balance, meu bem
em cima da árvore.
Quando o vento soprar
o berço vai balançar.
Quando o galho quebrar
o berço vai cair,
e o bebê vai despencar
com berço e tudo.]

Ashes ashes
we all fall down.
Ashes ashes
we all...

Canção infantil

[Cinzas cinzas
todos nós caímos.
Cinzas cinzas
todos nós...]

Mas quem suportará o dia de sua vinda? e quem subsistirá, quando ele aparecer?
porque ele será como o fogo do ourives e como o sabão dos lavandeiros.

Malaquias 3:2

... e quem perder a sua vida por amor de mim achá-la-á.

Mateus 10:39

Como Eu S.A. queremos amor. Desesperadamente. Ter amor é tudo e por amor fazemos qualquer coisa. Crescemos, casamos, temos filhos — tudo para ter amor. Não duvidamos de que o amor ocorra entre as pessoas, que é interpessoal. *Não é? Claro que é!* Antes vinha dos nossos pais, agora temos que dá-lo aos nossos filhos. Em troca, eles vão nos amar; vamos amar uns aos outros. Pode ser que um dia nos tornemos famosos, e aí o mundo todo vai nos amar. (*Pessoalmente, nunca amei um presidente.*) (*Estou concorrendo para o conselho da escola. Por isso, vou fingir que não ouvi.*) Esquecemos que mesmo amando uns aos outros, o amor não dura. (*Preferia não continuar essa conversa.*) Os filhos estão crescendo. Logo vão embora. E não é só eles. (*Disse que preferia não falar nisso!*)...

Mesmo tendo um ponto de vista espiritual, quando se trata de amor, principalmente com relação aos filhos, queremos acertar para conseguir o que queremos uns dos outros. Só que isso não é amor: é exploração. É uma armadilha: nós nos enganamos. (*Agora entendi! Este livro ensina a amar os filhos. O caminho espiritual! Vai dar certo!*) Mas a relação com os filhos não é uma arena em que provamos que merecemos amor em troca de transformar com sucesso crianças em adultos. É nessa relação que pais e filhos despertam para a unidade — individual e compartilhada — com o Deus que *é* Amor. Nós — pais e filhos juntos — somos um resultado do que Deus está realizando. Na verdade, não somos eus separados, mas aspectos individuais do eu de Deus. Como tudo seria mais fácil se soubéssemos disso! Não usaríamos nossos filhos para nos afirmar.

Está vendo como sou paciente? Sou bom. Vou pensar direito e agir direito. Olhe só: sou forte, disciplinado, corajoso e fiel. E sou um pai maravilhoso. Agora eles me amam? Mamãe e Papai, vocês ainda me amam? Vejam como eu estou me comportando bem! Vocês me amam *ainda*? (Nenhuma resposta.)

Eu S.A.: *Deus... Você está aí?*
Pequena Voz Silenciosa: *Deus está... Você não.*
Eu S.A. [engolindo a seco]: *Mas e o amor? Não devemos amar uns aos outros?*
Pequena Voz Silenciosa: *Uns aos outros. Essa informação não está registrada.*
Eu S.A. [incrédulo]: *Vamos repetir. Eu disse u-n-s-a-o-s-o-u-t-r-o-s. Eu + você =*
AMOR
Pequena Voz Silenciosa: *Uns, outros, eu, você? Não tem registro.*
Eu S.A.: *Eu não me sinto bem.*

Pequena Voz Silenciosa: *Não se sente? Não tem registro.*

Eu S.A. [sumindo]:... *o que então?*

Assim, o Eu S.A. chega ao fim do seu sono e ao início da sua vida. Éramos apenas os que faziam e tinham. Depois, nós nos transformamos nos que vêem e fazem. Mas começamos a nos questionar e a descobrir que somos Seres-Que-Vêem. Aos poucos, aos trancos e barrancos, descobrimos que isso não significa fazer nem conseguir amor, mas ser o amor. Porque agora a Pequena Voz Silenciosa está sussurrando para nós.

Em verdade, em verdade vos digo que antes que Abraão existisse eu sou.
João 8:58

Filho, tu sempre estás comigo, e todas as minhas coisas são tuas.
Lucas 15:31

Pois que com amor eterno te amei...
Jeremias 31:3

Nós o amamos porque ele nos amou primeiro.
I João 4:19

Afinal, o amor não é uma coisa que conseguimos ou fazemos, mas uma coisa que somos. Sempre fomos. Sempre seremos. Para ele mesmo, o palhaço de nossa história é o Eu S.A. (páginas 31, 43, 135 e 297): todos (e tudo) servem para lhe dar prazer (*Quando estou com você, eu me sinto aquecido por dentro. Quando estou com você, eu me sinto todo aquecido*) ou para enfatizar seu poder e importância pessoal (*Você faz com que eu me sinta com dois metros de altura. Quando estou com você, eu me sinto no topo do mundo*). Sua versão do amor é utilitária. Percebendo-se como uma entidade, ele objetiva os outros. Para ele, os outros são para a sua utilidade e ele "ama" apenas o que serve para aquecê-lo e deixá-lo sob os refletores.

Lutamos em vão para fazer com que o outro viva de acordo com o que queremos. *Eu sou eu e você é isso. Não, você é isso. Da última vez eu fui isso.* Assim, tentamos revezar, conciliar, juramos que vamos parar de jogar, fingimos que paramos de jogar, boicotamos os jogos um do outro — sempre mendigando amor. Temos que chegar a um acordo. Nos meus termos? Não, nos meus termos. A um acordo? Impossível?

Finalmente, temos de aceitar os termos de Deus, reconhecer que não precisamos conseguir o amor um do outro, mas que podemos juntos *ser* o amor.

Inteligência	Causa	Idéia	Verdade	Ver
Amor	Efeito	Expressão	Bem	Ser

Esses dois conjuntos de idéias são paralelos, se pertencem, são uma coisa só. Assim, entre Seres-Que-Vêem, é a mesma coisa expressar amor e comunicar a verdade.

O amor não é a união do eu e do outro, do palhaço e da lâmpada, mas o vir à luz da unidade de ambos com a força *e a bondade* da luz. Amor-inteligência se expressa por intermédio do palhaço e da lâmpada, de cada um de maneira singular, como visão e como iluminação, como inteligência e amor. Pela unidade com a luz, a vida de cada um é realizada e elevada, elevando assim a vida do outro. Vendo, o palhaço desperto lança luz sobre o valor, sobre a bondade e sobre o propósito da lâmpada. Brilhando, a lâmpada lança luz sobre o valor, sobre a bondade e sobre o propósito do palhaço. E ambos expressam *o fato, a força e a bondade* da luz.

E viu Deus que era boa a luz.
Gênesis 1:4

Assim resplandeça a vossa luz diante dos homens, para que vejam as vossas boas obras e glorifiquem a vosso Pai, que está nos céus.
Mateus 5:16

Um Mais Um é Um

No domínio superior da verdadeira Equivalência
Não existe "eu" nem "outro":
Quando se busca a identificação direta,
Podemos dizer apenas "não dois".
Buddhist Scriptures, seleção e tradução, para o inglês,
de Edward Conze

Assim, chegamos ao ponto em que o Eu S.A. tem de abrir mão de si mesmo e dos outros em favor de alguma coisa mais verdadeira. Quase ninguém faz isso de uma só vez, mas em muitas vezes ao longo da vida. Mas é bom saber que é necessário. É bom saber que sempre foi assim, que não se trata de uma idéia isolada de como se sentir mais à vontade na vida. É bom saber que este não é apenas o caminho mais difícil, mas, no final das contas, o melhor, o mais fácil e o único.

Os zen-budistas contam a história de um discípulo que não falava japonês. Assim, em vez de falar com ele, seu mestre lhe deu um desenho para meditar, procurando ajudá-lo a se iluminar com relação à verdade do ser. O desenho era um círculo com um ponto no centro. Depois de um bom tempo, o discípulo levou o desenho de volta para o mestre para demonstrar sua compreensão. Ele tinha apagado o círculo. O mestre indicou que, embora fosse um bom começo, não era suficiente. E lá se foi o discípulo. Dessa vez, quando voltou, tinha apagado o ponto. Estava iluminado. O ponto representava o eu. O círculo, os outros. Ele tinha descoberto que existe apenas uma mente — um eu.

Jesus disse: Ouve, Israel, o Senhor nosso Deus é o único Senhor. Amarás, pois, ao Senhor teu Deus de todo o teu coração, e de toda a tua alma, e de todo o teu entendimento, e com todas as tuas forças: este é o primeiro mandamento. E o segundo, semelhante a este, é: Amarás o teu próximo como a ti mesmo.

Marcos 12:29-31

Os dois mandamentos são um só. Nada há de arbitrário no primeiro nem de sentimental no segundo. Nem mesmo são mandamentos, mas formam um enunciado sobre o que é.

Os dois-mandamentos-que-são-um e a história do discípulo zen descrevem o caminho que a maioria segue para a realização da totalidade como unidade. Em nossos primeiros dias como pais, tentamos anular o eu para servir o outro (o bebê). Sabemos como é bom aprender a pôr outra pessoa em primeiro lugar. Mas isso não basta e, como não é realmente a verdade, a longo prazo se revela insuficiente. Como indica o segundo mandamento de Jesus, é preciso enxergar a verdadeira natureza e o valor do eu e do outro. Como explica a história zen, o eu e o outro, separados da Mente Única, têm de ser anulados. Deus é o único EU SOU.

... antes que Abraão existisse EU SOU.

João 8:58

Estamos aqui pelo que Deus é. Estamos aqui *como* Deus é. Somos a auto-expressão de Deus. Essa é a nossa vida. Esse é o nosso amor. Alguns pensam que apagando o ponto e o círculo, o eu e o outro, nada sobra. Por isso é tão difícil. Seremos nada? Não haverá amor? Mas não é possível ser um eu separado, que dá e recebe amor, assim como uma só onda não sustenta um barco e, aliás, nem a si mesma. Na proporção em que o eu e o outro se apagam (o segundo mandamento), o amor como unidade consciente com Deus (Deus, amor-inteligência) se expressa (o primeiro mandamento).

As Três Irmãs

Recebi um telefonema de uma avó, uma mulher maravilhosa, que estava preocupada com a filha: "Há dois anos vejo minha filha se dedicar com infinita paciência à nenê. Ela faz tudo pela filha — que é alegre e muito esperta. Só que ocupa a mãe em tempo integral, pois não fica com mais ninguém. Hoje, no telefone, minha filha me pareceu um pouco desesperada. Quer ter tempo para si mesma, mas não consegue largar a nenê. Quando minha filha ameaça deixá-la com uma babá, ela fica triste. E sei que é difícil para a minha filha ficar longe da menina. Estava me perguntando o que posso dizer para ajudá-la."

Eu disse: "Muitas vezes pais e filhos não têm nada para dizer uns aos outros. Temos que parar de pensar que somos, antes de mais nada, pais e filhos. Nós nos vemos como pais dos nossos filhos ou senão como filhos dos nossos pais. Mas temos que enxergar que pais e filhos são filhos de Deus — e que é Deus que nos cria e nos ensina."

Senti que ela tinha entendido quando disse: "O melhor é deixar minha filha em paz! Tenho que enxergar que ela é filha de Deus e que eu não preciso lhe dizer nada."

Algumas horas depois, a sábia avó telefonou de novo. "Aconteceu uma coisa maravilhosa! Minha filha acabou de telefonar. Hoje, pela primeira vez, a menina ficou com a babá. E ficou tranqüila, como se nem tivesse percebido que a mãe ia sair."

Quando Israel era menino, eu o amei, e do Egito chamei a meu filho. Mas, como os chamavam, assim se iam da sua face; sacrificavam a baalins. E queimavam incenso às imagens de escultura. Todavia, eu ensinei a andar a Efraim; tomei-os pelos seus braços, mas não conheceram que eu os curava. Atraí-os com cordas humanas, com cordas de amor; e fui para eles como os que tiram o jugo de sobre as suas queixadas, e lhes dei mantimentos.

Oséias 11:1-4

Deixe Acontecer

Vêde quão grande caridade nos tem concedido o Pai: que fôssemos chamados filhos de Deus. Por isso o mundo não nos conhece; porque não o conhece a ele. Amados, agora somos filhos de Deus, e ainda não é manifestado o que havemos de ser. Mas sabemos que, quando ele se manifestar, seremos semelhantes a ele; porque assim como é o veremos. E qualquer que nele tem esta esperança purifica-se a si mesmo, como também ele é puro.

I João 3:1-3

Somos o que pensamos agora,
tendo-nos tornado o que pensamos antes.
E a alegria se segue ao pensamento puro,
Como a sombra seguindo fielmente um homem.

Buda, *The Dhammapada*, tradução, para o inglês, de P. Lal

Logo que concebemos os filhos, temos de começar a nos desapegar deles. Na verdade, para algumas pessoas, abrir mão da idéia de ter filhos é um pré-requisito para a concepção. Muitas vezes, casais que têm dificuldade para conceber e recorrem à adoção, descobrem de repente que a gravidez que desejavam está finalmente a caminho.

Talvez o momento da concepção coincida com uma mudança em nossa motivação: o desejo de "ter um filho" se transforma no desejo de ser mãe ou pai. É quando nosso motivo deixa de ser possessivo que a idéia de um filho (conceitualmente dependente da idéia de um pai e de uma mãe) pode ocorrer. O filho é concebido quando os pais são concebidos.

Mas esse é só o começo. Temos de continuar a largar os filhos — deixá-los nascer, deixá-los dormir, deixá-los amadurecer. Temos de esquecer as fraldas, abandonar os erros e mais cedo ou mais tarde temos de abrir mão dos filhos, deixar que saiam da nossa vida e fiquem aos cuidados de uma babá, passem a noite na casa da avó, passem metade do dia na escolinha, passem o dia na escola, se mudem de casa para ir à faculdade, se casem, vivam em outra parte do mundo. Isso é muito doloroso para os pais que não entendem para que tanto desprendimento.

Lutamos para aprender a amá-los e depois temos de deixá-los partir. Para que serve o amor se o ser amado vai embora? O fato é que o verdadeiro amor, a verdade do amor, só vem a nós quando deixamos partir os seres que amamos (o amado eu, o amado amado). Nesse processo, a verdadeira perda é a perda do dois, do dois que é você e eu, o eu e o outro, o que ama e o que é amado, girando um em volta do outro no nada, protegendo um ao outro de nada, trocando nosso nada por nada. Se *temos* um ao outro, *perdemos* um ao outro — e dói tanto que nos perguntamos como imaginamos que *ter* valia a pena. Se fazemos bem um ao outro, fazemos mal um ao outro, se ajudamos, atrapalhamos. Então, de que vale tudo isso? Como dois (não apenas separados um do outro, mas separados do resto), tudo é uma proposição meio a meio — 50 por cento do tempo você vence, 50 por cento do tempo você perde. Na média, é nada. Dois não podem se tornar um. Assim, perder essa dualidade não é perda alguma.

Velhos e sem filhos, Abraão e Sara precisaram deixar de acreditar que eram velhos e sem filhos, que não conseguiam ter (por meios pessoais) um bebê (pessoa). Mas não bastou. Abandonando a noção de suficiência/insuficiência, reconheceram também que havia Um que podia completá-los. Dois Eu S.A. não conseguiam produzir um bebê, mas a Mente Única o fez. Sara concebeu e deu à luz um filho. Quando pararam de pensar em termos de poder e de impotência pessoal, descobriram o poder divino. Quando deixaram de querer/ter um filho, eles se tornaram pais. Já eram velhos, mas viveram até — que idade? Fato é que continuaram jovens por muito tempo depois de ficarem velhos. Assim, abandonando um pouco a dualidade, descobriram que Deus é inteligência, que Deus é poder criativo.

Então, como nós, iniciaram a empreitada sublime/ridícula da maternidade e da paternidade. Jovens pais, eles eram, assim como Isaque era jovem, recém-nascidos no começo — e ignorantes. Isaque por certo dormia e chorava, encantava, perturbava, preocupava e os deixava orgulhosos. Como nós, devem ter lutado para aprender a amar o filho. Como nós, eles devem ter amado o filho — devem ter cuidado dele, devem tê-lo protegido, devem ter desejado que continuasse junto deles. Eles também tiveram medo do inevitável: para seu próprio bem, Isaque teria de se afastar deles para se tornar um homem e deixar de ser criança!

> *Sendo que a existência as criou,*
> *E a aptidão as desenvolveu,*
> *Sendo que a matéria variou suas formas*
> *E o sopro lhes deu poder,*
> *Todas as coisas criadas devem à existência e à aptidão de que dependem*
> *Uma obediência*
> *Não obrigatória, mas natural.*
> *E como é assim que a existência procede*
> *E a aptidão cultiva, cuida,*
> *Abriga, alimenta e protege,*
> *Procedam assim também:*

Sejam pais, não donos,
Ajudantes, não mestres,
Não se preocupem com a obediência mas com o benefício,
E vão estar no âmago da vida.

The Way of Life According to Lao Tzu
Tradução, para o inglês, de Witter Bynner

Deixe o que veio antes, o que está atrás,
Deixe o que é agora, e atravesse a correnteza.
Então sua mente será livre.
Então você atravessará o nascimento e a velhice.

Buda, The Dhammapada, tradução, para o inglês, de P. Lal

E disse: Toma agora o teu filho, o teu único filho, Isaque, a quem amas, e vai-te à terra de Moriá, e oferece-o ali em holocausto sobre uma das montanhas, que eu direi.

Gênesis 22:2

Assim Abraão foi chamado para sacrificar Isaque. Fez com que Isaque levasse nas costas a lenha para o próprio sacrifício e, faca em punho, subiu a montanha com seu filho — seu querido, precioso filho — preparado para matá-lo em obediência a Deus. Dessa vez ele estava preparado para sacrificar o dois pelo Um. Em pensamento já o havia feito. Então, é claro, tal coisa deixou de ser necessária. Deus não queria que ele matasse o filho, mas o *seu* filho, o fato de ter um filho. Mas Abraão não sabia disso — até o último minuto.

Dessa vez, ao sacrificar a dualidade — seu papel como o que ama (a pessoa pai) e o que é amado (a pessoa filho) —, ele descobriu outro aspecto do Um. Como conhecia Deus como criador, conseguiu imaginar (incapaz de não imaginar) Deus como destruidor. Mas, ao renunciar mais uma vez ao seu apego à dualidade, descobriu esse aspecto do Um — Deus é Amor. No sacrifício de pai e filho, nem pai nem filho se perdem, a não ser como pessoas insuficientes, sacrificáveis. Nesse sacrifício é revelado o amor infinito, que está ao alcance de um e de outro. Pai e filho estão *no* amor, os dois são filhos de Deus. Sacrificando *seu* filho, Abraão descobre que Isaque é o filho protegido de Deus. Sacrificando-se como pai (o desejo de proteger e defender), ele descobre que Deus é pai. O sacrifício pode ser enorme, mas a verdade é que nunca houve coisa alguma para sacrificar, sacrifício algum. Apenas amor.

Todos nós passamos por isso. Fazemos um sacrifício sempre que abrimos mão — de nós mesmos para a criança, da criança para a babá, para outras crianças, para o professor, para a liberdade, para cometer erros e ser terrivelmente infeliz. Chegamos a abastecer de erros a vida dos nossos filhos. Temos de aprender a enxergar as suas qualidades infinitamente perfeitas e ao mesmo tempo ensiná-los o finito. Temos de ensinar a eles conceitos mundanos, materiais, num universo que finalmente percebemos que é espiritual. Educando nossos filhos para serem bem-sucedidos e competitivos, nós os lançamos contra os outros. Aprendemos a ver com o olho interior e ao mesmo tempo ensinamos ao nosso filho que ele tem dois olhos exteriores. Conceitos de quantidade, tempo, espaço, corporalidade são falsos mas necessários para viver no mundo e depois se transformam na lenha para o fogo em que a criança crescida vai ter que sacrificar a própria visão material.

> *E tomou Abraão a lenha do holocausto, e pô-la sobre Isaque seu filho; e ele tomou o fogo e o cutelo na sua mão, e foram ambos juntos. Então falou Isaque a Abraão seu pai, e disse: Meu pai! E ele disse: Eis-me aqui, meu filho! E ele disse: Eis aqui o fogo e a lenha, mas onde está o cordeiro para o holocausto? E disse Abraão: Deus proverá para si o cordeiro para o holocausto, meu filho. Assim caminharam ambos juntos.*
>
> Gênesis 22:6-8

Esse é um belo detalhe da história. Abraão faz o que tem de fazer (põe a lenha nas costas do filho), mas *fala* apenas de Deus (o espiritual, o verdadeiro). Agindo *como se estivesse* diante de um Deus que toma (exige esse sacrifício), ele fala de Deus como provedor. Não tenta carregar nem o filho nem o fardo do filho montanha acima. O filho sobe ao topo com o próprio fardo de erros. Mas Abraão caminha ao seu lado, nada falando sobre o sacrifício, o mal, a dor e o horror, ensinando apenas que Deus é bom (uma idéia de que ele mesmo duvida). Fornece ao filho a lenha para o sacrifício material, mas procura de todo o coração incentivar seu interesse pela realidade espiritual.

Enquanto o filho sobe a montanha material, o pai sobe a espiritual. Criança e homem são sacrificados na montanha. A criança é sacrificada e o homem nasce: mentalmente, Abraão deixa de prender Isaque à infância. O homem é sacrificado e a criança nasce: abandonando o eu possessivo, protetor, Abraão se torna tão inocente, confiante e puro quanto o filho. Para Isaque nascer como criança, Abraão precisou conceber a paternidade. Para Isaque nascer como homem, Abraão precisa se tornar criança outra vez.

No segundo nascimento de Abraão, com a perda de pai e filho (dois) nasce o Um espiritual, paternal, filial, humilde (realizado na consciência de Abraão). Não há perda de individualidade, mas sim realização da individualidade. Abraão e Isaque não se tornam um só; cada um é visto como individualmente um com o pai.

Vemos assim que não há perda no perder. Ao sacrificar o filho material, Abraão liberta o espiritual. Este — o filho perfeito e espiritual de Deus, eternamente aos cuidados do amor infinito — ele nunca vai perder. Agora ele e seu filho compartilham da condição de filho. Depois de ver a perfeita identidade espiritual insacrificável do seu filho, Abraão começa a vê-la em todo mundo. E depois de sacrificar sua condição finita de pai para ver a identidade espiritual insacrificável do Pai infinito, ele se torna verdadeiramente pai. Assim, os filhos de Abraão são mais numerosos do que as estrelas do céu. Ele se torna um com o Pai dos filhos espirituais de Deus. Ele é pai com o Pai e filho com os filhos. A dualidade da perda é eliminada na medida em que pai e filho são um. "Filho, tu sempre estás comigo, e todas as minhas coisas são tuas."

Assim acontece conosco com relação aos nossos filhos. Por um lado, *fazemos* de tudo por eles e os ensinamos a viver no mundo material. Por outro lado, nós os sacrificamos enquanto eus finitos, assim como sacrificamos a noção de responsabilidade *própria* e até mesmo do eu pessoal, que *tem e precisa*. Às voltas com o eu material, contemplamos o espiritual, desprezando erros, faltas e problemas (perdão), e mantemos na consciência o espiritualmente perfeito (prece, redenção). Deixamos que nossos filhos se afastem de nós para cair no mundo, sabendo que há apenas um pai/mãe — amor infinito, onipresente, que nunca falta.

Ao soltar os filhos no mundo, é bom saber que não os entregamos ao mundo, mas ao único Pai ("Eu e meu pai somos um", "Porque Nele vivemos, e nos movemos e existimos."). Esse é o segredo de nossa redenção e a cura da nossa dor, e ao mesmo tempo uma proteção vital para nossos filhos.

Não há nada a perder — só a perda. A perda da noção de finitude traz a consciência da eternidade; a perda do poder e da impotência traz o poder criativo; a perda do material, a consciência do espiritual; a perda do ser amado, a consciência do amor; a perda da condição de pessoa, a consciência do amor-inteligência. Unindo-nos ao Pai, em vez de lutar para nos unir um ao outro, nós e nossos filhos nos transformamos em recipientes das infinitamente variadas qualidades espirituais: beleza, verdade, criatividade e amor.

Jesus não tinha filhos, mas na história nenhum homem viu com mais clareza que cada um de nós é filho do amor, nascido do amor, em unidade com o amor, em essência e através da consciência. É interessante que o mais paternal dos homens seja conhecido como filho de Deus, um fato que por si só sugere o que é realmente a paternidade.

Assim como os pais realmente pais são pais-criança,
Assim como os pais que realmente amamentam são os que estão em fase de amamentação.
Assim como os pais que realmente ensinam são os que aprendem.
Assim como os pais que realmente libertam são os obedientes,
Assim como os pais que realmente unificam são os unificados,
Assim como os pais que realmente embelezam são os que amam a verdade,
Assim como os pais realmente criativos são os que observam,
Assim como os pais que realmente se comunicam são os que ouvem,
Assim os pais que realmente amam nem mesmo são pais, mas apenas os amados filhos de Deus.

Ver é ser. A inteligência se expressa como amor. A consciência se expressa como ser. Compreender é amar. Amar é compreender. A inteligência é a única causa, o amor é apenas efeito. Não importa se vemos a verdade e depois nos tornamos capazes de amar, ou se amamos e depois vemos a verdade — seja como for, um momento amor-inteligente leva a outro.

Percebendo que ver é o que importa na vida,
procuramos em cada coisa o que ela tem a nos ensinar.
Procurando em cada coisa o que ela tem a nos ensinar,
vemos que estão nos ensinando.
Vendo que estão nos ensinando,
sabemos que somos amados.
Sabendo que somos amados,
vemos tudo com mais amor.
Vendo tudo com mais amor,
Mais amorosos somos.
Quando somos amorosos,
percebemos que ver é o que importa na vida.
[de novo]

Alegria de Viver

Finalmente minha avó morreu. Já fazia uns três anos que ela se agarrava a seu velho Eu S.A., recusando-se a partir. Alguém disse: "Graças a Deus acabou. Agora ela pode descansar em paz." Eu pensei: Descansar em paz? Que nada! Até que enfim ela vai poder continuar sua vida!

Mesmo antes de ela morrer, alguns diziam que minha avó não estava mais ali, que não sabia o que estava acontecendo. Mas a última coisa que ela me disse me deu a impressão de que ela sabia muito bem. Ela já tinha se refugiado dentro de si mesma e precisei esfregar suas mãos nas minhas e seu rosto no meu para que ela olhasse mais uma vez pela janela dos olhos. Eu disse: "Nana, você está maravilhosa." Ela riu. Lentamente, conseguiu formar palavras: "Já pensou se não estivesse?" As palavras saíram com muito custo, mas a risada era a mesma de sempre. Respondi: "Seu senso de humor está ótimo." De novo, as palavras vieram muito devagar, mas bem claras: "Senso de humor ajuda muito numa situação tão aborrecida."

O Eu S.A., o eu pretensamente completo, agarra-se à vida. Como uma onda, nós procuramos nos concentrar — mas conseguimos apenas nos afastar de tudo. O Eu S.A. se agarra a isto e àquilo, a este e àquele. Mas está apenas agarrando a si mesmo. Apesar dele, viemos e vamos partir. Na vida, a grande arte é aprender a partir com graça — a cada nascimento, a cada boanoite, a cada transição. Cada vez que abre mão de alguma coisa que quer fazer ou ter, o Eu S.A. abre mão de um pouquinho de si mesmo. É então que Deus apresenta uma palavra. E essa palavra é amor. Quando o Eu S.A. tiver partido, acho que vamos nos livrar rapidinho do que sobrou, dizendo: *Nem sei por que sempre me agarrei com tanta força.* Porque teremos descoberto que sempre fomos aquele amor que tanto buscamos. O Eu S.A. luta em vão para durar para sempre, mas o Ser-Que-Vê veio para ficar.

Além disso, digo que para conhecer Deus a alma deve esquecer de si mesma e perder a consciência de si mesma, pois enquanto for autoconsciente, ela não vai ser consciente de Deus. Mas quando, pelo amor de Deus, perde a consciência de si mesma e abre mão de tudo, ela se encontra novamente em Deus, pois conhecendo Deus ela conhece a si mesma e todas as outras coisas, de que foi separada na perfeição divina.

> *Meister Eckhart*, tradução, para o inglês, de R. B. Blakney

Love is a place
& through this place of
love move
(with brightness of peace)
all places

yes is a world
& in this world of
yes live

(skilfully curled)
all worlds

e. e. cummings, *Poems, 1923-1954*

[amor é um lugar
& por esse lugar de
amor passam
(com brilho de paz)
todos os lugares

sim é um mundo
& nesse mundo de
sim vivem
(habilmente envoltos)
todos os mundos]

Assim como o lótus azul, vermelho ou branco cresce na água estagnada, mas dela se ergue limpo e não poluído, aquele que encontra a verdade cresce no mundo mas o supera sem se sujar.

The Dhammapada, tradução, para o inglês, de P. Lal

Não se trata de uma coisa a ser feita, mas de um ponto a que chegamos, de uma maravilha que ocorre discretamente — como flores nascendo num cantinho em meio ao trânsito intenso. Nossas estratégias se esgotaram, os recursos estão no fim e, por desespero, a consciência cresce e dela brota o amor. Há perguntas que se vão: *Por que deveria fazer isso? Afinal ele...* E perguntas surgindo: *Há alguma coisa a perder? Há alguma coisa melhor para fazer? O que é mais importante do que o amor?*

Como quando, pela primeira vez, soltamos a borda da piscina ou nos afastamos dos nossos pais, chega uma hora (ninguém mais percebe) em que abrimos mão de tudo o que achamos que deveria ser. Descansamos, deixando nossa vida nas mãos do amor. Uma flor de lótus recebe alguma coisa da outra? Ensina a outra? Obedece à outra? Muda pela outra? Não, o longo caule de cada flor vai até a raiz profunda: é a profundeza que floresce na superfície. A lagoa inteira fica bonita e cada flor é favorecida pela presença das outras. E as raízes vão até o fundo.

É tão diferente do que imaginamos. Nada de troca nem de vantagens. Paramos de nos concentrar e relaxamos na presença do infinito amor-inteligência como se já soubéssemos que ele é e sempre foi.

E então ocorre a compreensão. É verdade! Não preciso fazer força para não afundar! Não preciso contar com ninguém. Estou por minha conta. Deus, amor, é. No amor eu vivo, e me movo e existo. O amor é e vive no meu ser. Que alegria silenciosa, tranqüila, agradecida, pura.

... na tua presença há abundância de alegrias;
à tua mão direita há delícias perpetuamente.

Salmos 16:11

Que eu saiba, isso não acontece de uma só vez. Talvez aconteça de uma só vez, mas não de uma vez por todas — acontece muitas e muitas vezes. Mas cada vez que chegamos a esse ponto, é mais fácil. Vamos percebendo a mudança. O medo e a amargura diminuem. E cada vez que surgem, as preocupações são menores. As acusações em voz alta dão lugar a silenciosos *não-tem-importância*. Menos coisas nos irritam. Mais coisas nos parecem engraçadas. A beleza nos toca mais. Sentimos mais gratidão, ternura, generosidade. Somos menos críticos, mais tolerantes. Menos ansiosos. Mais tranqüilos. Perdoamos mais? O que é perdoar? Somos mais calmos. Mais seguros. Às vezes inspirados. E mais e mais nós nos encantamos. Flutuando, florescendo, no amor.

Não acontece de uma só vez, mas sempre acontece agora e pode acontecer de novo em qualquer agora. Pode não durar para sempre, mas sentimos a possibilidade e temos consciência de que há uma escolha. Talvez ainda não seja essa a nossa escolha, mas sabemos agora que ela existe e que agora é o momento aceitável *e possível* e que um momento de amor-inteligência leva a outro.

Bon Voyage

Alguém que conheço está partindo.

Pensei: não quero que vá,
É triste ser deixada para trás.

Então encontrei um cartão.
Em primeiro plano, uma praia
com sulcos como os de um trator
indo em direção ao mar.

No fim dos sulcos não há trator algum,
mas uma enorme tartaruga
indo para o mar —
para o mar infinito que se estende à sua frente.

Esse cartão nos lembra que
onde a terra termina e o mar começa
a tartaruga deixa de ser uma criatura
pesada, desajeitada, lenta,
e se torna uma coisa graciosa e livre
capaz de continuar sem esforço para sempre.

Dentro, o cartão dizia: Bon Voyage
que, de repente me ocorreu,
quer dizer tenha um Bom Ver! —
não se trata de viajar de um lugar para o outro
deixando alguém para trás — só de ver, de Ver Bem.

Ele estava indo para o mar — para ver.
E aqui estou eu.
E aí está você.
E em todos os lugares estão os nossos filhos.

Sob os votos o cartão dizia:
(E não se esqueça de escrever.)

Bon Voyage!
Bom ver tudo bem!